프리미엄 테마로 만드는 워드프레스 사이트

지은이 김덕기

펴낸이 박찬규   엮은이 윤가희   디자인 북누리   표지디자인 아로와 & 아로와나

펴낸곳 위키북스   전화 031-955-3658, 3659   팩스 031-955-3660

주소 경기도 파주시 문발로 115 세종출판벤처타운 311호

가격 35,000   페이지 520   책규격 188 x 240mm

초판 발행 2015년 09월 21일
ISBN 979-11-5839-016-7 (93000)

등록번호 제406-2006-000036호   등록일자 2006년 05월 19일
홈페이지 wikibook.co.kr   전자우편 wikibook@wikibook.co.kr

이 책의 내용에 대한 추가 지원과 문의는 위키북스 출판사 홈페이지 wikibook.co.kr이나
이메일 wikibook@wikibook.co.kr을 이용해 주세요.

이 도서의 국립중앙도서관 출판시도서목록 CIP는
서지정보유통지원시스템 홈페이지(http://seoji.nl.go.kr)와
국가자료공동목록시스템(http://www.nl.go.kr/kolisnet)에서 이용하실 수 있습니다.
CIP제어번호 2015024600

The7 테마와
비주얼 컴포저
완벽 가이드

프리미엄 테마로 만드는 워드프레스 사이트

김덕기 지음

위키북스

워드프레스는 세계적으로 가장 인기 있는 CMS로 자리를 잡았고 매년 2% 정도씩 사용 비율이 증가하고 있습니다. 국내에서도 다양한 토종 CMS를 제치고 상위를 차지하고 있습니다. 워드프레스가 인기 있는 이유는 플러그인을 이용해 기능을 확장할 수 있고 테마로 원하는 디자인을 쉽게 선택할 수 있기 때문입니다. 게다가 엄청난 커뮤니티의 활동은 더 나은 프로그램의 발전을 가져오고 있습니다.

워드프레스가 인기 있는 또 다른 이유는 사용하기가 쉽기 때문입니다. 5분 설치로 유명한 워드프레스는 관리자 화면 인터페이스가 개발자가 아닌 일반 사용자 중심으로 설계돼 있어서 누구나 쉽게 블로그를 만들 수 있습니다. 워드프레스는 수년 전까지만 해도 블로그 프로그램으로만 알려졌었고 웹사이트나 쇼핑몰에는 드루팔, 줌라, 마젠토 등 다른 CMS가 사용됐습니다. 하지만 이제 워드프레스로 웹사이트는 물론이고 쇼핑몰, 포럼 사이트 등 만들지 못하는 것이 없을 정도로 강력한 CMS가 됐습니다.

블로그는 글과 이미지만 있으면 간단하게 만들 수 있지만, 웹사이트는 그렇지 않습니다. 다양한 페이지가 있어야 하고 이러한 페이지는 글자와 이미지만으로는 부족합니다. 더 멋지게 표현하려면 레이아웃도 잘 구성해야 합니다. 프리미엄 테마에는 이러한 레이아웃을 쉽게 만들 수 있게 도와주는 페이지 빌더라는 플러그인이 포함돼 있습니다. 페이지 빌더를 이용하면 코드를 모르는 일반인도 쉽게 멋진 웹사이트를 만들 수 있습니다.

워드프레스의 가장 큰 단점 중 하나가 영어로 돼 있다는 점입니다. 워드프레스나 기본 플러그인은 한글로 번역돼 있지만 많이 사용하는 플러그인이나 프리미엄 테마 대부분이 영문입니다. 또한, 아무리 워드프레스 전문가라도 프리미엄 테마는 다루기 어렵습니다. 테마마다 설정이 서로 다르기 때문입니다.

워드프레스가 쉽다고는 하지만 이러한 언어의 장벽과 서로 다른 테마 설정에서 오는 장벽이 쉽게 사용할 수 있다는 워드프레스의 장점을 무색하게 만듭니다. 따라서 필자는 프리미엄 테마의 사용법을 알리기 위해 누구도 도전하지 않는 프리미엄 테마의 사용 가이드를 두 권째 만들게 됐습니다. 하나의 프리미엄 테마를 대상으로 가이드 서적을 만드는 일은 상당히 모험적인 일입니다. 전 세계 누구도 이런 책을 만드는 사람이 없습니다.

프리미엄 테마를 대상으로 책을 만드는 데 따르는 어려운 점은 크게 두 가지가 있습니다. 하나는 특정 테마에 적용되는 테마 설정이 다른 테마에도 같은 설정으로 적용되지 않는다는 점입니다. 다른 하나는 워드프레스가 새로운 버전으로 업데이트되고 이에 따라서 테마도 업데이트되면서 새로운 기능이 계속 추가됩니다. 그러면 책의 내용도 달라져야 하는데 이를 따라 잡기가 불가능합니다.

그런데도 프리미엄 테마 사용 가이드가 필요한 이유는 프리미엄 테마를 몇 가지 사용해보면 아주 똑같지는 않더라도 비슷한 설정이 다른 테마에도 있고 이를 응용할 수 있다는 것입니다. 모든 테마가 서로 설정이 다르다고는 하나 테마 제작자는 특정 기능이 인기가 있으면 서로 모방하기 때문에 기능이 비슷해지는 효과가 발생합니다. 어떤 테마 개발자가 좋은 기능을 추가해 인기 테마가 되면 다른 테마 제작자도 따라 하는 것이죠. 그러면서 테마는 기능이 발전하는 것입니다.

테마가 업데이트되면서 책과 내용이 달라진다면, 책에서 사용한 테마의 버전으로 그대로 따라 하면 문제를 해결할 수 있습니다. 테마를 제작한 회사에 요청해 포함시키면 되는 것입니다. 책에서 사용한 테마를 사용해 어느 정도 익숙해지면 새로운 버전의 테마로 업데이트하고 자신만의 사이트를 만들면 되는 것입니다.

사실 이 책을 기획한 것이 2014년 3월이었는데 3~4개월이면 완성할 수 있는 책을 1년이 지나도록 완성하지 못했습니다. 가장 큰 이유가 테마가 빈번하게 업데이트됐기 때문입니다. 이 책에서 사용하는 테마는 The7이라는 테마인데, 2013년 9월 처음 나온 이후로 계속 상위권에서 인기 테마로 자리 잡고 있었습니다. 그러던 중 2014년 12월 갑자기 The7-2라는 테마로 변경됐습니다. 테마에도 시즌이라는 게 있는지 모르겠지만 2기 테마가 된 것이죠. 그러면서 코드나 테마 내용이 전면 개정됐습니다. 이미 원고가 완료됐고 필요한 플러그인의 출시를 기다리고 있었는데 새로운 테마가 되다 보니 원고도 전면 개정할 수밖에 없었습니다. 중간에 몇 번의 업데이트도 있었고 원고를 수정한 것만 해도 3번이나 되는데 전면 개정으로 더욱 늦어질 수밖에 없었습니다. 한편으로는 이 책이 나오고 나서 테마가 개정됐다면 어땠을까 하는 생각에 늦게 나오게 된 것을 다행으로 생각합니다.

그만큼 프리미엄 테마를 대상으로 가이드 서적을 만드는 것은 상당히 어려운 일입니다. 하지만 국내에 워드프레스라는 좋은 프로그램을 소개하고, 워드프레스가 확대되려면 이 책이 필요하다는 생각에 결국에는 완성하게 됐습니다. 그동안 원고 파일이 망가져 복구할 수 없는 상황까지 온 적도 있었고 다른 사정으로 이 책이 나오기는 어렵겠다는 생각이 든 적도 많았습니다. 운 좋게도 파일은 복구할 수 있었지만, 이미지를 추가하고 일부 수정을 해야 하는 험난한 과정이었습니다.

1장. 워드프레스 웹사이트

워드프레스는 웹 호스팅에서 사용하기 위해 만들지만, 더 쉬운 환경에서 만들려면 내 컴퓨터에서 작업하는 것이 이상적이고 보편적인 방법입니다. 내 컴퓨터에 웹 서버 환경을 만들고 워드프레스를 설치한 다음 테마를 설치해 테마에서 제공하는 각종 테마 옵션을 설정하는 방법을 알아봅니다.

2장. 테마 다루기

테마 옵션은 전체 사이트의 레이아웃이나 색상, 글자, 배경 등 전체적인 설정을 할 수 있는 기능입니다. 프리미엄 테마는 콘텐츠를 쉽게 만들 수 있게 페이지 빌더를 포함하고 있습니다. 2장에서는 주로 페이지 빌더를 사용하는 방법을 자세히 설명합니다.

3장. 슬라이더와 페이지 만들기

테마에 포함된 두 가지 슬라이더 플러그인의 사용법과 템플릿을 다루는 방법을 설명합니다. 슬라이더는 웹사이트에서 빼놓을 수 없는 요소 중의 하나이며 멋진 슬라이더는 방문자의 눈길을 끌기에 충분합니다. 템플릿은 여러 가지 콘텐츠의 페이지를 만드는 데 사용하며 페이지 빌더로 만들 수 없는 콘텐츠를 출력할 수 있습니다.

4장. 디테일

사이트에 필요한 푸터를 추가하는 방법과 메가 메뉴를 사용하는 방법, 번역 프로그램을 사용하는 방법을 안내합니다. 이 장의 핵심은 보안입니다. 워드프레스는 보안에 취약하다고 하지만 절대 그렇지 않습니다. 워낙 인기가 있다 보니 사용자가 많고 그만큼 해커의 공격 대상이 되기 때문이며 워드프레스가 보안에 취약한 것이 아닙니다. 워드프레스 사용자가 취할 수 있는 각종 보안과 관련된 기능을 추가하는 방법을 알아봅니다.

이 책에서 사용한 각종 소스와 이미지 파일은 제 블로그에서 내려받습니다. 워드프레스에 관한 일반적인 내용도 계속 추가되고 있으니 참고할 수 있습니다. 첨부 파일에는 테마의 소스 코드도 포함되며 책에서 사용하는 번역 파일도 있습니다. 번역 작업도 원고를 작성하는 일 중에 하나로 생각하며 상당한 시간이 걸리는 작업입니다. 이러한 파일은 책을 구매한 독자만 사용할 수 있도록 했으며 비밀번호를 설정했습니다. 따라서 사용할 수 있더라도 배포는 금지됩니다.

첨부 파일 주소: http://martian36.tistory.com/1426
비밀번호는 책의 맨 뒷페이지(520페이지)에 있습니다.

책을 보면서 에러가 있거나 질문 사항이 있으면 아래의 웹사이트에서 게시글을 남겨주시면 됩니다. 이 사이트는 기존에 발간된 책의 질문 답변 게시판으로 이용되고 있으며 게시판은 스팸을 방지하기 위해 회원 가입을 해야만 이용할 수 있습니다. 회원가입을 하고 책 제목으로 된 사용자 그룹에 가입하면 게시글을 작성할 수 있습니다. 이 사이트는 책을 따라 하면서 안 되는 내용에 대해서만 질문을 받습니다. 기타 추가 변경사항이나 업데이트 내용, 테마의 새 버전에 관한 내용도 이 사이트를 참고하시면 됩니다.

게시판 사이트 주소: http://diywordpress.kr/

PART 02
테마 다루기

PART 03
슬라이더와 페이지 만들기

01
워드프레스
웹 사이트

워드프레스로 웹 사이트를 만드는 이유

워드프레스는 간단한 블로그를 만들 수 있는 프로그램으로 시작했지만, 쉽고 강력한 플러그인 시스템과 테마를 도입해 일반 웹 사이트부터 쇼핑몰까지 만들 수 있을 정도로 그 영역을 넓혀왔습니다. 워드프레스로 웹 사이트를 만드는 이유에 대해 알아봅시다.

이 책을 진행하는 데 필요한 사항

책을 선택하는 데 있어서 도움이 될 만한 내용입니다. 이 책은 워드프레스 기초 과정을 학습한 분들을 위한 책입니다. 프리미엄 테마를 다루려면 워드프레스의 기본적인 내용을 알아야 합니다. 또한, 코드도 조금 수정해야 하므로 편집기도 필요하고, 코드를 수정하기 위해서는 웹 브라우저의 개발자 도구도 필요합니다.

워드프레스 설치

이 책에서는 웹 호스팅이 아닌 내 컴퓨터에 웹 서버 환경을 만들고 워드프레스를 설치해 사이트를 만듭니다. 내 컴퓨터에 웹 서버 환경을 구축하는 방법은 가장 보편적인 방법이며 사이트를 만든 후에는 파일질라와 같은 FTP 프로그램을 이용해 웹 호스팅에 업로드하면 됩니다.

관리자 화면

워드프레스를 처음 다루는 분들을 위해 콘텐츠를 만들기 위한 기본적인 방법인 편집기를 다루는 방법을 자세히 알아봅니다.

유료 테마 구매

이 책에서 사용할 프리미엄 테마를 구매하기에 앞서서 가장 적절한 테마를 선택하는 방법과 씸포레스트에 계정을 만들고 결제하는 방법을 알아봅니다.

테마와 각종 플러그인 설치

프리미엄 테마를 설치하고 내장된 번들 플러그인을 설치하는 방법을 알아봅니다.

데모 데이터 설치

프리미엄 테마는 테마의 데모 사이트에서 제공하는 데모 데이터를 그대로 가져올 수 있는 기능을 제공합니다. 데모 데이터는 웹 사이트를 만드는 데 중요한 역할을 합니다. 또한, 이미지와 콘텐츠가 그대로 있으므로 자신이 만드는 사이트가 어떻게 나타나는지 별도의 콘텐츠를 추가하지 않고도 알아볼 수 있습니다.

테마 옵션

프리미엄 테마는 어느 정도의 테마 옵션이 있느냐에 따라서 코드를 수정하지 않고도 사이트를 다양하게 변경할 수 있는 범위가 달라집니다. 이 책에서 살펴볼 테마는 인기 테마라는 이름에 걸맞게 다양하고 강력한 테마 옵션을 제공하며, 다양한 테마 옵션의 설정 방법을 자세히 알아봅니다.

워드프레스로
웹 사이트를 만드는 이유

워드프레스는 세계적으로 가장 많이 사용하는 콘텐츠 관리 시스템(CMS: Content Management System)입니다. 2015년 6월 현재 워드프레스로 만들어진 웹 사이트가 전 세계의 모든 사이트 중 24%를 차지하고 있습니다. 이는 1년 전보다 2.6% 정도 증가한 수치이며, 매년 약 2%의 증가세를 보입니다.

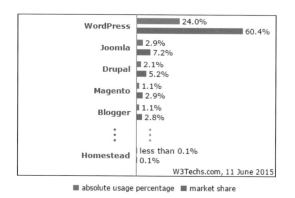

그림 1-1 전 세계 CMS 사용도 http://w3techs.com/technologies/overview/content_management/all

위 목록에는 총 273개의 CMS가 있으며 이들 중 워드프레스가 차지하는 비율은 60.4%입니다. 또한, CMS를 포함한 전체 웹사이트 중 워드프레스가 차지하는 비율은 24%입니다. 이 목록에는 우리나라에서 개발된 익스프레스 엔진(XpressEngine)과 KimsQ도 포함돼 있습니다.

12년 전에 게시판 프로그램으로 시작한 워드프레스가 이런 성공을 거둘 수 있었던 이유는 강력한 플러그인 시스템과 테마를 도입한 덕분이라고 할 수 있습니다. 막상 설치하고 보면 워드프레스에 그리 대단한 기능이 있는 것도 아니고 테마도 겨우 블로그 정도의 수준입니다. 기능이라고 해봐야 글을 발행하고 페이지를 만드는 것밖에는 없을 정도로 아주 단순합니다. 하지만 단순하다는 것은 그만큼 어떤 기능을 추가하더라도 수용할 수 있다는 의미이기도 합니다.

∩1   강력하고 쉬운 플러그인 시스템

워드프레스를 처음 설치하고 나서 기능이 아무것도 없다는 느낌을 받는 것은 당연한 일이고 기능은 원하는 플러그인을 설치하면서부터 추가됩니다. 워드프레스는 플러그인을 추가하는 식으로 새로운 기능을 계속 추가할 수 있게 코어 시스템이 강력한 구조를 갖추고 있습니다. 이러한 강력하고 쉬운 플러그인 시스템 덕분에 PHP를 제대로 배워본 적이 없는 필자도 워드프레스 플러그인과 테마를 만들 수 있습니다.

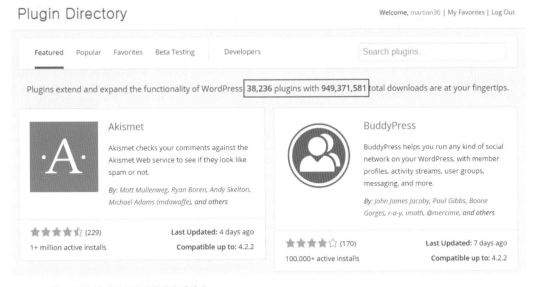

그림 1-2 워드프레스의 플러그인 디렉터리 페이지

https://wordpress.org/plugins/

워드프레스의 플러그인 디렉터리에는 3만 9천여 개의 플러그인이 있습니다. 하지만 기능이 중복된 플러그인도 많으며, 같은 기능이 있는 쇼핑몰 플러그인만 해도 수십 가지입니다. 여기에 있는 플러그인들은 모두 무료이고 원하는 기능을 찾아서 설치해 사용할 수 있습니다. 쇼핑몰, 검색 엔진 최적화, 보안 등 복잡한 기능의 플러그인부터 관리자 로그인 URL을 변경할 수 있는 간단한 플러그인까지 다양한 플러그인이 있으며 필요하다고 생각되는 플러그인은 누구든지 만들어 업로드할 수 있습니다. 그렇다고 모든 플러그인을 등록할 수 있는 것은 아니고 일정한 조건을 갖춰야 하며 문제가 있는 것으로 보고되면 제거됩니다. 이러한 무료 플러그인은 기능이 제한적인 것이 많으며 유료 플러그인을 사용하면 기능을 더욱 확대할 수 있고 원하는 기능 대부분은 유료로 구매하면 해결할 수 있습니다.

○2 자유로운 디자인의 선택

워드프레스가 계속 인기를 얻을 수 있는 또 한 가지 이유는 바로 원하는 디자인을 마음대로 선택할 수 있다는 점입니다. 디자인은 테마의 변경으로 이뤄지는데 이 또한 무료 테마가 아주 많습니다. 하지만 무료 테마에 포함된 기능은 단순하므로 본격적인 웹 사이트를 제작하려면 유료 테마를 사용하는 것이 좋습니다.

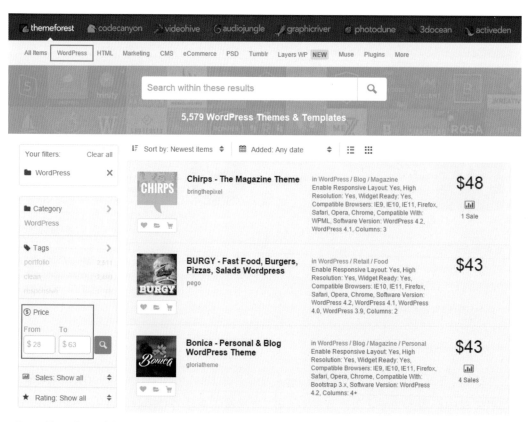

그림 1-3 워드프레스 프리미엄 테마

테마는 28달러에서 63달러까지 저렴한 편입니다. 웹 호스팅 비용까지 포함해서 10만원이면 근사한 웹 사이트를 만들 수 있습니다. 5,500여 개의 다양한 테마가 있으며, 카테고리별로 잘 분류돼 있으므로 만들고자 하는 사이트의 성격에 따라서 테마를 선택할 수 있습니다. 어떤 테마를 선택하느냐에 따라서 코드를 사용하지 않고도 충분히 사이트를 만들 수 있는 것이 유료 테마의 장점입니다.

테마를 판매하는 사이트는 여러 곳이 있지만, 씸포레스트에서 구매하는 것이 가장 좋습니다. 씸포레스트에서 구매하면 번들 플러그인이 추가되기 때문입니다. 번들 플러그인이란 이 사이트가 운영하는 코드캐년(Codecanyon)에서 판매하는 플러그인으로 씸포레스트에서 판매하는 테마에 한정해 저렴한 가격으로 추가할 수 있습니다. 대부분 테마에 페이지 빌더와 슬라이더 플러그인이 포함돼 있는데 이들은 모두 코드캐년에서 판매하는 것입니다. 어떤 테마는 번들 플러그인의 가격이 100달러 이상 포함된 것도 있습니다.

유료 테마는 프리미엄 지원이 가능하다고 해서 프리미엄 테마라고 말합니다. 프리미엄 테마를 사면 평생 최신 버전으로 업데이트할 수 있고, 테마에 문제가 있거나 커스터마이징(사용자 정의)이 안 될 경우 테마 사이트에 의뢰하면 운영자가 직접 사이트를 방문해서 수정해주기도 합니다.

03 수많은 기여자

좋은 프로그램은 기여자가 많습니다. 어떤 대가를 원하지 않고 오픈소스를 개발하기 위해 모인 개발자들은 프로그램의 개선과 발전을 위해 기여하고 있습니다. 워드프레스의 업데이트 주기는 평균 4개월입니다. 매번 업데이트될 때마다 새로운 기능이 추가되며, 새로운 버전을 내놓을 때마다 보안용 (Maintenance and Security Release) 버전을 이어서 내놓습니다. 책을 쓰고 있는 현재 워드프레스는 4.3 버전이 개발되고 있고 새로운 기능을 추가하기 위해 노력하고 있습니다. 이러한 주기적인 업데이트는 모두 기여자들의 노력 덕분입니다.

04 방대한 커뮤니티

구글은 워드프레스 커뮤니티라고 봐도 좋을 정도로 워드프레스에 관한 정보가 넘쳐납니다. 다만 영어로 검색해야 한다는 단점이 있습니다. 워드프레스를 전문으로 하는 지원 포럼이 별도로 있지만, 개별 블로그나 웹 사이트에는 각종 문제 해결과 커스터마이징에 필요한 지식이 아주 많습니다. 영어로 돼 있다 하더라도 유투브 동영상을 보면 해결하는 데 많은 도움이 됩니다.

05 사용의 용이성

워드프레스는 5분 설치로 유명합니다. 자주 설치하다 보면 익숙해져서 필자는 1분이면 설치할 수 있습니다. 다른 CMS는 설치하는 데 걸리는 시간뿐만 아니라 언어 파일을 추가해야 하고, 완료하는 데 수십 분이 걸리기도 합니다. 워드프레스는 사용하는 방법도 쉽습니다. CMS 중에 드루팔이라는 CMS는 개발 측면에서 확장성이 좋아서 개발자들이 선호하는데, 드루팔은 사용자가 사용하기에 몹시 어려워서 사이트를 개발을 마치고 의뢰인에게 권한을 넘겨줬을 때 의뢰인이 사용법을 배우는 데 오랜 시간이 걸립니다. 따라서 개발자들도 사용자가 사용하기 쉬운 워드프레스를 선호합니다.

06 웹 사이트 플랫폼으로의 진화

워드프레스는 몇 년 전만 해도 블로그 프로그램이라는 인식을 지울 수 없었고 웹 사이트나 쇼핑몰을 만들려면 마젠토나 드루팔 또는 줌라라는 CMS를 사용해야 했습니다. 하지만 이제는 상황이 아주 달라졌습니다. 중소규모의 쇼핑몰은 마젠토에서 워드프레스로 전환되고 있고, 일반 웹 사이트도 워드프레스로 만들어지고 있습니다. 그만큼 기능을 확장하기 위한 다양한 플러그인이 개발됐기 때문입니다. 따라서 마젠토용 테마를 만들던 개발자가 워드프레스의 쇼핑몰 플러그인인 우커머스용 테마도 함께 제작하고 있습니다. 마젠토용 테마보다 워드프레스의 우커머스용 테마가 더 많이 판매되기 때문입니다. 마젠토 테마는 디자인이 아주 우수합니다. 이러한 우수한 디자인이 그대로 워드프레스 쇼핑몰로 전환되고 있는 것입니다.

07 반응형 디자인

모바일의 영향으로 웹 사이트는 이제 반응형이 기본입니다. 얼마 전까지만 해도 반응형 테마라는 말이 있었는데 이제는 사라졌습니다. 기본적으로 반응형 테마이기 때문입니다. 모든 테마가 반응형으로 제작되고 있으며 콘텐츠만 추가하더라도 모바일에서도 제대로 나타나는 것이 기본입니다. 국내에서 워드프레스를 선호하는 가장 큰 이유 중에 하나가 이것 때문이라고 생각됩니다.

01 HTML과 CSS에 관한 지식

이 책은 워드프레스, HTML이나 CSS와 같은 웹 디자인에 대한 지식이 없어도 웹 사이트를 만드는 데 지장이 없게 만들어졌습니다. 다만 인터넷이나 컴퓨터에 대한 기본적인 지식은 필요합니다. 예를 들어 새로고침이라든가 URL을 제공해 프로그램을 설치한다고 했을 때 해당 URL에서 프로그램을 내려받아 압축을 해제하고 설치할 수 있어야 합니다. 프로그램은 내려받았는데 압축 해제는 어떻게 하는지, 어떤 폴더에 저장했는지 몰라서는 안 됩니다.

02 워드프레스에 관한 지식

워드프레스를 다뤄본 분들은 많은 도움이 됩니다. 전혀 다뤄보지 않았다면 기초 책을 권장해드립니다. 기초 책을 보지 않았더라도 책을 진행할 수 있지만, 이 책에서 워드프레스에 관한 기초적인 내용을 많이 수록할 수는 없으니 필요한 부분만 포함했습니다. 웹 사이트를 만들고 운영하려면 워드프레스와 관련된 다양한 지식이 있어야 도움이 됩니다.

03 텍스트 편집기

이 책에서는 테마에 포함된 페이지 빌더를 이용해 페이지를 만들기 때문에 코드를 많이 작성하지는 않습니다. 하지만 어떤 테마든 잘못된 부분이 있기에 이를 수정하거나 개선하기 위해 코드를 수정해야 하는 경우가 종종 있습니다. 코드를 편리하게 입력하려면 텍스트 편집기를 사용하는 것이 바람직합니다.

텍스트 편집기는 서브라임 텍스트 3 버전을 권장합니다. 다른 프로그램을 사용하면 에러가 발생할 수도 있습니다. 예를 들어 국내에서 개발된 편집기를 사용하면 인코딩이 기본적으로 UTF-8로 설정돼 있지 않아서 글자가 깨진다는 질문을 받곤 합니다.

서브라임 텍스트는 유료지만, 무료로 정식 버전을 사용할 수 있습니다(가끔 구매를 위한 팝업창이 나타나곤 합니다). 서브라임 텍스트는 3 버전이 이전 버전보다 더 빠르게 동작합니다.

> ■ 서브라임 텍스트 3: http://www.sublimetext.com/3

04 구글 크롬 브라우저

페이지를 만들고 확인할 때 웹 브라우저가 최신 버전이어야 합니다. 최신이라는 의미는 웹 표준이 잘 적용되는 브라우저를 말합니다. 인터넷 익스플로러는 8 버전까지 웹 표준에 적합하지 않아서 인터넷 익스플로러 8 이하 버전을 사용하면 안 됩니다. 국내에서는 웹 브라우저로 인터넷 익스플로러를 많이 사용하지만, 이 책에서 사용할 테마는 인터넷 익스플로러 8 이하 버전은 지원하지 않으니 9 버전 이상, 가능하다면 10 버전을 사용할 것을 권장합니다. 9 버전도 일부 최신의 웹 표준을 적용하지 않고 있어서 제대로 표현되지 않을 수도 있습니다.

> ■ 구글 크롬: https://www.google.com/chrome/

05 웹 서버 환경 구축

그동안 워드프레스와 관련된 질문을 많이 받아보니 생각보다 많은 분이 웹 호스팅 환경에서 직접 작업하고 있었습니다. 웹 호스팅 환경에서 직접 작업하는 방식은 상당히 불편한 방식입니다. 테스트하다 보면 여러 개의 워드프레스를 설치해야 할 때도 있고, 여러 파일을 수정해야 하므로 내 컴퓨터에서 작업하는 방식이 훨씬 수월합니다. 내 컴퓨터에서 WAMP 서버나 오토셋(Autoset9) 등을 사용해 서버 환경을 구축하고 디자인이나 수정 작업을 마친 다음에 모든 파일을 웹 호스팅 환경에 업로드하면 내 컴퓨터에서 설정한 상태 그대로 웹 호스팅 환경에서도 사용할 수 있습니다. 반드시 실제 사이트에서 작업해야 하는 부분은 그 이후에 추가로 작업하면 됩니다. 처음 작업하시는 분들은 내 컴퓨터에서 작업하시길 바랍니다. 이 책에서는 웹 서버 환경을 구축하기 위해 국내에서 개발된 오토셋(Autoset9)을 사용합니다.

06 질문/답변

이 책에서는 'The7' 테마를 사용합니다. 그런데 다른 테마를 사용하면서 책을 보시는 분들도 있을 겁니다. 다른 테마에도 비주얼 컴포저나 레볼루션 슬라이더가 있으니 참고할 수는 있습니다. 그런데 이러한 공통적인 프로그램이 아닌 해당 테마에만 있는 기능이 작동이 안 된다고 문의하시는 분이 반드시 있습니다. 프리미엄 테마는 그 수만큼 사용법이 다양합니다. 저도 워드프레스를 많이 다뤄봤지만 다뤄보지 않은 테마는 사용해봐야 알 수 있고 복잡한 기능은 파악하는 데 시간이 오래 걸립니다. 그러니 다른 테마에 관한 질문은 받을 수 없습니다. 질문은 반드시 책에서 사용하는 테마에 대해서만 해주실 것을 부탁 드립니다(질문 게시판: diywordpress.kr).

01 서버 환경 구축

워드프레스 설치는 어떻게 사용하느냐에 따라 내 컴퓨터에 설치할 수도 있고, 웹 호스팅에 설치할 수도 있습니다. 내 컴퓨터에서는 워드프레스를 원하는 만큼 설치해서 시험해 볼 수 있지만, 웹 호스팅은 일반적으로 한 개만 설치할 수 있어서 자유롭게 실험해보기가 어렵습니다. 그래서 대부분의 경우 내 컴퓨터에 설치하고 디자인과 콘텐츠를 완성한 다음 모든 내용을 웹 호스팅에 업로드하는 방법을 이용합니다. 이렇게 하면 내 컴퓨터에서 설정한 내용과 콘텐츠를 그대로 바로 웹 호스팅에서 확인할 수 있습니다. 맥 OS와 국내 무료 호스팅에서 워드프레스를 설치하는 방법은 아래 링크를 참고하시고, 여기서는 가장 많이 사용하는 윈도 플랫폼에서 오토셋을 이용해 내 컴퓨터에 워드프레스를 설치하고 사용하는 방법을 알아보겠습니다.

- MAMP를 사용해서 내 컴퓨터에 워드프레스 설치하기(매킨토시 컴퓨터 사용자) → http://martian36.tistory.com/1257
- 국내 무료 호스팅에 워드프레스 설치하기 → http://martian36.tistory.com/1270

오토셋 설치

워드프레스는 설치하면 바로 사용할 수 있는 사이트 제작 프로그램이지만 정적인(Static) 콘텐츠가 아닌, 데이터베이스와 연동해서 원하는 데이터를 불러오고 동적인(Dynamic) 콘텐츠를 생산하는 PHP

에 의해 작동되는 프로그램입니다. PHP는 인터넷 서버 환경에서만 작동하는데, 워드프레스를 시험적으로 사용하기 위해 일일이 웹 호스팅 서버에 설치할 수는 없는 일이고, 테마를 수정한다거나 새로운 테마를 만들기 위해 매번 웹 호스팅 서버에 업로드해서 작업하는 방식은 불편합니다. 그래서 내 컴퓨터에 서버 환경을 만들고, 웹 호스팅과 같은 환경을 구축하면 편리하게 작업할 수 있습니다. 그러자면 서버로 동작하기 위한 프로그램을 설치해야 하는데, 이때 3가지 프로그램이 필요합니다. 우선 워드프레스는 PHP 언어로 만들어졌기 때문에 기본적으로 PHP 프로그램이 설치돼 있어야 합니다. 그리고 PHP로 만든 콘텐츠를 인터넷 사용자에게 전달하는 역할을 하는 것이 아파치 웹 서버입니다. 또한, 워드프레스에서 작성된 모든 글은 데이터베이스에 저장되고 방문자의 클릭에 따라 글이 보이는데, 글의 저장은 MySQL이라는 데이터베이스 프로그램이 담당합니다. 서버 환경을 구축하려면 이러한 세 가지 프로그램인 PHP, 아파치, MySQL을 자신의 컴퓨터에 설치하면 됩니다.

이 세 가지 프로그램을 제각기 설치할 수도 있지만, 사용자의 편의를 위해 세 가지 프로그램을 한데 묶은 프로그램을 이용할 수도 있습니다. 별개의 프로그램으로 설치하면 서로 연동하기 위해 설정을 해야 하는 번거로움이 있지만 병합된 프로그램은 이미 서로 연동된 상태로 설치되므로 한 번의 설치로 바로 서버 환경을 이용할 수 있습니다. 이러한 프로그램의 조합을 스택(Stack: 쌓아놓은 것, 조합)이라고 합니다. 이 스택은 웹 서버인 아파치(Apache), 데이터베이스인 MySQL, 그리고 PHP의 첫 글자를 따서 AMP라 하고, 운영체제에 따라 WAMP(Windows+AMP), MAMP(Macintosh+AMP), LAMP(Linux+AMP)가 있습니다. 국내에서 개발된 프로그램으로는 오토셋(Autoset9), Amp_setup 등이 있습니다.

- WAMP: http://www.wampserver.com/en/
- MAMP: http://www.mamp.info/en/index.html
- LAMP: http://bitnami.org/stack/lampstack
- XAMPP: http://www.apachefriends.org/en/xampp.html

모든 운영체제에 설치할 수 있는 크로스 플랫폼인 XAMPP(X:Cross+AMP+Perl)가 있지만 XAMPP는 초보자가 사용하기에는 다소 불편합니다. 이러한 각 스택은 오픈소스 프로그램을 사용하기에 스택도 무료로 내려받아 사용할 수 있습니다. 스택은 내려받아서 설치만 하면 바로 사용할 수 있으며, 여기서는 사용자 비중이 가장 높은 윈도 환경에 설치할 수 있는 오토셋 9를 설치하는 방법을 알아보겠습니다. 웹 브라우저에서 다음 URL로 이동하면 해당 프로그램을 내려받을 수 있는 사이트로 이동합니다.

http://Autoset9.net/xe/download_Autoset9_9_0_0

그림 1-4 오토셋 공식 사이트 – 파일 내려받기

시스템에 따라서 64bit용과 32bit용이 있으니 자신의 컴퓨터에 맞는 프로그램을 내려받습니다. 서버가 작동하지 않으면 "**네이버 개발자 센터에서 다운로드**" 링크를 클릭해서 내려받습니다. 이곳은 파일이 5개로 나뉘어 있으니, 모두 내려받고 압축을 해제한 뒤 설치합니다. 지원 운영체제에 나오듯이 윈도 Vista 버전 이상에서만 사용할 수 있습니다. 아직 XP를 사용하고 계신 분은 워드프레스 사용 시 속도가 상당히 느려지므로 윈도 7 이상에서 작업하세요.

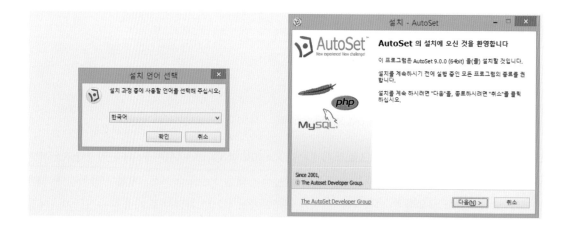

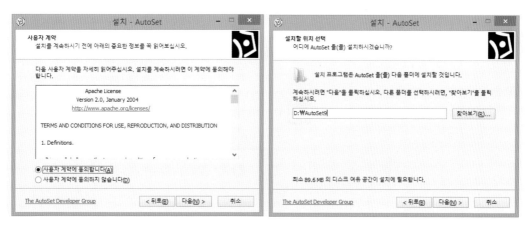

그림 1-5 오토셋 설치하기 1

내려받은 **Autoset900_x64.exe** 파일을 클릭하면 위와 같은 과정을 거쳐서 설치됩니다. 설치하기 전에 다른 AMP 프로그램을 사용 중이라면 모두 중지하고 실행합니다. 한국어를 선택하고 마지막 화면에서 설치할 위치를 변경할 수 있습니다.

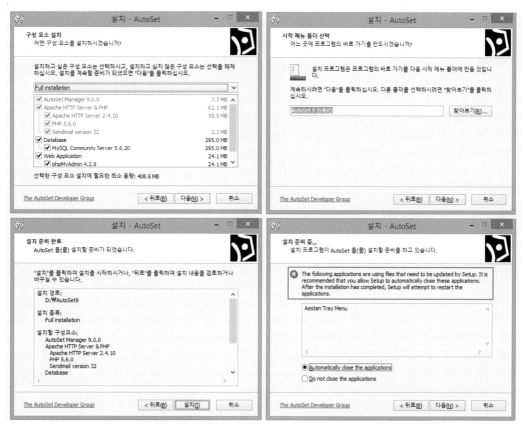

그림 1-6 오토셋 설치하기 2

위와 같은 과정을 거치는데 마지막 창에서처럼 경고 메시지가 나오면 **Automatically does the applications**에 체크하고 **다음** 버튼을 클릭합니다.

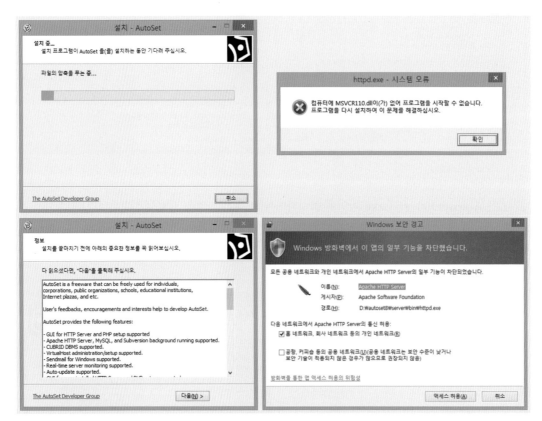

그림 1-7 오토셋 설치하기 3

설치가 진행되고 제 경우에는 WAMP 서버가 작동되고 있는 상태로 설치했더니 오류 메시지가 나왔습니다. 이럴 경우 제어판에서 지금까지 설치한 프로그램을 제거하고 설치 폴더도 제거한 다음 다시 설치해야 합니다. 최종 화면에서 완료 버튼을 클릭하면 방화벽 차단 관련 메시지가 나오기도 하는데, 액세스 허용을 클릭합니다.

그림 1-8 오토셋 실행 창

오토셋을 처음 실행하면 **웹 서버(80)**만 실행됩니다. 실행이 안 될 경우 제어 메뉴나 초기 화면에서 '**웹 서버 시작**'을 클릭합니다. 오토셋에는 데이터베이스 프로그램으로 MySQL과 큐브리드가 있는데 여기서는 MySQL을 사용합니다. 제어 메뉴나 초기 화면에서 MySQL 시작을 클릭하면 실행되고 "**웹 서버 (80)**" 옆에 MySQL(3306)이 나타납니다. 설정 메뉴에서는 여러 가지 설정을 할 수 있습니다. 그림 1-8의 세 번째 그림은 설정 → 오토셋 설정 → 오토셋 기본 정보를 클릭하면 나오는 내용입니다. 여기서 **시작 옵션**과 **종료 옵션**에 체크하고 아래로 스크롤 해서 변경사항 **적용 버튼**을 클릭하면 오토셋을 종료하거나 시작할 때 이들 프로그램이 자동으로 시작되거나 종료됩니다.

위 창을 닫기 위해 상단의 가장 오른쪽에 있는 X 아이콘을 클릭하면 웹 서버가 종료되므로 왼쪽에서 첫 번째 아이콘인 화면 최소화 아이콘을 클릭해 최소화해야 합니다. 다시 열려면 시스템 트레이의 '**숨겨진 아이콘 표시**'를 클릭한 뒤 오토셋 아이콘을 마우스 오른쪽 버튼으로 클릭해서 열면 됩니다.

오토셋에 관한 프로그램 오류는 오토셋 창 아래에 있는 배너를 클릭하면 이동하는 오토셋 카페에서 검색하거나 문의하면 됩니다.

02 워드프레스 내려받기

워드프레스 내려받기

이름	수정한 날짜	유형	크기
index.php	14-11-03 오후 6...	PHP 파일	49KB

그림 1-9 오토셋의 워드프레스 설치 폴더

오토셋을 설치하고 설치 폴더에서 **public_html** 폴더로 들어가면 index.php 파일만 있습니다. 이곳에 각종 웹 프로그램을 설치하고 테스트할 수 있으며 여러 프로그램을 설치하려면 폴더 단위로 설치하는 것이 좋습니다.

워드프레스는 4.0 버전부터 영문 버전을 받더라도 언어를 선택해 한글 버전으로 설치할 수 있습니다. 여기서는 한글 버전을 내려받아 설치하겠습니다.

다운로드

워드프레스의 최신 버전(4.2.2)은 ZIP(기본)파일과 tar.gz 파일의 두가지 버전으로 배포됩니다. 오른쪽 버튼은 ZIP 파일만 제공합니다.

tar.gz 파일은 오른쪽의 "다른파일형식"으로 들어가시면 다운로드하실 수 있습니다.

영문 버전은 https://wordpress.org/download/에서 다운로드 할 수 있습니다.

 워드프레스 4.2.2 다운로드
.zip — 7.0 MB

.tar.gz 다운로드 — 6.4 MB

더 많은 다운로드 옵션

- 다른 파일 형식
- 이전 버전
- 베타 & RC 버전들

그림 1-10 워드프레스 한국어 공식 홈페이지 - 내려받기

http://ko.wordpress.org/

위 주소로 이동해서 오른쪽의 **파란색의 버튼❶**을 클릭해 워드프레스 한글 버전을 내려받고 오토셋을
설치한 경로의 public_html 폴더에 저장합니다.

그림 1-11 워드프레스 폴더 복사

압축을 해제하고 폴더로 들어가서 wordpress 폴더를 복사한 뒤 public_html 폴더에 붙여넣습니다.
새로운 워드프레스를 테스트하려면 wordpress-4.x.x-ko_KR 폴더에 있는 wordpress 폴더를 다른
이름으로 변경하고 이를 복사해 public_html 폴더에 붙여넣으면 됩니다. 데이터베이스는 워드프레스
수만큼 별도로 만들어야 합니다. 오토셋은 원하는 수만큼 워드프레스나 다른 CMS 프로그램을 설치해
사용할 수 있습니다.

03 데이터베이스 만들기

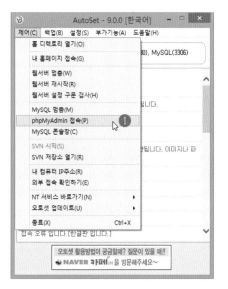

그림 1-12 오토셋에서 phpMyAdmin 접속

데이터베이스를 만들기 위해 오토셋 주 메뉴의 [제어] → [phpMyAdmin 접속]❶을 클릭하면 기본 웹 브라우저에 그림 1-12의 오른쪽과 같은 화면이 나옵니다. 오토셋의 MySQL은 기본적으로 비밀번호가 설정돼 있습니다. **사용자명❷**에 root, **비밀번호❸**에 autoset을 입력하고 로그인합니다.

그림 1-13 데이터베이스 만들기

데이터베이스❶ 탭을 클릭하고 입력란에 wordpress❷를 입력합니다. 이는 워드프레스가 사용할 데이터베이스의 이름입니다. 오른쪽에 있는 **만들기❸** 버튼을 클릭하면 왼쪽 사이드바에 데이터베이스가 생성됩니다❹. 여러 개의 워드프레스를 만들 때는 여기서 해당하는 워드프레스의 데이터베이스를 만들면 됩니다.

∩/. 워드프레스 설치

워드프레스 폴더를 만들고 데이터베이스가 완성되면 설치 준비가 완료됩니다. 워드프레스를 설치하는 방법에는 자동설치 방법과 수동설치 방법이 있습니다. 자동설치는 환경설정 파일을 워드프레스가 직접 만들어주는 방식이고 수동설치는 사용자가 만드는 방식입니다. 서버 환경에 따라 자동설치가 안 될 경우도 있으므로 수동으로 설치해야 할 때도 있습니다. 워드프레스를 설치하는 두 가지 방법 모두 알아보겠습니다.

자동설치

웹 브라우저의 주소란에 **localhost/wordpress**를 입력하고 엔터키를 누르면 위 그림과 같은 화면이 나옵니다. 워드프레스가 데이터베이스와 통신하기 위해 5가지 정보가 필요하다고 합니다. 데이터베이스 이름은 이미 만들었고 데이터베이스 사용자 이름과 데이터베이스 비밀번호는 이미 알고 있는 내용입니다. 데이터베이스 호스트는 localhost이고 테이블 접두어는 다음 화면에서 나타납니다. **Let's go** 버튼을 클릭합니다.

참고로 워드프레스 영문 버전을 내려받아 설치하는 경우 첫 화면에서 언어를 선택하는 화면이 나오고 언어를 선택한 뒤 계속 버튼을 클릭하면 위 화면이 나옵니다.

그림 1-15 데이터베이스 정보 입력

오토셋의 phpMyAdmin에서 생성한 데이터베이스의 이름과 데이터베이스의 사용자 이름(여기서는 root), 비밀번호(Autoset9), 호스트(웹 호스팅의 경우 다를 수 있음)를 입력합니다. 테이블 접두어는 공유 서버처럼 하나의 데이터베이스를 사용하면서 여러 개의 워드프레스를 설치할 경우 서로 혼동을 방지하기 위해서 또는 보안을 위해 접두어를 다르게 할 수 있습니다. **전송** 버튼을 클릭하면 워드프레스가 데이터베이스에 입력한 정보와 일치하는지 확인합니다. 간혹 데이터베이스의 사용자명과 비밀번호를 워드프레스 로그인 사용자명과 비밀번호와 혼동하는 경우가 있으니 주의하세요.

그림 1-16 환경 설정 완료

입력한 정보가 일치하면 위 화면이 나옵니다. 이전 과정에서 데이터베이스와 통신하기 위한 설정이 완료됐으니 이제 워드프레스 설치 과정이 시작됩니다. 워드프레스를 실행하는 데 필요한 데이터를 데이터베이스에 설치하는 과정입니다. **설치 실행하기** 버튼을 클릭합니다.

환영합니다

유명한 5분 워드프레스 설치 과정에 오신 것을 환영합니다! 아래에서 정보를 입력만 하면 세계에서 가장 확장성 높고 강력한 개인 출판 플랫폼을 사용하는 길로 들어서게 됩니다.

필요한 정보

다음 정보들을 제공해주세요. 나중에 다시 변경할 수 있으니 걱정하지 않아도 됩니다.

사이트 제목	The Company
사용자명	Venusian
	사용자명은 알파벳, 숫자, 스페이스, 밑줄, 하이픈, 마침표, @ 심봐만 가능합니다.
비밀번호 (필수)	❶ 57rOrwb2B^rNwUizpO6xPFbl ◉ 숨기기 / 강함 1234 ❸ ◉ 숨기기 / 아주 약함 ❷
	중요: 이 비밀번호는 로그인 할 때 필요합니다. 안전한 곳에 보관 중요: 이 비밀번호는 로그인 할 때 필요합니다. 안전한 곳에 보관하세요.
이메일 주소:	martian36@naver.com ❹ ☑ 약한 비밀번호 사용 확인
	계속하기 전에 이메일 주소를 한 번 더 확인하세요.
프라이버시	☑ 검색 엔진이 이 사이트 검색을 허용하기

워드프레스 설치하기

그림 1-17 워드프레스 설치 정보 입력

워드프레스와 관련된 정보를 입력할 차례입니다. **사이트 제목**에 원하는 제목을 입력합니다. **사용자 이름**은 워드프레스 로그인 사용자명으로 보통 admin으로 사용하는데 웹 호스팅에 설치하고 사용할 때에는 해킹을 방지하기 위해서 자신만이 알 수 있는 고유한 사용자명을 사용하도록 합니다. **비밀번호**는 기본적으로 복잡한 비밀번호가 자동으로 생성됩니다❶. 이번 워드프레스 4.3 버전에서 바뀌었습니다. **숨기기 버튼❷**을 클릭하면 비밀번호가 보이지 않고 점으로 나타납니다. 이를 그대로 사용하려면 도움말의 내용대로 복사해 다른 안전한 곳에 저장해 둬야 합니다. 자신만의 비밀번호를 만들기 위해 **비밀번호를 입력❸**하면 약한 비밀번호일 경우 **약한 비밀번호 사용 확인 체크박스❹**에 체크해야 합니다. 가능한 한 문자, 숫자, 특수문자, 영문 대소문자를 섞어서 만들어주는 것이 좋습니다. 마지막으로 **이메일 주소**를 입력하고 **워드프레스 설치하기** 버튼을 클릭합니다.

그림 1-18 워드프레스 설치 완료

워드프레스 설치를 모두 마쳤습니다. wordpress 폴더에 wp-config.php 파일이 생성되고 데이터베이스에 워드프레스가 필요한 데이터가 저장된 것입니다. **로그인** 버튼을 클릭하면 로그인 화면이 나타나며 아이디와 비밀번호를 입력한 다음 엔터키를 누르면 워드프레스 관리자 화면이 나옵니다.

수동설치

주소창에 localhost/wordpress를 입력하고 엔터키를 눌렀는데도 정상적으로 설치되지 않는 경우가 있는데 이럴 때는 다음과 같은 방법으로 수동으로 wp-config.php 파일을 만들어야 합니다. 워드프레스를 자주 설치하다 보면 수동설치가 더 편할 때도 있습니다.

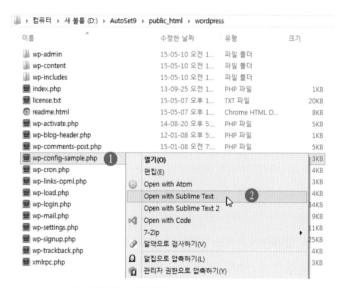

그림 1-19 수동으로 환경설정 파일 만들기

wordpress 폴더에서 wp-config-sample.php❶ 파일을 마우스 오른쪽 버튼으로 클릭하고 텍스트 편집기(Open with Sublime Text❷)를 선택합니다.

```php
<?php
/**
 * The base configurations of the WordPress.
 *
 * This file has the following configurations: MySQL settings, Table Prefix,
 * Secret Keys, WordPress Language, and ABSPATH. You can find more information
 * by visiting {@link http://codex.wordpress.org/Editing_wp-config.php Editing
 * wp-config.php} Codex page. You can get the MySQL settings from your web host.
 *
 * This file is used by the wp-config.php creation script during the
 * installation. You don't have to use the web site, you can just copy this file
 * to "wp-config.php" and fill in the values.
 *
 * @package WordPress
 */

// ** MySQL settings - You can get this info from your web host ** //
/** The name of the database for WordPress */
define('DB_NAME', 'database_name_here');  --> define('DB_NAME', 'wordpress');

/** MySQL database username */
define('DB_USER', 'username_here');       --> define('DB_USER', 'root');

/** MySQL database password */
define('DB_PASSWORD', 'password_here');   --> define('DB_PASSWORD', 'autoset');

/** MySQL hostname */
define('DB_HOST', 'localhost');

/** Database Charset to use in creating database tables. */
define('DB_CHARSET', 'utf8');

/** The Database Collate type. Don't change this if in doubt. */
define('DB_COLLATE', '');
```

그림 1-20 wp-config.php 파일에 데이터베이스 정보 입력

그림 1-20에서 빨간색으로 강조한 부분을 다음과 같이 변경합니다. ‘DB_NAME’은 데이터베이스 이름인 wordpress, ‘DB_USER’는 데이터베이스 사용자명인 root, ‘DB_PASSWORD’는 데이터베이스 비밀번호인 autoset으로 각각 변경합니다. Ctrl+Shift+S 키를 누르면 다른 이름으로 저장하기 화면이 나옵니다. 파일 이름에서 -sample을 제거하고 wp-config.php로 이름을 변경해서 저장합니다. 그런 다음 웹 브라우저 주소창에서 localhost/wordpress를 입력하고 엔터키를 누르면 워드프레스가 데이터베이스와 통신을 시작하고 정보가 일치하면 설치 화면이 나옵니다. 이제 워드프레스의 설치 정보를 입력하고 진행하면 됩니다.

05 웹 호스팅의 선택

이 책의 마지막 부분에서는 로컬호스트에서 워드프레스 사이트를 만드는 작업을 완료하고 웹 호스팅에 업로드하는 과정이 나옵니다. 책을 마치기 전에 웹 호스팅을 선택하실 분을 위해 웹 호스팅에 관해 설명하겠습니다. 워드프레스는 4.2 버전부터 데이터베이스의 캐릭터셋(Character set)으로 utf8mb4를 지원합니다. 워드프레스 개발팀에서 한자 문화권의 모든 글자를 지원하도록 만든 것입니다. 그런데 데이터베이스 언어인 MySQL은 5.5.3 버전부터 이 캐릭터셋을 지원합니다. 따라서 웹 호스팅 회사를 선택할 때 MySQL 버전이 무엇인지, 그리고 가격에 따라서 지원하는 버전이 다르므로 꼭 확인하고 선택해야 합니다. 모든 웹 호스팅 업체에 문의할 수는 없으므로 몇 개의 주요 업체에 전화로 문의하고, 두 개의 업체에 실제로 설치를 해봤습니다. 표 1-1의 업체를 참고하시고 원하는 다른 업체는 확인하고 구매하시기 바랍니다. 버전이 다르면 워드프레스의 데이터베이스 이전 시 에러가 발생하고 가져오기가 안됩니다. 자세한 내용은 블로그 글을 참고하세요(http://martian36.tistory.com/1424).

표 1-1 웹 호스팅 업체에서 사용하는 MySQL 버전

업체명	MySQL 버전
카페24(http://www.cafe24.com/)	5.5.17
가비아(https://webhosting.gabia.com)	5.5.17
엘지 U+(http://hosting.smartsme.co.kr)	5.6
아이비호스팅(http://www.ivyro.net)	5.6
나야나(http://www.nayana.com/)	MariaDB 5.5.42

참고로 MariaDB는 MySQL의 개발자인 마이클 몬티 와이드니어스(Michael Monty Widenius)가 개발한 데이터베이스로 마리아(Maria)는 자신의 둘째 딸 이름이라고 합니다. MySQL을 썬 마이크로 시스템즈에 매각했지만, 개발 의도와는 다르게 운영되는 것으로 판단해 새로 개발한 데이터베이스 언어입니다. MySQL과 거의 같으며 MySQL로 만들어진 데이터베이스를 MariaDB의 데이터베이스에 가져오게 할 수 있습니다. 이들 두 가지 버전의 번호는 서로 같습니다. MySQL 5.5는 MariaDB 5.5와 같은 것이죠. 하지만 MySQL 5.6 버전부터는 전혀 달라집니다. MariaDB 5.5의 다음 버전은 MariaDB 10입니다. 그러면서 MySQL과 구조나 기능 면에서 아주 달라졌습니다.

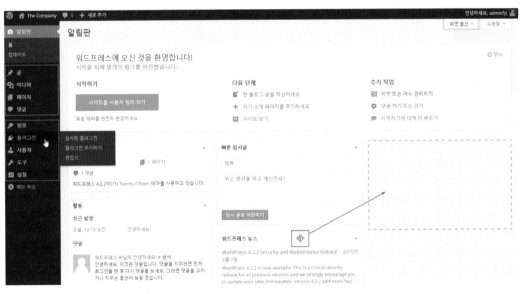

그림 1-21 워드프레스의 관리자 화면

워드프레스의 관리자 화면은 위와 같습니다. 왼쪽에 **주메뉴**가 있고 중앙은 메뉴의 선택에 따라 달라지는 **콘텐츠** 영역입니다. 워드프레스 관리자 화면의 콘텐츠 영역은 박스로 돼 있는 것이 많습니다. 박스의 제목이 있는 부분에 마우스를 올리면 커서의 모양이 바뀝니다. 이는 클릭해서 이동할 수 있다는 의미입니다. 큰 화면에서 보면 우측 열이 점선으로 나타나는데, 다른 박스를 클릭한 뒤 드래그해서 점선이 있는 영역으로 이동할 수 있습니다.

처음 워드프레스를 설치한 다음의 주메뉴는 크게 두 가지로 분류됩니다. 상단에 있는 글, 미디어, 페이지, 댓글은 콘텐츠를 만들거나 관리하는 데 사용하고 아래에 있는 외모, 플러그인, 사용자, 도구, 설정은 사이트를 관리하는 데 사용합니다. 간단한 구조이지만 각 메뉴에는 하위 메뉴가 있어서 마우스를 올리면 하위메뉴가 나옵니다. 또한, 플러그인을 설치하거나 프리미엄(유료) 테마를 설치하고 나면 메뉴가 아주 많아집니다.

01 글 편집하기

글 삭제하기

그림 1-22 글 삭제

주메뉴의 '글'을 선택하면 그림 1-22와 같이 글 목록 화면이 나옵니다. 워드프레스를 설치하면 기본적으로 하나의 글이 있습니다. 이 글은 필요 없으니 삭제합니다. 글 목록에 마우스를 올리면 링크가 나타나며 '휴지통'을 클릭하면 글이 삭제됩니다. 삭제된 글은 상단에 있는 '휴지통'으로 들어가서 복구하거나 영구적으로 삭제할 수 있습니다.

새 글 쓰기

워드프레스를 처음 사용하는 분들을 위해서 글 편집기에 대해 자세히 알아보겠습니다.

그림 1-23 새 글 쓰기 화면

'새 글 쓰기'❶를 선택해 글을 만들어보겠습니다. 화면의 오른쪽 위에 있는 '**화면옵션**❷'을 클릭하면 여러 가지 옵션이 나옵니다. 기본적으로 몇 가지가 체크돼 있는데 체크된 옵션은 자주 사용하는 것들입니다. **요약**과 **토론** 등 다른 옵션을 체크하면 화면 하단에 옵션에 해당하는 박스가 나타납니다. 이러한 박스를 **메타박스**라고 합니다. 이들 메타박스도 제목 부분을 드래그해서 이동할 수 있으며 오른쪽 끝에 있는 삼각형 아이콘을 클릭해서 펼치거나 접을 수 있습니다.

요약에는 글 내용을 간추려 요약한 글을 입력하며, 입력하지 않으면 사이트에서 요약 글이 필요한 경우 기본적으로 글 입력 상자에 입력한 내용 중 첫 55개의 단어가 나옵니다. 이 요약 글은 콘텐츠 위젯이나 글 목록 페이지에서 짧은 글로 나타나고 더 보기를 원할 경우 이미지나 제목을 클릭하면 전체 글이 있는 페이지로 이동합니다. **토론**은 댓글의 허용 여부를 결정합니다.

워드프레스 4.0 버전에서 새로 추가된 기능 중 하나가 편집기의 창 높이를 자동으로 조절할 수 있는 기능입니다. 화면 옵션에서 '**전체 높이 편집기 및 글 집중 모드 기능 활성화**❸'를 체크하면 글 내용이 많더라도 도구 모음이 항상 보이도록 편집기 창이 자동으로 늘어나거나 줄어듭니다. 체크를 해제하면 이전 버전처럼 드래그해서 창 크기를 조절할 수 있습니다. 또한, 편집기 오른쪽 끝에 있는 **확대 아이콘**

❹을 클릭하면 글 집중 모드로 전환되며, 글 집중 모드에서는 글을 편집할 때 외부의 요소가 감춰지고 마우스를 편집기 외부로 이동하면 다시 외부 요소가 나옵니다.

글을 만들기 위해 제목을 입력하고 글 입력 상자에 적당한 글을 작성합니다. 편집기 상단에 도구 모음이 있는데 이 도구 모음 오른쪽 끝에 있는 **아이콘❺**을 클릭하면 두 번째 줄에 도구 모음이 나옵니다. 각 도구 모음은 인터넷에서 글을 쓸 때 사용되는 글 편집기와 대부분 같은 기능을 합니다. 도구 아이콘에 마우스를 올리면 각 기능에 대한 툴팁을 볼 수 있습니다.

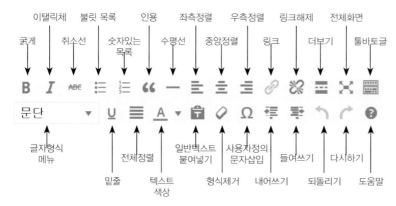

그림 1-24 **편집기 도구 모음**

각 도구의 기능을 알아보면 그림 1-24와 같습니다. 이들 도구에 대해서 전체적으로 간략하게 알아보겠습니다.

∩2 편집기 도구 모음

굵게, 이탤릭, 취소선

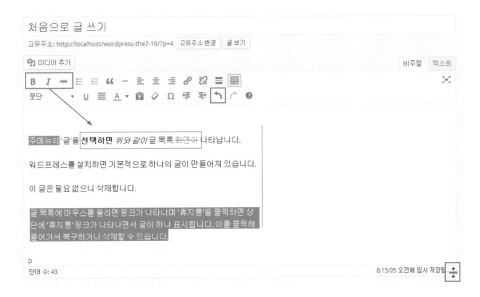

그림 1-25 굵게, 이탤릭, 취소선

글을 입력하면서 엔터키를 누르면 문단으로 나누어집니다. 따라서 그림 1-25에 있는 글은 4개의 문단으로 된 것이죠. 글자를 편집하려면 편집하고자 하는 글자를 블록으로 설정합니다. 블록을 설정하고자 하는 첫 글자를 클릭하고 드래그하면 블록을 설정할 수 있고, 블록으로 설정된 글자는 배경이 파란색으로 나옵니다. 이렇게 블록 설정한 것을 선택됐다고 말하기도 합니다.

블록 설정 방법 팁

- **긴 문장 블록 설정**: 블록 시작할 부분 클릭 + Shift + 블록 마지막 부분 클릭
- **한 단어 블록 설정**: 더블 클릭(스페이스 있는 곳까지 설정됨)
- **한 문단 블록 설정**: 트리플(빠르게 세 번) 클릭
- **전체 블록 설정**: Ctrl + A
- **입력 취소**: 도구 모음의 되돌리기 아이콘 또는 Ctrl + Z

이렇게 블록을 설정한 후에 도구를 사용합니다. 첫 번째 도구인 '**굵게**(B: Bold)'를 클릭하면 글자가 굵게 되고 '**이탤릭**(I)'을 선택하면 기울어진 글자가 됩니다. 세 번째 도구는 **취소선**을 만듭니다. 취소선은 글 내용 중 글을 삭제하기보다는 변경됐다는 표시를 위해 사용합니다.

글 편집 화면을 보면 폭이 좁은 데 이는 테마에 따라 달라집니다. 현재 기본 테마인 Twenty Fifteen 을 사용하고 있어서 그런 것이고 나중에 The7 테마로 변경하면 폭이 늘어납니다.

불릿 목록, 숫자 있는 목록

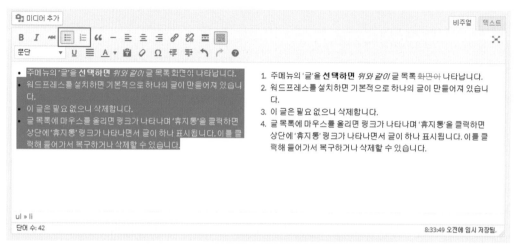

그림 1-26 불릿 목록, 숫자 있는 목록

문단으로 나누어진 글을 블록으로 설정하고 **불릿 목록** 도구를 클릭하면 각 문장의 앞에 불릿 기호가 나타납니다. **숫자 있는 목록** 도구를 선택하면 숫자가 나타납니다.

워드프레스 4.3에서는 단축키로 만들 수도 있습니다. 처음 글을 작성할 때 애스터리스크 키(*)나 하이픈 키(−)를 입력하고 스페이스바를 누르면 불릿 목록으로 전환됩니다. 숫자 있는 목록의 경우 숫자와 마침표 또는 숫자와 오른쪽 괄호를 입력한 다음 스페이스바를 누르면 됩니다. 취소하고자 하면 백스페이스키를 누릅니다.

인용

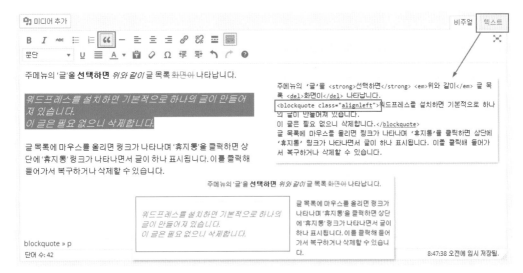

그림 1-27 인용

원하는 부분을 선택하고 인용 도구를 클릭하면 인용구로 설정됩니다. 이는 편집기 오른쪽 위에 있는 텍스트 탭을 선택하면 〈blockquote〉라는 HTML 태그가 삽입된 것을 볼 수 있습니다. 여기서 blockquote는 인용을 뜻하는 시맨틱 태그입니다. 인용으로 선택한 부분은 테마에 따라 조금씩 다르게 나옵니다.

워드프레스 4.3에서는 단축키로 오른쪽 각진 괄호(〉)를 입력하고 스페이스바를 누르면 인용을 바로 만들 수 있습니다.

글자 정렬

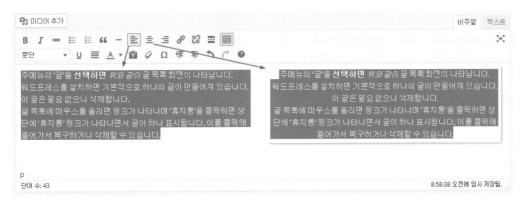

그림 1-28 글자 정렬

글을 블록으로 설정하고 **좌측 정렬**을 선택하면 글자가 왼쪽으로 정렬되고, **중앙 정렬**을 선택하면 글이 중앙을 기준으로 정렬됩니다. 우측 정렬은 많이 쓰이지 않고 주로 아랍권 언어에 사용됩니다.

링크

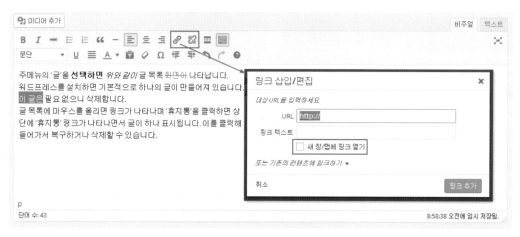

그림 1-29 링크 삽입/편집

링크는 클릭했을 때 다른 곳으로 이동할 수 있게 해주는 기능입니다. 링크로 설정하고자 하는 글자를 선택하고 링크 삽입/편집 도구를 선택하면 링크를 설정할 수 있는 창이 나옵니다. URL에는 클릭했을 때 이동시키고자 하는 주소를 입력하고, 링크 텍스트에는 해당 글자에 마우스를 올렸을 때 툴팁으로 나타날 글자를 입력합니다. '**새 창/탭에 링크 열기**'에 체크하면 링크를 클릭했을 때 현재 화면이 아닌 새 탭으로 링크 화면이 열립니다. 링크 도구 오른쪽에 있는 도구는 설정한 링크를 제거하는 도구입니다.

더보기 태그 삽입

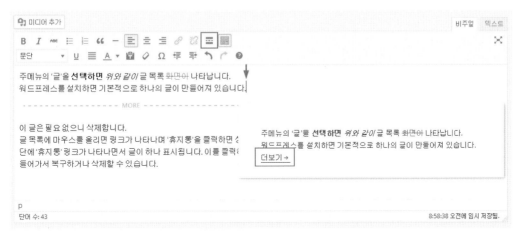

그림 1-30 **더보기 태그 삽입**

더보기 태그 삽입 기능은 사이트의 글 목록 페이지에서 내용을 제한할 때 사용합니다. 테마에 따라 다르지만, 일반적으로 글 목록 페이지에는 특성 이미지와 글의 모든 내용이 나타납니다. 글 목록 페이지에서 글의 일부분만 나타내고자 한다면 그림 1-30과 같이 글 목록 페이지에 나올 내용을 작성하고, 나머지 내용은 더보기 도구를 클릭한 후에 ---MORE--- 아래에 작성하면 됩니다. 이렇게 하면 글 목록 페이지에는 ---MORE--- 위에 작성한 내용만 나오고, 더보기 링크를 클릭하면 전체 내용을 볼 수 있는 단일 글 페이지로 이동하게 됩니다.

글쓰기 집중 모드

그림 1-31 **글쓰기 집중 모드**

전체 화면 아이콘❶을 클릭하면 글 작성 중에 편집기 외부의 다른 요소는 사라지고 글을 작성하는 데 집중할 수 있게 됩니다. 탭 키를 누르거나 마우스를 편집기 밖으로 이동시키면 사라진 요소가 다시 나옵니다.

글자 형식 메뉴

그림 1-32 글자 형식 메뉴

글자 형식 메뉴는 블록 설정을 하지 않아도 한 문단의 형식을 변경할 수 있습니다. 따라서 문단을 클릭만 하고 원하는 글자 형식을 선택하면 문단 전체에 적용됩니다.

워드프레스 4.3 버전에서는 제목의 글자 형식 메뉴를 일일이 선택하지 않고도 제목 2 이하의 제목 글자를 만들 수 있습니다. 예를 들어 제목 2의 글자는 ##를 입력하고 스페이스 키를 누르면 되고 제목 6은 샵(#)을 여섯 번 입력하면 됩니다. 제목 1의 단축키가 없는 이유는 글 제목이 제목 1에 해당하기 때문입니다. 따라서 가능한 한 편집기 내부에서의 제목 글자는 제목 2부터 사용하는 것이 좋습니다.

참고로 웹사이트의 글 제목 글자는 순서대로 만드는 것이 좋습니다. 글의 제목이 제목 1로 됐으므로 편집기 내부에서 다른 소제목을 만들 경우 제목 2로 만들고, 이 내부에 다른 소제목이 있으면 제목 3으로 만듭니다.

밑줄, 전체 정렬

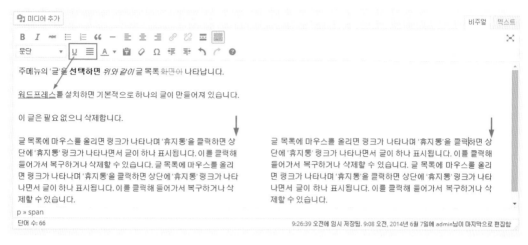

그림 1-33 밑줄, 전체 정렬

강조하고자 하는 글자를 블록으로 설정하고 **밑줄** 도구를 선택하면 밑줄이 만들어집니다. 그 옆의 도구는 **전체 정렬** 도구로 문장 내부를 클릭하고 이 도구를 선택하면 들쭉날쭉한 오른쪽 끝이 정렬됩니다.

텍스트 색상

그림 1-34 텍스트 색상

글자를 블록으로 설정한 다음 **텍스트 색상** 도구를 선택하면 글자색을 지정할 수 있습니다. Custom…(사용자 정의) 링크를 클릭하면 **컬러피커**가 나타나고 원하는 색을 만들 수 있습니다.

텍스트로 붙여넣기

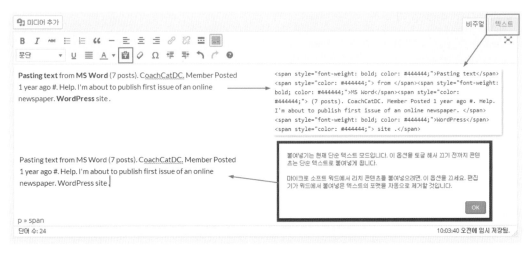

그림 1-35 텍스트로 붙여넣기

글을 다른 곳에서 복사해 사용할 경우 일정한 포맷이 정해져 있을 수 있습니다. 예를 들어 인터넷의 글을 복사하면 태그나 색 등 여러 가지 포맷이 같이 포함돼 있어서 그대로 붙여넣으면 원하는 형식으로 나타나지 않을 수도 있습니다. 이 경우 **텍스트로 붙여넣기** 아이콘을 클릭하면 메시지 창이 나오고, OK 버튼을 클릭하면 텍스트로 붙여넣기 기능이 활성화되며 포맷이 제거된 채로 입력됩니다. 워드 문서에서 복사한 글은 텍스트로 붙여넣기 기능을 활성화하지 않아도 항상 포맷이 제거된 채로 입력됩니다.

포맷 제거, 특수 문자

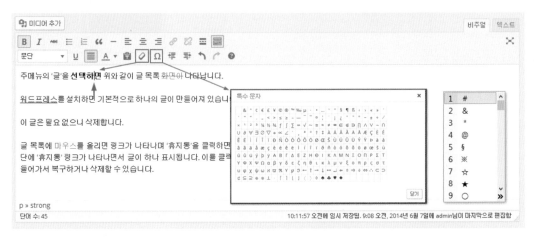

그림 1-36 포맷 제거, 특수 문자

도구를 이용해 형식을 지정한 글자에 대해 이를 제거하려면 **포맷 제거** 아이콘을 클릭합니다. 취소선은 포맷 제거를 클릭하더라도 없어지지 않으므로 취소선 아이콘을 다시 한 번 클릭해야 합니다. 특수 문자 도구를 클릭하면 각종 특수 문자가 나옵니다. 삽입하고자 하는 특수 문자를 선택하면 커서가 있는 곳에 삽입됩니다. 한글의 자음을 입력하고 한자 키를 눌러 특수 문자를 삽입할 수도 있습니다. 그림 1-36의 오른쪽에 있는 그림은 미음(ㅁ) 키를 누른 뒤 한자 키를 눌렀을 때 나타나는 문자표입니다.

05
유료 테마
구매하기

∩1 계정 만들기

http://themeforest.net/

웹 브라우저 주소창에 위 주소를 입력하고 엔터키를 누르면 세계적으로 유명한 테마 사이트 중 하나인 씸포레스트로 이동합니다. 씸포레스트는 워드프레스뿐 아니라 각종 템플릿도 판매합니다.

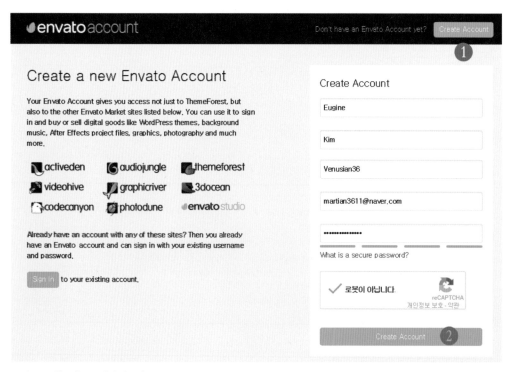

그림 1-37 **씸포레스트 계정 만들기**

우선 계정을 만들어야 테마를 구매할 수 있으므로 화면의 오른쪽 위에 있는 **Create Account❶** 버튼을 클릭합니다. 그림 1-37과 같은 화면이 나오면 오른쪽에 있는 입력란에 각종 정보를 입력합니다. 그 다음 **Create Account❷** 버튼을 클릭하면 다음 화면에서 이메일을 보냈다는 메시지가 나옵니다.

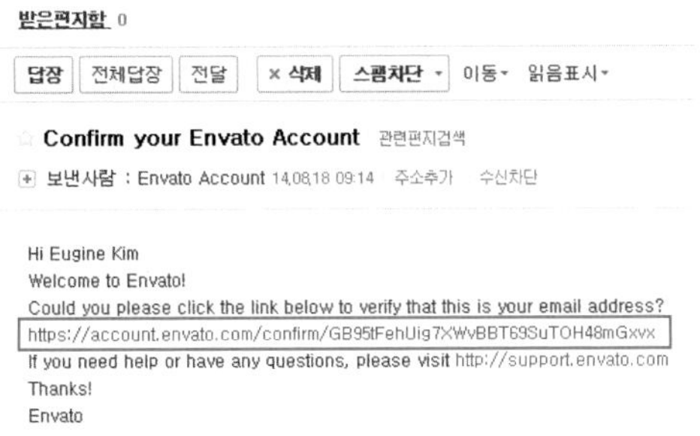

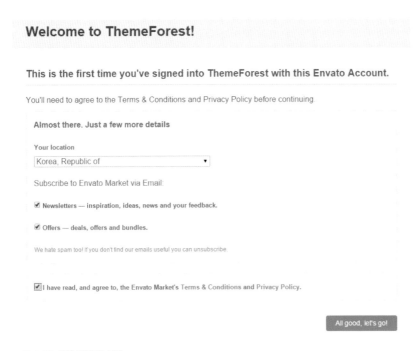

그림 1-38 씸포레스트 인증 메일

이메일을 열고 확인 링크를 클릭하면 다음과 같이 이용 약관에 동의하는 페이지가 나옵니다.

Welcome to ThemeForest!

This is the first time you've signed into ThemeForest with this Envato Account.

You'll need to agree to the Terms & Conditions and Privacy Policy before continuing.

Almost there. Just a few more details

Your location

Korea, Republic of

Subscribe to Envato Market via Email:

☑ **Newsletters** — inspiration, ideas, news and your feedback.

☑ **Offers** — deals, offers and bundles.

We hate spam too! If you don't find our emails useful you can unsubscribe.

☑ I have read, and agree to, the Envato Market's Terms & Conditions and Privacy Policy.

All good, let's go!

그림 1-39 이용 약관에 동의

국가를 선택한 다음 세 곳에 체크하고 All good, let's go! 버튼을 클릭합니다.

02 테마 고르기

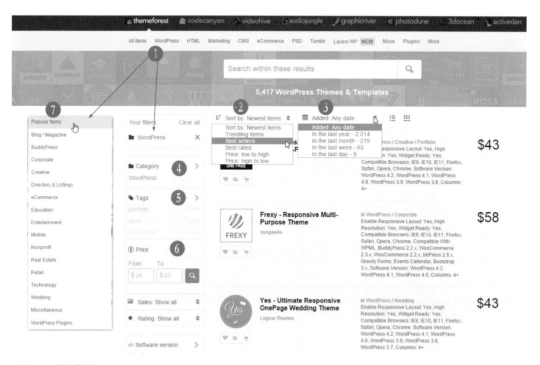

그림 1-40 테마 찾기

Wordpress 메뉴를 선택하면 이 사이트에서 판매하고 있는 모든 테마가 최근에 올라온 순서로 나열됩니다. 총 5,417개의 테마가 있는데 이렇게 많은 테마들 중에서 내가 원하는 테마를 찾기란 쉽지 않으며 좋은 디자인을 찾기는 더욱 어렵고, 일일이 데모 화면을 보고 확인해야 합니다. **Sort by②**나 **Added③**를 이용해 범위를 축소할 수 있으며 **Category④**를 클릭하면 테마를 카테고리별로 분류할 수 있는 메뉴가 나옵니다. **Tag⑤**를 선택하거나 가격⑥으로 분류할 수도 있습니다.

Popular⑦ 항목에 들어가면 최근 일주일 동안 인기 있었던 테마를 한 페이지에 보여줍니다. 인기가 있다고 해서 내가 원하는 테마는 아니므로 카테고리별로 찾는 것이 좋습니다.

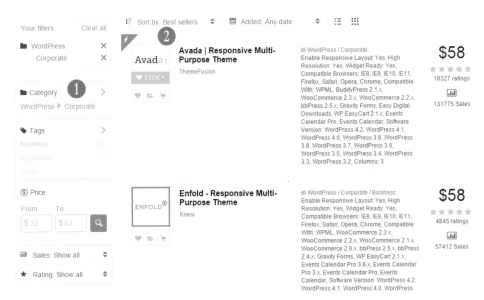

그림 1-41 테마 찾기 예 - 기업용 테마 찾기

기업용 테마를 찾기 위해 **Category❶**에서 Corporate를 선택하고 Sort by❷에서 **Best Seller**를 선택하면 기업용 테마 중 가장 많이 팔린 테마 순서대로 나옵니다.

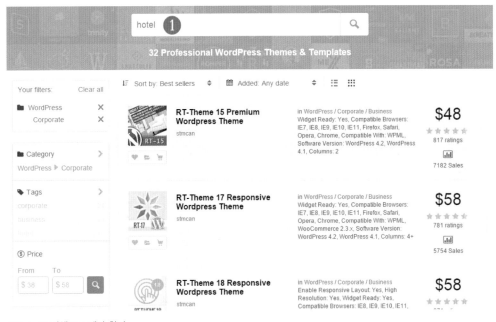

그림 1-42 검색으로 테마 찾기

더 세분화하기 위해 검색어를 입력❶하면 해당 카테고리에서 hotel이라는 태그가 있는 테마만 나옵니다. Sort by: 선택박스에서 중점을 둬야 할 것은 판매량(Sales)과 최신순(Newest)입니다. 평가(Rating)와 가격(Price)은 대상에서 제외하는 것이 좋습니다. 평가는 대부분 인기 있는 테마는 좋게 나오며 가격은 대부분의 프리미엄 테마는 43~63달러이므로 테마 선택에 큰 영향을 주지 않습니다. 오히려 비싼 테마에는 번들 플러그인이 더 많이 포함돼 있어서 그만한 가치를 하고도 남습니다.

판매량을 기준으로 정렬하면 많이 팔린 순서대로 나오는데, 이때 주의해야 할 점은 오래된 테마, 즉 1년 이상 된 테마는 제외하는 것이 좋습니다. 예를 들어 2년 전에 개발된 테마라면 처음 개발했을 때와 현재까지 버전이 업데이트되면서 이전의 워드프레스 버전이나 웹 브라우저의 버전 호환성을 위해 더 많은 코드의 수정을 거치므로 유연하게 작동하지 않을 수도 있습니다. 최근에 개발된 테마는 신기술이 적용돼 있기도 하고 IE8 이전 버전을 지원하지 않으므로 더 가벼울 수 있습니다. 오래전에 개발된 테마라면 업데이트되면서 군더더기 코드가 남아 있을 수도 있습니다.

너무 최근에 개발된 테마도 지양하는 것이 좋습니다. 갓 개발된 테마는 모든 상황에서 테스트한 상태로 출시되는 것이 아니기 때문입니다. 실제로 사용해보고 문제(Issue)가 발생하면 사용자가 문제를 보고하고, 이를 수정한 업데이트 버전이 나오는 과정을 수없이 반복하게 됩니다. 대략 3개월 정도 되면 테마가 안정적으로 자리 잡게 되며 버그 수정이 이뤄지면서 기능상의 업데이트도 추가됩니다. 어떤 테마는 나온 지 한 달이 안 됐는데도 버전 번호가 2.0이 되는 경우도 있습니다. 필요한 버그 수정과 같은 사소한 업데이트는 번호가 소수점 단위로 올라가는데 2.0으로 됐다면 수없이 많은 버그의 수정이 이뤄졌다는 이야기가 됩니다.

또한, 주의해야 할 점은 특정 목적의 테마를 찾을 때는 해당 목적에 맞는 기능이 있는지 살펴봐야 합니다. 위 검색에서 가장 많이 팔린 테마라고 해서 호텔 테마에 있어야 할 예약 기능이 있다고는 보장하지 못합니다. 다용도 테마는 이런 특정 기능이 없습니다. 반면에 특정 기능이 있는 특수 목적의 테마는 다용도 테마에 포함된 페이지 빌더나 슬라이더 플러그인이 포함돼 있지 않아서 사이트를 만들기가 어렵습니다. 확장성도 떨어지고 디자인 품질도 떨어지죠. 따라서 다용도 테마 중 원하는 디자인의 테마를 찾았는데 원하는 기능이 없다면 별도로 플러그인을 구매해 설치해야 합니다.

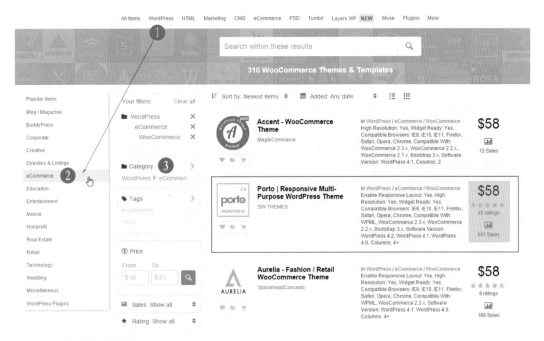

그림 1-43 가장 많이 판매된 테마 찾기

제 경우는 쇼핑몰을 주로 만드는데 쇼핑몰 테마를 검색하는 방법을 살펴보겠습니다. 우선 **WordPress❶**에서 **eCommerce❷**를 선택합니다. 카테고리에서 **Woocommerce❸**를 선택하고 날짜순으로 정렬한 다음 스크롤 하면서 많이 팔린 테마를 주로 선택합니다. 이렇게 하면 같은 시기에 나온 테마 중에서 가장 많이 팔린 테마를 고를 수 있기 때문입니다. 가장 많이 팔린 테마라고 해서 가장 좋은 것은 아닙니다. 3년 전에 나온 것이 1만 개 팔린 것과 한 달 전에 나와 1,000개가 판매됐다면 후자가 더 좋은 테마일 수도 있습니다. 최근에 구매한 테마인 Porto는 같은 시기에 나온 테마들 중에서 판매량이 상당히 높습니다. 이처럼 같은 시기에 나온 테마 중 많이 팔린 테마는 그만큼 장점이 있다는 이야기이므로 선택에 도움이 됩니다.

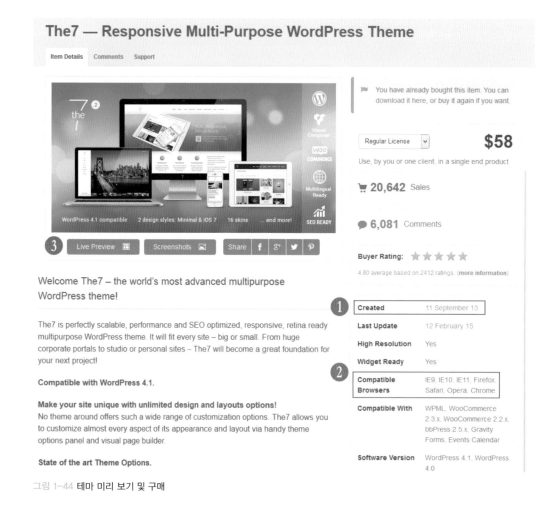

그림 1-44 테마 미리 보기 및 구매

이 책에서 사용할 테마는 The7입니다. 검색 상자에서 The7으로 검색하면 됩니다. 테마 상세 페이지에서 여러 가지를 확인합니다. 우선 언제 개발됐는지❶, 웹 브라우저는 어디까지 지원하는지❷, 어떤 플러그인을 지원하는지 봐야 합니다. 이 테마는 다용도(Multi-Purpose) 테마로 다국어지원 플러그인과 우커머스 상점 플러그인을 지원합니다. 대부분의 다용도 테마는 우커머스를 지원합니다. 이는 우커머스 플러그인을 설치하면 별도의 작업 없이 상점을 운용할 수 있다는 의미이며 상점 기능이 많이 있는 쇼핑몰 전용 테마는 아닙니다.

이 테마를 선택한 이유는 2013년 9월에 출시❶한 이후로 인기 테마 목록에서 계속 상위권을 차지하고 있으며 각종 번들 플러그인이 포함돼 있고 디자인도 우수해 기업용 사이트를 만들기에 적합하기 때문입니다. 또한 최근(2014년 12월)에 전면적인 디자인 수정과 코드 수정이 이뤄져서 시즌 2의 버전으로 나오게 됐습니다. 기존 버전 사용자를 위해 기존 버전의 업데이트도 이뤄지고 있고 다운로드 패키지에 포함돼 있습니다.

위와 같은 여러 가지 사항을 확인하고 실제 어떤 모양인지 데모 사이트를 확인해 보겠습니다. **Live Preview 버튼❸**을 클릭해 데모 사이트로 이동하면 상당히 많은 페이지를 확인할 수 있습니다. 이 테마는 업데이트가 빈번하게 이뤄지는데 나온 지 1년이 지났으므로 버그 수정이 아닌 주로 기능상의 업데이트가 이뤄집니다. 예를 들면 새로운 웹 페이지라든가 번들 플러그인의 업데이트입니다. 최근 업데이트에서는 메뉴를 클릭하면 한 페이지에서 슬라이드되면서 이동하는 One page 기능이 추가됐습니다.

이제 테마를 실제로 구매하기 위해 오른쪽 사이드바에 있는 Buy now 버튼을 클릭합니다.

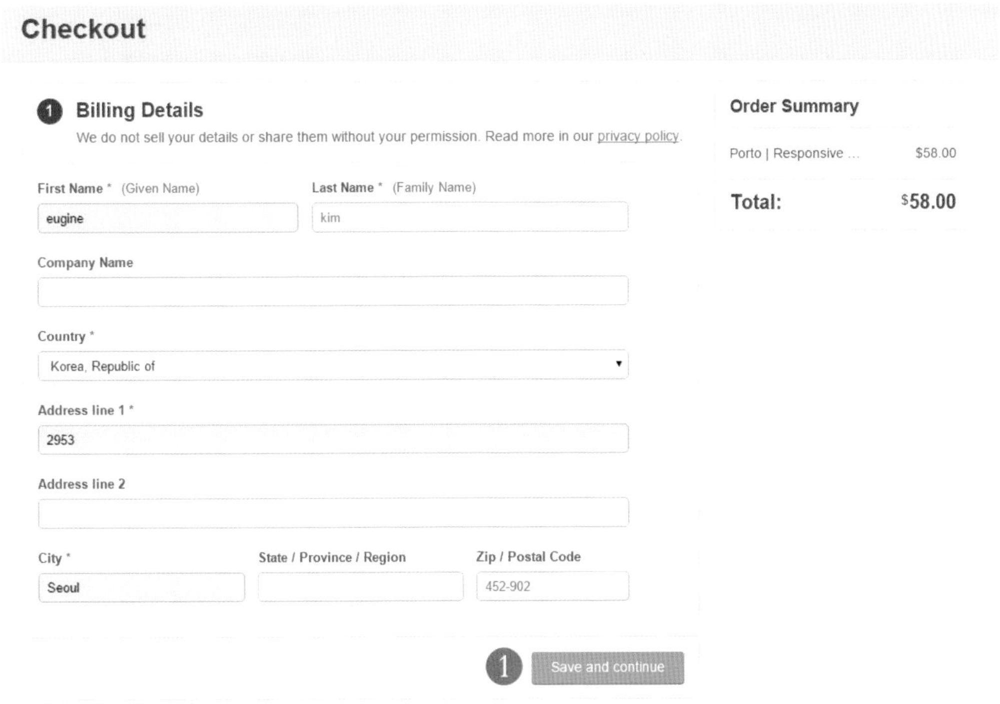

그림 1-45 개인 정보 추가

각종 정보를 입력하고 **Save and continue❶** 버튼을 클릭합니다.

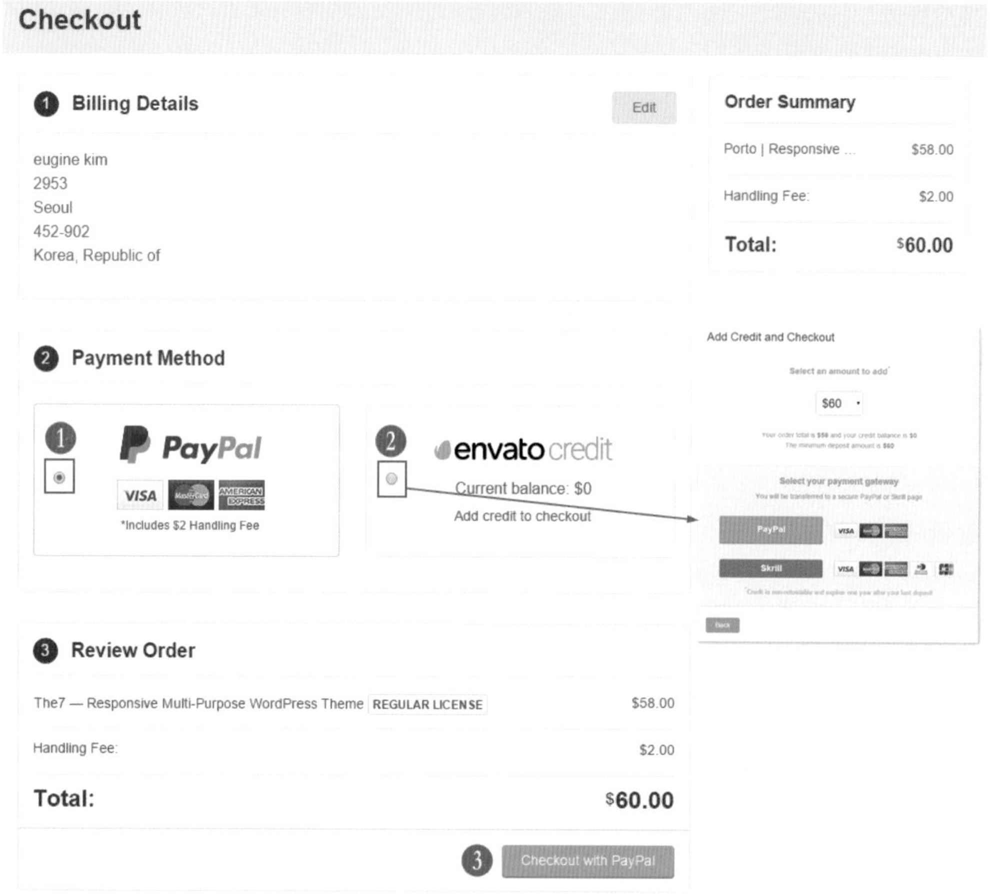

그림 1-46 **결제 방법 선택**

결제 방법(Payment Method)은 두 가지가 있습니다. 테마를 바로 구입하는 방법❶과, 이 사이트에서 운영하는 회사인 엔바토(Envato)에 적립금을 적립❷한 다음에 결제하는 방법입니다. 엔바토에 적립금을 적립한 뒤 결제하면 추가 금액이 없지만, 페이팔로 바로 결제하면 2달러의 추가 금액을 내야 합니다. 이는 적립해서 지속적인 구매를 유도하기 위한 것입니다. 앞으로 다른 테마를 살 계획이 있다면 엔바토를 이용하는 게 좋고 하나만 구매할 예정이라면 Paypal을 선택하는 게 좋습니다.

페이팔을 통한 구매를 위해 페이팔을 선택❶한 뒤 Review Order 박스에서 내역을 확인하고 **Checkout with Paypal** 버튼을 클릭❸하면 페이팔 결제 화면이 나옵니다. 엔바토 크레딧을 선택❷하고 Add Credit and Check 버튼을 했을 때도 팝업창에서 적립할 금액을 선택하고 Paypal 버튼을 클릭하면 페이팔 결제 화면이 나옵니다.

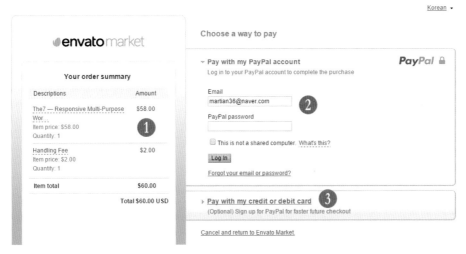

그림 1-47 페이팔 결제 화면

페이팔 결제 화면의 왼쪽에서 결제할 금액을 확인합니다❶. 오른쪽에는 두 가지 결제 방법이 있는데 하나는 페이팔 계정이 있는 경우 로그인해서 결제하는 방법이고 다른 하나는 카드로 직접 결제❷하는 방법입니다. 페이팔은 계정 만들기가 아주 번거롭습니다. 그래서 바로 결제할 수 있는 **카드 직접 구매** (Pay with my credit or debit card) 링크❸를 클릭합니다.

그림 1-48 결제 진행

정보를 입력하고 하단에서 페이팔에 정보를 등록할 것인지 선택합니다. 플러스 아이콘을 클릭하면 창이 나타나며 정보를 등록할 수 있습니다. 정보를 등록해두면 안전 결제가 가능하고 나중에 빠르게 결제할 수 있습니다.

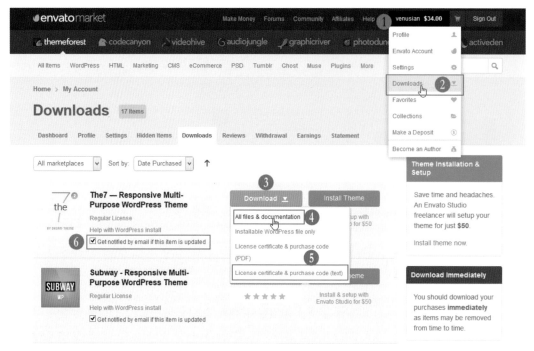

그림 1-49 **파일 내려받기**

결제를 마치고 상단 메뉴❶에서 **Downloads 링크❷**를 클릭하면 내려받기 화면이 나옵니다. 녹색의 **Download 버튼❸**을 클릭하면 4가지 메뉴가 있습니다. **All files & documentation❹**과 **License certificate & purchase code❺**를 클릭해 내려받습니다. 라이선스 코드는 업데이트나 프리미엄 지원을 위해 필요합니다. 또한, 업데이트가 있는 경우 이메일로 알림을 받고 싶다면 "**Get notified by email the item is updated❻**"에 체크합니다.

03 테마 파일의 구조

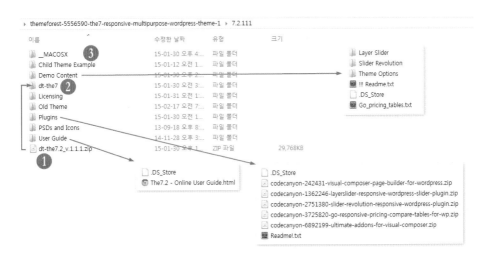

그림 1-50 테마 파일의 구조

All files & documentation을 클릭해 테마를 내려받으면 파일 이름이 themeforest-5556590-the7-responsive-multipurpose-wordpress-theme.zip 파일로 돼 있습니다. 내려받은 파일의 압축을 해제하고 폴더로 들어가면 그림 1-50과 같습니다. 테마로 사용할 **dt-the7.2_v.X.X.zip 파일 ❶**을 마우스 오른쪽 버튼으로 클릭하고 '**여기에 압축 풀기**'를 클릭해 압축을 해제하면 **dt-the7 폴더 ❷**가 생성됩니다. 이 폴더에 실제 테마로 사용할 각종 템플릿이 있습니다. 마찬가지 방법으로 Child **Theme Example 폴더❸**로 들어가 dt-the7-child.zip 파일의 압축을 해제합니다.

유료 테마의 장점은 디자인을 참고할 수 있도록 PSD 파일이 첨부된 경우가 많다는 점입니다. 특히 이 테마는 데모 사이트에 사용된 페이지의 많은 디자인을 PSD 파일로 제공(PSD and Icons 폴더)합니다. User Guide 폴더에는 테마의 사용자 가이드가 있고, 번들 플러그인의 가이드는 Plugins 폴더에 있으며, 레볼루션 슬라이더와 레이어 슬라이더 그리고 비주얼 컴포저 플러그인의 압축을 해제하면 각 폴더에 사용법이 있습니다. 또한, 각 슬라이더의 데모 파일도 있습니다.

이전에는 Demo Content 폴더에 테마의 데모 사이트를 만들 수 있는 xml 파일이 있었으나 최근에는 별도의 플러그인(dt-dummy)을 이용해 데모 사이트를 만들 수 있도록 하고 있습니다. 이 폴더에는 개별 데모 사이트를 만들었을 때 미리 설정된 테마 옵션과 슬라이더 데모 파일만 있습니다.

06
테마와
각종 플러그인 설치

∩1 워드프레스 관리자 화면에서 테마 설치하기

압축 파일을 업로드해서 테마를 설치하는 방법으로 주로 웹 호스팅에서 테마를 설치할 때 사용하는 방법입니다.

그림 1-51 테마 설치

워드프레스 관리자 화면에서 **외모 → 테마①**를 선택하면 그림 1-51과 같은 화면이 나옵니다.

관리자 화면에서 직접 설치하려면 **새로 추가②** 버튼을 클릭하거나 **새 테마 추가하기 박스③**를 선택합니다.

테마 추가 화면에서는 무료 테마를 검색해서 설치할 수 있는 다양한 옵션이 있습니다. 키워드로 검색하거나 필터링해서 범위를 좁혀 테마를 고른 뒤 설치 버튼을 누르면 테마가 설치됩니다. 압축 파일을 직접 업로드해 설치할 때에는 **테마 업로드④** 버튼을 클릭합니다. 다음 화면에서 **파일 선택 버튼⑤**을 클릭해 압축 파일을 업로드하고 **지금 설치하기 버튼⑥**을 클릭하면 됩니다.

여기서는 자식 테마를 만들어서 사용할 것이므로 폴더를 직접 업로드하는 방법을 사용하겠습니다.

○2 테마 폴더를 직접 업로드

웹 호스팅 서버에 테마 폴더를 업로드하려면 파일질라와 같은 FTP 프로그램을 사용하지만 내 컴퓨터에서는 테마 폴더를 복사해서 워드프레스 폴더에 붙여넣는 것으로 테마 설치가 끝납니다. 그러므로 Autoset9/public_html/wordpress 폴더는 웹 호스팅의 루트 디렉터리에 해당합니다.

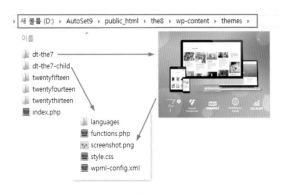

그림 1-52 **부모 및 자식 테마 설치**

씸포레스트에서 내려받은 패키지 파일에서 압축을 해제한 dt-the7 폴더와 dt-the7-child 폴더를 복사해 자신의 워드프레스 경로(Autoset9/public_html/wordpress/wp-content/themes)에 붙여넣습니다. 그런 다음 dt-the7 폴더에서 screenshot.png 파일을 복사해 자식 테마 폴더에 붙여넣습니다. 필자의 컴퓨터에서는 여러 개의 워드프레스를 설치해 실험하느라 폴더명을 the8으로 지정했지만, wordpress라고 생각하면 됩니다. 기본 테마는 만일을 위해 하나만 있으면 되므로 최근 테마(twentyfifteen)를 제외하고 모두 삭제합니다.

03 자식 테마 수정

대부분 테마는 자식 테마를 포함하지 않지만 The7 테마는 자식 테마를 포함하고 있으므로 별도로 자
식 테마를 만들지 않아도 됩니다. 워드프레스는 테마를 수정해서 사용할 수 있는데, 부모 테마를 수정
하게 되면 테마를 업데이트 할 때 수정한 내용이 모두 제거됩니다. 자식 테마를 만들어서 자식 테마를
수정하면 수정한 모든 내용이 자식 테마를 기준으로 이뤄지므로 부모 테마를 업데이트 하더라도 전혀
영향을 받지 않습니다. 따라서 테마를 수정해야 한다면 반드시 자식 테마를 수정해야 합니다

```
1  /*
2  Theme Name: the7dtchild
3  Author: Dream-Theme
4  Author URI: http://dream-theme.com/
5  Description: The7 is perfectly scalable, performance and SEO optimized, responsive,
   retina ready multipurpose WordPress theme. It will fit every site — big or small. From
   huge corporate portals to studio or personal sites — The7 will become a great
   foundation for your next project!
6  Version: 1.0.0 --> 7.2.3
7  License: This WordPress theme is comprised of two parts: (1) The PHP code and
   integrated HTML are licensed under the GPL license as is WordPress itself.  You will
   find a copy of the license text in the same directory as this text file. Or you can
   read it here: http://wordpress.org/about/gpl/ (2) All other parts of the theme
   including, but not limited to the CSS code, images, and design are licensed according
   to the license purchased. Read about licensing details here: http://themeforest.net/
   licenses/regular_extended
8  Template: dt-the7
9  */
10
11 @import url(../dt-the7/style.css);
12 @import url("http://fonts.googleapis.com/earlyaccess/nanumgothic.css");
13
14 body, h1, h2, h3, h4, h5, h6, li, p, #nav ul li a, #topbar, input, button, select,
   textarea, a, .wf-container > *, .widget-title, .h1-size, .h2-size, .h3-size, .h4-size
   , .h5-size, .h6-size, .vc_pie_chart .vc_pie_chart_value, #wpmem_reg, #wpmem_login {
15   font-family: 'Nanum Gothic' !important;
16   font-style: normal  !important;
17 }
18 /* 아래부터는 자신의 스타일시트를 입력합니다. */
19
20
```

그림 1-53 자식 테마의 스타일 시트

dt-the7-child 폴더에서 **style.css** 파일을 편집기로 열고 수정합니다. 6번째 줄에서 Version 번호를
현재 테마 버전의 번호로 수정합니다. 이는 관리자 화면에서 테마의 버전을 나타내므로 테마가 업데이
트될 때마다 수정해주는 것이 좋습니다. 자신이 사용하는 테마가 어떤 버전인지 알아야 하기 때문입니
다. 11번째 줄에는 다음 코드를 추가해 사이트에서 사용할 폰트를 나눔 고딕으로 바꿔줍니다.

```
11 @import url(../dt-the7/style.css);
12 @import url("http://fonts.googleapis.com/earlyaccess/nanumgothic.css");
13 body, h1, h2, h3, h4, h5, h6, li, p, #nav ul li a, #topbar, input, button, select, textarea, a,
   .wf-container > *, .widget-title, .h1-size, .h2-size, .h3-size, .h4-size, .h5-size, .h6-size,
   .vc_pie_chart .vc_pie_chart_value {
14   font-family: 'Nanum Gothic' !important;
```

```
15    font-style: normal !important;
16 }
17 /* 아래부터는 자신의 스타일 시트를 입력합니다. */
```

@import는 다른 파일의 스타일 시트를 가져오는 기능을 하며 11번 줄은 부모 테마의 스타일 시트를 가져오는 코드입니다. 12번 줄은 구글 웹 폰트 사이트에서 나눔 고딕체를 가져오는 코드이고, 그 이후의 코드는 HTML 페이지의 각 태그에 나눔 고딕체를 적용하는 스타일 시트입니다.

```
1 <?php
2 // 관리자 화면 스타일시트 설정
3 function admin_css() {
4    wp_enqueue_style( 'admin_css', get_stylesheet_directory_uri() . '/admin/admin.css' );
5 }
6 add_action('admin_print_styles', 'admin_css');
```

이번에는 functions.php 파일을 열고 위와 같이 코드를 추가합니다. 이 코드는 관리자 화면을 나눔 고딕체로 사용하기 위한 코드입니다. get_stylesheet_directory_uri()는 자식 테마가 있는 경로를 표시하는 워드프레스 템플릿 태그입니다. 따라서 localhost/wordpress/themes/dt-the7-child를 의미합니다. 경로를 보면 admin/admin.css로 돼 있으니 이 경로에 admin.css 파일을 생성합니다.

```
1 @import url("http://fonts.googleapis.com/earlyaccess/nanumgothic.css");
2 body, h1, h2, h3, h4, h5, h6, li, p {
3    font-family: 'Nanum Gothic' !important;
4    font-style: normal !important;
5 }
```

편집기에서 새 파일을 만들고(Ctrl+N) 위 코드를 추가한 다음 Ctrl+S 키를 눌러 새로운 이름으로 저장합니다. 자식 테마 폴더에 admin 폴더를 만들고 admin 폴더에 파일명을 admin.css로 해서 저장합니다.

다음으로 워드프레스 글 편집기 화면에 있는 글자를 나눔 고딕체로 바꿔보겠습니다.

```
2 @import url("http://fonts.googleapis.com/earlyaccess/nanumgothic.css");
3
4 html, body {
5    font: 14px/22px normal 'Nanum Gothic', Arial, Helvetica, sans-serif;
6 }
```

편집기의 스타일 시트는 editor-style.css 파일로 관리되고 있습니다. dt-the7 부모 폴더에서 이 파일을 복사해서 dt-the7-child 폴더로 붙여넣은 다음 이 파일을 편집기로 엽니다. 앞서 살펴본 코드의 2번 줄처럼 구글 웹 폰트를 가져오는 코드를 추가하고, 5번 줄과 같이 Arial 앞에 'Nanum Gothic'과 콤마를 입력하고 저장합니다. 이처럼 부모 테마에서 수정하고 싶은 부분이 있다면 각 파일을 자식 테마로 복사한 뒤 원하는 부분을 수정하면 됩니다.

다음으로 테마의 한글 언어 파일인 ko_KR.mo, ko_KR.po를 languages 폴더에 설치합니다. 이 파일은 첨부 파일에 있으며 책 서문의 마지막 부분에 제 블로그 링크가 있으니 참고하세요.

그림 1-54 자식 테마 폴더의 내용

지금까지 작업한 내용은 위와 같습니다.

모든 과정이 완료됐으면 워드프레스 관리자 화면을 새로고침하고 테마 관리 화면으로 갑니다.

04 테마 활성화 및 플러그인 설치

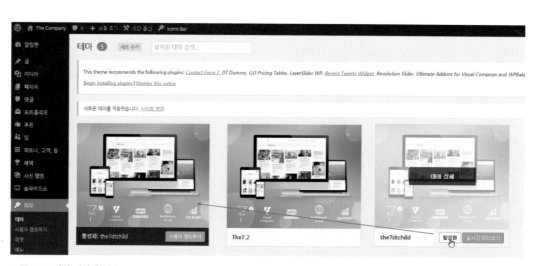

그림 1-55 자식 테마 활성화

관리자 화면에서 **외모 → 테마**를 선택하면 그림 1-55와 같은 화면이 나옵니다. The7 Child 테마에 마우스를 올려 **활성화** 버튼을 클릭하면 테마가 활성화되고, 모든 글자가 나눔 고딕체로 바뀌면서 상단에 메시지 박스가 나옵니다. 이 박스에 있는 링크는 번들 플러그인이나 테마에 필수로 사용되는 무료 플러그인을 설치하는 기능을 합니다. **"Begin installing plugins"** 링크를 클릭합니다.

그림 1-56 플러그인 설치 및 활성화

필수 플러그인 설치 화면에서 상단이나 하단의 Plugin 제목 옆에 있는 **체크 박스❶**에 체크하면 모든 플러그인이 선택됩니다. 하단에 있는 **일괄 작업** 선택박스에서 Install**❷**을 선택하고 **적용 버튼❸**을 클릭해 설치를 진행합니다. 많은 플러그인을 설치하므로 시간이 오래 걸려서 '**페이지 응답 없음**'이라는 팝업창이 나타나더라도 그대로 두고 기다리면 설치가 완료됩니다. 설치가 완료되면 설치 목록 아래에 있는 '**필수 플러그인 설치로 돌아가기**' 링크를 클릭합니다.

다시 위 화면이 나타나면 모든 플러그인을 선택하고 일괄 작업 선택 상자에서 이번에는 **Activate**를 선택한 뒤 **적용 버튼**을 클릭해 모든 플러그인을 활성화합니다. 이러한 과정이 안 될 때는 각 플러그인에 마우스를 올려 **Install 링크❹**를 클릭해 설치합니다.

그림 1-57 설치된 플러그인

설치된 플러그인① 화면(플러그인 → 설치된 플러그인)에 보면 설치한 플러그인들이 보입니다. 상단에 **메시지 박스②**가 나타나면 링크를 클릭해 제거합니다. 이것은 레볼루션 슬라이더가 번들 플러그인이 아닌 경우 플러그인을 인증해서 지원 서비스를 받을 수 있다는 내용이며 레이어 슬라이더도 같은 메시지가 보이지만③ 이는 제거할 수 없습니다.

∩5 언어 파일 설치

설치한 플러그인 중 한국어로 번역한 플러그인이 있으니 첨부 파일의 languages 폴더에서 복사해 그림 1-58의 경로에 붙여넣습니다.

이름	수정한 날짜	유형	크기
akismet-ko_KR.mo	15-07-29 오후 1:...	컴파일한 번역	23KB
akismet-ko_KR.po	15-07-29 오후 1:...	PO 번역	28KB
dwqa-ko_KR.mo	15-04-05 오후 7:...	컴파일한 번역	28KB
dwqa-ko_KR.po	15-04-05 오후 7:...	PO 번역	45KB
google-authenticator-ko_KR.mo	15-06-02 오전 1:...	컴파일한 번역	4KB
google-authenticator-ko_KR.po	15-06-02 오전 1:...	PO 번역	4KB
js_composer-ko_KR.mo	15-05-16 오후 7:...	컴파일한 번역	118KB
js_composer-ko_KR.po	15-05-16 오후 7:...	PO 번역	359KB
LayerSlider-ko_KR.mo	15-08-01 오후 2:...	컴파일한 번역	73KB
LayerSlider-ko_KR.po	15-08-01 오후 2:...	PO 번역	115KB
limit-login-attempts-ko_KR.mo	15-05-31 오전 7:...	컴파일한 번역	6KB
limit-login-attempts-ko_KR.po	15-05-31 오전 7:...	PO 번역	8KB
subscribe2-ko_KR.mo	14-07-25 오전 6:...	컴파일한 번역	43KB
subscribe2-ko_KR.po	14-07-25 오전 6:...	PO 번역	55KB
wp-members-ko_KR.mo	15-08-09 오전 7:...	컴파일한 번역	28KB
wp-members-ko_KR.po	15-08-09 오전 7:...	PO 번역	40KB

그림 1-58 언어 파일 복사

위 폴더는 워드프레스 플러그인의 언어 폴더로 이곳에 플러그인의 번역 파일을 배치하면 플러그인이 업데이트되더라도 번역 파일이 제거될 염려가 없습니다. 각 플러그인의 언어 폴더에 넣어도 되지만 각 플러그인의 언어 폴더에 넣으면 플러그인을 업데이트할 때 번역 파일이 삭제되므로 다시 업로드해야 합니다.

06 플러그인의 기능

지금까지 설치한 플러그인의 기능을 간략하게 알아보면 다음과 같습니다.

- contact form 7: 고객과 이메일로 의견을 주고받을 때 사용하는 컨택트 폼을 만드는 플러그인입니다. 고객이 폼을 입력하고 전송 버튼을 클릭하면 관리자에게 이메일로 통지될 뿐만 아니라 고객에게도 바로 답장이 전송되며 세계적으로 가장 많이 사용하는 플러그인 중 하나입니다.

- DT Dummy: The7 테마의 데모 데이터를 가져올 수 있습니다.

- Go – Responsive Pricing & Compare Tables: 복잡한 가격표를 쉽게 만들 수 있습니다.

- Recent Tweets Widget: 위젯 화면에서 사이드바에 트위터 위젯을 배치할 수 있습니다.

- LayerSlider, revslider: 레이어 슬라이더와 레볼루션 슬라이더로 이미지와 글자를 사용해서 멋진 슬라이더를 만들 수 있습니다.

- Visual Composer: 페이지나 글의 콘텐츠를 쉽게 만들 수 있는 페이지 빌더입니다.

- Ultimate Addons for Visual Composer: 비주얼 컴포저용 추가 플러그인으로 페이지 빌더에 여러 가지 요소를 추가해 더욱 다양한 콘텐츠를 만들 수 있습니다. Brainstorm이라는 메뉴에서 관리합니다.

데모 데이터 설치

the7 테마는 데모 사이트에서 상당히 많은 데모 페이지를 제공합니다. 그 많은 페이지를 모두 가져오려면 시간이 아주 오래 걸리기 때문에 일부 페이지만 가져올 수 있도록 compact 버전도 제공합니다. 이 책에서는 이러한 데모 페이지를 기준으로 콘텐츠 만드는 방법을 설명합니다. 그러기 위해서는 데모 사이트를 별도로 만들어 운용하는 것이 좋습니다. 내가 실제로 만드는 워드프레스 사이트와 데모 사이트를 별도로 만드는 것이죠.

01 워드프레스 백업

데이터베이스 백업

지금까지 작업한 워드프레스에 데모 데이터를 설치하면 나중에 자신만의 사이트를 만들 때 테마와 각종 플러그인을 다시 설치해야 합니다. 그래서 지금까지 작업한 상태를 백업하고 백업한 파일에 데모 데이터를 설치하겠습니다. 원본 워드프레스는 새로운 테스트 사이트를 만드는 데 사용할 수도 있고, 실제 웹 사이트에 업로드할 사이트를 만드는 데 사용할 수도 있습니다.

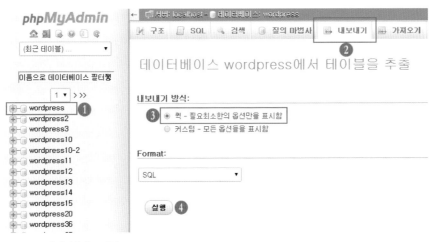

그림 1-59 데이터베이스 백업

오토셋에서 phpMyAdmin을 열고 **wordpress**를 선택❶한 다음 **내보내기 탭❷**을 클릭합니다. "**퀵 ❸**"을 선택한 상태에서 **실행❹** 버튼을 클릭하고 wordpress.sql 파일을 **Autoset9/public_html/ wordpress** 폴더에 저장합니다.

워드프레스 이전

워드프레스 이전은 내 컴퓨터에서 만든 워드프레스를 웹 호스팅에 업로드하거나 내 컴퓨터에서 다른 폴더에 복사해 테스트하기 위해 사용합니다. 단순히 파일을 복사하는 것만으로 완료되는 것이 아니라, URL과 경로가 달라지기 때문에 데이터베이스를 수정해야 합니다. 코드를 직접 입력해 수정하면 실수 를 할 수도 있으므로 쉽게 바꿀 수 있는 프로그램을 이용하겠습니다.

데이터베이스 변경 프로그램 설치

그림 1-60 **데이터베이스 변경 프로그램 설치**

wordpress❶ 폴더를 선택하고 복사(Ctrl+C), 붙여넣기(Ctrl+V)를 하면 wordpress−복사본 폴더가 생성됩니다. 복사된 폴더의 이름을 wordpress2로 변경❷합니다. 첨부 파일의 기타 폴더에서 **Search-Replace-DB-master❸** 폴더를 복사해 wordpress2 폴더에 붙여넣습니다. 이 폴더를 열면 tests 폴더와 몇 개의 파일이 있으며 이 프로그램은 데이터베이스의 특정 글자를 변경해주는 역할을 합니다. 주 기능은 URL을 변경하는 데 사용하며 내 컴퓨터에서 웹 호스팅으로 워드프레스를 이전하고 나서 로컬호스트의 URL을 웹 호스팅 URL로 변경하는 데 사용합니다. 이 프로그램의 폴더 이름을 그대로 사용하면 타인이 접근해 데이터베이스 정보를 알아낼 수 있으므로 자신만이 알 수 있는 이름(저는 euginekim으로 변경했습니다)으로 폴더 이름을 변경하는 것이 좋습니다. 웹 호스팅으로 워드프레스를 이전할 때도 여기서 작업하는 과정과 같은 과정을 거칩니다.

02 오토셋 서버 성능 향상

대부분 유료 테마는 데모 데이터가 있습니다. 데모 데이터는 xml 파일로 돼 있고, 워드프레스의 가져오기(Import) 기능을 이용해 설치합니다. 이 파일에는 이미지와 데이터베이스 등 하나의 워드프레스에 사용되는 모든 데이터가 포함돼 있습니다. 그래서 상당한 용량을 차지하기도 합니다. 어떤 테마는 가져오기를 끝내고 나면 전체 용량이 수백 메가바이트에 달하기도 합니다.

또한, 메뉴 아이템도 상당히 많이 포함돼 있어서 아이템 수가 백 개 이상 있는 것도 있습니다. 메뉴를 변경하고 저장하면 적용이 안 되기도 하죠. 그래서 이러한 대용량의 데모 데이터를 원활하게 사용하자면 컴퓨터의 서버 용량을 늘려줘야 합니다. 오토셋의 관리자 화면에서도 변경할 수 있지만, 일부 설정할 수 없는 것도 있으므로 php.ini 파일을 직접 수정하는 방법이 좋습니다. php.ini 파일을 직접 수정하는 방법을 살펴보겠습니다.

그림 1−61 서버 환경 설정 파일

Autoset9/server/conf 폴더에서 php.ini 파일을 편집기로 엽니다.

```
377  ;;;;;;;;;;;;;;;;;;
378  ; Resource Limits ;
379  ;;;;;;;;;;;;;;;;;;
380
381  ; Maximum execution time of each script, in seconds
382  ; http://php.net/max-execution-time
383  ; Note: This directive is hardcoded to 0 for the CLI SAPI
384  max_execution_time =30000
385
386  ; Maximum amount of time each script may spend parsing request data. It's a good
387  ; idea to limit this time on productions servers in order to eliminate unexpectedly
388  ; long running scripts.
389  ; Note: This directive is hardcoded to -1 for the CLI SAPI
390  ; Default Value: -1 (Unlimited)
391  ; Development Value: 60 (60 seconds)
392  ; Production Value: 60 (60 seconds)
393  ; http://php.net/max-input-time                889  ;extension=php_pdo_firebird.dll
394  max_input_time = 60                           890  extension=php_pdo_mysql.dll
395                                                891  ;extension=php_pdo_oci.dll
396  ; Maximum input variable nesting level
397  ; http://php.net/max-input-nesting-level
398  ;max_input_nesting_level = 64
399
400  ; How many GET/POST/COOKIE input variables may be accepted
401  max_input_vars = 10000
402
403  ; Maximum amount of memory a script may consume (128MB)
404  ; http://php.net/memory-limit
405  memory_limit =4000M
406
```

그림 1-62 서버 환경 설정 파일 수정

378번째 줄을 보면 리소스 제한(Resource Limits) 항목이 있습니다. 여기서 384번 줄의 실행시간 (max_execution_time)을 30000으로 늘려줍니다. 그리고 401번째 줄의 max_input_vars를 10000 으로 늘려줍니다. 앞에 세미콜론이 있으면 제거해 활성화합니다. 또한, memory_limit도 늘려줍니다. 다음으로 890번 줄에서 php_pdo_mysql.dll 모듈 앞에 세미콜론이 제거돼 있는지 확인합니다. php_pdo_mysql.dll 모듈을 활성화하지 않으면 데이터베이스 URL을 변경할 때 'could not find driver'라는 에러 메시지가 나옵니다. 수정한 파일을 저장하고, 오토셋을 종료한 다음 다시 열어야 위 변경 내용이 적용됩니다.

위와 같은 php.ini 파일은 일반 웹 호스팅에서는 공유 서버이기 때문에 변경할 수 없고 가상 호스팅이 나 클라우드 호스팅, 리얼 서버 등 서버급 환경에서만 설정할 수 있습니다.

wp-config.php 파일의 수정

```
17   // ** MySQL settings - You can get this info from your web host ** //
18   /** The name of the database for WordPress */
19   define('DB_NAME', 'wordpress2');
20
21   /** MySQL database username */
22   define('DB_USER', 'root');
23
24   /** MySQL database password */
25   define('DB_PASSWORD', 'autoset');
```

그림 1-63 wp-config.php 파일의 수정

wordpress2 폴더(Autoset9/public_html/wordpress2)에서 wp-config.php 파일을 텍스트 편집기로 열고 데이터베이스 이름(DB_NAME)을 wordpress2로 변경한 다음 저장합니다.

데이터베이스 가져오기

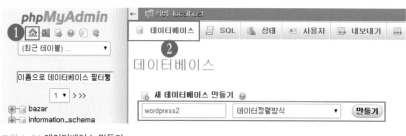

그림 1-64 데이터베이스 만들기

phpMyAdmin에서 **홈 아이콘❶**을 클릭하고 **데이터베이스 탭❷**을 선택한 다음 "wordpress2"로 새로운 데이터베이스를 만듭니다. 다음으로 wordpress 데이터베이스를 wordpress2로 그대로 가져오는 작업을 합니다.

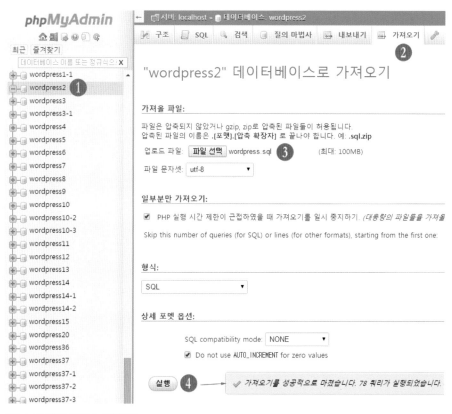

그림 1-65 데이터베이스 가져오기

wordpress2❶를 선택한 상태로 **가져오기 탭❷**을 클릭합니다. **파일 선택 버튼❸**을 클릭하고 앞서 백업한 wordpress.sql 파일을 선택한 뒤 **실행 버튼❹**을 클릭하면 업로드가 진행됩니다. 완료되면 상단에 성공 메시지가 나옵니다.

03 데이터베이스 URL 변경

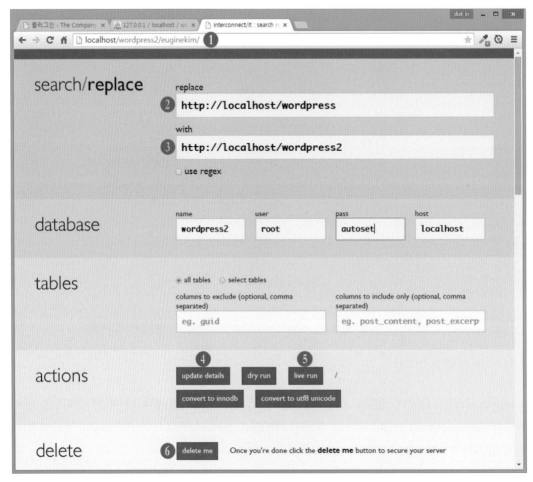

그림 1-66 데이터베이스 URL 변경

웹 브라우저의 새 탭에 localhost/wordpress2의 url을 입력❶한 다음 앞서 복사한 프로그램의 폴더 이름을 추가(필자는 euginekim)하고 엔터키를 누르면 그림 1-66과 같은 화면이 나옵니다.

replace❷에 기존 사이트의 URL을 입력하고 **with❸**에 새 사이트의 URL을 입력합니다. URL을 복 사해 사용할 경우 마지막에 슬래시(/)가 추가되지 않도록 조심하세요. **update details 버튼❹**을 클릭 하고 **live run❺**을 클릭하면 데이터베이스 변경이 시작되며, 하단에 교체된 내용이 나옵니다. 웹 호 스팅에서 작업할 경우 새 탭에서 사이트 도메인을 입력해 사이트가 제대로 업데이트가 됐는지 확인하고 **delete me 버튼❻**을 클릭해 모든 파일을 제거합니다. 오류로 인해 제거가 안 되면 FTP 프로그램(파일질라)으로 연결해 삭제하면 됩니다.

07 데모 데이터 설치

관리자 화면 로그인

the7 테마는 다양한 데모 데이터를 제공하는데 하나의 데모 데이터를 가져오면 이미 있는 데모 데이터는 제거됩니다. 여러 데모 데이터를 참고할 수 있도록 또 다른 워드프레스(wordpress3)를 만들고, 이곳에 다른 데모 데이터를 가져오는 것도 좋은 방법입니다.

그림 1-67 **사이트 로그인**

주소창에 localhost/wordpress2를 입력하고 엔터키를 누르면 사이트 홈페이지가 나옵니다. **샘플 페이지 메뉴❶**를 클릭하면 이전에 만든 localhost/wordpress로 이동하는데 이는 워드프레스가 기본이 아닌 고유주소를 사용하고 있기 때문입니다. 기본이 아닌 고유주소를 사용했을 때는 사이트를 이전한 다음에 항상 고유주소 화면에서 새로 저장해줘야 합니다.

URL 다음에 **/wp-admin을 입력❷**하고 엔터키를 누르면 로그인 화면이 나옵니다. 또는 이 테마에서는 오른쪽 위에 **로그인 메뉴❸**가 있으니 이를 클릭해도 됩니다. 이전의 로그인 정보를 입력해 로그인하면 관리자 화면으로 이동합니다.

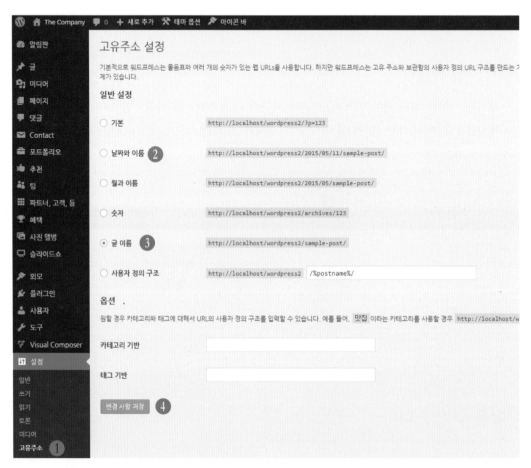

그림 1-68 고유주소 변경

주메뉴의 **설정 → 고유주소❶**를 선택하면 **일반 설정** 항목에서 **날짜와 이름❷**이 선택돼 있습니다. 이 설정대로 사용하려면 하단에서 **변경 사항 저장 버튼❹**을 클릭하면 되고, 글 이름으로 변경하고자 하면 **글 이름❸**을 선택하고 **변경 사항 저장❹** 버튼을 클릭하면 됩니다.

주메뉴 정리

프리미엄 테마를 설치하면 메뉴가 상당히 많아지고, 자주 사용하는 메뉴가 하단에 배치돼 스크롤 해야 하는 번거로움이 있습니다. 주메뉴의 위치를 변경할 수 있는 플러그인을 사용하면 이를 해결할 수 있습니다. 주메뉴에서 **플러그인 → 플러그인 추가하기**를 클릭해 플러그인 추가하기 화면으로 이동합니다. 검색창에 **Admin Menu Editor**로 검색하고 검색된 플러그인을 설치한 다음 활성화합니다.

그림 1-69 관리자 메뉴 위치 변경

설정 → Menu Editor❶를 선택하고 하단에 있던 **테마 옵션❷**은 상단으로 드래그해 옮깁니다. 나중에 사용할 메뉴는 하단으로 옮긴 다음 오른쪽 위에 있는 **Save Changes** 버튼❸을 클릭해 저장합니다. 또한, 전혀 사용하지 않을 메뉴는 선택한 다음 감추기 아이콘❹을 클릭하면 메뉴에 나타나지 않습니다. 자세한 사용법은 제 블로그 글을 참고하세요(http://martian36.tistory.com/1312).

지금까지 여러 개의 워드프레스를 간단하게 만드는 과정을 살펴봤습니다. 워드프레스를 새로 설치하고 각종 플러그인과 테마를 설치하는 과정을 생략할 수 있으므로 번거로움을 피할 수 있습니다. 더구나 상품이나 글, 각종 데이터가 많을 때는 이러한 데이터를 설치하는 데 시간이 오래 걸리므로 이런 방법으로 빠르게 여러 개의 워드프레스를 실험할 수 있습니다.

새로운 버전의 워드프레스나 테마, 플러그인을 테스트한다거나 중복되는 콘텐츠를 서로 비교하기 위해서 또는 작업 중에 제대로 안 되고 에러가 발생할 때는 자신이 작업한 내용에 문제가 발생할 수 있으므로 항상 워드프레스와 데이터베이스를 백업해두고 원상 복구하는 습관을 기르는 것이 좋습니다. 이 점은 웹 호스팅에서도 마찬가지입니다. 웹 호스팅의 백업 기능이 있지만, 시간이 걸리는 경우가 있으므로 파일질라 등의 FTP 프로그램을 이용해 워드프레스를 자신의 컴퓨터로 백업하고 데이터베이스도 백업해둬야 합니다.

또한, 웹 사이트를 운영할 때는 사이트의 내용을 자신의 컴퓨터에 백업해두고 워드프레스나 테마, 플러그인이 업데이트될 때마다 제대로 운영되는지 항상 테스트한 다음에 사이트를 업데이트해야 합니다. 백업을 귀찮아한다면 반드시 그 대가를 치르게 됩니다.

데모 데이터 가져오기

그림 1-70 데모 데이터 가져오기

관리자 화면에서 **도구 → Import Dummy❶**를 선택하면 다양한 데모 데이터가 있습니다. 원하는 사이트를 만들고자 할 때 해당 데이터를 가져오고 내용만 수정하면 빠르게 사이트를 만들 수 있습니다. 여기서는 **Compact Demo**를 가져와서 이 데이터를 바탕으로 페이지를 만들거나 콘텐츠를 다루는 방법을 설명합니다. 화면 아래에 보면 Full Demo가 있는데 용량이 아주 커서 가져오기를 하는데 시간이 상당히 오래 걸리고 이미지도 정상이 아닌 더미 이미지입니다. 많은 데모 페이지가 포함돼 있으므로 참고하려면 별도의 워드프레스를 만들고 가져오면 됩니다.

Main Content❷에서 모두 체크한 다음 admin을 선택하고 **Import Content 버튼❸**을 클릭하면 가져오기가 진행됩니다. 양이 많으므로 15분 정도 걸립니다. 에러를 줄이기 위해 가져오기 중인 웹 브라우저에서는 다른 작업을 하지 않도록 합니다. 가져오기가 완료되면 OK 버튼을 클릭합니다.

데모 데이터 확인

그림 1-71 데모 데이터 확인

가져오기가 완료되면 주메뉴에서 '**페이지 → 모든 페이지❶**'와 '**미디어❸**'를 선택해 콘텐츠가 잘 추가 됐는지 확인합니다. **모든 페이지**를 선택하면 **9개의 페이지❷**가 있습니다. 워드프레스를 설치하면 자동으로 설치되는 샘플 페이지는 **휴지통 링크❹**를 클릭해 제거합니다.

페이지 목록을 보면 각 페이지가 부모 - 자식의 구조로 돼 있습니다. 제목 앞에 대시 기호가 하나 (-) 인 페이지는 Home 페이지의 자식 페이지이고, 대시 기호가 두 개(--)인 페이지는 손자 페이지가 됩니다. 이렇게 트리 구조로 돼 있는 페이지는 사이트의 메뉴에서 상하 관계로 나옵니다.

메뉴 확인

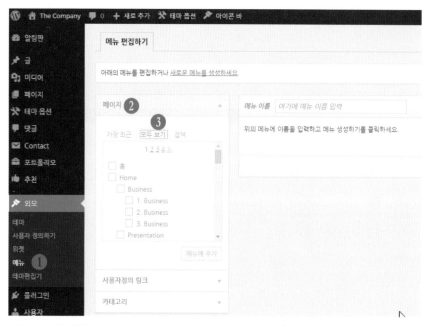

그림 1-72 메뉴 확인

외모 → 메뉴① 화면에는 현재 아무런 메뉴가 없고, **페이지 박스②**에서 **모두 보기 링크③**를 선택하면 4개의 페이지가 나옵니다. 현재 테마의 가져오기 기능에 메뉴는 제외돼 있어서 메뉴가 화면에 나타나지 않습니다. 메뉴를 만들지 않아도 페이지 화면에서 각 페이지가 트리구조로 돼 있어서 사이트에서는 메뉴가 나타나게 됩니다.

전면 페이지와 블로그 페이지 설정

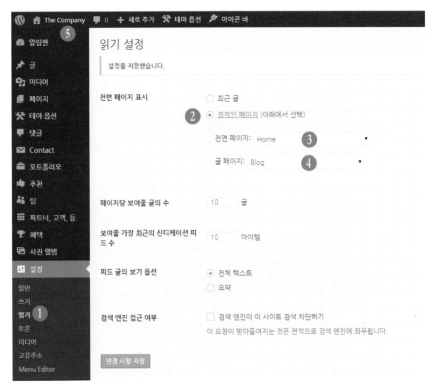

그림 1-73 **홈페이지와 블로그 페이지 설정**

현재 사이트에서는 블로그 화면이 홈페이지로 나타나므로 이를 수정해 전면 페이지가 나타나게 하겠습니다. **설정 → 읽기❶**를 선택하고 '**정적인 페이지❷**'에 체크한 다음 **전면 페이지**는 'Home'❸을, **글 페이지**는 'Blog'❹를 선택한 다음 변경 사항 저장 버튼을 클릭합니다. Ctrl 키를 누르고 사이트 제목(여기서는 **The Company❺**)을 클릭하면 새 탭에서 전면 페이지(Home)를 확인할 수 있습니다.

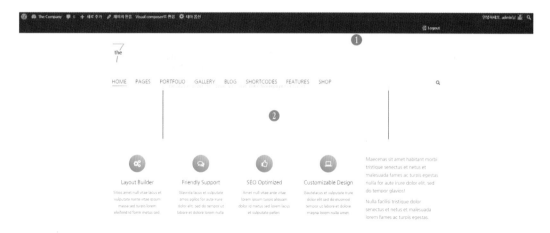

그림 1-74 사이트 확인

관리자로 로그인하면 툴바와 탑바의 배경색❶이 검은색으로 같아서 구분이 잘 안 됩니다. 탑바의 색은 테마 옵션에서 변경할 수 있습니다. 메뉴 아래에 슬라이더 영역은 비어있고❷ 에러 메시지가 나오고 있습니다. 이는 아직 레볼루션 슬라이더나 레이어 슬라이더의 데모를 가져오지 않아서 그렇습니다.

데모 사이트에서 사용한 이미지는 라이선스가 없는 것이며 품질이 좋습니다. 이들 이미지는 http://bootstrapbay.com/blog/free-stock-photos/에서 내려받을 수 있습니다. 이 책에서는 이 사이트에서 받은 이미지 중 40여 개를 용량을 줄여서 추가로 사용합니다. 이미지는 이 책의 첨부 파일을 참고하세요.

슬라이더 데모 가져오기

두 개의 슬라이더 데모를 가져오는 방법을 알아보겠습니다.

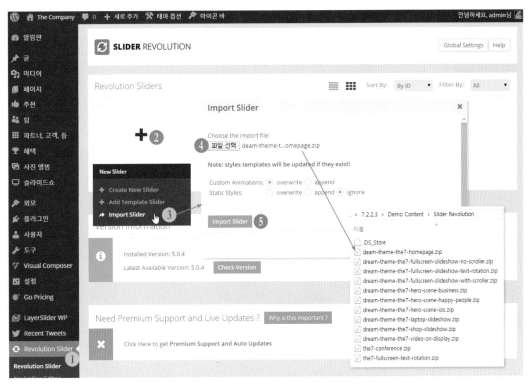

그림 1-75 레볼루션 슬라이더 데모 가져오기

레볼루션 슬라이더 메뉴(Revolution Slider)❶를 선택하고 플러스 아이콘이 있는 **썸네일❷**에 마우스를 올리면 드롭다운 메뉴가 나옵니다. 드롭다운 메뉴 중에서 **Import Slider❸**를 클릭하면 팝업창이 나옵니다. **파일 선택 버튼❹**을 클릭한 다음 썸포레스트에서 내려받은 패키지 파일의 Demo Content/Slider Revolution 폴더로 가면 여러 개의 압축 파일이 있습니다. 첫 번째 파일을 선택하고 **Import Slider 버튼❺**을 클릭하면 레볼루션 슬라이더의 데모가 설치됩니다. 같은 방법으로 나머지 압축파일을 선택해 모두 가져옵니다.

레볼루션 슬라이더는 최근에 테마가 업데이트 되면서 새로운 버전으로 업그레이드되고 이전 버전과 달리 좀 복잡해지면서 사용하기 편리해졌습니다.

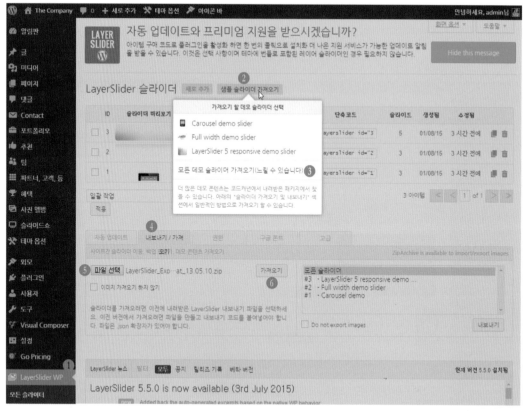

그림 1-76 레이어 슬라이더 데모 가져오기

레이어 슬라이더❶는 슬라이더 사이트에서 가져오는 방법과 압축 파일을 업로드해서 가져오는 방법이 있습니다. 우선 **샘플 슬라이더 가져오기 버튼❷**을 클릭한 뒤 **'모든 데모 슬라이더 가져오기(느릴 수 있습니다)'❸**를 선택합니다. 이는 레이어 슬라이더 공식 사이트에서 샘플을 가져오는 방법입니다. 다음으로 테마에 포함된 데모 슬라이더를 가져옵니다. **내보내기/가져오기 탭❹**을 클릭하고 **파일 선택 버튼❺**을 선택합니다. 테마 패키지에서 Full Demo 폴더의 Layer Slider 폴더에 있는 LayerSlider_Export_2014-11-28_at_13.05.10.zip 파일을 선택한 다음 **가져오기 버튼❻**을 클릭합니다. 이는 압축 파일을 업로드해서 가져오는 방법입니다. 상단에 메시지는 **Hide this Message** 버튼을 클릭해 메시지를 제거합니다.

이제 이들 슬라이더를 사용하는 페이지에서 슬라이더가 제대로 나타날 것입니다. 현재 관리자 화면에서 외모 → 메뉴 화면에는 아무것도 나타나지 않고 있으며 콤팩트 데모라 하더라도 160여 개의 페이지가 있으므로 이를 메뉴로 정리하기는 상당히 어렵습니다. 일부만 메뉴로 등록하면 나머지 페이지는 사이트에서 메뉴로 나타나지 않게 됩니다.

테마 옵션

워드프레스에서 테마 옵션은 테마의 디자인과 관련된 각종 설정을 할 수 있는 곳입니다. 테마 옵션이 많을수록 스타일 시트를 사용하지 않고 클릭만으로 자유롭게 사이트의 모양을 변경할 수 있습니다. 워드프레스의 기본 테마에도 디자인을 변경할 수 있는 테마 옵션이 있는데, 아주 간단한 헤더 이미지와 배경 이미지 변경 등 몇 가지밖에 없습니다. 프리미엄 테마에는 아주 많은 옵션이 있어서 다양한 설정을 할 수 있습니다. 하지만 모든 것을 원하는 대로 변경하는 데는 한계가 있어서 필요한 경우 사용자 정의 스타일 시트를 사용할 수 있도록 하고 있습니다.

∩1 일반 옵션

일반 – 모양 탭

그림 1-77 **일반 옵션의 모양 탭**

1. **스타일:** 사이트의 전체적인 스타일을 결정합니다. iOS 7 스타일은 화려한 스타일이고, 최소한의 스타일은 단순한 스타일이므로 될 수 있으면 디자인이 화려한 iOS 7 스타일을 사용하는 게 좋겠지만 화려한 만큼 스타일 시트를 많이 사용하게 되므로 속도가 느려질 수 있습니다. 속도에 영향을 받는다면 최소한의 스타일을 선택하는 것도 좋은 방법입니다. 머티리얼 디자인 스타일(Material design style)은 구글의 디자인 언어로 안드로이드 5.0의 기본이 되는 디자인 스타일입니다.

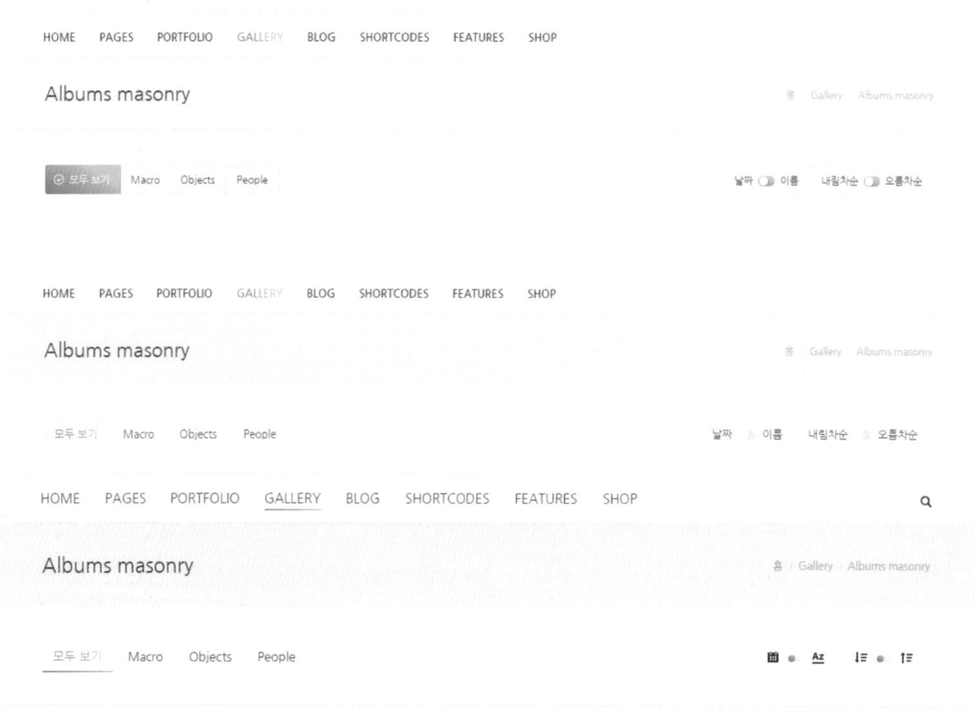

그림 1-78 세 가지 스타일에 따른 디자인의 차이

스타일에 따라 버튼이나 아이콘의 모양이 모두 달라집니다.

2. **레이아웃:** 레이아웃은 사이트의 콘텐츠 영역을 박스로 처리할 것인지, 아닌지를 결정하며 박스로 선택하면 배경을 설정할 수 있습니다.

그림 1-79 와이드 및 박스 레이아웃

기본으로 와이드가 선택돼 있으며 박스를 선택하면 박스의 너비를 설정할 수 있는 필드가 나옵니다. 콘텐츠 폭은 콘텐츠가 나타나는 영역의 너비이며 박스의 내부 양쪽에 15픽셀의 여백을 두기 위해 박스 너비보다 30픽셀 작게 설정돼 있습니다. 따라서 콘텐츠의 너비를 조절하려면 박스 폭에는 콘텐츠 폭에 설정한 값보다 30픽셀 이상의 여백을 추가해주는 것이 좋습니다.

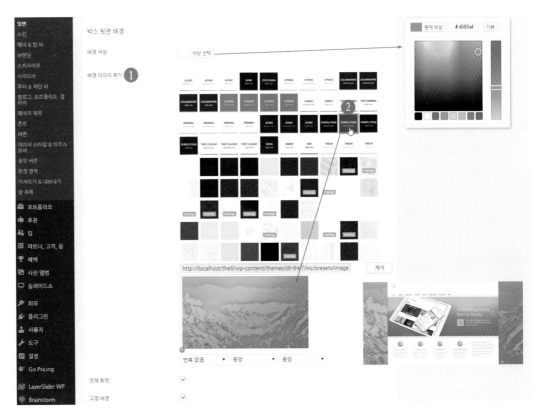

그림 1-80 박스 레이아웃의 배경 이미지 설정

박스 레이아웃의 좌우 여백에는 배경색을 설정하거나 이미지를 넣을 수 있습니다. 반면에 와이드 레이아웃을 선택하면 좌우 여백의 배경이 콘텐츠 영역의 배경과 같은 색으로 설정되고 콘텐트 영역과 구분이 안 됩니다.

'**배경 이미지 추가①**'에서 **썸네일②**을 클릭하면 아래에 이미지나 패턴이 나옵니다. 이미지를 사용하면 큰 이미지이므로 배경 전체를 덮게 되고 패턴을 사용하면 작은 이미지가 상하좌우로 반복돼서 배경 전체를 덮게 됩니다.

여기서 사용하는 이미지는 테마에 포함된 이미지로, 라이선스에 제한을 받지 않으므로 자유롭게 사용할 수 있습니다. 위에 있는 프리셋 이미지 외에 다른 이미지도 추가할 수 있으며 방법을 알아보겠습니다.

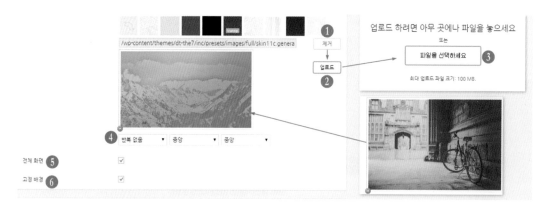

그림 1-81 사용자 정의 배경 이미지 추가

제거 버튼①을 클릭하면 업로드 버튼으로 전환됩니다. 제거한다고 해서 이미 있던 프리셋이 삭제되는 것은 아닙니다. **업로드 버튼②**을 클릭하면 미디어 업로더 창이 나타나며 파일 업로드 탭에서 '**파일을 선택하세요**' **버튼③**을 클릭합니다. 브라우저 창에서 원하는 폴더로 이동해 이미지를 선택하면 라이브 러리에 이미지가 업로드되고, 오른쪽 아래에 있는 '**선택**' 버튼을 클릭하면 그림 1-81과 같이 업로드한 이미지를 미리보기 영역에서 볼 수 있습니다.

미리보기 이미지 바로 아래에 **옵션④**이 있는데 이 옵션은 이미지의 위치를 결정합니다. 첫 번째 옵션 에서 반복을 선택하면 패턴과 같이 이미지가 상하좌우 반복해서 나옵니다. 두 번째 옵션은 반복할 이 미지의 좌우 반복 여부를 결정하며 세 번째 옵션은 이미지의 상하 반복 여부를 결정합니다. 위 상태대 로라면 배경 이미지를 반복하지 않으며, 화면의 중앙을 기준으로 배치됩니다.

하지만 **전체 화면⑤**에 체크하면 이러한 옵션이 무시되고 작은 이미지라도 배경 전체를 덮게 됩니다. 따라서 해상도가 낮은 이미지를 사용하면 강제로 전체 크기로 늘리게 되므로 이미지가 흐릿하게 보 일 것입니다. 어느 정도 배경을 덮을 만한 크기면 적당합니다. 참고로 앞서 업로드한 이미지의 너비는 2000px입니다. **고정 배경⑥**은 스크롤 함에 따라서 배경 이미지를 함께 스크롤할 것인지 고정할 것인 지 결정합니다.

와이드 옵션을 선택해도 배경색이나 이미지를 선택할 수 있는데 이는 콘텐츠 영역의 높이가 낮아서 배 경이 드러날 때가 있으므로 이럴 때를 대비해서 설정합니다.

배경과 텍스트: 배경에서는 콘텐츠 영역의 배경색이나 배경 이미지를 설정하며 텍스트에서는 헤더 색상과 콘텐츠 영역의 텍스트 색상을 설정합니다.

그림 1-82 콘텐츠 영역의 배경 설정

테스트를 위해 **배경 색상❶**을 짙은 색으로 선택하고 **투명도❷**를 50으로 설정합니다. 배경 바로 아래에 있는 텍스트 박스에서는 **텍스트 색상❸**을 밝은색으로 설정한 뒤 저장합니다. 투명도 아래에 있는 도움말❹은 푸터를 슬라이드아웃 푸터로 만들 수 있는데 이럴 경우 투명도가 적용되지 않는다는 의미입니다. 나중에 나오는 푸터 & 하단바 부분을 참고하세요.

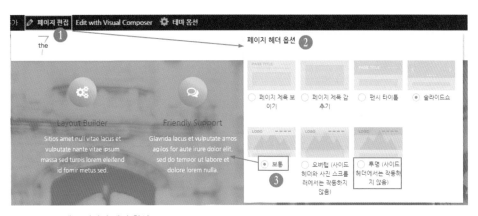

그림 1-83 콘텐츠 영역의 배경 확인

전면 사이트의 홈 화면에서 툴바의 **페이지 편집❶**을 선택하면 페이지 편집 화면이 나옵니다. **페이지 헤더 옵션❷**에서 **보통❸**이나 **투명**을 선택합니다. 공개하기 메타박스에서 업데이트 버튼을 클릭한 다음 전면 사이트에서 확인하면 스트라이프 섹션을 사용하는 영역을 제외하고 콘텐츠 영역이 투명하게 나타납니다(스트라이프에 대해서는 나중에 설명). 페이지 헤더가 오버랩을 사용하고 있으면 콘텐츠 영역에 투명 효과가 적용되지 않습니다. 이는 오버랩 기능이 그림 1-84와 같이 헤더 영역과 콘텐츠 영역을 슬라이더를 기준으로 상하로 서서히 투명하게 되는 효과를 유지하기 위해서입니다.

그림 1-84 오버랩 기능

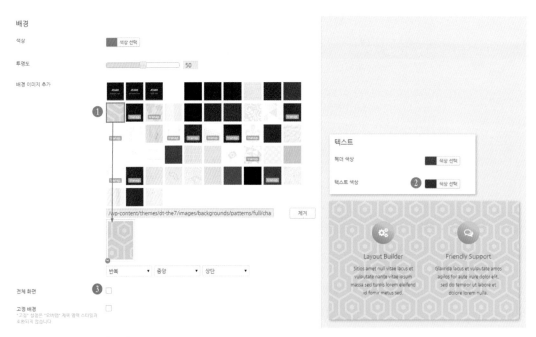

그림 1-85 배경 패턴 사용하기

콘텐츠 영역의 배경에 이미지를 사용할 때는 주로 패턴 이미지를 사용합니다. 배경 이미지를 사용하면 배경색은 무시됩니다. 즉, 배경 이미지가 우선으로 나타나며 어떤 이유로 이미지가 나타나지 않으면 배경색으로 나타납니다. **밝은 패턴❶**을 선택하고 텍스트 박스에서 **텍스트 색상❷**을 어두운색으로 선택한 다음 저장하고 사이트에서 확인하면 그림과 같이 나옵니다. 배경 이미지는 페이지 헤더 옵션에서 오버랩을 선택해도 적용됩니다. 패턴을 사용할 때는 앞서 언급했듯이 **전체화면❸**에 체크하지 않도록 주의합니다.

콘텐츠 박스 배경: 콘텐츠의 박스 부분을 **단일 배경❶**으로 설정할 수 있습니다. 앞서 배경 설정에서 투명도를 지정했다면 콘텐츠 박스 배경 옵션에서도 투명 배경을 선택해야 합니다. 단일 배경을 사용하면 다음 그림과 같이 박스가 단일 색상❷으로 나타나며 앞에서 콘텐츠 영역의 글자를 밝은색으로 설정했기 때문에 글자가 보이지 않습니다. 버튼의 배경❸도 설정한 색으로 나옵니다.

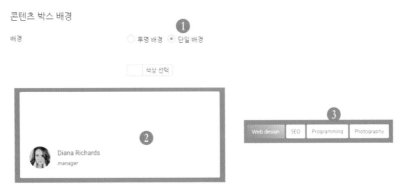

그림 1-86 **콘텐츠 박스 배경**

텍스트 색상: 헤더 영역과 콘텐츠 영역의 텍스트 색을 설정할 수 있습니다.

그림 1-87 **텍스트 색상**

포인트 색상(Accent Color): 포인트 색상을 설정하면 사이트에서 전체적으로 사용하는 주 색상을 한 번에 변경할 수 있습니다. 이러한 포인트 색은 로고에 사용한 색을 기본으로 같은 색 계열로 만드는 것이 좋습니다.

그림 1-88 **포인트 색상**

기본으로 그레이디언트에 체크돼 있으며 단일 색상을 선택하면 하나의 색만 선택할 수 있습니다. 그레이디언트는 두 가지 색의 조합으로 그레이디언트 효과를 만듭니다. 즉, 하나의 색에서 다른 색으로 서서히 변경되는 효과입니다. 이는 사이트 전체에서 프로그레스바, 버튼, 아이콘의 배경 색으로 사용됩니다.

7. **둥근 모서리(Border-radius):** 사이트에서 버튼, 콘텐츠 박스 등 박스 형태로 사용되는 요소에서 모서리의 둥근 정도를 조절합니다. 일부 적용되지 않는 버튼❶도 있습니다.

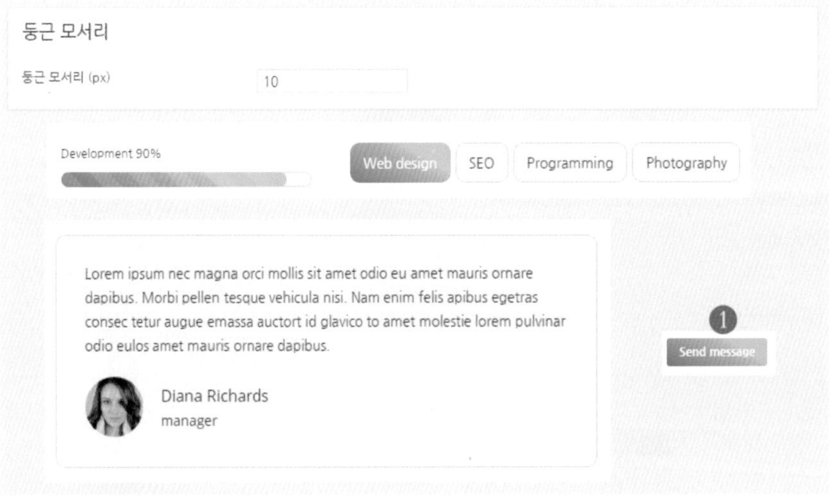

그림 1-89 둥근 모서리

일반 – 사용자 정의 CSS 탭

CSS란 Cascading Style Sheet의 첫 글자로 일반적으로 스타일 시트라고 합니다. 스타일 시트는 웹 디자인에서 요소의 위치를 변경한다거나 배경색, 테두리 색, 글자의 색과 크기 등을 변경하는 데 사용하는 언어입니다. 테마 옵션을 설정하면 이러한 스타일 시트가 변경되어 적용되는 것입니다. 필요한 경우에 입력란에 스타일 시트를 추가하면 되지만 많은 수정이 필요할 때는 별도의 스타일 시트 파일을 만들어 사용하는 것이 더 편리합니다. 이미 자식 테마를 만들 때 style.css 파일을 만들었으므로 이 책에서는 사용자 정의 CSS 탭에서 추가하지 않고, style.css 파일에 스타일을 추가하겠습니다.

그림 1-90 설정을 기본으로 복구

지금까지 테스트하면서 여러 가지 설정을 했는데 다른 설정을 테스트하기 위해서 기본값으로 돌리는 것이 좋습니다. 테마 옵션 화면의 아래에 있는 Restore Defaults 버튼을 클릭하면 기본값(원래 설정)으로 복구됩니다.

일반 – 고급 탭

그림 1-91 반응형 레이아웃

> **반응형:** 최근에 나온 워드프레스 테마는 거의 모두 반응형(Responsive)을 지원하고 있습니다. 반응형이란 웹 브라우저의 너비에 따라 콘텐츠가 반응한다는 의미로, 하나의 사이트를 데스크톱과 모바일 기기에서 모두 사용할 수 있습니다. 국내에서는 모바일 사이트가 별도로 있는데, 이는 반응형 디자인이라고 볼 수 없습니다. 두 개의 사이트가 존재하는 것이죠.

테마 옵션에서의 반응형은 주로 콘텐츠 영역과 사이드바 영역의 레이아웃을 변경합니다. 비주얼 컴포저의 콘텐츠 요소는 비주얼 컴포저에서 제어되므로 이곳의 설정과는 무관합니다. 이를 테스트하려면 사이드바에 위젯이 있어야 합니다. 현재 데모 콘텐츠의 사이드바에는 위젯이 없으므로 위젯을 배치하고 테스트해보겠습니다.

그림 1-92 위젯의 배치

테마 옵션 페이지는 그대로 두고 테스트해야 하므로 Ctrl 키를 누른 채로 **외모 → 위젯①**을 선택하면 새 탭에서 위젯 화면이 열립니다. 사용할 수 있는 위젯 영역에서 **DT-블로그 글 위젯②**을 **기본 사이드 바③**에 끌어다 놓습니다.

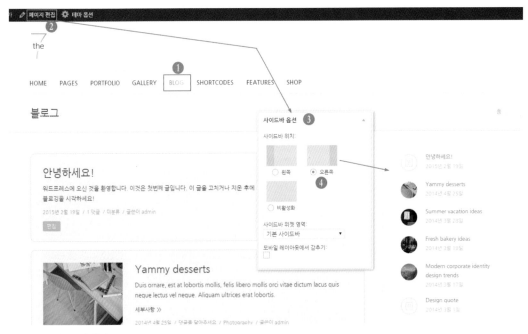

그림 1-93 사이드바 확인

사이트 전면에서 **BLOG 메뉴①**를 클릭하면 사이드바에 방금 추가한 블로그 글 목록 위젯이 나옵니 다. 위젯이 보이지 않으면 툴바에서 **페이지 편집②**을 선택하고, 페이지 편집 화면에서 **사이드바 옵션 ③**을 **오른쪽④**으로 선택한 다음 공개하기 메타박스에서 업데이트 버튼을 클릭합니다. 사이트에서 브 라우저 창의 크기를 줄여서 970px 이하가 되면 사이드바가 콘텐츠 영역 아래로 내려가는 모습을 볼 수 있습니다.

2. **고해상도 (레티나) 이미지**: 사이트에서 고해상도 이미지를 사용할지는 로딩 속도를 좌우하므로 신중히 결정해야 합니다. 기본 적으로 Srcset에 체크돼 있는데 Srcset은 img 태그에 사용되는 속성으로 여러 가지 해상도의 이미지를 추가하고 이 속성을 지원하는 웹 브라우저에 따라서 해당 이미지를 나타나게 할 수 있는 기능입니다.

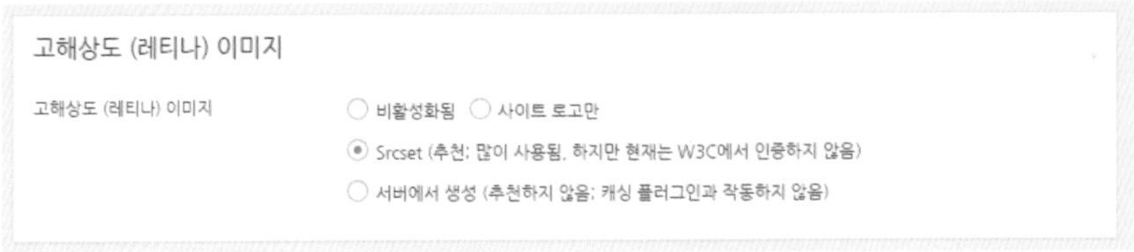

그림 1-94 고해상도 이미지 옵션

```
18 <img src="fallback.jpg" srcset="small.jpg 640w 1x, small-hd.jpg 640w 2x, large.jpg 1x, large-
   hd.jpg 2x" alt="…">
```

이미지 해상도 팁

레티나(Retina)는 눈의 망막을 의미합니다. 일반적으로 해상도는 일정 크기의 면적에 얼만큼의 화소가 있는가를 의미합니다. 주로 이미지를 대상으로 표현하는데 웹 브라우저의 이미지는 100dpi를 기준으로 합니다. dpi란 Dot per Inch의 약자로 1인치당 몇 개의 화소가 있는가를 나타내는 단위입니다. 따라서 100dpi는 1인치당 100개의 점(화소 또는 픽셀)이 있다는 의미입니다. 출판물은 1000dpi를 기준으로 합니다. 1인치당 1,000개의 점이 있는 것이죠. 그래서 해상도가 높으면 이미지가 선명합니다. 웹 브라우저는 빠른 속도를 위해서 이미지의 해상도를 낮게 책정했습니다. 이미지의 해상도가 높을수록 용량이 커지기 때문입니다.

그런데 요즘에는 레티나 디스플레이를 지원하는 모니터도 나오고 특히 모바일에서는 레티나 기능을 주로 사용합니다. 앞에서도 말했지만, 레티나는 눈의 망막을 의미하는데 망막은 인간이 볼 수 있는 최대한의 해상도를 갖고 있습니다. 일부의 이야기로는 눈의 해상도가 1억이라고도 하는데 과학적으로 밝혀진 바는 없습니다. 모니터에 레티나라는 용어를 사용하는 것은 그만큼 높은 해상도를 지원한다는 의미입니다.

해상도의 의미에 대해 명확히 아는 분들이 많지 않은데 이것은 모니터의 너비와 해상도를 동일시하고 있어서 그렇습니다. 모니터의 너비는 길이(인치)로 표현하고 해상도는 dpi로 표현하는데 이를 같은 것으로 알고 있는 것이죠. 포토샵과 같은 이미지 편집기에서 같은 이미지라도 72dpi의 이미지와 300dpi의 이미지를 비교하면 300dpi의 이미지가 크기(용량이 아닌 길이)가 작습니다. 같은 이미지라면 1인치에 들어가는 화소가 많기 때문이죠. 72와 300을 비교하면 거의 4.5배 차이가 납니다.

부드러운 스크롤: 웹 브라우저에서 위아래로 스크롤해보면 마우스 스크롤 휠 하나의 움직임에 따라서 정지되는 느낌이 있는데 자바스크립트를 이용해 이를 해소하는 기능입니다. 현재는 어떤 설정을 해도 변화는 없으며 이는 웹 브라우저마다 다르게 표현되므로 기본적으로 비활성화돼 있습니다.

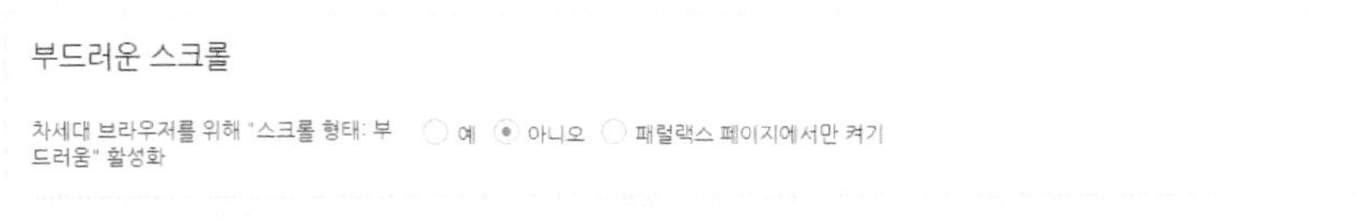

부드러운 스크롤

차세대 브라우저를 위해 "스크롤 형태: 부   예 ● 아니오   패럴랙스 페이지에서만 켜기
드러움" 활성화

그림 1-95 부드러운 스크롤

아름다운 로딩: 페이지가 로딩되면서 콘텐츠가 노출되는 과정이 모두 보이는데, 자바스크립트의 사용으로 인해 모든 페이지가 로드돼야 제대로 된 페이지를 볼 수 있습니다. 그 전에 이러한 모양을 감추기 위해 프리로더를 사용하는데 이를 아름다운 로딩(Beautiful Loading)이라고 합니다. 페이지가 로드되는 모습을 감추고 완료된 후에 보여주는 것입니다.

아름다움 로딩

아름다움 로딩   비활성화됨 밝음 ● 강조

그림 1-96 아름다운 로딩

비활성화됨을 선택하면 콘텐츠가 로딩되는 모습이 그대로 나타나고 밝음을 선택하면 흰색 배경에 로딩 이미지가 나타나며 강조를 선택하면 포인트 색의 배경에 로딩 이미지가 나타납니다. 참고로 로딩 이미지는 svg 이미지를 사용합니다.

5. **슬러그**: 슬러그는 보기 좋은 URL(Pretty Permalink)을 만드는 데 사용되며 임의로 변경하면 다른 슬러그와 중복돼 페이지가 없다는 메시지가 나오므로 주의해야 합니다.

슬러그	
포트폴리오 슬러그	project
앨범 슬러그	dt_gallery
팀 슬러그	dt_team

그림 1-97 슬러그

워드프레스는 기본적으로 다음과 같이 도메인 다음에 의미 없는 페이지 아이디(?page_id=17575)로 이뤄진 주소를 사용합니다.

http://localhost/wordpress2/?page_id=17575

고유주소(Permalink) 기능은 URL을 사람이 알기 쉽게 다음과 같은 형태로 바꿔주는 역할을 합니다.

http://localhost/wordpress2/portfolio/justified-grid/justified-portfolio-100-percent-width/

같은 URL이지만, 기본 URL은 주소만 보고는 페이지가 어떤 내용인지 알 수 없고, 고유주소로 된 URL은 포트폴리오라는 것을 바로 알 수 있으며 검색 엔진 최적화(SEO)에도 도움이 됩니다. 이러한 고유주소의 변경은 워드프레스 설정에서 할 수 있습니다. 이를 사용하려면 관리자 화면의 설정 → 고유주소에서 기본이 아닌 다른 고유주소 구조를 선택하면 됩니다. 주로 글 이름을 사용합니다. 포트폴리오, 앨범, 팀에 대해서 슬러그를 바꿀 수 있으며 고유주소와 슬러그를 설정한 다음 페이지에서 새로고침을 하면 도메인 다음에 슬러그로 된 주소가 나타납니다.

6. **컨택트 폼**: The7 테마에 내장된 컨택트 폼에서 수신하는 이메일 주소를 설정합니다. 내장된 컨택트 폼은 국내에서는 작동하지 않으므로 다른 플러그인인 Contact Form 7을 이미 설치했습니다.

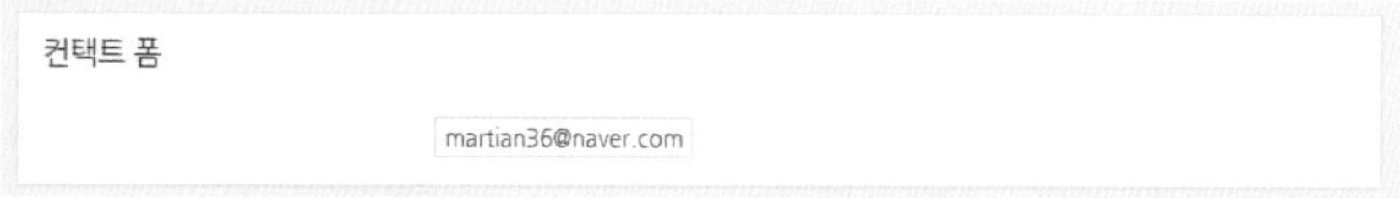

컨택트 폼	
	martian36@naver.com

그림 1-98 컨택트 폼 이메일 주소

추적코드: 이는 구글의 추적 코드입니다. 추적이란 구글 애널리틱스의 통계를 위해 사이트 방문자의 기록을 추적하는 것을 말합니다. 어떤 경로, 어떤 검색어로 사이트에 들어왔는지 모두 추적하게 되며 웹 사이트를 운영하려면 필수 요소입니다. 구글 애널리틱스에 가입하면 추적 코드를 받게 되는데 입력란에 추가하면 됩니다.

그림 1-99 **구글 추적 코드**

○2 스킨 옵션

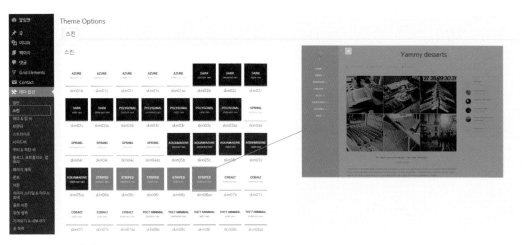

그림 1-100 **스킨 선택**

스킨 메뉴에서는 아주 다양한 스킨을 제공하고 있습니다. 레이아웃이나 메뉴의 위치 등 여러 가지 디자인을 한 번의 클릭으로 바꿀 수 있습니다.

03 헤더 & 탑바 옵션

메뉴와 로고가 있는 헤더 영역의 디자인을 설정할 수 있습니다. 헤더 영역은 다음과 같이 탑바의 왼쪽 영역❶과 탑바의 오른쪽 영역❷, 로고❸와 로고의 사이드 요소❹, 메뉴와 내비게이션의 사이드 요소 ❺로 구성돼 있습니다.

그림 1-101 헤더와 탑바의 요소

이들은 레이아웃 탭에서 자유롭게 배치할 수 있으며 로고와 메뉴의 위치도 변경할 수 있습니다. 우선 레이아웃에 대해 알아야 다른 옵션을 설정할 수 있으므로 레이아웃 탭을 먼저 설명하겠습니다.

레이아웃 탭

헤더 영역의 레이아웃을 변경하고 콘텐츠를 추가할 수 있는 곳입니다.

그림 1-102 헤더 레이아웃

레이아웃 선택❶에서 네 종류의 레이아웃을 선택할 수 있습니다. 어떤 레이아웃을 선택하느냐에 따라 아래에 나오는 옵션이 달라집니다. 우선 기본으로 선택된 세 번째 레이아웃에 대해 설명하겠습니다.

세 번째 레이아웃(헤더 기본 레이아웃)

헤더가 위에 있는 기본 레이아웃입니다. 로고 사이드 요소란 로고의 오른쪽에 있는 영역을 말하며 이곳에 콘텐츠를 배치할 수 있습니다. 콘텐츠는 테마 옵션 화면을 스크롤 하면 중간쯤에 있는 검색, 컨택트 정보, 로그인, 텍스트, 소셜 아이콘 등을 말합니다. '**로고 사이드 요소의 폰트 사이즈**'는 테마 옵션의 폰트 항목에서 설정된 크기를 사용합니다.

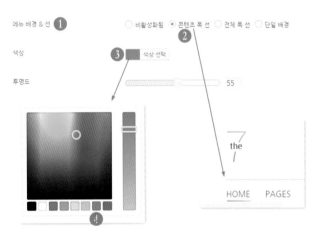

그림 1-103 메뉴 배경 & 선의 설정

'**메뉴 배경 & 선①**'에서 '**콘텐츠 폭 선②**'을 선택하고 **색상③**에서 **파란색④**을 선택합니다. 이것은 로고 영역과 메뉴 영역을 구분하는 선입니다. 선은 콘텐츠 영역의 너비만큼만 나타나며 '**전체 폭 선**'을 선택하면 와이드 레이아웃에서는 웹 브라우저의 전체 너비로 나타나고 박스 레이아웃에서는 박스의 양쪽 테두리까지 나타납니다. 단일 배경을 선택하면 헤더의 배경색을 설정할 수 있습니다.

그림 1-104 **추가 헤더 요소**

추가 헤더 요소❶에서 **숨기기❷**를 선택하면 추가 헤더 요소 항목이 모두 사라지며 사이트에서도 나타나지 않게 됩니다. 추가 헤더 요소는 끌어다 각 영역에 배치할 수 있습니다. 추가 헤더 요소 중 장바구니는 쇼핑몰 플러그인인 우커머스를 설치해야 나타나고 사용자 정의 메뉴는 메뉴 화면에서 설정해야 합니다. 이에 대해서는 나중에 알아보겠습니다.

그림 1-105 추가 헤더 요소의 콘텐츠 입력

1. **검색, 컨택트 정보, 로그인, 텍스트:** 추가 헤더 요소에 있는 콘텐츠에 관한 설정을 할 수 있습니다.

검색 박스에서 **캡션❶**을 추가하면 검색 아이콘 오른쪽에 캡션이 나옵니다. 로그인 박스의 **링크❷**에 로그인 페이지 URL을 입력하면 로그인 링크를 클릭했을 때 해당 페이지로 이동합니다. 현재 데모 사이트에서 로그인 페이지의 경로는 다음과 같으니 다음 주소를 입력하면 됩니다.

http://localhost/wordpress2/pages/login/

텍스트 박스❸에 입력한 내용은 콘텐츠 위치 박스에서 텍스트 영역 요소에 나타납니다. 컨택트 정보에는 자신의 정보를 입력하세요.

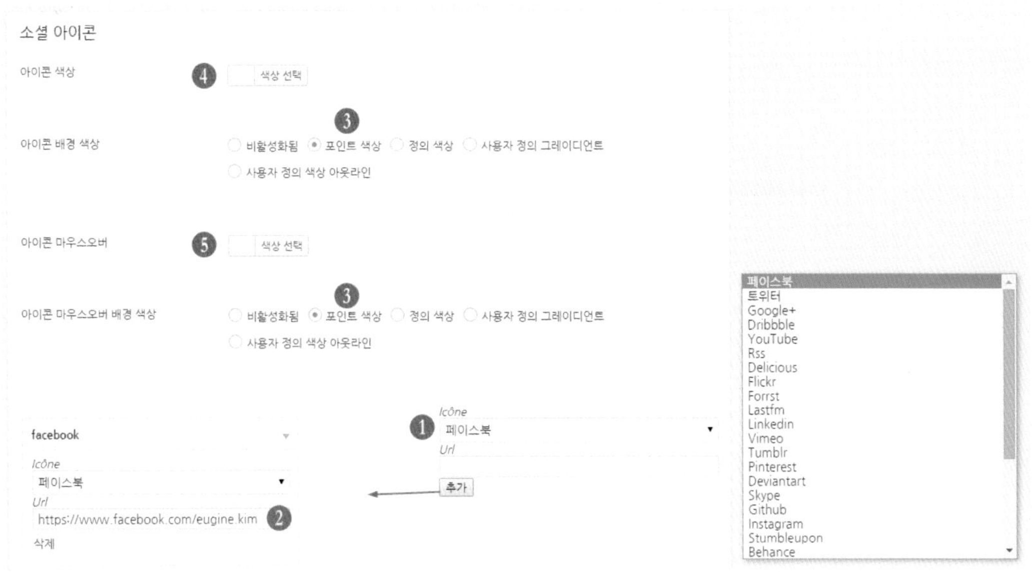

그림 1-106 소셜 아이콘

소셜 아이콘: 소셜 아이콘 박스에서 원하는 만큼 소셜 아이콘을 추가할 수 있습니다.

아이콘 선택 박스❶에서 서비스를 선택하고 **추가** 버튼을 클릭한 다음 URL❷을 입력합니다. 아이콘 배경색을 **포인트 색상❸**으로 선택했다면 **아이콘 색상❹**과 **아이콘 마우스 오버 색상❺**을 밝은색으로 설정합니다.

첫 번째 레이아웃(헤더 영역이 왼쪽에 있는 레이아웃)

헤더 영역이 사이트의 왼쪽에 있는 레이아웃입니다.

그림 1-107 첫 번째 레이아웃(헤더 영역이 왼쪽에 있는 레이아웃)

레이아웃 선택에서 첫 번째 레이아웃❶을 선택하면 아래에 있는 옵션이 바뀝니다. 메뉴 가시성에서
'**클릭 시 보이기 / 감추기❷**'를 선택하면 다음 그림과 같이 헤더가 사라지고 사이트 왼쪽 위에 아이콘
만 나타납니다.

그림 1-108 메뉴 가시성 설정 확인

아이콘❶을 클릭하면 슬라이드되면서 헤더 영역이 나타나고 **닫기 아이콘❷**으로 변경됩니다. 사이드
패딩에서는 메뉴와 왼쪽 경계 사이의 여백❸을 조절합니다.

그림 1-109 헤더의 여러 가지 설정

헤더 위치를 우측❶으로 선택하면 헤더 영역 전체가 콘텐츠 영역 오른쪽에 배치됩니다. 메뉴 아이템
정렬❷은 메뉴의 글자를 좌측, 중앙, 우측으로 정렬하는 데 사용합니다. 그림 1-109의 메뉴는 좌측으
로 정렬한 모습입니다. 메뉴 아이콘의 상하를 구분하기 위해 '**메뉴 아이템 사이의 선❸**'을 활성화할 수
도 있으며 색과 투명도를 설정할 수 있습니다. 하위 메뉴가 있다면 드롭다운 형태로 나타나는데 '**드롭**

'다운 메뉴 보이기'를 측면❹으로 선택하면 상위 메뉴에 마우스를 올렸을 때 오른쪽으로 슬라이드되면서 하위메뉴가 나타나고 하방향으로 선택하면 상위 메뉴를 클릭했을 때 하위메뉴가 아코디언 방식으로 아래로 슬라이드되면서 나타납니다. 추가 헤더 요소❺를 숨기기로 선택하면 다음 요소가 사라지며 사이트에서도 나타나지 않습니다.

그림 1-110 추가 헤더 요소 설정

추가 헤더 요소를 배치할 수 있는 영역이 이전 레이아웃과 다르므로 새로 배치해 설정해야 합니다.

두 번째 레이아웃(왼쪽에 로고가 있고, 오른쪽에 메뉴가 있는 레이아웃)

두 번째 헤더 레이아웃입니다. 로고 사이드 요소의 위치에 메뉴가 배치되므로 로고 사이드 요소 영역이 사라집니다.

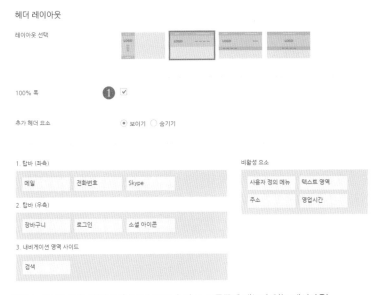

그림 1-111 두 번째 레이아웃(왼쪽에 로고가 있고, 오른쪽에 메뉴가 있는 레이아웃)

100% 폭❶에 체크하면 헤더 영역이 약간 넓어집니다.

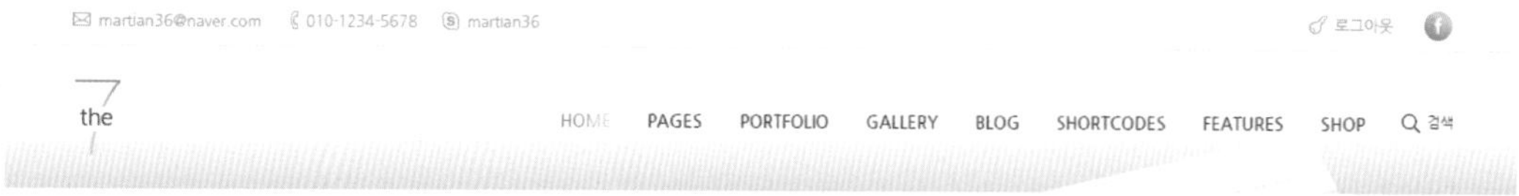

그림 1-112 사이트에서 확인

네 번째 레이아웃(모든 헤더 영역 요소가 가운데에 배치된 레이아웃)

네 번째 헤더 레이아웃입니다.

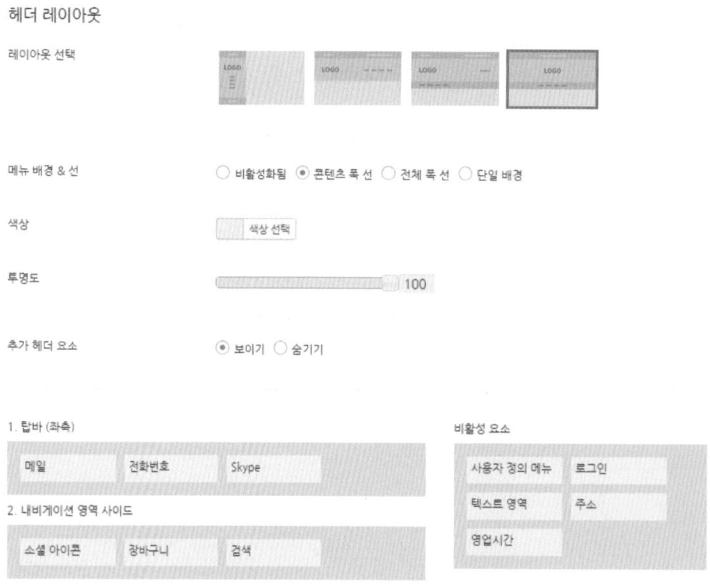

그림 1-113 네 번째 레이아웃(모든 헤더 영역 요소가 가운데에 배치된 레이아웃)

기본 레이아웃 형태와 같이 로고 영역과 메뉴의 구분을 위해 선이나 메뉴 배경을 설정할 수 있습니다. 추가 요소를 배치할 영역이 탑바(좌측)와 내비게이션 영역 사이드로 줄어듭니다.

그림 1-114 사이트에서 확인

모든 요소가 중앙에 배치된 모습을 볼 수 있습니다.

사용자 정의 메뉴 사용하기

테스트를 위해 헤더 레이아웃을 기본 레이아웃(세 번째 레이아웃)으로 선택하고 비활성 요소 박스에서
사용자 정의 메뉴를 탑바(우측)에 배치합니다.

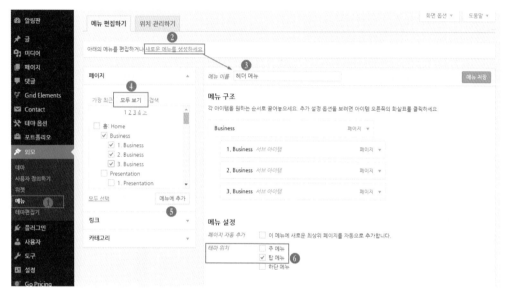

그림 1-115 사용자 정의 메뉴 설정

외모 → 메뉴①에서 '**새로운 메뉴를 생성하세요②**' 링크를 클릭한 다음 메뉴 이름으로 '**헤더 메뉴③**'를
입력한 뒤 엔터키를 누릅니다. 어떤 메뉴든 만들 수 있지만 여기서는 테스트로 페이지 박스에 있는 메
뉴를 사용해보겠습니다. 박스에서 **모두 보기 탭④**을 클릭하고 적당한 아이템을 선택해 **메뉴에 추가
버튼⑤**을 클릭합니다. 메뉴 구조에서 트리 구조를 만든 다음 테마 위치에서 **탑 메뉴⑥**를 선택하고 '**메
뉴 저장**' 버튼을 클릭합니다.

그림 1-116 사이트에서 사용자 정의 메뉴 확인

사이트에서 확인하면 위와 같이 사용자 정의 메뉴가 나옵니다. 주메뉴와 중복되지 않은 자주 사용하는 메뉴를 배치하면 좋습니다.

탑바 탭

지금까지 설명한 내용을 참고하면 별다른 어려움 없이 설정할 수 있습니다.

그림 1-117 탑바 설정

탑바 폰트 사이즈❶는 테마 옵션의 폰트 항목에서 설정된 값을 사용하며 **상단 & 하단 패딩❷**에서는 탑바의 상하 높이를 조절할 수 있습니다. 탑바의 배경 색상이 현재 어두운색으로 돼 있는데 툴바와 구분이 안 되므로 현재의 색보다 약간 밝은 색으로 설정합니다. 아주 밝은 색으로 설정한다면 탑바 폰트 색상❹을 어두운색으로 변경해야 합니다. **배경 이미지 추가❺**에서 배경 이미지를 설정할 수도 있습니다.

헤더 탭

여기에서 헤더는 탑바를 제외한 로고와 메뉴가 있는 부분을 말합니다.

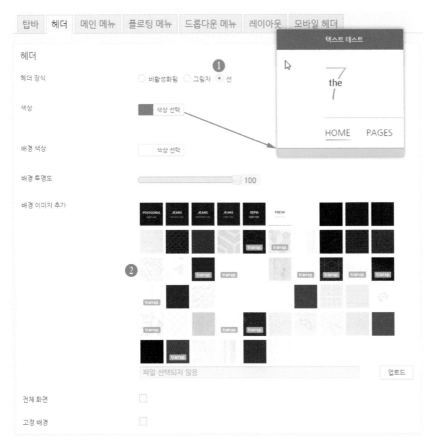

그림 1-118 헤더 설정

헤더 장식에서 **선❶**을 선택하면 색상을 추가할 수 있으며 헤더의 아래에 선으로 나타납니다. 이때 페이지 편집 화면의 페이지 헤더 옵션이 오버랩으로 설정돼 있으면 적용되지 않습니다. 배경 이미지도 추가할 수 있으며, 패턴❷을 추가하면 그림과 같이 헤더에 배경 이미지가 적용됩니다.

메인 메뉴 탭

주메뉴의 글자 배경 등 여러 가지 설정을 할 수 있습니다.

그림 1-119 메인 메뉴 설정

폰트 항목에서 폰트를 선택❶하면 바로 아래에서 해당 폰트를 미리 볼 수 있습니다. 영문은 **대문자**에 체크❷하면 메뉴의 모든 글자가 대문자로 나타납니다. **하위 메뉴 표시 화살표 보이기**에 체크❸하면 하위 메뉴가 있을 때 상위 메뉴에 화살표가 추가됩니다.

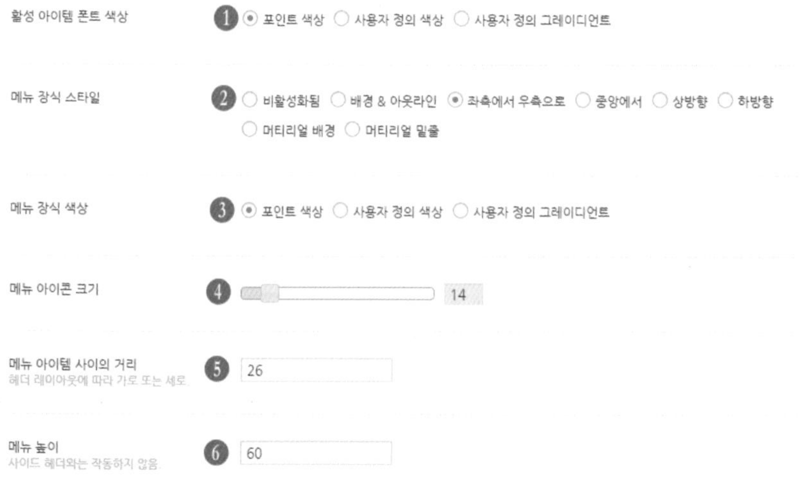

그림 1-120 메인 메뉴 추가 설정

활성 아이템 폰트 색상❶에서 활성 아이템이란 현재 선택된 메뉴를 의미합니다. 포인트 색상을 선택하면 테마 옵션의 **일반 → 모양** 탭에서 설정한 포인트 색상이 적용됩니다. **사용자 정의 색상**을 선택하면 바로 아래에 색을 선택할 수 있는 버튼이 나옵니다. **사용자 정의 그레이디언트**를 선택하면 두 가지 색을 선택해 그레이디언트로 지정할 수 있습니다.

메뉴 장식 스타일❷은 메뉴 아이템에 마우스를 올렸을 때의 스타일입니다. '**배경 & 아웃라인**'으로 선택하면 메뉴 아이템이 버튼 모양이 되면서, 배경색이 포인트 색으로 바뀝니다. 따라서 **활성 아이템 폰트 색상**은 사용자 정의 색을 선택하고 밝은색으로 설정해야 합니다. '**좌측에서 우측으로**'를 선택하면 왼쪽에서 오른쪽으로 애니메이션되는 밑줄이 나타납니다. '**중앙에서**'를 선택하면 가운데를 기준으로 양쪽으로 애니메이션되는 밑줄이 나타납니다. '**상방향**'을 선택하면 아래에서 위로, '**하방향**'을 선택하면 아래에서 위로 밑줄이 나타납니다.

메뉴 장식 색상❸에서는 메뉴 장식의 색을 설정합니다.

메뉴 아이콘 크기❹에서는 메뉴에 아이콘을 추가할 경우 아이콘의 크기를 설정합니다.

메뉴 아이템 사이의 거리❺는 헤더가 가로 형태일 때는 메뉴 아이템의 가로 간격이고 헤더가 왼쪽이나 오른쪽에 있는 세로 형태일 때는 상하 간격입니다.

메뉴 높이❻는 가로 형태의 메뉴일 때만 설정할 수 있습니다.

메뉴바의 폰트 변경

헤더의 폰트를 'Felipa'로 선택하고 저장한 상태에서 시작합니다.

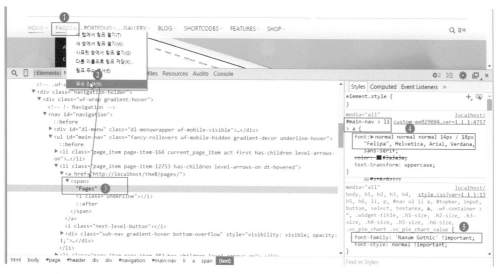

그림 1-121 메뉴바 폰트 변경

사이트에서 메뉴 아이템❶에 마우스를 올리고 마우스 오른쪽 버튼을 클릭한 다음 **요소검사❷**를 선택하면 브라우저 아래에 패널이 나옵니다. span의 왼쪽에 있는 삼각형 아이콘을 클릭하면 글자가 보입니다❸. 이런 창을 개발자 도구라고 하며 코드를 수정할 때 유용합니다. 이 책에서는 크롬 브라우저의 개발자 도구를 사용했으며, 브라우저마다 개발자 도구가 조금씩 다를 수 있습니다. 왼쪽에는 HTML 코드가 있고 오른쪽에는 스타일 시트 코드가 있습니다. 스타일 시트 패널에서 스크롤 하다 보면 폰트가 설정된 부분이 있습니다. 하나는 'Felipa' **폰트❹**로 설정돼 있고 다른 하나는 **나눔 고딕❺**으로 설정돼 있습니다. 이 나눔 고딕에 !important 설정이 추가돼 있어서 모든 폰트가 나눔 고딕으로 나타납니다. 이를 해제하려면 메뉴 폰트를 제어하는 선택자에서 별도로 폰트를 'Felipa'로 설정하면 됩니다.

첫 번째 박스를 보면 메뉴의 폰트를 제어하는 선택자는 #main-nav 〉li 〉a입니다. 이를 블록으로 설정해 복사합니다. 선택자 부분을 클릭하면 선택자 전체가 블록으로 설정되고 Ctrl+C 키를 누르면 복사됩니다.

```
17  /* 아래부터는 자신의 스타일 시트를 입력합니다. */
18
19  #main-nav 〉 li 〉 a {
20    font-family: Felipa !important;
21  }
```

자식 테마 폴더(Autoset9/public_html/wordpress2/wp-content/themes/dt-the7-child)에서 style.css 파일을 편집기로 열고 복사한 선택자를 붙여넣습니다. 위와 같이 코드를 추가하고 저장한 다음 사이트를 새로고침하면 해당 폰트로 나옵니다. 테스트가 끝났으면 위 코드를 주석으로 처리해 설정을 해제합니다. 코드를 블록으로 설정하고 Ctrl+/ 키를 누르면 쉽게 주석으로 지정할 수 있습니다.

메뉴에 폰트 아이콘 사용하기

웹브라우저에서 다음 주소를 입력해 테마에서 사용하는 폰트 아이콘 사이트인 폰트 어썸 사이트로 이동합니다.

http://fontawesome.io/icon

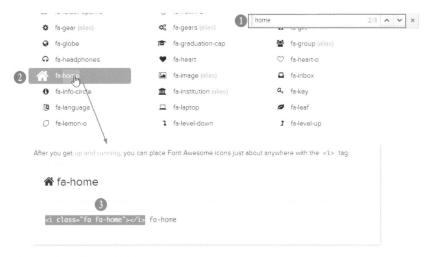

그림 1-122 폰트 어썸 코드 복사

Ctrl+F 키를 누르고 home을 입력해 **검색❶**하면 홈 아이콘이 검색됩니다. 이를 **클릭❷**하면 다음 페이지에서 아이콘의 코드를 볼 수 있습니다. 이 코드를 블록으로 설정해 **복사❸**합니다.

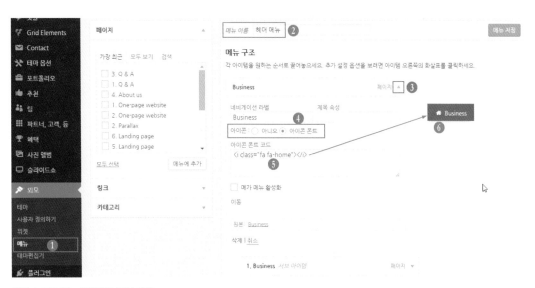

그림 1-123 메뉴 화면에서 코드 추가

메인 메뉴는 아직 만들지 않았으므로 이전에 만든 탑바의 **사용자 정의 메뉴**에서 테스트해보겠습니다. **외모 → 메뉴❶**에서 **헤더 메뉴❷**의 Business 오른쪽 끝에 있는 **세모 아이콘**을 클릭❸해 펼칩니다. 아이콘 폰트를 선택❹하면 코드를 입력할 수 있는 입력란이 나옵니다. 이곳에 복사해온 코드를 붙여넣고❺ 메뉴 저장 버튼을 클릭합니다. 사이트에서 확인하면 메뉴에 홈 아이콘❻이 추가된 모습을 볼 수 있습니다.

플로팅(Floating) 메뉴 탭

사이트에서 스크롤 해서 내려갈 때 상단에 고정된 메뉴바를 플로팅 메뉴라고 합니다.

그림 1-124 **플로팅 메뉴 설정**

플로팅 메뉴의 배경색은 헤더 색상이나 사용자 정의 색상으로 지정할 수 있습니다. 애니메이션은 기본이 페이드 형태이며 슬라이드를 선택하면 위에서 아래로 애니메이션 됩니다.

드롭다운 메뉴 탭

주메뉴의 하위 메뉴와 관련된 설정을 할 수 있습니다.

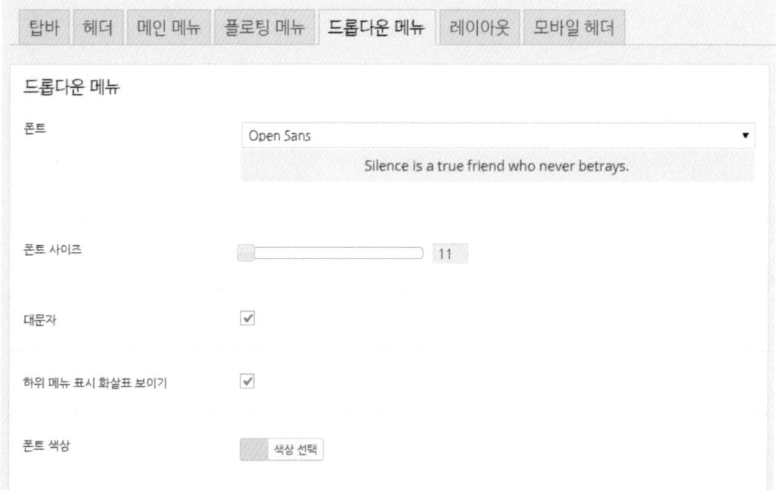

그림 1-125 **드롭다운 메뉴 설정**

하위 메뉴 표시 화살표 보이기에 체크하면 하위 메뉴가 있는 메뉴에 화살표가 나타나게 할 수 있습니다.

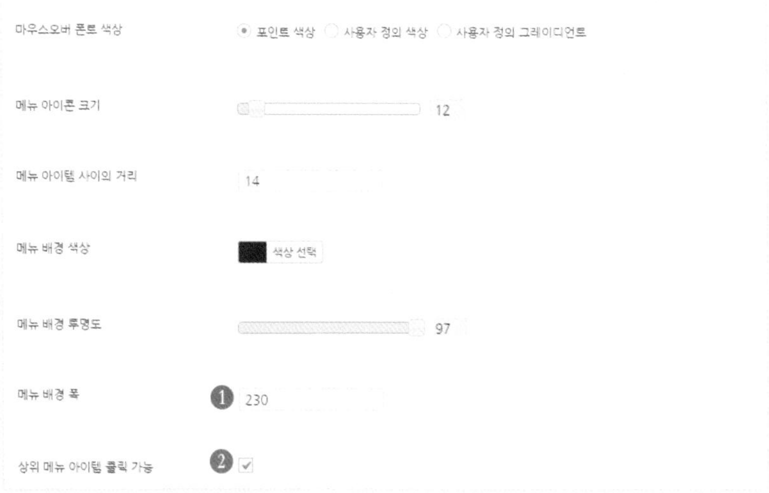

그림 1-126 드롭다운 추가 설정

메뉴 배경 폭❶에서는 하위 메뉴의 너비를 설정할 수 있습니다. '**상위 메뉴 아이템 클릭 가능❷**'에 체크하지 않으면, 상위 메뉴 아이템을 클릭하더라도 특정 페이지로 이동하지 않습니다. 하지만 상위 메뉴 아이템에도 메뉴를 배치해 클릭했을 때 일정한 페이지로 이동할 수 있게 하려면 이 옵션을 체크합니다.

모바일 헤더 탭

모바일 기기에서의 헤더를 설정할 수 있습니다.

그림 1-127 모바일 헤더의 설정

각 기기에 맞는 전환점을 설정할 수 있으며 로고의 크기를 설정할 수 있습니다. 모바일 기기는 레티나 디스플레이를 사용하는 경우가 많으므로 다음에서 나올 브랜딩 부분에서 기기에 따라 해상도가 다른 로고를 업로드해 사용할 수 있습니다.

메뉴 색상

메뉴 색상   ◉ 포인트 색상 ○ 사용자정의

탑바

모바일 기기에서 탑바   ◉ 닫힘 ○ 열림 ○ 비활성화됨

그림 1-128 모바일 헤더의 추가 설정

탑바 박스에서는 모바일 기기에서 탑바를 어떤 형식으로 표시할지 설정합니다. 닫힘으로 선택하면 탑바는 보이지 않고 상단에 세모 아이콘이 나타나며 이를 클릭하면 탑바 콘텐츠가 아래로 슬라이드되면서 나타납니다.

04 브랜딩 옵션

로고와 파비콘, 저작권 등 사이트의 정체성(Identity)을 설정할 수 있습니다.

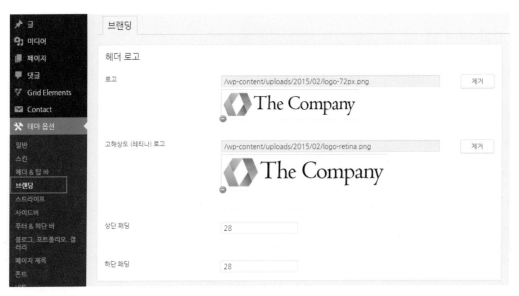

그림 1-129 다양한 로고 사용

헤더 로고, 하단 로고, 플로팅 로고, 모바일 로고 등 네 가지 로고를 설정할 수 있습니다. 플로팅 (Floating) 로고는 사이트에서 아래로 스크롤 하더라도 고정된 플로팅 메뉴에 들어가는 로고를 말합니다. 로고를 제작할 때는 우선 레티나 로고를 만들고, 크기를 줄여서 일반 로고를 만듭니다. 작은 크기의 로고를 단순히 크기만 늘려서는 안 됩니다. 테스트하려면 첨부 파일에 있는 여러 크기의 로고를 참고하세요. 일반 로고는 logo-72px.png이고 레티나 로고는 logo-retina.png 파일을 사용합니다. 헤더, 플로팅, 푸터, 모바일 네 가지의 로고를 전부 다르게 설정할 수도 있지만 여기서는 한 가지만 사용했습니다.

그림 1-130 레티나 로고와 일반 로고의 차이

위 이미지는 실제 쇼핑몰에서 사용한 로고입니다. 왼쪽이 레티나 로고이고 오른쪽이 일반 로고입니다. 데스크톱에서 웹 브라우저의 너비를 줄여 스마트폰 크기로 테스트하면 일반 로고로 나타나므로 구분이 안 되지만 실제 스마트폰으로 보면 확연히 차이가 납니다.

그림 1-131 파비콘 설정

파비콘(favicon)은 favorite와 icon의 합성어로 즐겨찾기 아이콘을 의미합니다. 웹 브라우저의 상단에 있는 탭이나 모바일 브라우저의 URL 왼쪽에서 볼 수 있습니다. 파비콘은 16픽셀의 이미지를 사용하며 모바일용으로는 32픽셀의 이미지를 사용합니다.

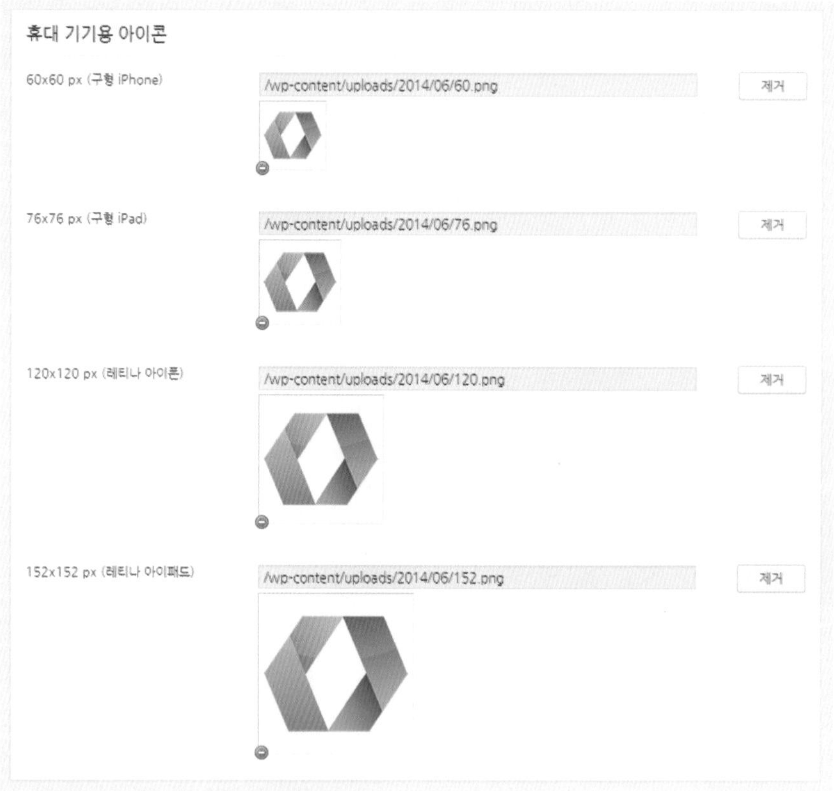

그림 1-132 휴대용 기기 아이콘

안내 문구에 있는 크기별로 제작해서 휴대 기기용 아이콘도 추가합니다. 이들 아이콘은 모바일 기기에서 '홈 화면에 바로 가기 추가'를 했을 때 홈 화면에 나타나는 아이콘입니다.

그림 1-133 저작권 정보

저작권 정보는 푸터에서 로고의 오른쪽 영역에 나타나며 회사 이름을 입력하고 Alt 키를 누른 채 숫자 0169를 입력하면 저작권 기호가 입력됩니다. 크레딧 달기는 체크를 해제합니다. 크레딧 달기에 체크하면 저작권 정보 오른쪽에 테마 제작사의 이름이 나옵니다.

○5 스트라이프 옵션

스트라이프(Stripe)는 사이트에서 전체 너비로 콘텐츠의 배경을 만들 수 있는 기능입니다. 따라서 배경을 다른 색으로 할 수도 있고 배경 이미지를 사용할 수도 있습니다.

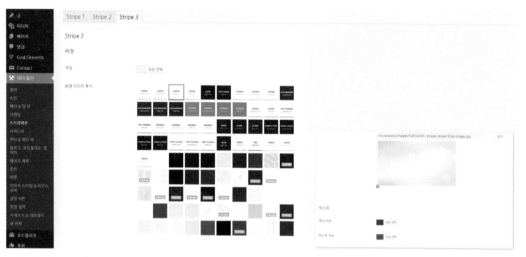

그림 1-134 **스트라이프**

Stripe 탭은 세 개가 있는데 설정이 다를 뿐 모두 같습니다. 세 개의 탭에 여러 가지 설정을 해놓고 페이지를 만들 때 다양하게 배경을 만들 수 있게 하고 있습니다. Stripe 3은 기본으로 배경이 이미지로 설정돼 있습니다.

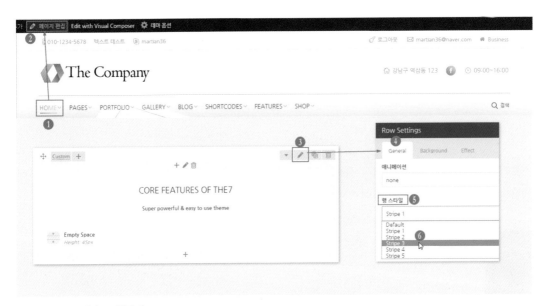

그림 1–135 스트라이프 사용하기

테스트를 위해 사이트에서 **Home 메뉴❶**를 클릭하고 툴바의 **페이지 편집❷**을 클릭합니다. 페이지 편집 화면의 중간쯤으로 스크롤 해서 Core Features of The7 부분의 **편집 아이콘❸**을 클릭하면 팝업 창이 나타납니다. **General 탭❹**에서 스크롤해 **행 스타일❺**을 Stripe3❻으로 선택하고 창 아래에 있는 변경 사항 저장 버튼을 클릭합니다. 공개하기 메타박스에서 업데이트 버튼을 클릭하고 사이트에서 확인하면 다음과 같이 배경이 변경된 모습을 확인할 수 있습니다.

그림 1–136 스트라이프 적용 확인

스트라이프는 향후 페이지를 만들 때 자세히 알아보겠습니다.

06 사이드바 옵션

사이드바의 모양을 설정할 수 있는 옵션입니다. 사이드바에는 주로 위젯을 배치해 블로그와 관련된 글 목록이나 메뉴 등을 출력합니다.

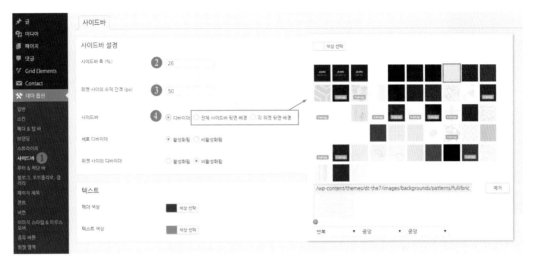

그림 1-137 **사이드바 설정**

사이드바 폭❷은 퍼센트로 설정하며 테마 옵션의 **일반 → 모양 탭 → 레이아웃 항목**에서 설정한 폭에 대한 비율입니다. 사이드바의 폭을 변경하면 콘텐츠 영역의 폭은 자동으로 변경됩니다. 위젯을 여러 개 배치했을 때는 **위젯 사이의 수직 간격❸**도 조절할 수 있습니다.

사이드바의 형태는 **세 종류❹**가 있습니다. '디바이더'는 콘텐츠 영역과 사이드바 사이에 구분을 위한 세로 선이 하나 있고 나머지 두 가지는 전체 사이드바 또는 각 위젯에 대해 배경을 설정할 수 있습니다. 아래에 있는 텍스트 박스에서는 위젯의 배경에 따른 텍스트 색상을 설정할 수 있습니다.

07 푸터 & 하단바 옵션

푸터와 하단 바의 배경색과 이미지를 설정할 수 있는 옵션입니다.

그림 1-138 **푸터 설정**

푸터 스타일에서 다른 옵션은 앞서 설정한 내용을 참고하면 되고 슬라이드 아웃 푸터에 대해 알아보겠습니다. 단일 배경을 선택하면 슬라이드 아웃 모드가 있습니다. 이를 활성화하면 다음 그림과 같이 사이트 하단에서 스크롤 해 올라갈 때 푸터 콘텐츠가 슬라이드되면서 사라질 때까지 푸터의 하단 바가 고정됩니다.

그림 1-139 **푸터의 슬라이드 아웃 모드**

슬라이드되면서 사라지는 과정입니다.

푸터 영역은 푸터와 하단 바로 이뤄져 있습니다. 하단 바에는 로고가 있으며 메뉴도 배치할 수 있습니다.

그림 1-140 **푸터 위젯 배치**

푸터의 레이아웃을 테스트하기 전에 위와 같이 외모 → 위젯에서 기본 푸터 위젯 영역에 DT-블로그 글을 4개 추가합니다.

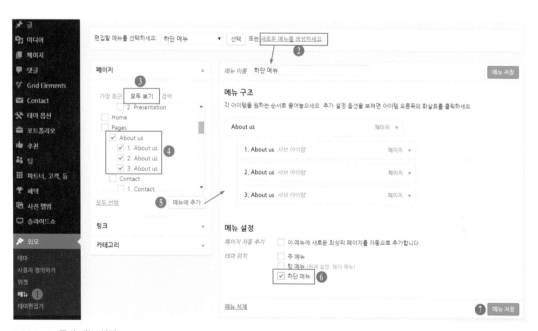

그림 1-141 **푸터 메뉴 설정**

외모 → 메뉴 화면에서는 하단 메뉴를 만들고 페이지 박스에서 적당한 페이지를 추가합니다. 트리 구조를 만들고 하단 메뉴에 체크한 다음 저장합니다.

그림 1-142 푸터 레이아웃

푸터 레이아웃에서 레이아웃 옵션의 분수는 푸터 영역에서 한 행에 배치할 수 있는 위젯의 개수를 의미합니다. 숫자를 1/3 + 1/3 + 1/3으로 설정하면 하나의 행에 3개의 위젯을 배치할 수 있습니다. 이전에 위젯을 4개 배치했으므로 나머지 하나는 아래로 내려가게 됩니다. 2개를 더 배치하면 두 개의 행에 각각 3개의 위젯이 나타나게 됩니다. 하지만 위젯의 높이가 다르면 레이아웃이 엉망이 되므로 정해진 개수의 위젯을 배치하세요.

그림 1-143 푸터 하단 바

하단 바 탭에서는 하단 바의 스타일을 설정할 수 있고 간단한 콘텐츠도 넣을 수 있습니다.

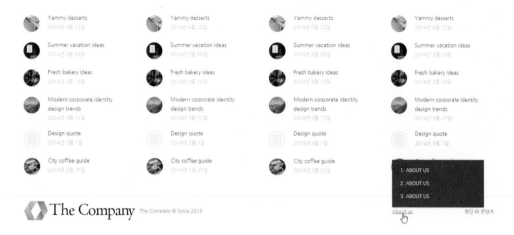

그림 1-144 사이트에서 푸터 확인

∩8 블로그, 포트폴리오, 갤러리 옵션

블로그, 포트폴리오, 갤러리 옵션에서는 각 콘텐츠를 사이트에서 표시하는 방법을 설정할 수 있습니다. 블로그는 블로그 글 목록 페이지가 있고 글 목록 중 하나의 글을 선택하면 전체 글이 나오는 개별 글(Single Post)이 있습니다. 포트폴리오와 갤러리도 마찬가지로 개별 글을 모아놓은 페이지가 있고 하나의 아이템을 클릭하면 해당 콘텐츠에 대한 자세한 내용을 볼 수 있는 화면으로 이동합니다. 블로그, 포트폴리오, 갤러리 옵션은 이러한 개별 콘텐츠에 대한 설정을 할 수 있는 곳입니다.

그림 1-145 블로그 옵션

글쓴이 정보는 관리자 화면의 나의 프로필에서 개인 정보란에 입력한 내용이 나타납니다. 이전 & 다음 버튼은 페이지 오른쪽 위에 있는 제목 바 아래에 나타납니다. 돌아가기 버튼을 활성화하면 이전 버튼과 다음 버튼 중간에 돌아가기 버튼이 생기며, 버튼을 클릭했을 때 돌아갈 페이지는 페이지를 선택에서 설정합니다.

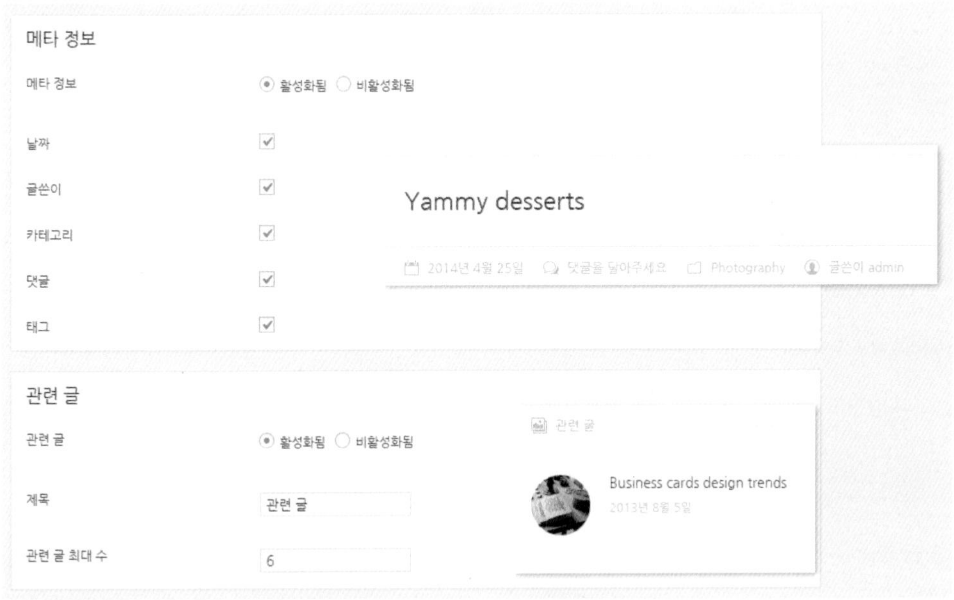

그림 1-146 블로그 메타 정보 및 관련 글 설정

메타 정보는 제목 바 아래에 나오고, 관련 글은 글쓴이 정보 아래에 나타나며 같은 카테고리의 글이 노출됩니다.

포트폴리오 탭

이전 & 다음 버튼, 돌아가기 버튼, 메타 정보 설정은 블로그에서와 같습니다.

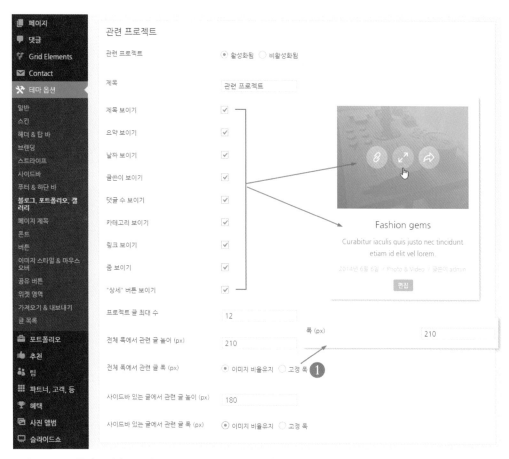

그림 1-147 포트폴리오 관련 프로젝트 설정

관련 프로젝트에서는 싱글 아이템 아래에 나오는 관련 프로젝트의 제목 등 여러 가지 항목의 노출 여부를 설정할 수 있습니다. **고정 폭❶**을 선택하면 아이템의 너비를 조절할 수 있습니다. 단일 글 편집 화면에서 사이드바를 설정하면 아이템의 폭이 약간 줄어듭니다.

갤러리 탭

갤러리는 관리자 화면의 사진 앨범 글 타입에서 만들 수 있습니다.

그림 1-148 갤러리 설정

이전 & 다음 버튼, 돌아가기 버튼, 메타 정보는 앨범 옵션에서 갤러리, 메이슨리 & 그리드, 전체 정렬
그리드를 선택했을 때만 제목 바 아래에 나옵니다.

∩9 페이지 제목 옵션

페이지나 글의 제목 스타일을 설정할 수 있습니다.

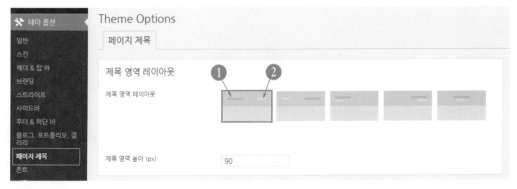

그림 1-149 페이지 제목 설정

썸네일에서 짙은 회색 부분❶이 제목이고 옅은 회색 부분❷이 브레드크럼입니다. 제목과 브레드크럼
이 상하로 배치되는 레이아웃 일 때는 제목 영역의 높이를 높여줍니다.

그림 1-150 페이지 제목과 브레드크럼의 배경 및 글자색 설정

브레드크럼 배경 색상을 검정으로 선택❶하면 브레드크럼 색상❷은 밝은색으로 설정합니다. 글자가 "검정"으로 돼 있지만 실제 사이트에서는 회색으로 나타납니다. 브레드크럼의 배경색을 흰색으로 설정하면 거의 표시되지 않으므로 아래에 있는 제목 영역 스타일에서 단일 배경으로 설정해야 합니다.

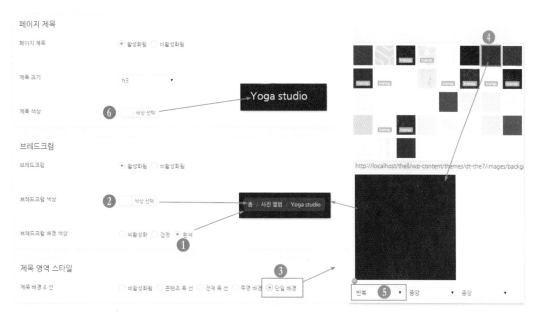

그림 1-151 제목 영역에 패턴 사용

브레드크럼 색을 밝은색❷으로 하고 배경색을 흰색❶으로 설정한 다음 제목 영역 스타일에서 제목 배경 & 선 옵션을 단일 배경❸으로 선택합니다. 배경은 어두운색의 패턴❹으로 설정하고, 패턴이므로 반복을 설정❺합니다. 제목 색상❻도 밝은색으로 설정합니다.

그림 1-152 **큰 이미지를 사용할 때**

패턴이 아닌 큰 이미지를 사용할 때는 **반복 없음❶**을 선택하고 전체 화면에 체크❷한 다음 패럴랙스 활성화 & 속도에 1 이하의 소수❸를 사용하면 스크롤 속도가 다른 배경 이미지를 확인할 수 있습니다. 패럴랙스는 스크롤할 때 전면 콘텐츠와 배경 이미지의 이동 속도를 다르게 해서 사용자 경험을 증대시킬 수 있는 기능입니다.

그림 1-153 **사이트에서 확인**

10 폰트 옵션

기본적으로 웹 브라우저는 컴퓨터에 내장된 폰트를 사용합니다. 콘텐츠에 사용될 폰트를 다음과 같이 스타일 시트에 정의하면 폰트를 불러와 각 요소에 폰트가 적용됩니다. 하지만 여러 플랫폼의 OS에 적용되는 폰트는 그리 많지 않습니다. 윈도 사용자는 윈도를 설치하면 기본 폰트도 같이 설치됩니다. OS X, 리눅스도 나름대로 폰트가 설치됩니다. 하지만 모든 컴퓨터가 같은 폰트가 설치된다는 보장이 없습니다. 그래서 스타일 시트에서 폰트를 정의하더라도 운영체제에 따라 폰트가 없거나 서로 다른 모습으로 보일 수 있습니다.

font-family: 나눔고딕, 맑은고딕;

대부분 컴퓨터에 공통으로 설치돼 있고 웹 브라우저에서 사용해도 안전한 폰트를 Web Safe Font라고 합니다. 웹 폰트가 나오기 전에는 이러한 웹 안전 폰트가 관심의 대상이었죠. 요즘에는 웹 폰트가 많이 사용되고 있습니다. 하지만 웹 폰트도 영문 폰트에만 해당하고 한글은 웹디자인에서 다양한 폰트를 사용하기는 어렵습니다. 겨우 윈도용 맑은 고딕이나 기본 폰트인 굴림체가 사용될 뿐입니다. 구글에 등록된 한글 웹 폰트는 몇 가지 있지만 쓸만한 폰트는 나눔 고딕체밖에 없습니다.

구글에서는 무료 폰트를 웹 폰트로 등록해 많은 사람이 사용할 수 있도록 하고 있습니다. 수백 개의 폰트가 웹 폰트로 등록돼 있습니다. 웹디자인에서 이러한 구글 웹 폰트를 불러와 설정만 해주면 그대로 사용할 수 있습니다.

그림 1-154 **폰트 설정**

기본 폰트 박스에서 여러 가지 웹 폰트를 선택할 수 있고, 폰트 사이즈를 변경할 수 있습니다. 이곳에서 설정한 크기는 다른 테마 옵션이나 페이지 빌더에서 선택해 사용할 수 있습니다. 예를 들어 페이지 빌더에서 배너를 선택하면 폰트 사이즈를 선택하는 옵션이 있는데, 여기에서는 폰트 옵션에서 설정된 크기를 사용하게 됩니다. 하지만 위에서 설정한 크기를 조절할 수 없는 곳도 있어서 어떤 부분이 변경되는지 직접 확인해봐야 합니다. 테스트를 위해 작은 폰트 크기를 변경하고 저장한 다음 사이트에서 확인하세요. 테스트 완료 후에는 원래의 크기로 폰트를 변경하세요. 하단의 저장 버튼 옆에 있는

Restore Defaults 버튼을 클릭하면 기본값으로 복원할 수 있습니다. 줄 간격은 스타일 시트의 line-height 속성을 의미하며 글이 있는 줄과 줄 사이의 간격입니다.

그림 1-155 사이트에서 확인

홈페이지에서 확인하면 검색 캡션 글자❶와 푸터의 위젯 날짜❷, 하단 바의 글자❸ 등이 작은 글자 설정으로 크기가 변경됐습니다. 페이지 빌더에 의해 만들어지는 혜택 요소는 글자 크기를 선택❹할 수있지만, 프로그레스 바는 그럴 수 없습니다. 따라서 폰트 옵션에서 일정한 크기를 정해놓고 어떤 곳에나타나는지 확인해가면서 크기를 조절해야 합니다.

그림 1-156 헤더 폰트 설정

헤더 폰트 박스에서 H1부터 H6 크기의 폰트를 설정할 수 있습니다. 코드에서 h1부터 h6의 태그를 사용하면 여기서 설정한 크기로 나타나게 됩니다.

한글 웹 폰트(서울서체와 본고딕) 사용하기

첨부 파일에서 fonts 폴더를 보면 서울서체(정체)와 구글의 본고딕(Noto Sans) 폰트의 압축 파일이 있습니다. 압축을 해제하고 폴더로 들어가 html 파일을 열면 브라우저에서 데모를 확인할 수 있습니다.

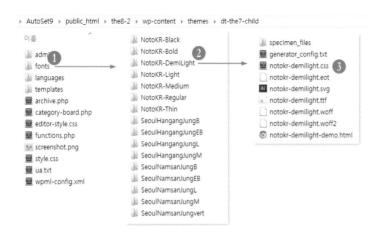

그림 1-157 한글 웹 폰트

테마 폴더에 fonts 폴더를 만들고 압축을 해제한 폴더를 붙여넣습니다. 폰트 폴더를 열어보면 폰트 이름에 해당하는 스타일 시트가 있습니다. 이 스타일 시트를 import 문으로 가져옵니다.

```
11  @import url(../dt-the7/style.css);
12  @import url("http://fonts.googleapis.com/earlyaccess/nanumgothic.css");
13  @import url(fonts/NotoKR-DemiLight/notokr-demilight.css);
14  @import url(fonts/NotoKR-Regular/notokr-regular.css);
15  @import url(fonts/SeoulHangangJungB/seoul-hangang-jung-b.css);
16  @import url(fonts/SeoulHangangJungL/seoul-hangang-jung-l.css);
```

자식 테마의 스타일 시트(wp-content/themes/dt-the7-child/style.css) 파일을 편집기로 열고 위와 같이 앞서 추가한 @import 문 바로 아래에 가져오기를 하는 코드를 추가합니다. @import 문은 항상 스타일 시트의 맨 위에 작성해야 합니다. 주의할 점은 폴더명은 대소문자를 구분하므로 대문자와 소문자를 잘 구별해 입력해야 합니다.

```
18 body, h1, h2, h3, h4, h5, h6, li, p, #nav ul li a, #topbar, input, button, select, textarea, a,
   .wf-container > *, .widget-title, .h1-size, .h2-size, .h3-size, .h4-size, .h5-size, .h6-size,
   .vc_pie_chart .vc_pie_chart_value, #wpmem_reg, #wpmem_login {
19    font-family: 'notokr-regular' !important;
20    font-style: normal !important;
21 }
22
23 h1, h2, h3, h4, .h1-size, .h2-size, .h3-size, .h4-size {
24    font-family: 'seoul-hangang-jung-l' !important;
25    font-style: normal !important;
26 }
```

기존의 나눔 고딕체를 본고딕 레귤러로 변경하면 본문 글자가 본고딕체로 나오고, 제목 글자의 선택자에 대해서 한강체를 적용하면 사이트에서 제목 글자가 한강체로 나옵니다.

```
38 .tp-caption.dt_the7_large_title, .tp-caption.dt_the7_small_title, .tp-caption.dt_the7_small_
   caption, .tp-caption.dt_the7_large_caption {
39    font-family: seoul-hangang-jung-l !important;
40 }
```

레볼루션 슬라이더의 글자에도 한강체를 적용해봤습니다.

그림 1-158 사이트에서 확인

사이트에서 확인하면 설정한 대로 일반 글자는 본고딕체❶로 나오고 제목과 레볼루션 슬라이더에 있는 글자❷는 서울서체로 나오는 모습을 볼 수 있습니다. 서울서체는 제목용으로 만들어져서 그런지 본문에서는 가독성이 좋지 않고, 큰 글자에 적합해 보입니다.

11 버튼 옵션

그림 1-159 버튼 옵션

버튼 스타일은 네 종류가 있으며 플랫과는 달리 iOS 7과 3D는 아래에 그림자 효과가 있습니다. 머티리얼 디자인은 버튼에 마우스를 올리면 그림자 효과가 나타납니다. 버튼의 크기는 3종류로 페이지 빌더의 버튼 요소를 설정할 때 크기를 선택할 수 있습니다.

12 이미지 스타일 & 마우스 오버 옵션

그림 1-160 이미지 스타일과 마우스 오버 설정

사이트의 모든 이미지에 대해서 효과를 설정할 수 있습니다. 스타일링에서 **흑백①**을 선택하면 헤더의 로고를 제외한 모든 이미지가 흑백으로 되며 **흑백(마우스 오버 시 컬러)②**를 선택하면 마우스를 올렸을 때 컬러 이미지로 변경됩니다. 이때는 **마우스 오버 색상 오버레이⑤**를 포인트 색으로 설정하면 컬러 효과가 잘 보이지 않으니 사용자 정의 색상을 선택하고 어두운색으로 설정하는 것이 좋습니다. **블러③**를 선택하면 이미지가 흐려지고 **크기④**를 선택하면 이미지가 약간 확대됩니다.

13 공유 버튼 옵션

여러 가지 콘텐츠에서 5가지 공유 버튼을 나타나게 할 수 있습니다. 탑바에서는 원하는 만큼 공유 버튼을 추가할 수 있었지만 여기서는 5가지만 가능합니다.

그림 1-161 **공유 버튼**

블로그 글에서는 개별 글이 끝나는 왼쪽 아래에, 포트폴리오에서는 콘텐츠 왼쪽 아래에, 미디어에서는 슬라이더 왼쪽 아래에, 페이지에서는 왼쪽 아래에 나타납니다.

14 위젯 영역 옵션

워드프레스는 콘텐츠 영역 외에 사이드바나 푸터에 다양한 콘텐츠로 이동할 수 있는 위젯을 배치할 수 있습니다. The 7 테마는 다양한 콘텐츠에 대해서 해당 콘텐츠에 맞는 위젯을 사이드바에 배치할 수 있는 것이 특징입니다.

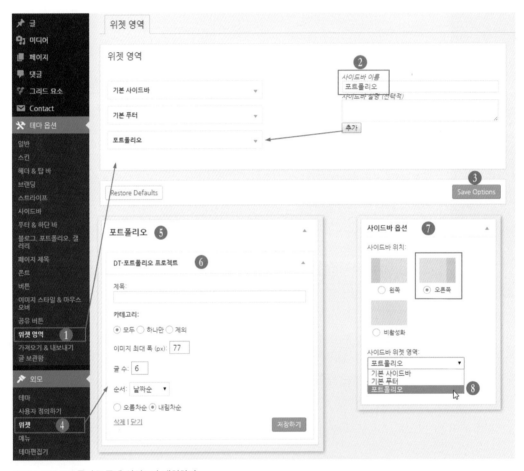

그림 1-162 포트폴리오 글에 사이드바 배치하기

위젯 영역 옵션①에서 **사이드바 이름②**에 이름을 입력한 다음 추가 버튼을 클릭하고 Save Options 버튼을 클릭③합니다. **외모 → 위젯 화면④**을 보면 **포트폴리오 위젯 영역⑤**이 만들어져 있습니다. 이 곳에 원하는 **위젯을 배치⑥**합니다. 포트폴리오 페이지에서 하나의 글을 선택하고 편집 화면으로 들어 갑니다. **사이드바 옵션 박스⑦**에서 위치를 선택한 다음 **사이드바 위젯 영역을 선택⑧**하고 공개하기 메타박스에서 업데이트 버튼을 클릭하면 사이트에서 사이드바가 나타납니다. 포트폴리오는 콘텐츠 영역을 넓게 사용하는 것이 좋으므로 콘텐츠에 따라서 사이드바를 비활성화해서 사용하도록 합니다.

15 가져오기 & 내보내기 옵션

프리미엄 테마는 상당히 많은 테마 옵션 설정이 있습니다. 이러한 설정을 있는 그대로 다른 사이트에서 사용하고자 할 때는 가져오기와 내보내기 기능을 이용하면 됩니다.

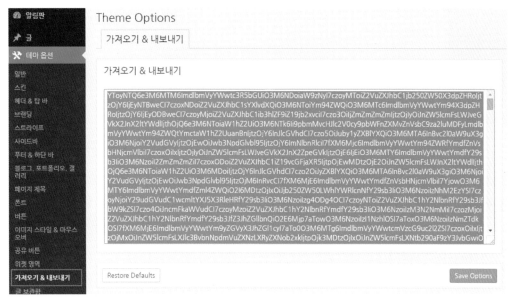

그림 1-163 테마 옵션 가져오기와 내보내기

내부를 클릭하면 전체 코드가 선택되며 복사(Ctrl+C 키)한 다음 다른 사이트에서 같은 곳에 붙여넣으면 됩니다. 특히 내 컴퓨터에서 작업하고 웹 호스팅에 워드프레스를 이전한 다음에 사이트가 제대로 나타나지 않을 때 위 테마 옵션을 복사해 붙여넣고 저장하면 됩니다.

16 글 보관함 옵션

글 보관함(Post Archive)이란 글의 카테고리, 태그, 글쓴이, 날짜를 클릭했을 때 나타나는 글 목록을 말합니다. 글 보관함 옵션에서는 이미 만들어진 페이지의 헤더 옵션과 사이드바 옵션만 사용합니다.

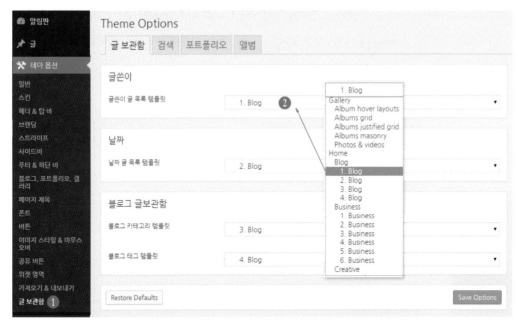

그림 1-164 글 보관함 탭

글 보관함 옵션을 선택하면 4개의 탭이 있습니다. 글 보관함 탭에서는 블로그 글과 관련된 글쓴이, 날짜, 카테고리, 태그 글 보관함의 템플릿을 설정할 수 있습니다. 선택 상자에서 기존에 만들어둔 템플릿을 선택하고 저장합니다. 여기서는 글쓴이 글 목록 템플릿으로 이미 만들어져 있는 1. Blog 페이지를 선택했습니다. 이 페이지의 설정은 다음과 같습니다.

그림 1-165 1. Blog 페이지의 옵션

페이지 헤더 옵션은 페이지 제목 감추기로 선택돼 있고 사이드바 옵션은 비활성화돼 있습니다. 페이지 속성의 템플릿은 Blog – list로 돼 있지만, 영향을 주지 않습니다. 즉, 글 보관함에서 선택한 페이지는 페이지 헤더 옵션과 사이드바 옵션만을 사용하는 것입니다. 글 보관함의 모든 글은 기본적으로 메이슨리 형태로 나타납니다.

그림 1-166 사이트에서 블로그 글 선택

사이트에서 Blog 메뉴를 클릭하면 글 목록이 나타납니다. 글 중 글쓴이를 클릭하면 다음과 같이 페이지 제목이 없는 메이슨리 레이아웃으로 나타납니다.

그림 1-167 글쓴이 글 보관함 페이지

지금까지 1장에서는 워드프레스를 내 컴퓨터에 설치하고 구매한 테마를 설치해 데모 사이트를 만들어 봤습니다. 또한, 테마에서 제공하는 다양한 테마 옵션에 대해 자세하게 알아봤는데 테마 옵션의 기능을 잘 숙지해둬야 사이트를 제대로 운영할 수 있습니다.

다음 장에서는 테마에 포함된 페이지 빌더를 이용해 웹사이트 페이지를 만드는 방법을 설명합니다. 페이지 빌더라고 했지만, 페이지뿐만 아니라 글의 콘텐츠도 만들 수 있으며 각종 요소를 이용해 끌어놓기 만으로 원하는 모양의 콘텐츠를 쉽게 만들 수 있습니다.

02

테마 다루기

웹 사이트 콘텐츠

웹 사이트의 콘텐츠는 주로 블로그 글과 페이지가 있습니다. 하지만 이들만으로는 콘텐츠를 다양하게 표현하기가 어렵습니다. 일정한 형식을 갖춘 콘텐츠를 다양하게 표현하기 위해 사용자 정의 글 타입을 사용합니다. The7 테마는 여러 종류의 글 타입을 제공하므로 여러 가지 사이트를 만들 수 있는 테마입니다.

페이지 빌더

웹 사이트의 콘텐츠를 담는 그릇을 페이지라고 합니다. 일반적으로 페이지는 콘텐츠를 만들기 위해서 각종 코드를 사용하는데 일반인에게는 코드는 몹시 어려운 존재입니다. 페이지 빌더는 코드를 작성하지 않고도 요소를 끌어다 놓는 것만으로도 다양한 형식의 콘텐츠를 만들 수 있는 기능입니다. 워드프레스의 프리미엄 테마는 대부분 페이지 빌더를 포함하고 있습니다.

미디어 다루기

미디어란 이미지, 비디오 등 글 이외에 콘텐츠로서 아주 중요한 역할을 합니다. 페이지 빌더는 콘텐츠를 만들기 위해 여러 가지 요소를 제공하는데 그 중 이미지나 비디오만을 위한 요소를 분류해 다루는 방법을 알아봅니다.

콘텐츠 다루기

블로그 글이나 포트폴리오 등 데이터베이스에 저장된 콘텐츠를 불러와 여러 형태로 출력하는 방법을 알아봅니다.

글 타입과 요소

The7 테마에서 제공하는 여러 가지 글 타입으로 글을 만드는 방법과 이를 페이지 빌더로 출력하는 방법을 알아봅니다.

기타 요소 다루기

페이지 빌더의 미디어, 콘텐츠를 제외한 기타 요소를 다루는 방법을 알아봅니다.

얼티미트 애드온 플러그인 사용하기

페이지 빌더만으로도 다양한 콘텐츠를 만들 수 있지만, 더욱 풍부한 콘텐츠를 만들 수 있도록 The7 테마는 애드온을 추가했습니다. 무려 30여 가지의 요소가 추가되며 만들지 못하는 콘텐츠가 없을 정도로 강력한 도구입니다.

그리드 요소 빌더 사용하기

페이지 빌더는 콘텐츠를 정해진 레이아웃으로만 출력할 수 있지만, 그리드 요소 빌더를 이용하면 나만의 레이아웃으로 콘텐츠를 만들 수 있습니다.

01 사용자 정의 글 타입(Custom Post Type)

워드프레스 콘텐츠는 크게 두 가지로 분류됩니다. 하나는 글(포스트)이고 다른 하나는 페이지입니다. 워드프레스를 설치하면 5가지 글 타입(Post type)인 글(Post), 페이지(Page), 첨부(Attachment), 리비전(Revision), 메뉴(Menu)가 있습니다. 이들 중 사이트에서 실제로 콘텐츠를 보여주는 것은 글과 페이지이므로 두 가지로 분류된다고 할 수 있습니다. 첨부는 글이나 페이지에 첨부되는 이미지와 비디오, 오디오 등의 미디어를 의미하고, 리비전은 글이나 페이지를 수정하면 수정된 부분을 데이터베이스에 저장했다가 언제든지 불러와 복구할 수 있는 기능입니다. 따라서 이들 글 타입은 콘텐츠에 대해 부수적인 역할을 할 뿐입니다.

그림 2-1 여러 가지 글 타입

이러한 글 타입에 대해 언급하는 이유는 워드프레스는 코드를 추가해서 원하는 만큼 자신만의 글 타입을 추가할 수 있기 때문입니다. 프리미엄 테마는 주메뉴에 여러 가지 메뉴가 있습니다.

테마를 설치하고 활성화하기 전에는 메뉴가 몇 개뿐이지만 설치하고 나면 아주 많아집니다. 이들은 모두 테마나 플러그인으로 만들어진 글 타입으로 사용자 정의 글 타입이라고 합니다. 워드프레스 기본 (Default) 설정이 아닌 사용자가 만든 것은 모두 Custom이라는 단어가 붙습니다.

포트폴리오를 보면 새로 추가, 포트폴리오 카테고리가 있습니다. 이것은 '글' 메뉴에도 있는 것들입니다. 다른 메뉴도 마찬가지로 이러한 메뉴들이 있습니다. 이러한 사용자 정의 글 타입이 다양한 이유는 그만큼 여러 형태의 콘텐츠를 만들기 위해서입니다. 포트폴리오라는 콘텐츠를 페이지나 글에서 만들 수도 있지만 레이아웃이나 디자인을 서로 다르게 표현하기 위해서는 사용자 정의 글 타입이 필요합니다.

마찬가지로 호텔 사이트를 만든다면 호텔과 관련된 글 즉, 방의 이미지와 소개에 관한 글, 가격 등의 내용이 있어야 합니다. 그러려면 사용자 정의 글 타입이 필요하고 호텔용 테마에서는 이러한 사용자 글 타입이 갖춰져 있습니다.

결론적으로 테마를 설치해 상당히 많은 메뉴가 생겼어도 글이나 페이지와 같다는 말을 전하고자 했습니다. 그러면 워드프레스에서 중요한 콘텐츠인 글과 페이지에 대해 알아보겠습니다.

02 글(Post)과 페이지(Page)

워드프레스를 다루다 보면 글과 페이지를 자주 접하게 됩니다. 어떤 때는 혼합해서 사용할 때도 있습니다. 예를 들어 글 페이지, 블로그 페이지 등으로 사용됩니다. 여기에서 말하는 페이지는 글을 담는 그릇을 의미합니다. 일반적으로 홈페이지, 웹 페이지라고 말하면 홈이라는 화면 또는 웹 사이트에 보이는 화면을 의미합니다. 이처럼 페이지는 혼란스럽게 사용됩니다. 하지만 워드프레스에서 페이지를 말할 때는 워드프레스 페이지의 기능을 의미합니다.

표 2-1 글과 페이지의 차이점

포스트	페이지
동적이다(Dynamic) – 시간상 역순으로 나열됨	정적이다(Static) – 독립적으로 나타남
포스트 목록이 있음	페이지 목록이 없음
카테고리 글 보관함(Archive)이 있음	글 보관함이 없음
태그가 있음	태그가 없음
월별 글 보관함이 있음	월별 글 보관함이 없음
최근 포스트 목록이 있음	최근 페이지 목록이 없음
RSS 피드가 있음	RSS 피드가 없음
검색 결과에 나옴	검색 결과에 나옴
뉴스	About page
블로그	Contact page
	FAQ

표에서 볼 수 있듯이 페이지는 정적인 콘텐츠입니다. 정적이라는 말은 한 번 만들어지면 다시 변경할 일이 거의 없다는 의미입니다. 회사 소개 페이지는 한 번 만들면 업데이트할 일이 거의 없고, 그대로 사용합니다. 물론 연혁이 바뀌면 가끔 업데이트할 수도 있습니다. 반면에 글은 내용이 바뀔 수도 있고 서로 관련된 글은 카테고리로 분류되며 찾아보기 쉽게 태그나 글 보관함이 있습니다. 반면 페이지는 카테고리나 태그가 없습니다.

글이란 주로 콘텐츠와 관련되고 페이지는 주로 레이아웃과 관련됩니다. 글이라는 콘텐츠를 출력하려면 페이지라는 레이아웃을 이용합니다. 글을 모아 목록을 만들고, 이를 출력하려면 페이지가 필요합니다. 따라서 글은 내용을 담당하고 페이지는 형식을 담당한다고 할 수 있습니다.

03 페이지 레이아웃

앞에서 알아봤듯이 웹 사이트에서 보는 모든 콘텐츠는 페이지라는 그릇(Container)에 표시됩니다. 웹 디자이너는 이러한 그릇을 어떻게 하면 멋지게 출력하고 콘텐츠를 잘 나타낼 수 있을지 연구하고 디자인합니다. 다행히도 워드프레스 테마는 일반인이 이러한 문제를 고민하지 않아도 멋진 페이지를 만들 수 있도록 미리 만들어둔 템플릿을 제공하고 있습니다. 템플릿이란 틀을 의미하며 틀에 원하는 콘텐츠만 배치하면 멋지게 표현할 수 있습니다.

그림 2-2 페이지 레이아웃

웹 사이트의 페이지는 크게 세 부분으로 나뉩니다. 웹 페이지를 만들 때 각 요소가 어떤 역할을 하는지 미리 알아두면 콘텐츠를 배치할 때 많은 참고가 됩니다.

헤더 영역

- 헤더는 웹 사이트에서 중요한 역할을 합니다. 로고와 메뉴가 배치되고 메뉴는 사이트에서 각 콘텐츠로 이동할 수 있는 내비게이션 역할을 합니다. 무엇보다 중요한 것은 검색 엔진이 헤더의 메뉴를 중요시해서 검색 목록에 추가(Indexing)하게 됩니다. 따라서 모든 메뉴는 헤더에 배치하는 것이 좋고 보조적으로 사이드바에 카테고리 메뉴를 배치합니다.

- 헤더의 상단에 있는 탑바에는 항상 표시하고자 하는 보조적인 메뉴를 배치해 방문자가 바로 접근할 수 있도록 합니다. 예를 들면 로그인이나 회원가입 메뉴입니다.

- 이러한 헤더 영역은 웹 페이지에서 푸터와 함께 어떤 페이지로 이동하든 같은 내용으로 나옵니다.

콘텐츠 영역

- 콘텐츠 영역은 다시 사이드바가 있는 콘텐츠와 사이드바가 없는 콘텐츠로 분류합니다. 사이드바에는 다양한 콘텐츠로 접근할 수 있는 콘텐츠의 목록을 배치하며 이와 같은 일은 위젯이 담당합니다. 홈페이지에서는 대부분이 위젯을 배치해 사용하기 때문에 이러한 사이드바가 필요하지 않습니다.

- 사이드바는 왼쪽이나 오른쪽, 또는 양쪽에 모두 배치해 사용할 수 있는데, 양쪽에 배치하면 혼잡해 보이므로 일반 웹 사이트에서는 양쪽에 사용하지 않고 쇼핑몰 같은 곳에서만 양쪽에 사용합니다. 사이드바도 왼쪽에 있느냐 오른쪽에 있느냐에 따라 검색 엔진이 반응하는 효과가 다릅니다. 즉, 웹페이지의 순서상 중요도에 따라서 가장 먼저 헤더가 나오고 그다음에 콘텐츠 영역

이 나오게 하는 것이 정석입니다. 따라서 사이드바를 오른쪽에 배치해야 검색 엔진이 콘텐츠 영역을 먼저 접촉하게 됩니다. 요즘에는 CSS를 이용해서 HTML 코드의 순서상 사이드바가 콘텐츠 영역 아래에 있더라도 왼쪽에 나오게 할 수 있습니다.

- 이러한 규칙은 최근 HTML5의 기술이 도입되면서 변화되고 있습니다. 이전에는 단순히 div 태그를 사용했지만, HTML5의 시맨틱(Semantic : 의미요소) 태그로 인해 검색 엔진이 태그를 중심으로 인덱싱하므로 태그를 적절하게 사용하는 것이 중요합니다. 즉 header, nav, section 등 HTML5 이전에는 없던 태그가 HTML5에서 추가됐으며 검색 엔진이 이러한 태그를 주시하고 header 태그의 내용이나 nav 태그의 내용을 다르게 해석하게 됩니다. 검색 엔진이 nav 태그를 만나면 이 요소가 내비게이션임을 인식하는 것입니다.

푸터 영역

- 푸터 영역은 사이드바처럼 보조적인 역할을 하므로 이전에는 거의 사용하지 않았습니다. 저작권 문구나 주소 등 꼭 필요하지 않은 내용을 주로 배치해 사용했습니다. 하지만 요즘의 추세는 사이드바에서 추가하지 못한 콘텐츠를 배치하거나 사이트맵처럼 메뉴와 동일시 되는 요소를 배치합니다. 푸터도 헤더와 마찬가지로 웹 페이지에서 항상 보이는 영역이기 때문입니다.

- 따라서 사이드바는 콘텐츠 영역이 무엇이냐에 따라서 위젯을 사용해 해당 콘텐츠에 맞는 요소를 배치하고 푸터는 전체 웹 사이트를 대상으로 요소를 배치하게 됩니다.

- 푸터 영역도 헤더와 마찬가지로 웹 페이지에서 항상 같은 내용을 보여주므로 방문자가 스크롤 해서 내려왔을 때 다른 페이지로 이동할 수 있는 내비게이션 역할을 하는 사이트맵이나 특별히 보여주고 싶은 메뉴를 배치해 사용합니다. 따라서 양이 많을 때는 상하 두 개의 푸터를 사용할 때도 있습니다.

01 단축코드

단순한 형식을 갖춘 레이아웃으로 콘텐츠를 출력할 수도 있겠지만, 더 멋지게 보여주고, 여러 가지 콘텐츠를 원하는 곳에 배치하거나 출력할 수 있는 기능이 필요합니다. 이는 본래 HTML 코드를 이용할 수도 있지만, 더 쉽게 하려고 얼마 전까지는 단축코드를 많이 사용했습니다. 단축코드란 테마에서 미리 정의한 함수를 이용해 특정 콘텐츠를 출력할 수 있는 특수한 기능이 있는 코드를 말합니다. 한 줄도 안 되는 코드라서 단축코드(Short code)라고 합니다.

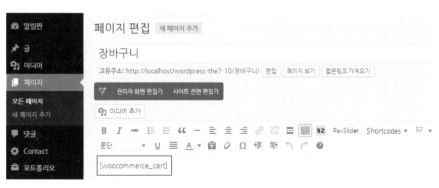

그림 2-3 단축코드

우커머스 플러그인을 설치하면 상점 운영에 필요한 몇 가지 페이지가 자동으로 만들어집니다. 이들 페이지를 열어보면 단축코드가 있습니다. 이러한 단축코드 중에는 복잡한 페이지를 만드는 단축코드도 있고, 단순히 테마가 있는 URL을 표시하는 간단한 단축코드도 있습니다. 그런데 페이지의 요소를 만드는 데 사용되는 단축코드는 수없이 많아서 이를 모두 외우거나 목록을 보고 복사해 사용해야 합니다. 예전의 테마도 그렇고 지금도 단축코드를 이용해 페이지나 요소를 만드는 테마가 많습니다. 하지만 앞으로의 추세는 이러한 단축코드보다는 페이지 빌더를 많이 사용하게 될 것입니다.

∩2 페이지 빌더와 관련된 메뉴

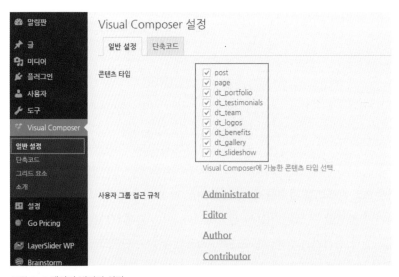

그림 2-4 페이지 빌더의 설정

관리자 화면의 주메뉴에서 Visual Composer → 일반 설정으로 가면 페이지 빌더와 관련된 설정을 할 수 있습니다. 모든 글 타입에서 페이지 빌더를 사용할 수 있게 모든 콘텐츠 타입에 체크합니다. 사용자 그룹 접근 규칙에서는 여러 사람이 사이트를 관리할 때 페이지 빌더에 접근할 수 있는 권한을 제한할 수 있습니다. 단축코드 탭에서는 타사나 자신이 만든 단축코드를 추가해 페이지 빌더에서 사용할 수 있습니다.

그리드 요소 메뉴를 선택하면 글 목록을 출력할 수 있는 그리드를 만들고 페이지 빌더에서 사용할 수 있습니다.

그림 2-5 Ultimate Addons for Visual Composer의 설정

Ultimate → Modules를 선택하면 아주 많은 요소가 있습니다. 여기에서는 Ultimate Addons for Visual Composer라는 플러그인의 요소를 활성화할 수 있습니다. 너무 많아서 페이지 빌더를 사용하기가 복잡해지므로 페이지 빌더의 기본 사용법을 익힌 다음에 사용하는 것이 좋습니다. 처음부터 요소가 많으면 찾기도 어렵고 기본적인 요소만 사용해도 충분히 페이지를 만들 수 있습니다. 따라서 우선은 비활성화하겠습니다. 플러그인 → 설치된 플러그인 메뉴에서 이 플러그인을 비활성화하고 상단에서 Dismiss this notice 링크를 클릭합니다.

03 페이지 빌더란?

그림 2-6 페이지 빌더의 요소

페이지 빌더는 어떠한 코드도 사용하지 않고 드래그 앤드 드롭(Drag & Drop)만으로 요소를 추가해 원하는 콘텐츠가 있는 페이지를 만들 수 있는 기능을 갖추고 있습니다. 홈페이지를 만들거나 상품 페이지, 회사 소개 페이지 등 원하는 페이지는 모두 페이지 빌더로 만들 수 있습니다. 단순한 글만 있더라도 페이지 빌더를 이용하면 어코디언 기능을 이용해 사용자 인터페이스와 사용자 경험(UI & UX)을 증가시킬 수 있습니다. 예를 들어 이용약관은 법조문처럼 돼 있어서 양도 많고 스크롤하기도 불편합니다. 이를 제목을 클릭했을 때 내용이 펼쳐지게 하면 제목을 보고 원하는 정보를 쉽게 찾을 수도 있습니다. 이러한 기능은 Q&A 페이지에서도 사용할 수 있습니다.

글이나 포트폴리오에서 만든 콘텐츠를 이미지와 함께 슬라이더 목록으로도 출력할 수도 있습니다. 지도를 추가한 컨택트 페이지를 쉽고 멋지게 만들 수도 있습니다. 테마에 이러한 페이지 빌더가 있는지에 따라 테마의 판매 실적도 다르므로 요즘은 대부분 테마가 페이지 빌더를 포함하고 있습니다. 그중에서도 가장 인기 있는 페이지 빌더는 비주얼 컴포저로 대부분 테마가 이를 사용하고 있습니다.

페이지 빌더도 플러그인이지만 단순히 테마에 포함된 것이 아니라 테마와 유기적으로 결합해 테마에서 사용되는 위젯이나 타 플러그인과 연결해 출력할 수 있도록 하므로 테마에 따라 사용법이 다를 수도 있습니다. 따라서 비주얼 컴포저가 포함돼 있다고 해서 모든 기능이 같지는 않습니다. 예를 들어 위의 요소 선택 창에서 윗부분에 색상이 있는 아이콘은 페이지 빌더에 기본적으로 포함된 요소이고, 단색의 아이콘은 테마에서 추가된 요소입니다. 따라서 테마에 따라서 이들 요소가 조금씩 다릅니다.

04 페이지 빌더의 기본 사용법

그림 2-7 페이지 편집 화면

주메뉴에서 **페이지 → 새 페이지 추가❶**를 클릭하면 위와 같은 화면이 나옵니다. **화면 옵션 탭❷**을 클릭하면 여러 가지 옵션을 선택할 수 있는데 체크하면 페이지 아래에 박스가 추가되지만, 일부러 체크할 필요는 없습니다. 이들은 페이지 속성 박스에서 선택한 템플릿에 따라 활성화되기 때문입니다.

페이지에는 댓글 기능이 필요 없으므로 **토론❸**에 체크하고 토론 박스에서 '댓글 허용'에 체크를 해제한 다음, 화면 옵션의 '토론'에 체크를 해제하면 새 페이지를 만들 때마다 댓글이 허용되지 않는 상태로 페이지를 만들 수 있습니다. 워드프레스 4.3 버전에서는 페이지의 경우 기본적으로 댓글 박스가 나타나지 않으므로 이런 설정을 할 필요가 없습니다.

페이지 속성 박스나 토론 박스와 같은 박스를 메타 박스라고 하며 제목 오른쪽에 있는 삼각형을 클릭하면 박스를 축소할 수 있어서 메타 박스를 간결하게 정리할 수 있습니다.

편집기 위의 '관리자 화면 편집기'와 '사이트 전면 편집기' 버튼❹은 페이지 빌더 기능을 활성화하는 버튼으로, **관리자 화면 편집기**는 관리자 화면에서 페이지를 만들 수 있고 **사이트 전면 편집기**는 사이트 전면에서 실제로 어떻게 보이는지 확인하면서 페이지를 편집할 수 있습니다. 다만 사이트 전면 편집기는 상당히 많은 컴퓨터 리소스를 사용하므로 화면이 제대로 나타나지 않을 수도 있습니다. 가능한 한 사용하지 않도록 합니다. 기본적으로 관리자 화면 편집기가 활성화돼 있지 않으니 이를 클릭합니다.

05 비주얼 컴포저의 구성

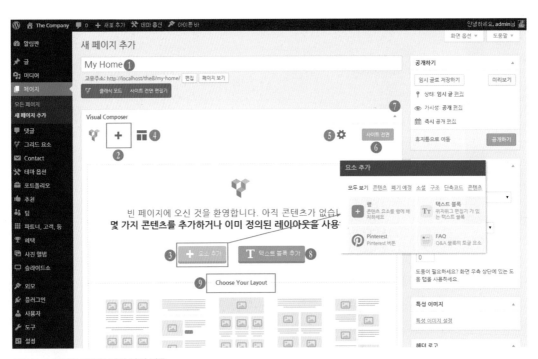

그림 2-8 페이지 빌더의 여러 가지 버튼

페이지 제목❶은 이미 여러 가지 이름으로 페이지가 만들어져 있으니 중복되지 않게 독특한 이름으로 정합니다. 제목은 필요에 따라서 사이트에서 나타나지 않게 할 수 있으니 어떤 이름으로 입력해도 됩니다.

비주얼 컴포저의 상단에는 몇 가지 아이콘과 버튼이 있습니다. 왼쪽부터 설명하자면 우선 로고 아이콘은 비주얼 컴포저의 홈페이지로 이동하는 링크입니다. 두 번째 **플러스 아이콘❷**을 클릭하면 요소를 추가할 수 있는 창이 나오며, 여러 요소를 추가할 수 있습니다. 주로 이 아이콘이나 중앙에 있는 **요소 추가 버튼❸**을 많이 사용하게 됩니다. **세 번째 아이콘❹**은 템플릿을 저장하거나 저장한 템플릿을 불러오는 기능을 합니다.

오른쪽에 있는 **기어 모양의 아이콘❺**을 클릭하면 CSS를 입력할 수 있는 창이 나오며, 이 페이지만의 스타일 시트를 추가할 수 있습니다. **'사이트 전면' 버튼❻**은 관리자 페이지를 벗어나서 사이트 전면으로 이동하며 사이트의 모양을 보면서 직접 편집할 수 있지만, 에러가 발생하기도 하므로 될 수 있으면 이 기능을 사용하지 않도록 합니다. 가장 바람직한 페이지 생성 방법은 관리자 화면의 페이지 빌더에서 작업하고 업데이트 버튼을 클릭한 뒤 새 탭에서 페이지를 새로고침 해 확인하는 방법입니다.

비주얼 컴포저 박스의 오른쪽 위에 있는 삼각형 모양의 아이콘❼은 페이지 빌더 박스를 축소하는 기능을 하며 양이 많을 때는 페이지 이동이 쉽도록 축소하는 것이 좋습니다.

가운데에 있는 **텍스트 블록 추가 버튼❽**을 클릭하면 행이 만들어지면서 행 안에 텍스트 블록이 추가되고 샘플 텍스트가 생성됩니다. 요소 추가 버튼을 클릭하고 텍스트 블록을 추가해도 됩니다.

아래에는 여러 가지 **레이아웃❾**이 미리 만들어져 있으며, 이를 클릭해서 빠르게 레이아웃을 추가하고 편집할 수도 있습니다.

그림 2-9 템플릿 설정

더 많은 레이아웃 버튼을 클릭하면 두 개의 탭이 있는 팝업창이 나옵니다. **나의 템플릿 탭❶**에서 완성한 페이지의 적당한 이름을 입력하고 저장하면 **나의 템플릿❷** 아래에 나타나며 이는 나중에 필요할 때 사용할 수 있습니다.

그림 2-10 페이지 빌더의 기본 템플릿

기본 템플릿 탭을 선택하면 아주 많은 기본 템플릿이 보입니다. 원하는 템플릿을 선택하면 창 상단에
'페이지에 추가됨'이라는 메시지가 나타나며, 창을 닫고 만들어진 템플릿을 이용해 편집하면 페이지를
빠르게 만들 수 있습니다. 여기서는 각 요소 사용법을 알아보기 위해 기본 템플릿을 사용하지 않고 직
접 만들어보겠습니다.

그림 2-11 행 요소 추가

행에 대해 알아보기 위해 요소 추가 버튼을 클릭한 다음 팝업창에서 왼쪽 위에 있는 행 요소를 클릭합니다.

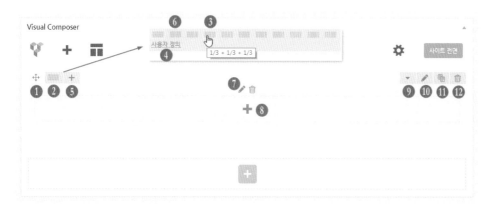

그림 2-12 행 요소의 여러 가지 아이콘

행에는 여러 가지 아이콘이 있습니다. 왼쪽부터 살펴보면 왼쪽 **끝에 있는 아이콘❶**에 마우스를 올리면 커서가 십자형으로 바뀌고 드래그해서 행을 위아래로 옮길 수 있습니다. 행이 여러 개 있을 때 위치를 변경하는 데 사용합니다. **두 번째 아이콘❷**에 마우스를 올리면 여러 가지 레이아웃이 나옵니다. 레이아웃을 **선택❸**하면 해당 아이콘과 같은 형태로 열이 생성됩니다. **사용자 정의 링크❹**를 클릭하면 팝업창이 나타나고 분수 형태로 레이아웃을 만들 수 있지만, 원하는 대로 만들 수 있는 것은 아닙니다. 12열을 기준으로 하므로 '1/5 + 1/5 + 1/5 + 1/5 + 1/5'과 같이 5 등분 하거나 7 등분 할 수는 없습니다.

세 번째 **플러스 아이콘❺**은 열을 추가합니다. 위 상태에서 플러스 아이콘을 클릭하면 기존에 있던 행 아래에 생성돼 행이 생성된 것처럼 보이지만 실제로는 두 개의 열입니다. 상하로 두 개의 열이 있는 상태에서 **두 번째 레이아웃 아이콘❻**을 선택하면 상하로 돼 있던 열이 좌우로 배치됩니다.

행 중앙에 있는 **연필 모양의 아이콘❼**을 클릭하면 해당 열에 대해 별도의 설정을 할 수 있는 팝업창이 나옵니다. 이에 대해서는 뒤에서 알아보겠습니다. 현재는 열이 하나이지만 레이아웃을 여러 개의 열로 나누면 각 열에 연필 아이콘이 나타납니다. 바로 아래에 있는 **플러스 모양의 아이콘❽**은 행에 콘텐츠를 추가할 수 있다는 의미이며 플러스 아이콘뿐만 아니라 행 내부를 클릭해도 됩니다.

행의 오른쪽 끝에 있는 아이콘 중 **세모 모양의 아이콘❾**을 클릭하면 행을 접을 수 있고, **연필 모양의 아이콘❿**을 클릭하면 현재의 행에 대해 별도의 설정을 할 수 있습니다. **세 번째 아이콘⓫**을 클릭하면 행이 복사되며 **마지막 아이콘⓬**은 행을 제거합니다.

하단에 점선으로 된 행은 요소를 계속 추가할 수 있는 요소 추가 기능을 하며 행이 많을 때 위로 올라가 요소 추가 버튼을 클릭하고 다시 아래로 내려와야 하는 불편함을 덜 수 있습니다. 하지만 행이 많아져서 아래로 내려오게 되면 화면 상단에 고정된 아이콘 바가 나타나므로 이를 사용해도 됩니다.

그림 2-13 5열의 사용법

열이 5 등분 되지 않으므로 5개의 열을 굳이 사용하자면 5/6 + 1/6의 레이아웃을 선택한 다음 5/6 행에 4개의 열을 배치하면 됩니다. 다만 마지막 열의 너비가 다른 열의 너비와 같지는 않습니다.

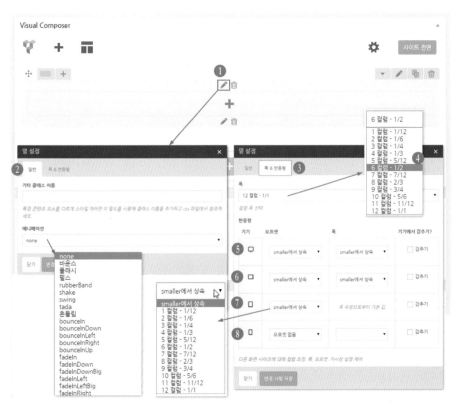

그림 2-14 열 설정

연필 모양의 열 편집 아이콘❶을 클릭하면 팝업창이 나타나며 **일반 탭❷**과 **폭 & 반응형 탭❸**이 있습니다. 일반 탭에서는 클래스 이름을 입력할 수 있고 클래스 이름은 이 열에 대해 스타일을 지정하고자 할 때 사용합니다. 애니메이션은 웹 브라우저를 스크롤 해서 이 열이 있는 행에 도달했을 때의 효과를 설정할 수 있습니다.

폭 & 반응형 탭❸에서는 열의 너비와 반응형을 설정합니다. 열을 **기본 폭**(12 칼럼 – 1/1)에서 다른 폭으로 선택하면 줄어들게 됩니다. 행은 12칼럼을 기준으로 하며 그림과 같이 **6칼럼❹**을 선택하고 저장하면 행의 반(1/2)을 차지합니다. 행을 추가하고 다시 이 행에 대해서 6칼럼을 선택하면 두 개의 열이 나란히 배치됩니다.

반응형 항목에서는 **데스크톱❺**, **태블릿 가로형❻**, **태블릿 세로형❼**, **스마트폰❽**일 때의 열의 너비를 설정합니다. 오프셋은 왼쪽으로부터 떨어진 거리를 의미합니다. 1칼럼을 선택하면 전체 너비의 1/12만큼 떨어져서 행이 배치됩니다. 오프셋을 설정하면 왼쪽이 그만큼 자리를 차지하게 되므로 오른쪽에 열이 있다면 오른쪽에 있던 열이 아래로 밀려나게 됩니다. 따라서 폭 항목에서 해당 오프셋만큼 폭을 줄여줘야 합니다. 오프셋은 콘텐츠 요소가 일정 거리를 유지하도록 사용하는데, 전체 폭을 사용하지 않는 요소를 만들어 중앙에 배치할 때도 사용할 수 있습니다.

'기기에서 감추기' 옵션에서는 열이 특정 기기에서 나타나지 않게 설정할 수 있습니다. 웹 사이트는 데스크톱을 기준으로 만드는데, 스마트폰과 같은 작은 기기에서 모든 콘텐츠를 표시하자면 로딩하는 데 시간이 오래 걸리므로 중요하지 않은 콘텐츠는 나타나지 않게 할 수 있습니다.

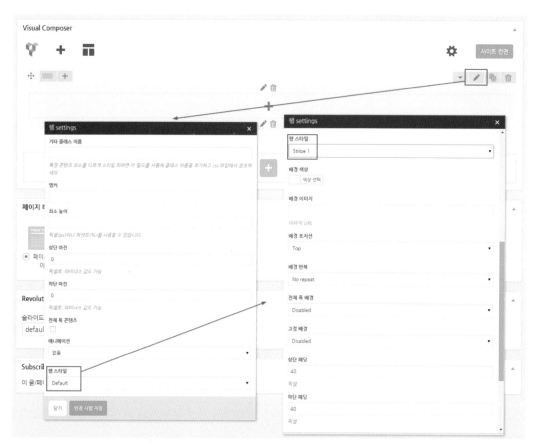

그림 2-15 행 설정

행 편집 아이콘을 클릭하면 여러 가지 옵션 항목이 있습니다. 행의 높이를 설정하거나 행과 행 사이의 간격을 조절할 수 있고, 전체 너비를 사용하고 있다면 왼쪽, 오른쪽 패딩을 설정할 수 있는 옵션이 나옵니다. 행 스타일을 선택하면 더 많은 옵션이 나타나서 배경이미지, 패럴랙스, 비디오 배경을 설정할 수 있습니다. 사용법은 나중에 알아보겠습니다.

06 페이지 빌더 요소의 구분

페이지 빌더에는 여러 가지 요소가 있으며 이 책에서는 미디어 요소, 콘텐츠 요소, 기타 요소 등 세 종류로 분류해 다뤄보겠습니다. 콘텐츠나 미디어를 다루면서 필요에 따라 기타 요소도 함께 설명할 수도 있습니다.

그림 2-16 요소 추가 창

요소 추가 버튼을 클릭하면 위와 같은 화면이 나타납니다. 블로그나 컨택트 폼, 포트폴리오, 미디어 라이브러리, 위젯, 슬라이더 등으로 만든 콘텐츠를 추가할 수 있는 각종 요소가 있고, 그 외에 텍스트 블록을 이용해 직접 콘텐츠를 만들 수도 있습니다. 각 요소의 내용은 추가하려는 콘텐츠에 따라 모두 다르며 단순히 버튼만 추가하는 기능부터 아주 복잡한 슬라이더 설정까지 다양합니다. 상단에서 콘텐츠, 소셜 등 링크를 클릭하면 해당 요소만 나타나므로 원하는 요소를 빠르게 찾을 수 있습니다.

∩7 페이지 헤더 옵션

페이지를 만들기 전에 우선 해야 할 설정은 헤더 옵션입니다. 제목을 보이게 할지, 보이게 한다면 어떤 형태로 할지, 팬시 헤더나 슬라이드를 사용할지 선택합니다.

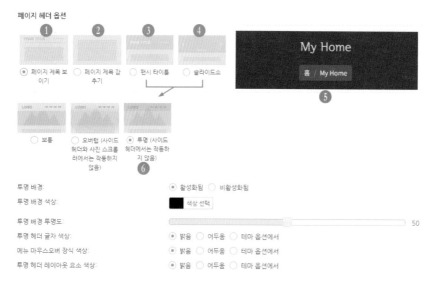

그림 2-17 페이지 헤더 옵션

페이지 제목 보이기❶를 선택하면 **테마 옵션 → 페이지 제목 → 고급** 탭의 **제목 & 브레드크럼**에서 설정한 대로 **오른쪽 그림❺**과 같이 제목과 브레드크럼이 나옵니다. 일반적인 페이지는 제목이 보여야 하지만 홈페이지처럼 제목이 필요 없는 페이지도 있습니다. 이때는 **제목 감추기❷**를 선택합니다. 슬라이드쇼를 선택해도 제목은 나타나지 않습니다. **팬시 타이틀❸**과 **슬라이드쇼❹**를 선택하면 추가로 설정할 수 있는 박스가 나오며 3개의 옵션 중 **투명❻**을 선택하면 이를 설정할 수 있는 옵션이 나옵니다. 이들에 대해서 자세히 알아보겠습니다.

∩8 팬시 타이틀

그림 2-18 **팬시 타이틀 옵션**

팬시 타이틀을 선택하면 **팬시 타이틀 옵션** 박스가 나옵니다. 상단에 5가지 '**페이지 타이틀 레이아웃❶**' 이 있는데 이는 팬시 타이틀에만 해당하므로 **테마 옵션 → 페이지 제목**의 설정을 덮어쓰기 합니다. 페 이지 제목을 이미 입력했지만 여기서 **추가로 입력❷**해야 하고 **부제목❸**도 입력할 수 있습니다. 배경 색이나 이미지를 추가할 수 있으며 배경의 밝기에 따라서 제목 글자의 색도 변경할 수 있습니다. 이미 지는 테마 폴더(dt-the7/inc/presets/images/full)에 있는 이미지를 사용했습니다. 배경 이미지로 패턴(dt-the7/images/backgrounds/set-1/full)을 사용하면 반복 옵션을 설정해야 합니다.

전체 화면❹에 체크하면 배경 이미지가 웹 브라우저의 전체 너비를 사용합니다. **고정 배경❺**에 체크 하면 화면을 스크롤 해도 이미지가 고정되며 패럴랙스 활성화 & 속도에 수치를 0부터 1까지의 소수점 으로 입력하면 스크롤 함에 따라서 배경 이미지도 설정한 속도만큼 같이 스크롤 됩니다. 0으로 설정하 면 배경 이미지가 고정되며, 1로 설정하면 배경이미지와 화면이 같은 속도로 스크롤 됩니다. 제목 글 자와 부제목의 크기에 따라서 균형을 위해 **높이❻**를 설정합니다.

페이지 헤더 옵션

그림 2-19 페이지 헤더 옵션 - 투명

페이지 헤더 옵션 박스에서 오버랩이나 투명을 선택해 테마 옵션(헤더 & 탑바 - 헤더 탭)에서 설정한
헤더를 덮어쓸 수 있습니다.

09 슬라이드쇼

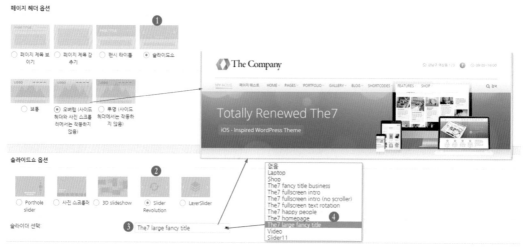

그림 2-20 슬라이드쇼

슬라이드쇼❶를 선택하면 아래에 슬라이드쇼 옵션 박스가 나옵니다. 슬라이드쇼 옵션에서는 여러 형태의 슬라이드를 제공하는데 여기서는 우선 **레볼루션 슬라이더❷**를 사용하겠습니다. Slider Revolution을 선택한 다음 **슬라이더 선택❸**에서 원하는 슬라이더를 선택합니다. 만들어 놓은 슬라이더가 없으므로 우선 데모로 가져온 슬라이더를 사용합니다. 각종 슬라이더를 만드는 방법은 3장의 슬라이더 만들기에서 알아보겠습니다.

10 페이지 기타 설정

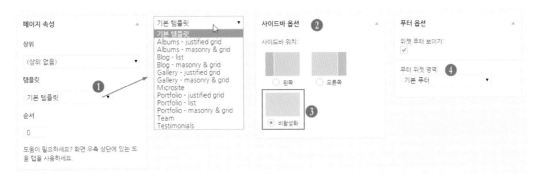

그림 2-21 페이지 기타 설정

페이지 속성 메타 박스에서 **기본 템플릿❶**을 선택합니다. 템플릿 선택 박스를 클릭하면 여러 가지 템플릿이 나오는데, 템플릿은 다양한 형태의 페이지를 만들 때 사용합니다. 자세한 내용은 3장의 페이지 만들기에서 알아보겠습니다. **사이드바 옵션❷**에서는 사이드바의 위치를 선택할 수 있습니다. 홈페이지이므로 사이드바를 **비활성화❸**합니다. 다음으로 푸터는 **기본 푸터❹**를 사용합니다.

11 페이지 만들기

페이지는 중요도에 따라 콘텐츠를 순서대로 배치하는 것이 좋다고 했으니 홈페이지의 상단에 어떤 콘텐츠를 배치할 것인지 결정해야 하지만, 페이지 빌더는 요소를 자유롭게 이동시킬 수 있으므로 어떤 콘텐츠를 먼저 만들더라도 위치는 나중에 변경하면 됩니다. 사이트의 방문자가 웹 사이트에 들어왔을 때 무엇을 가장 먼저 보여줘야 할지 결정하고 이를 우선순위대로 배치하면 됩니다. 가격이 궁금할 것이라고 생각되면 가격 테이블을 만들어 배치하면 될 것이고, 호텔이나 펜션 사이트에서는 어떤 방이 있는지 궁금할 것이므로 방에 대한 이미지를 먼저 보여줄 수도 있습니다.

여기서는 콘텐츠의 내용보다는 페이지 빌더의 사용법에 치중할 것이므로 각 요소의 사용법을 활용해서 나름대로 콘텐츠를 만들어보세요.

워드프레스 속도 향상 팁

페이지를 만들기 전에 우선 다음 코드를 wp-config.php 파일의 아래에 있는 That's all, stop editing! Happy Blogging. 바로 위에 입력하고 저장한 다음 시작합니다.

```
define( 'WP_POST_REVISIONS', 3 );
/* That's all, stop editing! Happy blogging. */
```

이 코드는 워드프레스에 저장되는 리비전을 3개로 제한하는 기능을 합니다. 리비전(Revision)이란 글이나 페이지와 같은 콘텐츠의 개정판을 의미합니다. 페이지 만들기를 연습하다 보면 수없이 저장하기를 반복하게 됩니다. 매번 저장할 때마다 또는 자동 저장기능으로 60초마다 저장되는데 이때마다 리비전이 늘어나서 수십 개에 이를 때도 있습니다. 이 모두가 데이터베이스에 저장되는데 데이터베이스 양도 늘어날 뿐만 아니라 사이트 속도에도 영향을 미칩니다. 따라서 이를 제한하는 것이 좋습니다. 리비전을 전혀 만들고 싶지 않을 때는 숫자❸ 대신에 false를 입력하면 됩니다. 3으로 설정하면 리비전은 3개가 되고 현재 글을 포함해 4개가 되므로 공개하기 메타 박스에는 4+라고 표시됩니다.

다른 메뉴로 이동하기

페이지를 만들다 보면 다른 메뉴로 이동할 필요가 있습니다.

그림 2-22 **별도의 탭에서 화면 열기**

예를 들어 **이미지가 필요❶**하면 **미디어 메뉴❷**로 들어가야 하는데, 작업 중인 페이지를 벗어나면 페이지가 많을 때는 다시 돌아오기가 어렵습니다. 또한, 페이지를 작업하면서 어떻게 나타나는지 확인할 필요도 있습니다. 이럴 때는 Ctrl 키를 누른 채로 해당 메뉴나 버튼, 링크를 클릭하면 새 탭에서 열립니다. 관리자 페이지에서 작업하고 새 탭에 열린 페이지에서 새로고침해서 확인하면 됩니다.

페이지를 확인하고자 할 때는 **페이지 보기❸**를 Ctrl 키를 누른 채로 클릭하거나 **변경 내용 미리보기❹**를 사용할 수 있는데 변경내용 미리보기는 클릭하면 새 탭에서 페이지가 열립니다. 페이지를 수정한 다음에 다시 확인하고자 할 때는 이 버튼을 다시 눌러야 하며 미리보기 페이지에서는 새로고침을 해도 변경한 내용이 적용되지 않으니 주의하세요. 미리보기 화면에는 URL 주소에 ?preview가 포함돼 있습니다.

이렇게 하면 여러 개의 탭을 열고 작업하게 될 것이며 어떤 때는 탭의 제목이 보이지 않을 정도로 늘어나서 새 창을 열어야 할 때도 있습니다. 참고 사이트도 봐야 하기 때문이죠. 또한, 로그인된 웹 브라우저에서 확인이 안 될 수도 있는데, 이럴 때는 다른 웹 브라우저를 열고 확인해야 합니다.

미디어 다루기

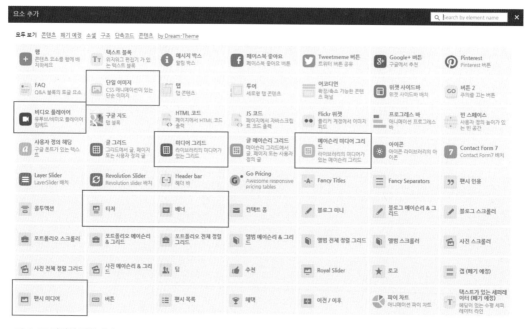

그림 2-23 미디어 관련 요소

페이지 빌더의 요소는 미디어와 관련된 요소와 콘텐츠와 관련된 요소, 기타 요소로 분류할 수 있습니다. 미디어와 관련된 요소는 주로 이미지를 출력하기 위한 요소로 미디어도 콘텐츠의 일종이지만 여기에서 콘텐츠는 글 타입으로 만들어진 콘텐츠를 의미합니다. 그림 2-23에서 빨간색으로 강조한 요소는 주로 미디어 라이브러리에 업로드된 이미지를 가져와서 사이트에 표시하는 기능을 합니다.

01 이미지 복사하기

이 책에서는 무료 사이트에서 내려받은 예제 이미지를 사용하겠습니다. 데모 데이터로 가져온 이미지는 워드프레스 미디어 라이브러리에 있으며 적당한 이미지를 찾으려면 한참 걸립니다. 따라서 미리 이미지를 한번에 업로드 해놓는 것이 좋습니다.

그림 2-24 미디어 업로드

관리자 화면의 **미디어 → 파일 올리기❶**에서 '**파일을 선택하세요❷**' 버튼을 클릭한 뒤 첨부 파일의 images 폴더에서 원하는 만큼 이미지 파일을 업로드합니다. 또한, images/parallax 폴더에 있는 이미지도 업로드합니다. 업로드한 파일은 현재 작업하는 워드프레스의 wp-content/uploads 폴더에서 년도/월 폴더에 저장되며 워드프레스에 의해 여러 크기로 저장됩니다.

이미지를 여러 크기로 보관하는 이유는 모든 곳에서 큰 이미지 파일을 사용하면 페이지 로딩 속도가 느려지므로 필요한 곳에 적절한 크기의 이미지를 사용하기 위해서입니다. 이들 이미지는 크기별로 이름(폭 150px: thumbnail, 300px: medium, large: 1024px, full: 원본 이미지)이 다르며 페이지 만들기에서 이름을 넣을 수 있게 돼 있습니다. 무료 이미지 사이트에서 내려받은 이미지는 크기와 용량이 아주 크므로 첨부 파일에 있는 이미지는 너비를 2000px로 수정한 이미지들입니다. 위 화면에서 **편집 링크❸**를 클릭합니다.

그림 2-25 파일 URL 복사

이전에 언급했듯이 이미지(Attachment: 첨부)도 글이나 페이지처럼 하나의 글 타입에 속합니다. 미디어 편집 페이지 아래에서는 대체 텍스트를 입력하거나 설명을 추가할 수 있습니다. **대체 텍스트❶**는 웹 브라우저의 접근성을 위한 것으로 주로 시각 장애인을 위해 스크린 리더가 이미지의 대체 텍스트를 읽어서 어떤 이미지가 있는지 알려줍니다. 또한, 브라우저 문제로 이미지를 출력할 수 없을 때 이미지 대신 나타나는 텍스트로 사용됩니다.

페이지 빌더에서 이미지를 삽입할 때는 요소 자체에 이미지 업로더가 있기도 하지만 없을 때는 미디어 편집 화면에서 저장하기 박스의 '**파일 URL❷**'에 있는 링크를 복사해서 사용해야 합니다. 방법은 드래그하거나 클릭한 다음 Ctrl+A 키를 누르면 선택됩니다. 선택한 다음에 Ctrl+C 키를 눌러 복사하면 됩니다.

⌐2 배너

배너는 이미지를 배경으로 하고 전면에 글자를 넣을 수 있으며 테두리나 배경 오버레이를 설정할 수 있습니다.

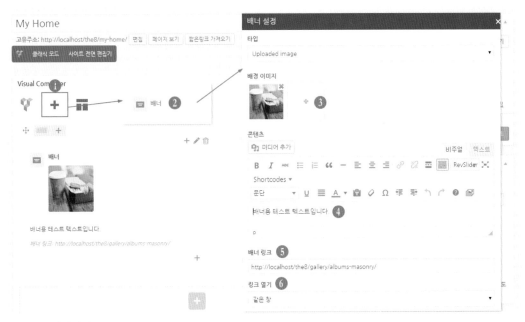

그림 2-26 배너 설정

요소 추가 아이콘❶을 클릭하고 **배너**❷를 선택합니다. 배경 이미지의 플러스 아이콘이 있는 **썸네일**❸을 클릭한 뒤 업로드한 이미지를 선택해 추가합니다. 콘텐츠의 **편집기**❹에는 적당한 글자를 입력합니다. 이러한 이미지 배너는 긴 문장보다는 몇 개의 단어로 구성된 문장을 추가하는 것이 좋고 배너를 클릭하면 다른 페이지로 이동할 수 있도록 합니다.

배너 링크❺는 배너를 클릭했을 때 이동할 페이지입니다. 나중에 사용자 가이드와 같은 페이지를 만들고 이 URL을 추가하면 됩니다. **링크 열기**❻에서는 배너를 클릭했을 때 같은 창에서 열 것인지 새 창(탭)에서 열 것인지 설정합니다. 다른 사이트로 이동한다면 다른 탭에서 열도록 합니다.

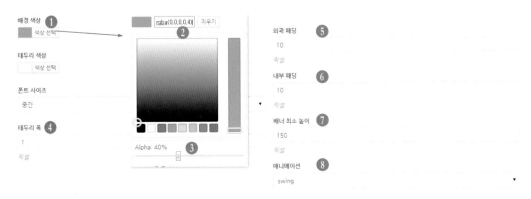

그림 2-27 배너 추가 설정

배경 색상은 콘텐츠 글자가 있는 곳의 배경색이며 **색상 선택 버튼❶**을 클릭하면 컬러피커가 나옵니다. 색상을 입력하는 상자에서 rgba 마지막에 있는 **소수❷**나 하단의 **Alpha❸** 값을 조절해 투명도를 조정합니다. **테두리 폭❹**에서는 배너의 테두리 두께를 설정합니다. 단위는 픽셀이며 직접 원하는 수치를 입력합니다. 이 테두리를 기준으로 테두리 밖은 **외곽 패딩❺**이고, 테두리 안은 **내부 패딩❻**입니다. 이를 각각 설정합니다.

배너의 최소 높이❼를 설정하면 글자가 많더라도 배너의 높이로 조절하며 텍스트는 상하로 중앙 정렬됩니다. **애니메이션❽**은 페이지에서 스크롤 해 배너가 있는 곳에 도달했을 때의 효과입니다. 여러 효과가 있으니 선택하고 사이트에서 테스트해 적당한 효과를 고르면 됩니다.

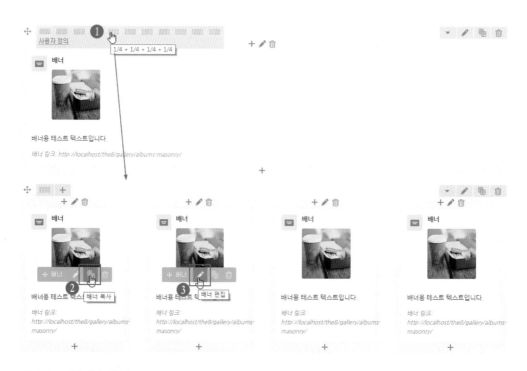

그림 2-28 4개의 배너 만들기

지금까지 만든 배너를 저장하면 하나의 열로 돼 있습니다. 레이아웃 탭에서 **4개의 열❶**로 변경합니다. **배너 복사 아이콘❷**을 세 번 누르면 같은 열에 세 개가 복사됩니다. 하나씩 끌어다 각 열에 배치합니다. 그다음 3개의 배너에서 **편집 아이콘❸**을 클릭해 이미지와 글자, 링크 등을 변경합니다. 저장하기 메타 박스에서 공개하기 버튼을 클릭해 저장하고 사이트에서 확인합니다.

그림 2-29 사이트에서 배너 확인

그림 2-29와 같이 배너를 사용하면 이미지가 작게 나타납니다. 그런데 이미지를 업로드하고 이미지 크기를 선택할 수 있는 옵션이 없어서 원본 이미지를 그대로 사용했습니다. 따라서 이런 배너에 사용할 이미지는 미리 적당한 크기로 잘라서 업로드한 뒤 사용하면 페이지 로딩 속도를 개선할 수 있습니다.

글자가 어둡게 나타나는데 글자색은 테마 옵션에서 일반 → 모양 탭의 텍스트 박스에 있는 텍스트 색상을 그대로 사용하고 있습니다. 이 옵션에서 밝게 하면 사이트 전체의 글자가 밝게 되므로 변경해서는 안 됩니다. 이러한 문제는 배너 옵션 설정에서 텍스트를 설정할 수 있는 옵션이 없어서 그렇습니다. 이전 버전에서는 옵션이 있었지만, 실수로 빠트린 것 같습니다. 이를 해결하려면 배너 요소의 콘텐츠를 입력할 때 글자색을 변경하면 됩니다.

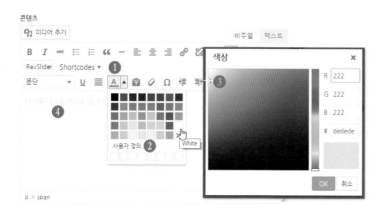

그림 2-30 글자색 변경

텍스트를 블록으로 설정하고 **색상 도구❶**를 클릭한 뒤 **사용자 정의 링크❷**를 클릭하면 컬러피커가 나옵니다. 흰색을 선택하면 편집기에서 전혀 보이지 않으므로 **옅은 회색❸**을 선택하고 OK 버튼을 클릭합니다. 그러면 그림과 같이 희미하게 보입니다.

⌒З 단일 이미지 요소

단일 이미지 요소는 이미지에 특별한 효과가 없어서 단순하므로 두 개의 열로 나눈 뒤 하나는 상품과 같은 단일 이미지를 배치하고 다른 열에는 이 상품에 대한 설명을 넣는 레이아웃으로 구성하는 것이 좋습니다. 이미지를 클릭하면 큰 이미지로 이동하게 하거나 링크를 추가해 다른 페이지로 이동할 수 있습니다.

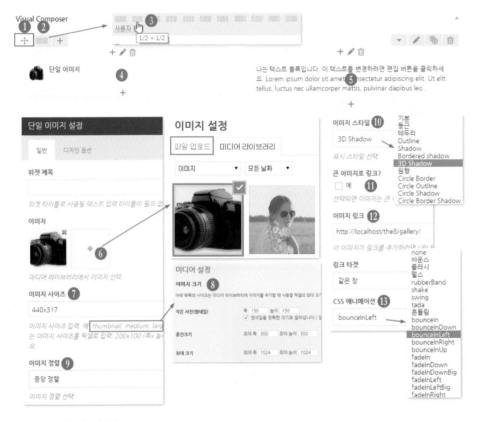

그림 2-31 단일 이미지 요소

행을 추가하고 행의 왼쪽 위에 있는 **이동 아이콘❶**을 드래그해 위쪽으로 옮깁니다. 요소를 추가하다 보면 계속 아래에 배치되므로 스크롤 해야 하는 불편함이 있습니다. 나중에 페이지를 완성하고 난 뒤에 원하는 위치로 옮길 수 있으므로 우선은 수정하기 편리하도록 위에 배치합니다.

레이아웃 아이콘❷을 클릭해 **2개의 열❸**로 나눈 다음 한쪽 열에는 **단일 이미지❹**를, 다른 열에는 **텍스트 블록❺**을 배치합니다. 단일 이미지를 배치하면서 **이미지를 추가❻**합니다. 이미지는 첨부 파일에서 images\기타 폴더에 있는 camera.png 파일을 선택합니다. 이미지는 피사체의 배경을 투명하게 만든 png 파일을 사용하는 것이 좋습니다. **이미지 사이즈❼**는 정해진 이름을 사용하거나 원하는 사이즈를 입력할 수 있는데, 이들 이름은 관리자 화면의 설정 → 미디어를 선택하면 **미디어 설정❽**에 사이즈가 정해져 있습니다.

이미지 사이즈를 직접 입력할 때는 원본보다 작게 하려면 이미지 비율에 맞춰 입력합니다. 가능한 한 적절한 크기로 미리 잘라서 이미지를 추가하고 해당 이미지의 크기를 입력하는 것이 좋습니다. 입력란에 아무것도 입력하지 않으면 기본 사이즈인 thumbnail 사이즈로 나타납니다.

이미지가 열의 너비보다 작으면 **이미지 정렬❾**을 중앙 정렬로 선택합니다. **이미지 스타일❿**은 여러 가지가 있습니다. Rounded를 선택하면 이미지 모서리를 둥글게 처리하며 배경이 투명한 png 파일에는 효과가 없습니다. 테두리로 설정하면 테두리 색을 설정할 수 있는 옵션이 나오며 png 파일은 투명한 부분까지 색이 나타납니다. Outline은 투명 이미지라도 테두리 부분만 색이 나옵니다. Circle은 이미지를 원형으로 만들고, Circle Border는 원형 이미지에 테두리를 추가할 수 있습니다. 몇 가지 예를 보면 그림 2-32와 같습니다.

'**큰 이미지로 링크⓫**'에서 체크를 해제하면 이미지를 클릭했을 때 이동할 수 있는 **URL을 입력⓬**할 수 있습니다. '큰 이미지로 링크'에 체크하면 이미지를 클릭했을 때 원본 이미지가 나옵니다.

CSS 애니메이션⓭은 사이트에서 스크롤 해 해당 요소에 이르렀을 때 나타나는 애니메이션 효과입니다.

그림 2-32 단일 이미지 요소의 여러 가지 효과

텍스트 블록은 기본으로 들어있는 내용을 지우고 단축코드를 사용해 설명을 목록 형식으로 만들겠습니다. the7 테마는 페이지를 쉽게 만들 수 있지만, 많은 요소가 단축코드를 추가해 장식할 수 있게 돼 있습니다.

그림 2-33 단축코드를 이용한 목록 만들기

우선 제목을 입력하고 **글자 크기를 설정❶**한 다음 엔터키를 누르고 다시 글자 크기를 '문단'으로 선택합니다. 도구 메뉴에서 Shortcodes❷를 클릭하고 list❸를 선택하면 한 줄의 코드가 만들어집니다. 복잡해 보이지만 위 그림과 같이 정리하면 간단한 구조입니다. 하지만 위 그림과 같이 여러 줄로 작성하면 〈br〉 태그가 추가돼 필요 없는 공간이 발생하므로 편집한 다음에 다시 한 줄로 만들어야 합니다.

우선 **style 부분❹**에서 목록 스타일은 네 가지로 설정할 수 있습니다. 1로 설정하면 **원 안에 화살표❺**가 있는 기호가, 2로 설정하면 **숫자❻**가, 3으로 설정하면 스타일이 전혀 없는 상태로 나옵니다. **이미지를 사용하고자 할 때❼**는 3으로 설정한 뒤 image의 값에 이미지 경로를 설정합니다. 미디어 라이브러리에서 png 파일의 아이콘 이미지를 업로드하고 경로를 복사해 image=""의 따옴표 안에 붙여넣으면 됩니다.

bullet_position❽의 값으로는 top과 middle을 지정할 수 있으며 설명 글이 많아서 여러 줄이 됐을 때 불릿을 중앙에 배치하려면 middle을 사용합니다. **dividers❾**를 false로 설정하면 목록과 목록 사이에 경계선이 사라지고, 설명 글은 CONTENT 부분에 추가합니다.

그림 2-34 사이트에서 확인

그림 2-35 팬시 타이틀과 팬시 목록을 이용한 목록 만들기

팬시 타이틀과 팬시 목록 요소로도 같은 효과를 만들 수 있습니다. 팬시 목록 요소를 선택하면 목록이 만들어지며 글자만 수정하면 됩니다. 다만 불릿 아이콘을 다양하게 만들 수는 없습니다. 편집기에 있는 불릿 목록이나 숫자 있는 목록을 선택❶하더라도 블릿 목록이 바뀌지 않으며, 블릿 목록을 변경하려면 **목록 스타일❷**에서 Ordered나 Order(numbers)를 선택해 변경합니다. Ordered를 선택하면 원 안에 화살표가 있는 블릿 기호가 나오고, Order(numbers)를 선택하면 **숫자❸**로 나옵니다. **디바이더❹**에서는 목록 사이의 구분선을 보여주거나 숨길 수 있습니다. 팬시 타이틀에 대해서는 뒤에서 설명하겠습니다.

이미지와 설명 글이 있는 경우 흰색 배경으로 돼 있어서 허전해 보입니다. 그래서 이럴 때는 전체 폭 배경을 다른 색으로 설정하거나 이미지를 추가할 수도 있으며 스트라이프 기능을 이용하면 됩니다.

∩/ 스트라이프로 배경 이미지 다루기

테마 옵션 부분에서 스트라이프에 대해 알아봤습니다. 세 가지 스트라이프가 있었는데, 행 편집을 이용하면 두 가지 스트라이프를 더 설정할 수 있습니다.

그림 2-36 **스트라이프로 배경 다루기**

행 설정 창에는 여러 옵션이 있어서 다양한 설정을 할 수 있습니다. **행 ID❶**와 **기타 클래스 이름❷**에는 스타일 시트에서 선택자로 사용할 이름을 미리 입력할 수 있습니다. 페이지 빌더의 각 요소에는 클래스 이름을 넣는 부분이 있는데, 이는 스타일 시트에서 해당 요소를 제어하는 데 사용됩니다. 이 행은 단일 이미지 요소와 텍스트 블록의 배경이므로 이들 요소의 배경을 설정하기 위한 클래스를 입력합니다. 여기서는 기타 클래스 이름에 content-bg라고 입력했습니다. 이름은 독특하게 만들어야 다른 클래스와 겹치지 않습니다.

앵커❸는 One page 사이트를 만들 경우 메뉴를 클릭하면 해당 요소로 이동하기 위한 것으로 이는 One page 사이트 만들기에서 알아보겠습니다. **최소 높이❹**는 이 행에 어떤 요소도 콘텐츠로 사용하지 않을 때 설정합니다. 예를 들어 비디오 배경만 사용할 경우 높이나 패딩이 없으면 배경이 나타나지 않으므로 이를 설정하는 데 필요합니다.

상단과 하단 마진❺은 요소의 위, 아래 여백입니다.

전체 폭 콘텐츠❻에 체크하면 좌우 패딩을 입력할 수 있는 칸이 나오고 레이아웃을 와이드로 설정하면 이 행의 영역이 중앙의 콘텐츠 영역을 벗어나 화면의 좌우 끝까지 늘어납니다.

행 스타일❼에는 Stripe1부터 5까지 있는데, 1~3은 테마 옵션에서 설정한 스트라이프를 그대로 사용할 수 있고, Stripe 4를 선택하면 기본적으로 배경은 어두운색 글자는 밝은색으로 되며 Stripe 5는 그 반대로 나타납니다. 여기서는 배경을 이미지로 사용하고 콘텐츠의 배경으로 밝은색을 추가할 것이므로 Stripe 5를 선택했습니다. **배경 색상❽**을 클릭해 배경색을 선택할 수 있으며 여기서는 배경 이미지를 사용하기 위해 **배경 이미지❾**에 이미지 경로를 추가했습니다. 여기서 사용할 이미지는 세로로 긴 이미지를 사용하거나 최소한 정사각형의 이미지를 사용하는 것이 좋습니다. 가로로 긴 이미지를 사용하면 패럴럭스 기능을 사용할 경우 배경 이미지도 같이 스크롤되므로 위아래에 빈공간이 생길 수 있기 때문입니다. 패럴럭스 배경으로 사용할 이미지는 첨부 파일의 parallax 폴더에 있습니다.

배경 포지션❿에서는 배경 이미지의 위치를 설정하며 상단, 중앙, 하단을 기준으로 배치할 수 있으나 어떤 것으로 설정하더라도 큰 차이는 없습니다. **배경 반복⓫**은 패턴과 같은 작은 이미지를 상하좌우로 반복할 때 설정합니다. **전체 폭 배경⓬**은 배경 반복과 반대로 큰 이미지를 사용할 때 이 이미지로 화면 전체를 덮도록 설정합니다. 여기서 사용한 이미지는 정사각형의 이미지이므로 브라우저의 높이만큼 차지하지만, 좌우 폭을 차지하는 데는 부족하므로 전체 폭 배경을 활성화(Enabled)했으며 작은 이미지를 사용하면 확대돼 나타나므로 이미지가 흐리게 보입니다.

고정 배경⓭은 화면이 스크롤되면서 배경이미지가 움직이지 않게 하거나(Enabled), 같이 움직이게(Disabled) 설정할 수 있습니다. **상단과 하단 패딩⓮**을 입력하면 배경을 기준으로 콘텐츠와 배경 사이에 여백이 생깁니다. 앞에서 최소 높이를 설정할 수 있었는데, 이곳에 수치를 입력하면 배경이 보이는 영역이 더 넓어집니다.

패럴랙스 기능⑮은 화면을 스크롤했을 때 배경이 고정되는 것이 아니라 콘텐츠와 같이 움직이는데, 콘텐츠가 이동하는 속도와 배경 이미지가 이동하는 속도가 달라서 입체적인 효과를 줄 수 있습니다. 패럴랙스(Parallax)란 시차를 의미하며 시차를 두고 콘텐츠와 배경이 다르게 움직인다는 의미입니다. 패럴랙스 속도를 1로 설정하면 콘텐츠와 배경 이미지가 같은 속도록 움직이고, 수치가 낮을수록 차이가 커집니다. 여기서는 우선 이 기능을 비활성화해서 앞에서 설정한 고정 배경을 활성화했을 때와 비활성화했을 때 어떻게 다른지 확인하고, 패럴랙스 기능도 활성화해서 고정 배경과 패럴랙스의 차이도 확인해보세요.

비디오 배경⑯을 사용할 수도 있으며 세 가지 입력란이 있는데 이는 웹 브라우저에서 지원하는 포맷이 다르기 때문입니다. 하나의 비디오를 모든 브라우저에서 재생하려면 다른 포맷으로도 변환한 뒤 추가해야 합니다.

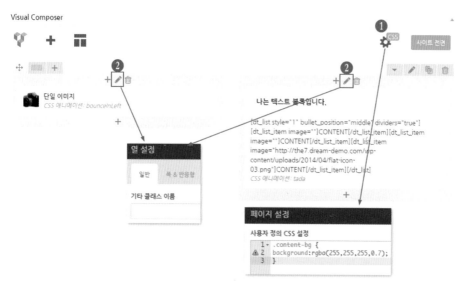

그림 2-37 CSS 사용하기

앞서 클래스를 입력했는데, 이 클래스를 제어하는 스타일 시트를 입력하는 곳이 두 군데 있습니다. 하나는 비주얼 컴포저 오른쪽 위에 있는 **기어 아이콘❶**을 클릭하면 나오고, 여기에 입력한 스타일 시트는 이 페이지에만 적용됩니다. 외모 → 테마편집기에서도 스타일 시트를 입력할 수 있으며, 여기에 입력한 스타일 시트는 모든 페이지에 적용됩니다. 따라서 앞으로 다른 곳에도 사용할 계획이라면 테마편집기의 스타일 시트에 입력하세요.

여기서는 배경색을 변경해보겠습니다. 기어 모양의 CSS 아이콘을 클릭한 뒤 코드를 입력합니다. 먼저 점(.)을 입력하고 클래스 이름을 추가한 다음 중괄호 안에 속성과 값을 입력합니다. 속성으로 background를 사용했고 값으로 rgba(255,255,255,0.7)를 사용했습니다. 255,255,255는 흰색을 의미하고, 마지막 값은 투명도로 0부터 1 사이의 소수를 사용합니다. 0.7로 설정했으므로 70% 반투명하게 나타납니다.

```
113  .content-bg {
114    background:rgba(255,255,255,0.7);
115  }
```

행에 클래스를 추가하고 스타일을 설정했지만, **각 열❷**에도 클래스를 추가하고 스타일을 설정할 수 있습니다. 열에 스타일을 설정하면 각 열의 콘텐츠 높이가 다를 때 배경의 높이가 서로 달라 어긋나 보입니다. 따라서 간편하게 하려면 행에 대해 설정하는 것이 좋습니다.

그림 2-38 사이트에서 확인

사이트에서 확인하면 반투명 배경이 나타나지만, 상단이 제목 글자와 접해있습니다. 이를 수정하려면 빈 스페이스 요소를 추가합니다.

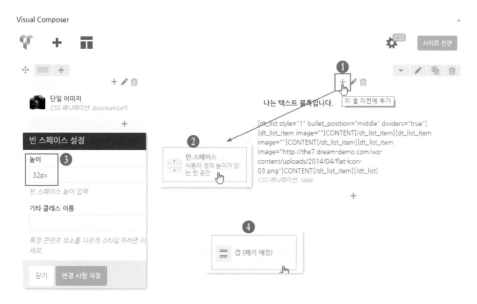

그림 2-39 빈 스페이스 사용

텍스트 블록 위에 있는 **플러스 아이콘❶**을 클릭해 **빈 스페이스 요소❷**를 선택하고 **적절한 높이❸**를 입력합니다. 저장한 다음 사이트에서 확인합니다. 이와 비슷한 기능을 하는 **갭 요소❹**가 있는데, 갭 요소는 폐기 예정이므로 새 버전이 나오면 사라질 수 있으니 사용하지 않도록 합니다.

05 팬시 미디어

이전의 단일 이미지와 비슷한 기능을 하지만, 조금 더 진화된 팬시 미디어 요소가 있습니다. 팬시 미디어는 이미지뿐만 아니라 비디오도 추가할 수 있습니다.

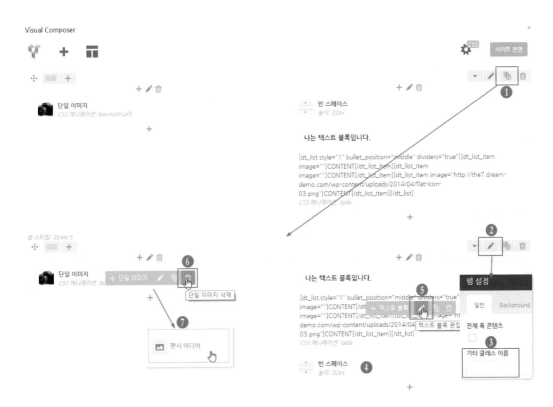

그림 2-40 텍스트 블록의 행 설정

이전에 작업한 **행을 복사❶**한 다음 행 **편집 아이콘❷**을 클릭해 **클래스를 제거❸**하고 상단의 **빈 스페이스는 아래로 옮깁❹**니다. 텍스트 블록에는 배경을 투명하게 설정할 수 있는 기능이 있으니 이를 사용해보겠습니다. 텍스트 블록의 **편집 아이콘❺**을 클릭합니다.

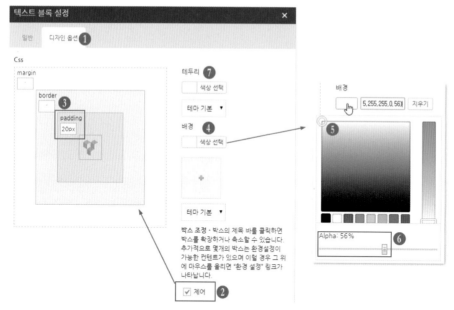

그림 2-41 디자인 옵션 사용하기

디자인 옵션 탭❶에서 오른쪽 아래에 있는 **제어❷**에 체크하면 왼쪽에 있는 Css 부분의 입력 상자가 하나로 나옵니다. padding에 20을 **입력❸**합니다. **배경 색상 버튼❹**을 클릭해 **흰색❺**으로 설정하고 **알파 값❻**을 줄인 다음 저장합니다. **테두리❼**도 설정할 수 있게 돼 있지만, 버그로 인해 설정해도 적용이 안 됩니다.

그림 2-40의 왼쪽 열에서는 **단일 이미지 요소를 제거❻**한 다음 **팬시 미디어❼**를 추가합니다.

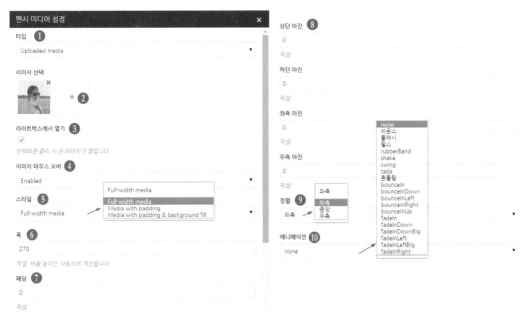

그림 2-42 팬시 미디어

사진만 사용할 경우 미디어 타입은 **Uploaded media❶**를 선택하고 **이미지 선택하는 썸네일❷**을 클릭해 이미지를 추가합니다. '**라이트박스에서 열기❸**'에 체크하면 이미지 마우스 오버❹ 옵션이 나타나며 Enabled를 선택하면 이미지에 마우스를 올렸을 때 블러 효과가 나타납니다.

스타일에서 **Full-width media❺**를 선택하면 단순한 이미지만 나오고 Media with padding을 선택하면 테두리와 패딩이 있는 이미지가 되며, **Media with padding & background fill**을 선택하면 테두리와 패딩에 옅은 회색의 배경이 추가됩니다. 폭은 **기본값❻**인 270을 삭제하거나 적당한 너비로 설정합니다. 값을 삭제해도 1열의 너비만큼 이미지가 출력되며 다시 설정 화면에 들어왔을 때 270으로 설정돼 있으므로 값을 입력해두는 것이 좋습니다. 패딩❼에는 숫자 값을 입력해 조정합니다.

마진❽에는 다른 요소와의 간격을 유지하기 위해 요소의 상하좌우로 마진(여백)을 설정할 수 있습니다. 정렬에서는 열의 크기보다 작은 이미지를 사용했을 때의 정렬 방법을 설정합니다. 애니메이션❿에는 사이트에서 스크롤 해 해당 요소에 이르렀을 때의 애니메이션 효과를 설정합니다.

그림 2-43 팬시 미디어 요소에 비디오 사용

비디오를 사용하려면 타입을 **Media from URL①**로 선택합니다. **이미지 URL②**에 이미지를 사용하지 않으면 비디오 화면이 나타나므로 더 고급스러운 디자인을 원한다면 이미지도 추가합니다. 예를 들어 유튜브 비디오의 실행 화면 중 마음에 드는 곳에서 정지하고 캡처한 다음 미디어 업로드를 이용해 캡처한 이미지를 업로드하고 이미지의 URL을 복사해 붙여넣습니다. 반드시 캡처한 이미지를 사용해야 하는 것은 아니고 다른 이미지를 사용해도 됩니다. **비디오 URL③**은 유튜브 비디오 실행 화면의 주소를 부분을 복사해 붙여넣습니다.

그림 2-44 사이트에서 확인

사이트에서 확인하면 비디오는 중앙에 비디오 아이콘이 나오며 이를 클릭하면 라이트박스에서 비디오가 실행됩니다. 오른쪽 콘텐츠의 배경 높이가 달라서 어색한 부분은 다음과 같이 텍스트 블록 아래에 빈 스페이스를 추가하고 적절한 높이를 설정하면 됩니다.

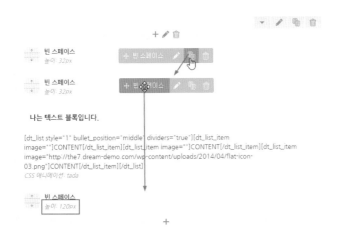

그림 2-45 빈 스페이스 요소 사용

06 비디오 플레이어

다양한 소스의 비디오를 추가할 수 있습니다.

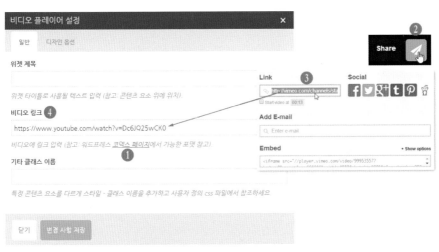

그림 2-46 비디오 플레이어 요소 사용하기

코덱스 페이지 링크❶에 들어가면 비디오 플레이어 요소가 지원하는 다양한 소셜 네트워크의 비디오 목록이 있습니다. 주로 사용하는 것이 유튜브와 비메오인데 유튜브는 주소창의 URL을 복사해 넣으면 되고 여기서는 비메오를 사용해 보겠습니다. 비메오 사이트에서 원하는 비디오를 실행하고 중지 버튼을 누른 다음 화면에 마우스를 올리면 **Share 버튼❷**이 나옵니다. 이를 클릭하고 **Link❸** 아래에 있는 주소를 복사한 다음 **비디오 링크❹**에 붙여넣으면 됩니다.

앞서 살펴본 팬시 미디어에서도 위에서 지원하는 비디오는 모두 지원됩니다.

07 미디어 그리드

이미지를 그리드 형태나 메이슨리 형태로 출력할 수 있는 요소입니다.

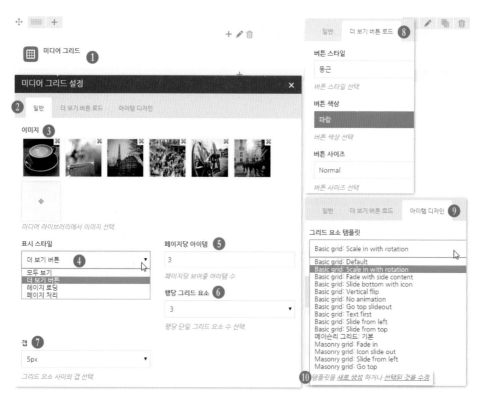

그림 2-47 미디어 그리드의 일반 탭 설정

요소 추가 버튼을 클릭한 뒤 **미디어 그리드를 선택❶**하고 **일반 탭❷**에서 여러 개의 **이미지❸**를 추가합니다. 추가한 이미지는 썸네일을 드래그해 위치를 바꿀 수 있습니다. **표시 스타일❹**에 4가지 옵션이 있으며 선택에 따라 상단에 있는 탭이 달라집니다.

모두 보기는 추가한 이미지가 모두 나타나므로 페이지당 아이템 옵션이 없습니다. 모두 보기가 아닌 옵션을 선택하면 페이지 처리를 할 수 있도록 **페이지당 아이템 입력 상자❺**가 추가됩니다. 6개의 이미지를 업로드했으므로 **행당 그리드 요소⑥**를 3으로 설정하고 페이지당 아이템을 3개로 설정하면 표시 스타일이 **더보기 버튼** 옵션일 때는 3개의 이미지 아래에 더보기 버튼이 나타나고, **레이지 로딩**(Lazy Loading) 옵션일 때는 스크롤 해서 해당 요소에 도달했을 때 나타납니다. 갭은 이미지 사이의 간격입니다. 일반 탭에서 설정을 마치면 **더 보기 버튼 로드 탭⑧**에서 버튼을 설정합니다.

모든 **표시 스타일④**에 대해서 **아이템 디자인 탭⑨**이 있습니다. 여기에서는 마우스를 올렸을 때의 이미지 효과를 설정합니다. 큰 분류로 **Basic grid**와 **Media grid**, **Masonry grid**가 있는데 미디어 그리드 요소에서는 Masonry grid를 선택하지 않도록 합니다. Masonry gird는 다음에 나오는 메이슨리 미디어 그리드 요소를 사용할 때 선택할 수 있습니다.

옵션이 아주 많으니 각각 선택해서 테스트해봐야 합니다. 예를 들어 **Basic grid: Scale in with rotation**은 마우스를 올렸을 때 30도 정도 회전하면서 이미지가 약간 확대됩니다. **Vertical flip** 옵션은 이미지가 위아래로 뒤집히면서 이미지의 파일 이름이 나옵니다. 아이템 디자인 아래에 **템플릿에 대한 설명⑩**이 있는데, 이 말은 **그리드 요소** 메뉴에서 템플릿을 만들었을 때 그리드 요소 템플릿에 포함된다는 의미입니다. 그리드 요소에 대해서는 나중에 설명합니다.

표시 스타일④에서 **페이지 처리 옵션**은 이미지 행 아래에 페이지 처리가 나타나며 다양한 스타일을 설정할 수 있습니다.

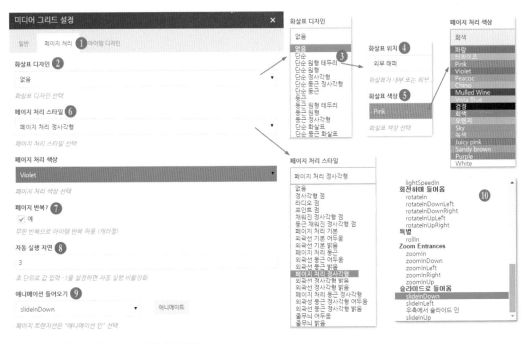

그림 2-48 미디어 그리드의 페이지 처리 탭 설정

페이지 처리 탭❶에서 **화살표 디자인**❷을 없음이 아닌 **다른 옵션을 선택**❸하면 **화살표 위치**❹와 **색상 옵션**❺이 추가로 나옵니다. 화살표 위치는 이미지 영역 외부(외부 래퍼(Wrapper))에 보이게 할지 내부(내부 래퍼)에 보이게 할지 결정합니다. **페이지 처리 스타일**❻은 이미지 아래에 나오는 페이지 처리 버튼의 스타일을 결정합니다.

페이지 반복❼에 체크하면 마지막 페이지 종료 후 처음부터 다시 시작되며, **자동 실행 지연**❽을 설정하면 입력한 시간만큼 기다렸다가 자동으로 다음 페이지가 나옵니다. **애니메이션 들어오기**❾는 다음 페이지가 나타날 때의 애니메이션 효과❿로 선택 상자에서 선택하면 오른쪽에 있는 애니메이트 버튼이 해당 애니메이션 효과를 보여줍니다.

그림 2-49 이미지 캡션 사용하기

사이트에서 이미지 파일 이름이 그대로 나타나는데 이를 수정해보겠습니다. 미디어 라이브러리에서 이미지를 선택하면 그림 2-49와 같은 팝업창이 나옵니다. 제목에 이미지 제목을 입력하고 캡션을 추가합니다. 참고로 파일명이 한글인 이미지를 업로드하면 에러가 나므로 파일명이 영문으로 된 파일을 업로드하고 위 화면에서 수정합니다. 대체 텍스트도 반드시 입력합니다. 설명은 사이트에는 나타나지 않으며 어떤 이미지인지 참고할 수 있게 입력합니다.

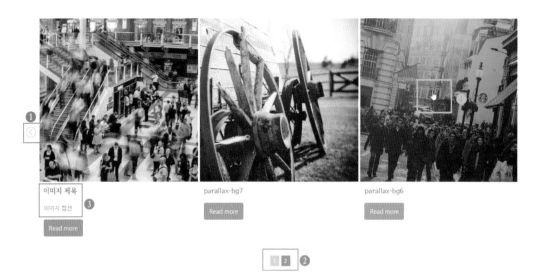

그림 2-50 사이트에서 미디어 그리드 확인

화살표 위치를 외부 래퍼로 선택하면 화살표가 **이미지 영역 밖❶**에 나오고 아래에 **페이지 처리 버튼 ❷**이 나옵니다. 이미지 제목과 캡션을 수정했으므로 **이름도 수정된 이름으로❸** 나옵니다. **이미지에 마우스❹**를 올리면 이미지가 회전되는 모습을 볼 수 있습니다. 옵션이 많지만 일일이 선택해서 확인 해야 합니다.

∩8 메이슨리 미디어 그리드

미디어 그리드 요소와 거의 같지만, 페이지 처리 기능이 없습니다. 메이슨리란 높이가 다른 이미지도 빈 공간이 없게 배치하는 기술입니다.

그림 2-51 메이슨리 미디어 그리드

메이슨리 미디어 그리드❶를 배치하고 이미지를 10개 정도 **업로드❷**합니다. 메이슨리 효과를 위해 표시 스타일을 **모두 보기❸**로 선택하고 **갭❹**은 0px로 설정합니다. **아이템 디자인 탭❺**에서 그리드 요소 템플릿을 Masonry media로 시작하는 옵션으로 선택합니다. Masonry media: Simple blur with scale을 선택하면 다음과 같이 마우스를 올렸을 때 블러 효과가 나타나고, 클릭하면 라이트박스에서 이미지 슬라이드가 나옵니다.

그림 2-52 사이트에서 메이슨리 미디어 그리드 확인

09 티저(Teaser)

티저는 일부 내용만 보여주고 방문자에게 궁금증을 유발하게 하는 기법입니다. 따라서 많은 콘텐츠를 사용하지 않고 이미지와 간단한 글만 추가해 클릭을 유도해야 합니다.

그림 2-53 티저 요소

앞서 살펴본 요소와 중복되는 설정이 있으므로 자세한 설명은 생략합니다. **타입①**에서 **Video from URL②**을 선택하면 비디오를 추가할 수 있습니다. **라이트박스에서 열기③**에 체크하면 이미지가 라이트박스에서 열립니다. **미디어 스타일④**에서 With paddings를 선택하면 콘텐츠와 테두리 사이에 여백이 생기고, **스타일⑤**에서 테두리를 선택하면 콘텐츠 영역에 테두리가 만들어지며 배경을 선택하면 테두리 외에 옅은 회색의 배경이 추가됩니다.

티저용 테스트 텍스트입니다. 이 텍스트를 바꾸려
면 편집 버튼을 클릭하세요.

티저용 테스트 텍스트입니다. 이 텍스트를 바꾸려면
편집 버튼을 클릭하세요.

티저용 테스트 텍스트입니다. 이 텍스트를 바꾸려면 편집 버튼
을 클릭하세요.

그림 2-54 **티저 요소의 여러 가지 효과**

콘텐츠 다루기

페이지 빌더를 이용하면 블로그 글이나, 포트폴리오, 게시판 글 등 모든 콘텐츠를 표시할 수 있습니다. 콘텐츠가 늘어나면 페이지가 길어져 자주 스크롤 해야 하므로 적당한 크기가 되면 새로운 페이지를 만들고 시작하세요.

그림 2-55 콘텐츠 관련 요소

여기서 말하는 콘텐츠란 블로그나 포트폴리오 등 글 타입으로 만들어진 콘텐츠를 말합니다. 그림 2-55에서 빨간색으로 강조한 요소가 콘텐츠와 관련된 요소입니다. 이 중 일부는 페이지 템플릿으로 출력할 수 있지만, 로고 같은 요소는 별도의 템플릿이 없어서 요소를 이용해야만 출력할 수 있습니다.

요소를 보면 중복되는 요소가 여러 개 있습니다. 블로그 스크롤러, 포트폴리오 스크롤러, 앨범 스크롤러, 사진 스트롤러는 기능이 같습니다. 스크롤러는 좌우로 긴 목록이 생기고 자동으로 스크롤되거나 클릭하면 다음 목록이 나타납니다. 따라서 요소마다 약간의 차이는 있지만 모든 요소를 설명할 필요는 없으며 많이 사용되는 블로그 스크롤러와 포트폴리오 스크롤러만 설명하겠습니다.

그림 2-56 새 페이지 추가

새 페이지를 만들 때 작업하고 있던 My home 페이지에서 새 페이지 추가 버튼이나 **링크❶**를 클릭하면 에러가 발생합니다. 이는 페이지가 이미 많이 있어서 상당한 리소스를 필요로 하기 때문입니다. 따라서 페이지 메뉴의 **모든 페이지❷**를 선택해 나갔다가 다시 **새 페이지 추가 메뉴❶**를 선택해야 합니다.

페이지 속성 박스에서 '상위'를 앞서 작업하던 페이지인 **My home❸**으로 선택하면 사이트에서 My home 메뉴의 하위 메뉴로 나타나므로 메뉴가 많아지는 일을 방지할 수 있습니다.

∩1 블로그 글 출력

글 출력은 이전 버전과 비교했을 때 아주 다양해졌습니다.

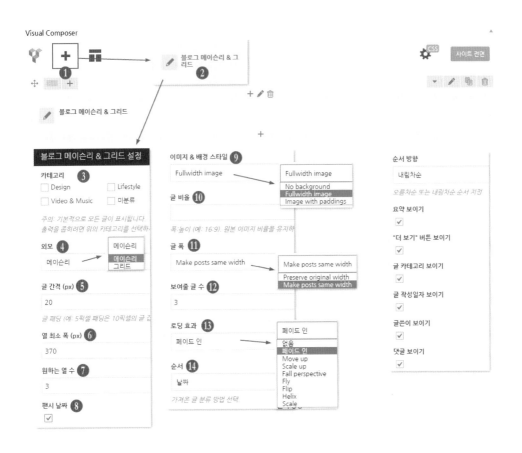

그림 2-57 블로그 메이슨리 & 그리드

요소 추가 아이콘❶을 클릭하고 **블로그 메이슨리 & 그리드 요소❷**를 선택합니다. 블로그 글은 **카테고리❸**를 기준으로 선별해 출력할 수 있습니다. 선택하지 않으면 모든 카테고리의 글을 출력합니다. 만들고 있는 페이지가 어떤 성격의 페이지인가에 따라서 카테고리를 선택할 수 있습니다.

외모❹는 그리드와 메이슨리 두 가지 옵션이 있는데 메이슨리는 글의 높이가 다르더라도 공간이 남지 않게 배치하는 기술이며, 그리드는 하나의 행을 기준으로 글이 나열되며 글의 높이가 다르면 공간이 생기게 됩니다.

글 간격❺은 글과 글 사이의 좌우 여백을 의미합니다. 20px로 설정하면 글 하나에 대한 여백이므로 실제로 글과 글 사이의 간격은 40px이 됩니다. **열 최소 폭❻**은 콘텐츠 영역을 기준으로 최소 너비를 설정합니다. 기본으로 370픽셀로 설정돼 있는데, 이는 한 행에 3개의 글을 배열할 경우의 글 하나의 폭이지만 말 그대로 최소 폭이므로 큰 의미는 없습니다. 예를 들어 100px로 설정하고 **원하는 열 수❼**를 3으로 하거나 4 또는 5로 설정해도 설정한 열의 개수만큼 그리드가 출력됩니다. 최소 너비를 설정하는 이유는 콘텐츠의 내용이 제대로 표시되게 하기 위함이므로 사이트를 보면서 설정하면 됩니다.

팬시 날짜❽는 글 박스 왼쪽 위에 나오는 날짜 스타일입니다.

이미지 & 배경 스타일❾은 No background❶로 설정하면 다음 그림에서 첫 번째와 같이 요약 글이 있는 부분에 배경이 나오지 않습니다. Fullwidth image를 선택하면 이미지가 열 전체 폭❷을 차지하며 Image with paddings를 선택하면 글 박스에 패딩❸이 추가됩니다.

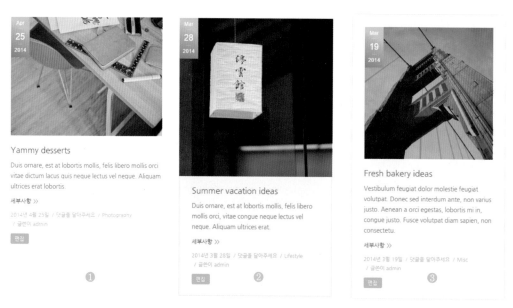

그림 2-58 이미지 & 배경 스타일의 여러 가지 효과

그림 2-57 **글 비율❿**은 글 이미지의 비율을 의미하며 1:1로 입력하면 정사각형으로 나옵니다. **글 폭⓫**에는 Make posts same width와 Preserve original width 옵션이 있는데, Make posts same width는 모든 글의 너비를 같게 하는 것이고 Preserve original width는 원래의 글 너비를 유지합니다. 나중에 알아보겠지만, 개별 글을 만들 때 '보통'과 '넓게'를 선택할 수 있는데 '넓게'를 선택하면 두 개의 열에 해당하는 너비로 출력됩니다. Make posts same width를 선택하면 넓은 글이라도 모든 글이 같은 너비로 출력됩니다. 'Preserve original width'를 사용하려면 글 비율 입력란을 비워둬야 합니다.

보여줄 글 수⑫는 한 행에만 글이 나타나게 설정하는 것이 좋으며, 여러 개의 글 목록을 출력하면 블로그 글 페이지가 돼버립니다. 페이지에서는 몇 가지 원하는 글만 보여주고 많은 글을 보려면 블로그 메뉴를 이용할 수 있게 하면 됩니다.

로딩 효과⑬는 페이지가 로딩되면서 글 박스가 로딩되는 효과입니다.

순서⑭는 일반적으로 날짜순, 순서 방향은 내림차순으로 사용하며 블로그 글은 요약 보이기, 더보기 버튼 등 모두 나타나게 하는 것이 좋습니다.

∩2 블로그 스크롤러

블로그 스크롤러는 블로그 글 목록을 좌우로 길게 나열하고, 좌우로 스크롤할 수 있으며 자동으로 스크롤되게 설정할 수도 있습니다.

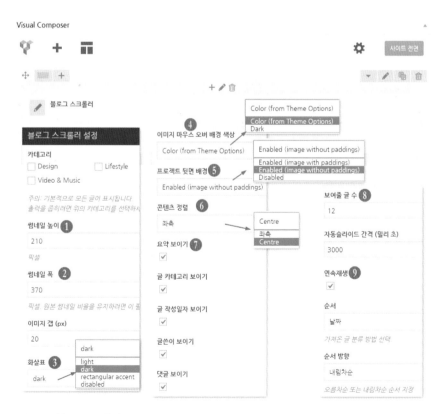

그림 2-59 **블로그 스크롤러**

블로그 스크롤러의 설정은 앞서 살펴본 블로그 메이슨리 & 그리드와 비슷합니다. **썸네일 높이❶**는 이미지의 높이이며 **썸네일 폭❷**을 설정할 수 있는데 비워두면 원본 이미지의 비율대로 너비가 설정됩니다. 370을 입력하면 한 행에 3개의 글 박스가 나타나며 자동으로 슬라이드 될 때마다 아이템 하나만큼 이동됩니다. 다만 글에 이미지가 없을 때는 설정한 너비보다 작게 나타납니다.

화살표❸는 스크롤러 왼쪽과 오른쪽에 있으며, 스크롤할 수 있는 버튼입니다. **이미지 마우스 오버 배경 색상❹**은 어둡게 하거나 테마 옵션에서 설정한 색을 선택할 수 있습니다. **프로젝트 뒷면 배경❺**은 Enabled(image without paddings)를 선택하면 이미지에 패딩이 없는 글 박스가 되며 가장 적합한 디자인입니다.

콘텐츠 정렬❻은 이미지 아래에 나오는 글 제목이나 요약 글의 정렬 방법을 설정합니다. **요약 보이기 ❼** 등 글의 메타 정보는 모두 체크합니다.

보여줄 글 수❽를 입력하고, 자동으로 슬라이드되게 하려면 밀리초 단위로 값을 입력합니다. **연속 재생❾**에 체크하면 마지막 글 다음에 다시 처음 글로 돌아갑니다.

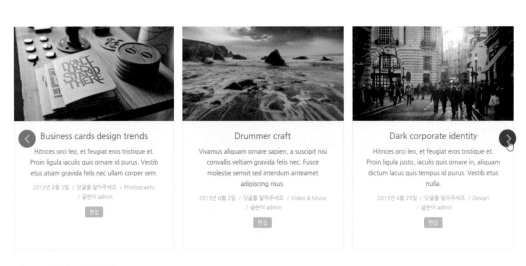

그림 2-60 사이트에서 확인

∩3 블로그 미니

블로그 글을 위젯처럼 배치할 수 있는 기능입니다.

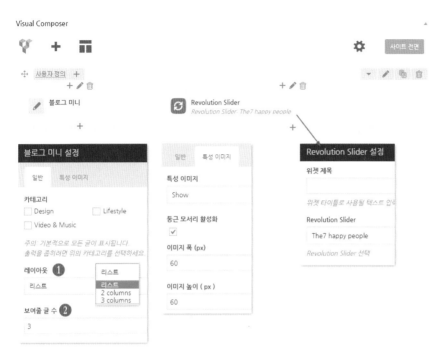

그림 2-61 블로그 미니

크기가 작은 요소이므로 다른 요소와 같은 행에 배치하는 것이 좋으며 한 행에 여러 개의 다른 카테고리가 있는 블로그 미니를 배치할 수도 있습니다. **레이아웃❶**에서 3 Columns를 선택하면 한 행에 3열로 나타나며 **보여줄 글 수❷**가 6개이면 한 열에 2개씩 나타납니다. 여기서는 첫 번째 열에만 블로그 미니를 배치하고 오른쪽에 있는 열에는 레볼루션 슬라이더를 배치했습니다.

그림 2-62 사이트에서 확인

슬라이더의 높이에 따라서 글 수를 조정해 높이를 맞추면 됩니다.

04 글 그리드

제목은 글 그리드이지만 실제로는 글의 콘텐츠를 출력하지 않고 특성 이미지만 나타나므로 앞서 살펴
본 미디어 그리드 요소와 비슷하며 필터 기능이 있습니다.

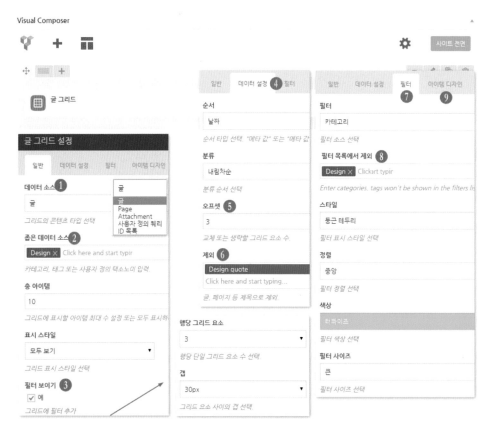

그림 2-63 글 그리드

데이터 소스❶에는 여러 옵션이 있으며 Page에는 특성 이미지가 없으므로 페이지를 선택하면 더미
이미지만 나옵니다. Attachment는 첨부 이미지이며 사용자 정의 쿼리를 선택하면 아래에 코드를 입
력할 수 있는 박스가 나옵니다. 하지만 사용자 정의 쿼리는 사용할 일이 거의 없습니다.

좁은 데이터 소스❷에 카테고리를 입력하면 해당 카테고리의 글만 출력되며, 관리자 화면의 글 → 카
테고리에 있는 카테고리 이름을 입력하기 시작하면 카테고리 목록이 나타나고 선택할 수 있습니다. **필
터 보이기❸**를 선택하면 사이트에서 그림 2-64와 같이 목록 상단에 카테고리 필터 버튼이 나옵니다.

데이터 설정 탭④에서 **오프셋**⑤에 숫자를 입력하면 해당 숫자만큼 글이 제외됩니다. **제외**⑥ 옵션에서는 특정 글이 나타나지 않게 제외할 수 있습니다. 예를 들어 이미지가 없는 글은 더미 이미지가 나타나므로 해당 글 이름을 입력해 목록에서 제외할 수 있습니다.

필터 탭⑦에서는 글 목록의 위에 나오는 필터 버튼의 스타일을 설정할 수 있으며, **필터 목록에서 제외**⑧에서 특정 카테고리를 제외할 수 있습니다.

아이템 디자인 탭⑨은 앞서 살펴본 미디어 그리드와 같으며 마찬가지로 Masonry 항목에 있는 옵션을 선택하면 적용되지 않습니다.

그림 2-64 사이트에서 확인

○6 팬시 타이틀과 팬시 세퍼레이터

제목만 별도로 설정할 수 있는 요소로는 '사용자 정의 헤딩'과 팬시 타이틀이 있으며 사용자 정의 헤딩은 별다른 장식이 없어서 팬시 타이틀을 많이 사용합니다. 팬시 타이틀은 행 요소의 콘텐츠에 따라 제목을 추가할 수 있는 요소입니다. 이전에 만든 블로그 글 행에 대해 제목을 만들어보겠습니다.

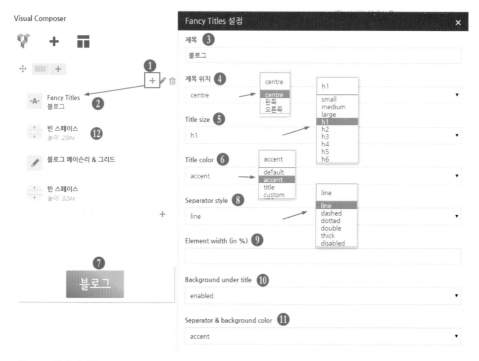

그림 2-65 팬시 타이틀

블로그 글이 있는 행의 위에 있는 **플러스 아이콘❶**을 클릭해 **팬시 타이틀 요소❷**를 선택합니다. **제목 ❸**을 입력하고 **제목 위치❹**를 지정합니다. 왼쪽이나 중앙(center)을 선택합니다. **제목의 크기❺**는 원하는 크기로 지정합니다. **색상❻**은 테마의 포인트 색상(accent)을 사용하거나 Custom을 선택해 원하는 색으로 바꿀 수 있습니다. title을 선택하면 **왼쪽 아래에 있는 그림❼**처럼 버튼 모양이 됩니다. **세퍼레이터 스타일❽**은 제목 양옆으로 줄을 만들어 장식합니다. 여기서는 가늘게 나오는 것이 좋으므로 line을 선택했으며 필요에 따라 대시(dashed), 점(dotted), 이중선(double), 굵은선(thick)을 사용할 수 있습니다.

선의 너비는 **Element width❾**에서 설정합니다. 이는 선의 두께(굵기)가 아니라 좌우로 확대되는 범위이며, 입력하지 않으면 50% 정도로 나타납니다. **Background under title❿**을 disabled로 설정하면 Title color 옵션에서 title을 선택했을 때 제목 뒤에 나오는 배경이 둥근 모서리의 버튼 형태로 나오지 않습니다. **Separator & background color⓫**에서 세퍼레이터도 원하는 색으로 설정할 수 있습니다.

제목과 글 목록 사이의 간격을 설정하기 위해 **빈 스페이스⑫**를 배치하고 적절한 높이를 지정합니다.

팬시 타이틀은 제목을 추가할 수 있고, 팬시 세퍼레이터(Fancy Separator)는 줄만 추가해 다른 요소와 구분하는 기능을 합니다. 블로그 글 아래에는 팬시 세터레이터를 추가했고, 세퍼레이터 스타일은 굵게(thick), 선의 너비인 Element width는 30%로 설정했습니다. 다음과 같이 설정하면 그림 2-66에서 아래에 있는 구분선과 같이 나옵니다.

그림 2-67 팬시 세퍼레이터

06 탭과 투어 요소에 위젯 추가하기

페이지 빌더에는 위젯을 추가해 콘텐츠를 출력할 수 있는 기능이 있습니다. 우선 위젯에 콘텐츠를 배치하는 방법을 알아보겠습니다.

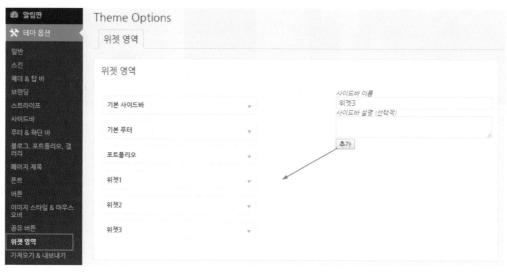

그림 2-68 테마 옵션에서 위젯 영역 추가

테마 옵션의 위젯 영역에서 여러 개의 위젯 영역을 추가하고 저장합니다.

그림 2-69 위젯에 블로그 글 배치

외모 → 위젯 화면①에 가면 우측의 위젯 영역에 앞서 추가한 위젯 영역이 있습니다. 위젯을 이용하면 페이지 빌더로 만들 수 없는 콘텐츠를 배치할 수 있습니다. 예를 들어 블로그 글 목록은 미니 블로그 요소로 만들 수 있습니다. 하지만 게시판을 설치했을 때 게시판의 글 목록을 페이지 빌더에 가져오게 할 수는 없습니다. 위젯 영역을 여러 개 만들어 놓고 사용할 수 있는 위젯 영역에서 끌어다 배치한 다음 이를 페이지 빌더에 출력할 수 있습니다. 각종 플러그인을 설치하면 위젯으로 사용할 수 있게 돼 있는 것도 있으니 이러한 콘텐츠를 배치하는 데 사용합니다. 현재는 다른 콘텐츠가 없으니 우선 블로그 글을 배치해보겠습니다.

블로그 글을 배치하기 위해 '사용할 수 있는 위젯' 영역에서 'DT-블로그 글②'을 클릭하면 위젯 영역을 선택할 수 있도록 펼쳐집니다. **위젯1을 선택③**하고 **위젯 추가 버튼④**을 클릭하면 배치됩니다. 카테고리에서 모두를 선택하거나 **하나만⑤** 선택해서 원하는 **카테고리에 체크⑥**합니다. 글 수는 다른 요소의 높이를 고려해서 적당한 **개수를 입력⑦**하고 **저장⑧**합니다. 같은 방법으로 위젯2에도 블로그 글을 배치하고 다른 카테고리를 선택한 다음 저장합니다.

그림 2-70 **탭 설정 1**

페이지 빌더에서 탭 요소를 배치하고 **열을 3개로①** 나눕니다. **탭 편집 아이콘②**을 클릭해 **스타일을 Style2로 선택③**합니다. Style1은 탭 모양이 버튼 형태이고 Style3은 글자만 나옵니다. **자동 회전 탭 옵션에서 숫자④**를 선택하면 해당 시간이 지나면 자동으로 회전됩니다. **위젯 제목⑤**을 입력하면 탭 상단에 제목이 나타나지만, 탭에 제목을 입력할 것이므로 따로 제목을 입력하지 않습니다.

그림 2-71 **탭 설정 2**

탭1을 선택①한 상태에서 노란색 배경의 **편집 아이콘②**을 클릭해 앞으로 추가할 위젯의 카테고리 이름을 **입력③**합니다. 마찬가지로 탭2를 선택하고 제목을 입력합니다. 탭을 추가하려면 탭2의 오른쪽에 있는 **플러스 아이콘④**을 클릭합니다.

그림 2-72 위젯 사이드바 사용하기

탭 콘텐츠 영역의 **플러스 아이콘❶**을 클릭하고 **위젯 사이드바 요소❷**를 선택합니다. **사이드바 옵션❸**
에서 위젯1을 선택하고 **배경 보이기❹**에서 아니오를 선택합니다. 배경 보이기를 선택하면 테마 옵션
의 사이드바 옵션에서 설정한 배경과 테두리가 나오게 됩니다. 같은 방법으로 두 번째 탭을 선택하고
위젯2를 선택합니다.

그림 2-73 탭 요소와 투어 요소

사이트에서 확인하면 왼쪽 그림과 같이 나옵니다. 같은 방법으로 투어 요소를 설정하면 오른쪽 그림과
탭이 왼쪽에 생성됩니다.

07 포트폴리오와 포트폴리오 스크롤러, 포트폴리오 전체 정렬 그리드

블로그 글과 같이 포트폴리오의 글도 페이지에 출력할 수 있습니다.

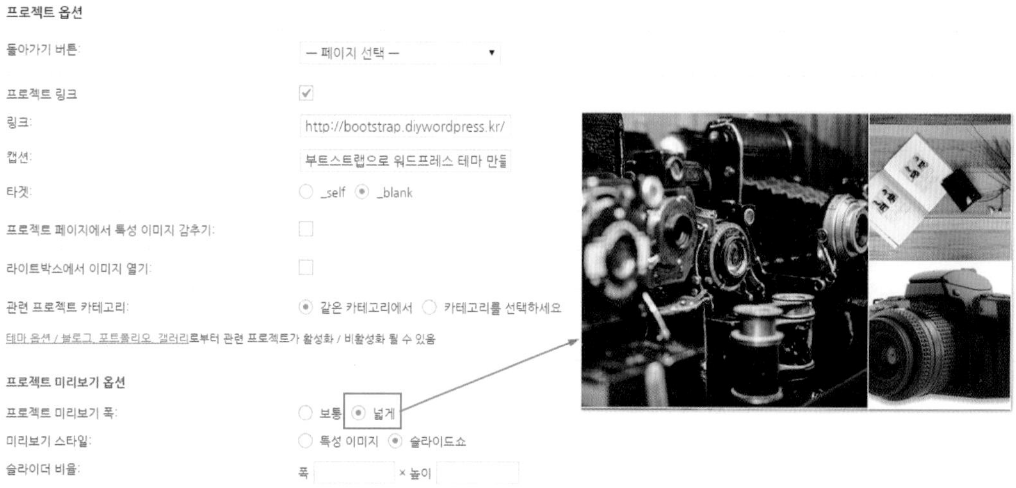

프로젝트 옵션

돌아가기 버튼:	— 페이지 선택 — ▼
프로젝트 링크	✓
링크:	http://bootstrap.diywordpress.kr/
캡션:	부트스트랩으로 워드프레스 테마 만들
타겟:	○ _self ◉ _blank
프로젝트 페이지에서 특성 이미지 감추기:	☐
라이트박스에서 이미지 열기:	☐
관련 프로젝트 카테고리:	◉ 같은 카테고리에서 ○ 카테고리를 선택하세요

테마 옵션 / 블로그, 포트폴리오, 갤러리로부터 관련 프로젝트가 활성화 / 비활성화 될 수 있음

프로젝트 미리보기 옵션

프로젝트 미리보기 폭:	○ 보통 ◉ 넓게
미리보기 스타일:	○ 특성 이미지 ◉ 슬라이드쇼
슬라이더 비율:	폭 ☐ × 높이 ☐

그림 2-74 **포트폴리오의 프로젝트 미리보기 폭 선택**

포트폴리오도 블로그 글과 마찬가지로 하나의 글에 대해서 너비를 '보통'이나 '넓게'로 설정할 수 있습니다. 한 행만 사용하면 '넓게'로 설정한 글과 '보통'으로 설정한 글의 폭과 높이가 다르게 됩니다. 포트폴리오에 대해서는 포트폴리오 페이지 만들기에서 자세히 알아보겠습니다.

그림 2-75 포트폴리오 메이슨리 & 그리드 요소

포트폴리오 메이슨리 & 그리드 요소를 추가합니다. **외모❶**는 메이슨리를 사용하면 글 박스의 높이가 달라지므로 여러 개의 글 박스를 노출하고자 할 때 사용하고, 여기서는 **그리드**를 선택합니다. **원하는 열 수❷**는 한 줄에 4개의 포트폴리오만 출력할 것이므로 4를 입력했습니다. **썸네일 비율❸**은 1:1로 설정해서 같은 크기로 나타나게 설정했습니다.

프로젝트 폭❹은 Make projects same width를 선택해야 하며, Preserve original width를 선택하면 넓은 폭의 글이 나오게 됩니다.

프로젝트 설명 보이기❺에서 어떤 옵션을 선택하느냐에 따라 프로젝트 설명이 나오는 방법이 달라지고, 바로 아래에 나오는 옵션이 달라집니다. **Under Images**를 선택하면 프로젝트 설명이 이미지 아래에 나오며, **프로젝트 뒷면 배경, 콘텐츠 정렬 옵션❻**이 나오고 이미지 패딩이나 콘텐츠의 정렬을 선택할 수 있습니다. **On colored background**를 선택하면 **애니메이션과 마우스 오버 배경 색상❼**을 선택할 수 있는 옵션이 나오고, 마우스를 오버했을 때의 배경색을 설정할 수 있습니다.

On dark gradient를 선택하면 이미지 아래에 그래이디언트 배경이 나오고 그 위에 콘텐츠가 나옵니다. In the bottom을 선택하면 이미지 아래에 단색 배경의 콘텐츠가 나옵니다. 프로젝트 설명 보이기 옵션에 따른 모양은 다음 그림과 같습니다.

그림 2-76 포트폴리오 메이슨리 & 그리드 요소의 여러 가지 효과

이미지 아래에 설명이나 다른 내용이 나오는 것보다는 마우스를 올렸을 때 이미지 위에 나타나는 것이 좋습니다.

메타 정보❽는 글쓴이, 날짜 등 자세한 포트폴리오 정보인데 모두 보여줄 필요는 없으니 몇 가지만 선택합니다.

그림 2-77 포트폴리오 스크롤러

포트폴리오 스크롤러는 이미지 높이와는 상관없이 모두 같은 높이로 출력할 수 있습니다. 나머지 설정은 앞서 설명한 블로그 스크롤러를 참고합니다. **보여줄 글 수❶**는 너무 많으면 로딩 속도가 느려지므로 12개로 설정했습니다.

그림 2-78 **사이트에서 확인**

사이트에서 확인하면 설정한 대로 마우스를 올렸을 때 콘텐츠가 나옵니다. 마우스 커서가 화살표가 아닌 손 모양으로 나타나는데 클릭해서 좌우로 드래그하면 스크롤 됩니다. 모바일 기기에서는 스와이프(터치한 후 좌우로 움직여 이동) 할 수 있습니다.

Visual Composer

포트폴리오 전체 정렬 그리드

포트폴리오 전체 정렬 그리드 설정

카테고리

☐ Design   ☐ Identity

☐ Photo & Video

주의: 기본적으로 모든 프로젝트가 표시될 것
출력물을 좀하려면 위의 카테고리를 선택하

이미지 갭 (px)

20

이미지 패딩 (예: 5픽셀 패딩은 10픽셀의 이

행 타겟 높이 (px)

240

썸네일 비율

16:9

폭 높이 (예: 16:9) 원본 이미지 비율을 유지

프로젝트 설명 보이기

On dark gradient

콘텐츠

On hover

로딩 효과

없음

채울 이미지가 없으면 마지막 행 감추기
☑

프로젝트 제목 보이기
☑

프로젝트 요약 보이기
☑

프로젝트 카테고리 보이기
☐

상세 아이콘 보이기
☑

링크 아이콘 보이기
☑

줌 아이콘 보이기
☑

보여줄 프로젝트 수
7

순서
날짜

가져온 글 분류 방법 선택

그림 2-79 **포트폴리오 전체 정렬 그리드**

포트폴리오 전체 정렬 그리드는 콘텐츠 너비에 맞게 포트폴리오를 출력할 수 있는 기능이며 이미지 높이가 다르더라도 같은 높이로 출력할 수 있습니다. '채울 이미지가 없으면 마지막 행 감추기' 옵션은 마지막 행에 이미지가 하나라도 없어서 여백이 생기면 해당 행을 제외하고 출력합니다.

그림 2-80 사이트에서 확인

보여줄 프로젝트 수를 7개로 설정했지만, 마지막 행에서 두 개가 부족해 여백이 생기므로 마지막 줄은 출력되지 않습니다.

∩8 어코디언과 FAQ

어코디언과 FAQ는 기능이 비슷하며, 많은 내용의 페이지 콘텐츠를 목록화해서 제목을 클릭하면 해당 내용을 보여주는 기능이 있습니다. 예를 들어 이용약관이나 사용자 가이드는 단순히 콘텐츠만 입력하면 글이 아주 길어집니다. 스크롤 하면서 일일이 찾아봐야 하는데 원하는 부분만 보고자 할 때는 검색을 해야 합니다. 어코디언이나 FAQ를 이용하면 제목만 보이게 하고 원하는 내용이 있을 법한 제목을 클릭하면 내용이 펼쳐지게 할 수 있습니다.

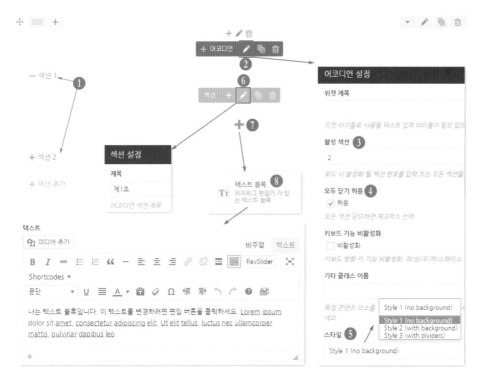

그림 2-81 어코디언

요소 추가 버튼을 클릭해서 '어코디언'을 선택하면 **섹션** 1과 **섹션** 2❶가 생성됩니다. 가운데에 있는 어코디언 글자 옆의 **편집 아이콘❷**을 클릭하면 어코디언을 설정할 수 있으며, 위젯 제목은 너무 크게 나오므로 입력하지 않고 앞서 살펴본 팬시 타이틀을 이용해 제목을 만듭니다. 이용약관은 한 페이지로 만들게 되는데 이때는 페이지 제목이 있으므로 위젯 제목을 만들 필요는 없습니다. 어코디언은 기본적으로 첫 번째 섹션이 열림 상태가 되며 **활성 섹션❸**에서 다른 번호를 입력해 해당 섹션이 열리게 할 수 있고 **모두 닫기 허용❹**에 체크해 모두 닫혀있게 할 수도 있습니다. **스타일❺**에서 선택할 수 있는 여러 가지 효과는 그림 2-82와 같습니다.

각 섹션의 제목은 섹션 가운데에 있는 **편집 아이콘❻**을 클릭해 수정합니다. 각 섹션의 콘텐츠는 섹션 가운데에 있는 **플러스 아이콘❼**을 클릭해 **텍스트 블록❽**으로 내용을 입력합니다. 제목이 필요한 경우 팬시 타이틀을 이용해 제목을 추가할 수 있으며, 상단에 추가하면 섹션과 간격이 없으므로 빈 스페이스를 이용해 간격을 만듭니다.

그림 2-82 어코디언의 여러 가지 효과

세 가지 스타일의 형태입니다.

같은 이용약관 페이지를 만들더라도 어코디언이 아닌 FAQ 요소를 이용할 수도 있습니다. 어코디언은 하나의 항목을 열면 다른 항목은 닫히므로 항목을 비교해서 봐야 할 때는 FAQ 요소를 이용합니다.

그림 2-83 FAQ 요소

FAQ 요소는 설정이 간단합니다. **제목**과 **콘텐츠❶**를 입력하고 **닫힘**이나 **열림❷**을 선택할 수 있습니다. 모두 같은 상태로 만들 경우 하나의 요소에 대해 모든 항목을 입력한 다음 저장하고 이 요소를 복사해서 제목과 콘텐츠만 수정하면 됩니다. **스타일과 색상❸**에서는 제목의 스타일과 색을 설정할 수 있습니다.

그림 2-84 **컨택트 폼 추가**

자주 묻는 질문 페이지에는 찾고자 하는 질문이 없을 때 추가로 질문할 수 있도록 컨택트 폼을 배치하는 것이 좋습니다. 운영자가 사이트를 수시로 확인할 수 있을 때는 고객센터 게시판을 운영하는 것이 좋지만, 게시판에 원활한 답변이 없으면 활동 중인 사이트가 아니라는 인식을 갖게 되므로 사이트를 수시로 확인할 수 없을 때는 게시판보다는 컨택트 폼을 운용하는 것이 좋습니다. 또한, 고객센터 게시판에 질문이 많이 없을 때도 게시판을 운용하지 않는 편이 더 낫습니다.

두 개의 열로 나눈 뒤 오른쪽 열에 **Contact Form 7 요소를 추가❶**하고 컨택트폼 1을 선택합니다. Contact Form 7은 세계적으로 가장 많이 사용하는 플러그인으로 대부분 프리미엄 테마가 이 플러그인을 사용하고 있습니다. 한글로 번역돼 있으니 주메뉴의 Contact에 들어가면 수정해 사용할 수 있습니다. 플러그인을 설치하면 기본적인 폼이 만들어지며 사용법은 고객 정보 이용 동의 페이지를 만들 때 알아보겠습니다.

폼 제목은 입력하더라도 사이트에서 나타나지 않으므로 **팬시 타이틀❷**을 이용해 제목을 만듭니다.

09 사진 앨범과 사진 스크롤러

앨범 글 타입으로 생성되는 콘텐츠에는 개별 앨범에서 입력된 글과 사진이 있습니다. 앨범에는 여러 개의 사진이 포함되는데, 이들 사진을 개별적으로 출력할 수 있는 것이 사진과 관련된 요소입니다. 앨범 스크롤러를 만들면 여러 개의 앨범 목록이 나오고, 하나의 썸네일을 클릭하면 해당 앨범의 페이지로 이동해 앨범에 있는 모든 사진을 보여줍니다. 앨범을 만들 때 옵션을 설정하면 사진 스크롤러처럼 목록의 썸네일을 클릭했을 때 앨범 페이지로 이동하지 않고 사진을 바로 라이트박스에서 보여줄 수도 있습니다. 사진 스크롤러는 앨범에 속한 사진을 스크롤러 형태로 만드는 것이며 별도의 페이지로 이동하지 않고 썸네일을 클릭하면 바로 라이트박스에 큰 이미지로 보여줍니다.

이미 블로그 글과 포트폴리오 글에서 설명했으므로 자세한 설명은 생략합니다. 사진 앨범을 페이지 템플릿을 이용해 출력할 수도 있으며, 이에 관해서는 템플릿으로 페이지 만들기에서 알아보겠습니다.

The7 테마에만 있는 글 타입으로 만든 각종 콘텐츠는 페이지 빌더에서 해당 요소를 이용해 페이지에
출력할 수 있습니다. 이 테마에는 팀, 혜택, 추천, 사진 앨범, 파트너와 고객, 슬라이드 쇼 등이 있습니
다. 이들은 해당 글 타입에서 개별 콘텐츠를 만들 수 있지만, 사이트에서 개별적으로 나타낼 수 없고
페이지 빌더의 요소를 이용하거나 팀, 추천, 사진 앨범 등은 페이지의 템플릿을 통해서만 페이지에 출
력할 수 있습니다. 각 글 타입과 요소를 이용해 출력하는 방법을 알아보고 템플릿을 이용하는 방법은
템플릿으로 페이지 만들기에서 알아보겠습니다.

01 혜택 요소

혜택 요소는 별도의 글 타입이 있으며 주메뉴의 혜택 메뉴에서 콘텐츠를 만들고 페이지 빌더의 혜
택 요소로 출력할 수 있습니다. 혜택은 어떤 상품을 구매하거나 이용했을 때 어떤 장점이 있음을 나
열하는 기능을 합니다. 이를 응용하면 사이트의 특징, 즉 기업이라면 주력 업종이나 장점 등을 나열
할 수 있습니다. 호텔이나 펜션이라면 주변 환경이나 편의 시설 등 보여주고 싶은 장점을 나열할 수
있습니다.

우선 혜택 글을 만드는 방법을 알아보겠습니다.

그림 2-85 혜택 요소 만들기

혜택 메뉴에서 **새 혜택 추가❶**를 클릭해 **제목❷**과 **콘텐츠❸**를 입력한 뒤 **카테고리❹**를 추가합니다. 데모 데이터를 추가하면서 with captions 카테고리와 no captions 카테고리 추가됐는데, **새 혜택 카테고리 추가❺**를 클릭해 원하는 카테고리를 생성할 수 있습니다. 이 카테고리는 페이지 빌더에서 혜택 요소를 배치할 때 어떤 카테고리를 출력할지 선택할 수 있습니다. 중요한 것은 옵션 박스의 **타겟 링크❻**과 **아이콘❼** 또는 **이미지❽**입니다. 타겟 링크는 아이콘을 클릭했을 때 이동할 URL입니다. 여기서는 아이콘으로 폰트 아이콘을 사용했는데, 투명 배경의 이미지를 사용할 수도 있습니다.

이미지는 레티나 이미지로 돼 있으므로 사이트에 표시할 이미지보다 해상도가 두 배 높은 이미지를 업로드해야 합니다. 샘플 아이콘은 첨부 파일의 images/image-icon/RoundIconsPNG/PNG 폴더에 있는 이미지를 사용합니다. 아이콘 코드와 이미지 두 가지를 모두 입력하면 아이콘 코드가 우선 적용됩니다.

http://fortawesome.github.io/Font-Awesome/icons/

폰트 아이콘 사이트인 폰트 어썸(위 링크)으로 이동하면 현재 5백여 개의 아이콘이 있습니다. 테마에 폰트 아이콘이 내장돼 있으므로 여기에서는 코드만 가져다 붙여넣으면 됩니다.

71 New Icons in 4.1

그림 2-86 **폰트 어썸 아이콘 사용하기**

원하는 아이콘을 찾아서 클릭하면 다음 화면에서 코드가 나옵니다. 위 그림에서 빨간색으로 강조한 코드를 블록으로 설정해 복사한 뒤 아이템 편집 화면의 아이콘 코드에 붙여넣고 저장합니다. 이러한 방법으로 혜택 요소를 여러 개 만들어놓고 페이지 빌더에서 혜택 요소를 불러오면 됩니다.

그림 2-87 **혜택 요소 설정**

페이지 빌더에서 요소 추가 버튼을 클릭하고 **혜택 요소❶**를 선택합니다. 데모 데이터를 기준으로 카테고리를 선택하는데 no captions와 with captions를 구별해야 하므로 여기서는 with captions❷를 선택합니다.

혜택 레이아웃에는 3가지❸가 있으며 Image, title & content centered는 모든 요소가 중앙을 기준으로 배치됩니다. Image & title inline은 이미지와 타이틀이 한 줄에 있고 그 아래 캡션이 나옵니다. Image on the left는 이미지는 왼쪽에 나오고, 나머지는 오른쪽에 배치됩니다.

아이콘 배경❹을 show로 선택하면 **이미지 배경 둥근 모서리, 배경 크기, 배경 색상**이 적용돼 나오며 배경 색상을 **Accent**로 선택했습니다. Accent는 테마 옵션에서 설정한 포인트 색을 의미합니다.

이 책에서는 기본 상태일 때 **아이콘은 밝은색❺**, **배경은 포인트 색상❻**으로 설정했고, 마우스를 오버했을 때는 기본 상태일 때와 반대로 **아이콘은 포인트 색상❼, 배경은 밝은색❽**으로 설정했습니다.

장식선❾은 **혜택 레이아웃의 선택❸**에 따라 위치가 다릅니다. Image, title & content centered일 때는 제목과 캡션 사이에 나오고, 나머지일 때는 모든 요소의 아래에 나옵니다.

애니메이션❿은 아이콘의 애니메이션으로 스크롤해서 해당 요소에 도달했을 때 애니메이션 효과가 나옵니다. **One by One⓫**을 선택하면 하나씩 애니메이션되며 At the same time을 선택하면 동시에 애니메이션 됩니다.

그림 2-88 **사이트에서 확인**

그림 2-89 아이콘에 이미지 사용하기

이미지 아이콘을 사용하면 **아이콘 크기나 색상❶**은 무시되므로 아이콘의 크기에 따라 **배경 크기❷**를 조절하고, 이미지 아이콘의 색에 따라서 **배경 색상❸**과 **배경 마우스오버 색상❹**을 설정합니다. 그림 2-89의 오른쪽 아래❺와 같이 배경색이 어두우면 아이콘이 잘 보이지 않습니다. 요즘은 폰트 아이콘이 대세이지만 아이콘 정도는 이미지를 사용하는 것도 시각적인 효과를 위해 중요합니다.

∩2 추천

추천 요소는 혜택 요소와 유사하지만, 슬라이드나 메이슨리 목록으로 출력되는 점이 다릅니다. 추천은 상품이나 사이트에 대한 평가 내용을 간추려 콘텐츠를 만들고 방문자에게 보여주기 위한 것으로 주로 댓글이나 소셜 네트워크, 신문 기사 등 다양한 소스를 활용합니다.

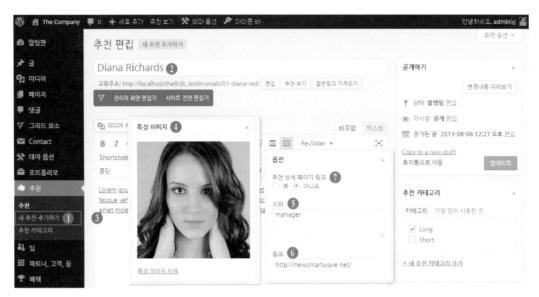

그림 2-90 추천 글 타입 만들기

추천의 **새 추천 추가하기❶**를 클릭하고 **제목❷**에는 추천자의 이름을, **콘텐츠❸**에는 추천 내용을 요약해 입력합니다. **특성 이미지❹**로 추천자의 이미지를 추가할 수 있으며 옵션의 **지위❺**에는 추천자의 직위, **링크❻**에는 추천자의 소셜 네트워크나 사이트 URL을 입력합니다. 옵션이므로 반드시 설정해야 하는 것은 아니며 이름과 콘텐츠만 작성해도 됩니다. **추천 상세 페이지 링크❼**에서 '예'를 선택하면 추천 박스나 슬라이드에서 추천 글 마지막에 더보기 링크가 나오는데 이를 클릭하면 추천 글만 간단하게 나타나므로 사용하지 않도록 합니다.

그림 2-91 추천 요소 설정

페이지 빌더에서 **추천 요소❶**를 추가합니다. **외모❷**는 Slider를 선택하고 **자동 슬라이드❸**에 밀리초 단위로 시간을 입력하면 해당 시간이 지나면 자동 슬라이드 됩니다. **메이슨리❹**는 박스 형태이며 콘텐츠의 크기가 달라도 공간이 생기지 않게 배치됩니다. 페이지의 일부 요소로 사용할 때는 슬라이더 형태가 적당하고, 페이지를 만들어 전체를 사용할 때는 메이슨리 형태가 좋습니다.

나머지 설정은 앞서 설명한 요소의 설정과 중복되므로 설명을 생략합니다. 페이지 빌더는 몇 가지만 사용하다 보면 요령이 생기며 설정하는 방법을 대부분 알 수 있습니다. 또한 대부분의 프리미엄 테마는 비주얼 컴포저를 사용하므로 한 테마를 잘 익혀두면 다른 테마도 사용하는 데 무리가 없습니다.

Lorem ipsum nec magna orci mollis sit amet odio eu amet mauris ornare dapibus. Morbi pellen tesque vehicula nisi. Nam enim felis apibus egetras consec tetur augue emassa auctort id glavico to amet molestie lorem pulvinar odio eulos amet mauris ornare dapibus.

Diana Richards
manag

그림 2-92 사이트에서 확인

03 파트너, 고객 글 타입

로고 타입은 파트너, 고객 글 타입으로 만든 로고를 출력할 수 있는 요소입니다. 따라서 로고 타입을
살펴보기에 앞서 파트너, 고객 글 타입으로 콘텐츠를 만드는 방법을 살펴보겠습니다.

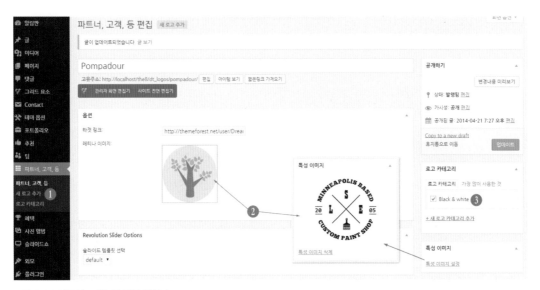

그림 2-93 파트너, 고객, 글 타입 만들기

파트너, 고객 등 메뉴에서 **새 로고 추가❶**를 선택합니다. 편집 화면에 글을 작성할 수 있는 편집기는
없고 **이미지❷**와 **카테고리❸**만 넣을 수 있습니다. 파트너와 고객의 로고를 출력하기 위한 이미지 추
가 외에는 없습니다. 레티나 이미지와 특성 이미지 둘 다 업로드하면 특성 이미지가 우선으로 나타납
니다.

그림 2-94 **로고 요소**

페이지 빌더에서 로고 요소를 선택합니다. 앞서 페이지 빌더 요소에서 알아봤던 내용이니 설정하는 데
무리가 없습니다.

그림 2-95 **사이트에서 확인**

∩⁄┃ 팀

회사의 구성원에 대한 정보를 입력하고 이를 출력할 수 있는 요소입니다. 마찬가지로 별도의 글 타입
을 이용해 콘텐츠를 추가할 수 있습니다.

그림 2-96 **팀원 글 템플릿 복사**

팀원 새로 추가 화면은 페이지 추가 화면와 비슷합니다. 따라서 페이지 빌더를 이용해 각종 요소를 추가해 만듭니다. 팀원 편집 화면만의 박스가 있는데 팀 카테고리와 옵션입니다. 여기서는 기존의 템플릿을 이용해 만드는 방법을 알아보겠습니다. 현재 작업 중인 워드프레스에는 데모 데이터가 설치돼 있으므로 데모로 만들어진 팀원 글 타입을 템플릿으로 저장하고 새로 추가 화면에서 이를 불러오면 되겠지만, 데모 데이터가 없다면 이런 과정으로 만들 수 없습니다. 이럴 때는 코드를 그대로 복사해 새로 만들 수 있습니다.

팀 메뉴❶를 선택하면 팀원 목록이 나옵니다. 팀원 목록 중에서 하나의 팀원을 선택해 편집 화면으로 들어간 뒤 제목 아래에 있는 두 개의 버튼 중 **클래식 모드 버튼❷**을 클릭합니다. 그러면 페이지 빌더에 의해 만들어진 단축코드가 나옵니다. **편집기 내부를 클릭❸**하고 전체 선택(Ctrl+A)한 다음 복사(Ctrl+C)합니다. 다시 Ctrl 키를 누른 채 **새로 추가❹** 메뉴를 클릭해 새로 추가 화면을 새 탭으로 엽니다.

그림 2-97 **팀원 글 만들기**

팀원 이름❶을 입력하고 **편집기 내부를 클릭❷**한 다음 복사한 코드를 붙여넣습니다(Ctrl+V). **관리자 화면 편집기❸** 버튼을 클릭하면 복사한 페이지와 동일하게 나타납니다. **팀 카테고리❹**를 만들고 **특성 이미지❺**를 추가합니다. 옵션 박스의 **팀 메이트 상세 페이지 링크❻**에서 '**예**'에 체크하고 **지위❼**와 **각 종 소셜 네트워크** URL❽을 입력합니다. 여기서 추가한 특성 이미지는 팀원의 상세 페이지에 나오는 것이 아니고 팀원 목록의 이미지에 사용됩니다. 따라서 위 편집 화면에서 특성 이미지를 추가해야 팀원 목록의 이미지로 나타납니다.

그림 2-98 **팀원 글 추가 설정**

단일 이미지 요소❶에 팀원 이미지를 추가하고 이름, 직위, 경력 등을 수정합니다. **요약 박스❷**에서 팀원의 간략한 소개를 입력하고 필요한 경우 **댓글❸**을 허용합니다. 다른 페이지 빌더 요소는 나중에 사용 방법을 알아보겠습니다.

그림 2-99 **사이트에서 확인**

사이트에서 확인하면 그림 2-99와 같은 모습으로 나옵니다. 이번에는 앞서 만든 팀원을 페이지 빌더로 출력하는 방법을 알아보겠습니다.

그림 2-100 **팀 요소 설정**

페이지 빌더에서 **팀 요소❶**를 선택하고 설정합니다. 하나의 행만 사용할 것이므로 **외모❷**는 그리드를 선택합니다. 하나의 행에 3명의 팀원을 출력하기 위해 **원하는 열 수에** 3을 **입력❸**합니다. **팀원 뒷면 배경❹**을 Enabled로 선택하면 이미지 아래의 콘텐츠 부분에 배경이 나옵니다. 이미지를 모두 같은 크기로 출력할 것이므로 **이미지 사이징❺**에서 resize images를 선택합니다. 다른 옵션을 선택하면 원본 이미지의 가로세로 비율대로 나타나므로 박스 높이가 달라질 수도 있습니다. make images round를 선택하면 이미지가 둥글게 처리돼 나타납니다.

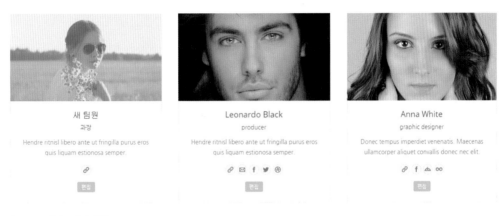

그림 2-101 **사이트에서 확인**

많은 팀원을 출력할 경우 그리드가 아닌 메이슨리로 사용할 수도 있습니다. 모든 팀원을 표시하고자 할 경우는 페이지 빌더보다는 페이지를 만들면서 팀원 템플릿을 사용하는 것이 좋습니다.

기타 요소 다루기

이미지 다루기와 콘텐츠 다루기에서 설명하지 않은 요소들입니다.

01 구글 지도

구글 지도는 무료 버전과 유료 버전이 있으며, 유료 버전은 하루 동안 지도를 로드한 횟수에 따라 25,000회를 초과하면 월 5달러부터 요금이 시작되며 다양한 기능을 사용할 수 있습니다. 페이지 빌더에서 지도 요소를 추가했을 때 나오는 링크를 클릭하면 초기 화면이 나오며 실제 지도를 추가할 수 있는 화면은 없습니다. 지도 화면에서 사용법은 수시로 바뀌는데 여기서 설명하는 내용도 언제 바뀔지 모릅니다.

그림 2-102 **구글 지도 요소**

페이지 빌더에서 요소 추가 버튼을 클릭하고 구글 지도 요소를 선택하면 위와 같은 창이 나옵니다. 지도 임베드 iframe에 코드를 추가하면 지도가 추가되는데, 원하는 위치로 코드를 구하는 방법은 다음과 같습니다.

> https://www.google.co.kr/maps

위 링크로 이동하거나 구글 홈페이지에서 구글 지도로 검색해 구글 지도 화면으로 이동합니다. 구글 계정이 없으면 만들고 로그인합니다.

그림 2-103 지도 만들기 선택

내 지도를 클릭한 다음 만들기 링크를 클릭합니다.

그림 2-104 주소 검색

주소 지번을 입력하면 지도와 일치하는 경우가 많지 않으므로 소재지 인근으로 이동하기 위해서 검색 창에서 **동 이름을 입력❶**하고 동 이름을 클릭❷하면 지도가 **해당 위치로 이동❸**합니다. 마커가 지도 상에 표시되는데 박스에서 **X 아이콘❹**을 클릭해 제거합니다.

그림 2-105 마커 추가

마우스를 스크롤해서 지도를 확대한 다음 원하는 주소(건물)를 찾습니다. **마커 아이콘을 클릭❶**하면 커서가 십자형으로 바뀌며 **건물을 클릭❷**하면 빨간색 마커가 표시됩니다. **입력란❸**에 회사 이름과 같은 적당한 이름과 주소를 입력하고 저장합니다.

그림 2-106 레이어 이름 편집

제목 없는 레이어의 **오른쪽에 있는 아이콘❶**을 클릭하고 '**이 레이어 이름 바꾸기❷**'를 선택한 다음 **이름❸**을 입력하고 저장합니다.

그림 2-107 마커 및 라벨 설정

롤러 아이콘❶을 클릭하고 위치 그룹 설정 기준에서 **색상과 문자의 순서❷**를 선택하면 마커에 **영문 A❸**가 나오고 색이 진해집니다. **라벨 설정❹**에서 설명을 선택하면 앞서 입력한 주소가 나옵니다.

그림 2-108 아이콘 변경

본사 오른쪽에 있는 **아이콘①**을 클릭해 **아이콘 더보기 버튼②**을 선택하면 다른 아이콘으로 변경할 수 있습니다.

그림 2-109 랜드마크 추가

레이어를 추가해 인근의 랜드마크 건물을 추가할 수도 있습니다.

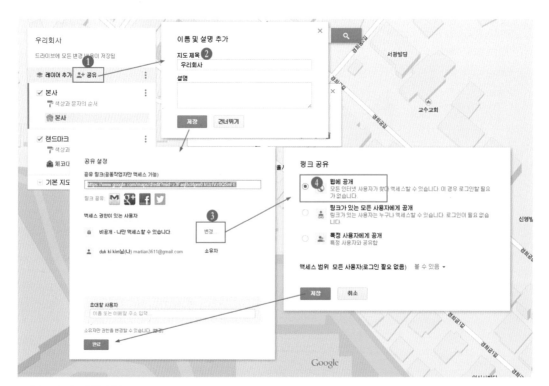

그림 2-110 지도 공유 설정

지도를 사이트에 표시하려면 공유를 설정해야 합니다. **공유 링크❶**를 클릭한 다음 **지도 제목❷**을 입력하고 저장 버튼을 누르면 **공유 설정 화면**이 나옵니다. **액세스 권한이 있는 사용자**에서 **변경❸**을 클릭해 '**웹에 공개❹**'를 선택한 다음 저장하고 완료합니다.

그림 2-111 **코드 복사**

지도를 스크롤해서 적당한 줌 크기를 설정한 다음 공유 오른쪽에 있는 **아이콘❶**을 클릭해 '**기본 보기 설정❷**'을 선택합니다. 이는 사이트에서 보이는 크기를 설정하는 것이며 실제 보기와는 다르므로 사이트에서 확인하면서 위 화면에서 크기를 조절하고 다시 '기본 보기 설정'을 클릭해 저장합니다.

다음으로 '**내 사이트에 삽입❸**'을 선택해 코드를 복사한 다음 페이지 빌더에서 구글 지도 요소의 코드 입력란에 붙여넣고 저장합니다.

그림 2-112 **사이트에서 확인**

사이트에서 확인하면 그림 2-112와 같이 나오며, 아이콘을 클릭하면 설정한 대로 툴팁으로 나타납니다.

02 프로그레스 바와 파이 차트

프로그레스 바와 파이 차트를 이용하면 회사 사이트에서는 영업 실적이나 특화된 기능을 보여줄 수 있고, 프리랜서와 같은 개인 사이트에서는 능력의 정도를 도식화해서 보여줄 수 있습니다. 또한, 사이트가 개발 단계에 있다면 방문자에게 어느 정도 개발이 진행됐는지도 알려줄 수 있습니다.

그림 2-113 프로그레스 바

프로그레스 바는 하나의 요소에서 줄 바꿈으로 여러 개의 바를 만들 수 있지만, 이렇게 하면 모든 바가 같은 색으로 나오므로 나누어 만드는 것이 좋습니다. 하나를 만들고 복사해서 수정만 하면 됩니다. 주의할 점은 **그래픽 값①**에는 한 줄만 있어야 합니다. 따라서 두 번째 줄을 클릭해서 커서가 이동하면 백스페이스키를 눌러 지워줍니다. 값과 값에 해당하는 설명은 파이프 키(₩와 같이 있는 키)로 구분합니다. 예를 들어 Development를 90%로 표시하려면 90|Development라고 입력합니다. **옵션②**에서 모두 체크하면 바에 스트라이프와 애니메이션이 나옵니다.

그림 2-114 사이트에서 확인

그림 2-115 파이 차트

파이 차트는 열의 너비에 따라 크기가 결정됩니다. 따라서 가능한 한 여러 개의 열을 사용하는 것이 좋습니다. **파이 레이블 값❶**에는 **파이 값❷**과 같은 수치를 넣을 수도 있지만, 파이 차트의 내용을 넣는 곳이 없으니 이곳에 내용을 입력합니다. 단위는 레이블 값의 단위이므로 파이 레이블 값에 글자를 입력했을 때는 비워둡니다.

그림 2-116 사이트에서 확인

외모❸에서 Counter를 선택하면 차트가 아닌 숫자만 나옵니다. 파이 값은 일반적으로 100 이하의 숫자만 입력하므로 만 이상의 숫자를 파이 레이블에 입력하면 표시가 완료되는 데 시간이 오래 걸립니다. 큰 숫자를 표시할 때는 Ultimate Addons for Visual Composer에 카운터 기능이 있으니 이를 사용하면 숫자를 빠르게 출력할 수 있습니다.

판매량   방문자 수   좋아요

1150   123   345

그림 2-117 **카운터**

⋂⋂3 콜 투 액션

콜 투 액션(Call to Action, CTA: 행동 유발)은 고객이 클릭하도록 유도하는 마케팅 기법으로 '더 보기', '둘러보기', '바로 가기', '구매하기' 등 거의 모든 버튼은 콜 투 액션이라고 할 수 있습니다. 유혹적인 문구를 배치하고 궁금증을 유발한 다음 버튼을 배치하는데 이러한 버튼을 콜 투 액션 버튼이라고 합니다. 따라서 설명을 간단히 하고 버튼을 배치하는 것이 좋으며, 설명을 너무 많이 하면 설명으로 궁금한 부분이 해소되기 때문에 버튼을 클릭하도록 유도하기가 어렵습니다.

쇼핑몰이 아닌 일반 웹 사이트에서는 중요한 공지사항이나 사이트를 처음 방문한 고객에게 사이트를 이용하는 방법을 적어둔 안내 페이지로 가는 버튼을 배치할 수도 있습니다.

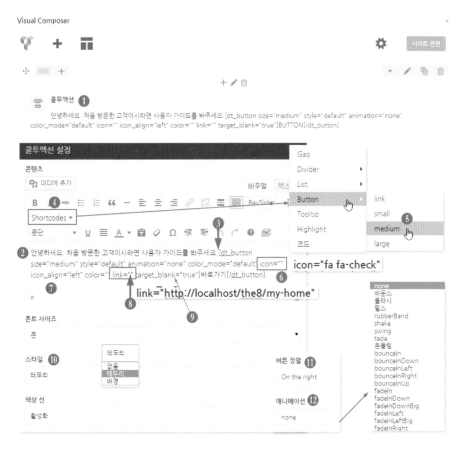

그림 2-118 **콜 투 액션**

페이지 빌더에서 **콜투액션 요소❶**를 추가한 다음 **편집기 영역❷**에 글자를 입력합니다. **마지막 글자 다음❸**에 커서를 놓고 Shortcodes **드롭다운 메뉴❹**를 클릭한 뒤 medium button❺을 선택하면 단축코드가 생성됩니다. icon=""❻에 원하는 폰트어썸 아이콘의 선택자 부분을 복사해 입력합니다. 아이콘의 위치를 변경하려면 icon_align❼에 원하는 위치를 입력합니다. 여기에서는 오른쪽에 배치하기 위해 right를 입력했습니다. link❽에는 버튼을 클릭했을 때 이동할 URL을 입력합니다. target_blank❾를 true로 설정하면 현재 페이지에서 이동하며, false로 설정하면 새 탭에서 열립니다. 버튼의 이름은 적당하게 입력합니다. 여기에서는 바로가기라고 설정했습니다.

스타일❿에서 **테두리**를 선택하면 콜투액션 박스 왼쪽에 포인트 색으로 된 약간 굵은 테두리가 생기고 위, 아래, 오른쪽은 가는 테두리가 적용됩니다. **배경**을 선택하면 테두리가 있는 옅은 회색의 배경이 됩니다. **버튼 정렬⓫**은 오른쪽에 배치하기 위해 On the right로 하고 **애니메이션⓬**을 선택할 수 있습니다.

안녕하세요. 처음 방문한 고객이시라면 사용자 가이드를 봐주세요.

✓ 바로가기

그림 2-119 **사이트에서 확인**

∩/ 메시지 박스

페이지를 만들다 보면 콘텐츠 중 방문자가 특별히 주의해서 봐야 할 요소가 있습니다. 사용자의 눈에 띄기 좋은 요소로는 메시지 박스가 있습니다.

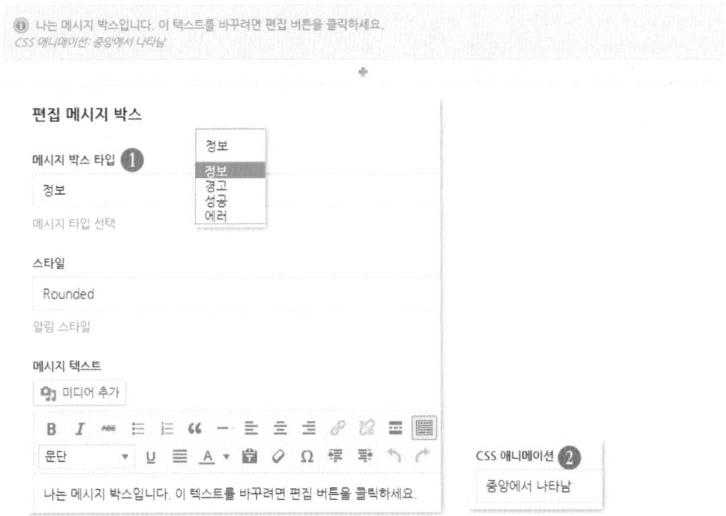

그림 2-120 **메시지 박스**

메시지 박스 타입❶에 따라서 메시지 박스의 색이 달라집니다. **애니메이션❷**을 사용하면 더욱 눈길을 끌 수 있습니다.

그림 2-121 **여러 가지 형태의 메시지 박스**

각 메시지 박스 타입과 스타일에 따른 메시지 박스의 모습입니다.

05 아이콘

아이콘 요소에는 아이콘만 배치할 수 있으며 클릭하면 다른 페이지로 이동할 수 있는 기능이 있습니다.

그림 2-122 아이콘 요소

아이콘 라이브러리①에 몇 가지 아이콘 그룹이 있으며 그룹별로 상당히 많은 아이콘이 있습니다. 라이브러리 중 하나를 선택하고 **아이콘 오른쪽에 있는 화살표②**를 클릭하면 아이콘을 검색하거나 목록에서 선택할 수 있습니다. **아이콘 정렬③**은 여러 개의 아이콘 목록을 정렬하는 데 사용됩니다. **URL 링크④**에서 URL 선택 버튼을 클릭해 아이콘을 클릭했을 때 이동할 URL과 마우스를 올렸을 때 나타나는 툴팁인 링크 텍스트를 입력할 수 있습니다. **또는 기존의 컨텐츠에 링크하기⑤**를 클릭해 사이트에 있는 페이지나 글을 선택할 수 있습니다.

06 버튼

아이콘과 마찬가지로 다른 콘텐츠로 이동하는 데 사용하는 요소입니다. 페이지 빌더의 요소로 두 개의 버튼이 있습니다. 둘 다 이름이 버튼이지만, 하나는 아이콘에 GO라고 쓰여 있습니다.

그림 2-123 버튼 요소

캡션①은 버튼의 글자이며 여러 개의 버튼을 배치하면 **버튼 정렬②**에서 버튼을 정렬할 수 있습니다. 기본값은 좌측 정렬입니다. **스타일③**에서 기본은 포인트 색이고, Light는 흰색 배경에 회색 테두리로 된 버튼이며, 링크는 버튼이 아닌 단순한 링크 형태입니다. **버튼 색상④**에서 사용자 정의를 선택하면 버튼의 배경색을 변경할 수 있습니다. 이 경우 **스타일③**을 Light로 선택했을 때는 버튼의 배경색이 아닌 글자와 아이콘 색이 변경됩니다. **아이콘 탭⑤**에서는 폰트 어썸의 아이콘 코드를 추가하고 정렬을 선택할 수 있습니다.

07 버튼(GO)

앞서 살펴본 버튼과 기능이 같지만, 디자인이 다릅니다.

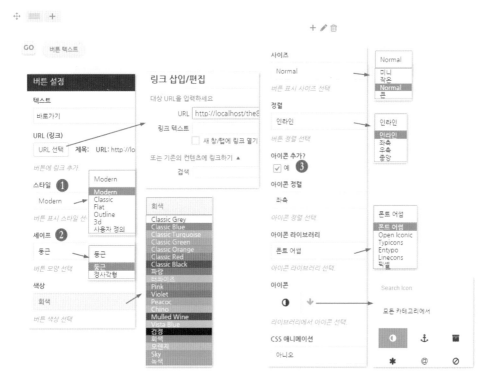

그림 2-124 버튼(GO) 설정

스타일①에서 다양한 형태의 버튼을 선택할 수 있습니다. **셰이프②**에서는 버튼의 모양을 선택하고 **아이콘 추가③**에 체크해 아이콘을 추가할 수 있습니다. 스타일에 따른 버튼의 모양은 다음과 같습니다.

그림 2-125 여러 가지 버튼

08 사용자 정의 헤딩

사용자 정의 헤딩은 팬시 타이틀과 마찬가지로 제목을 만들 수 있는 요소입니다. 팬시 타이틀과 비교했을 때 장식을 할 수 있는 옵션은 없지만, 글자 크기를 설정할 수 있고 특히 구글 폰트를 선택할 수 있습니다. 한글 사이트라 하더라도 쇼핑몰에서는 영문을 많이 사용하므로 다양한 폰트를 설정할 수 있습니다.

그림 2-126 **사용자 정의 헤딩**

폰트는 자식 테마의 style.css 파일에서 나눔 고딕이나 한강체를 기본으로 사용하도록 설정했으므로 여기에서 구글 폰트를 선택해도 적용되지 않습니다. 개별적으로 설정하려면 **기타 클래스❶** 이름을 추가하고 CSS **창❷**에서 스타일 시트를 추가해야 합니다. 기타 클래스 이름으로 폰트 이름을 넣었습니다.

```
118  .abril h2 {
119    font-family:'Abril Fatface' !important;
120  }
```

CSS 창에서 위와 같이 설정하면 이 글자는 해당 폰트로 나타납니다.

09 이전/이후

사진의 편집 과정을 보여주는 기능으로 주로 사진 사이트에서 사용합니다.

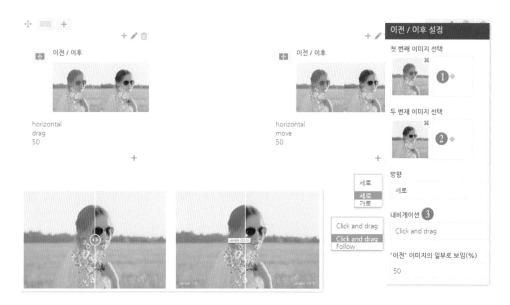

그림 2-127 이전/이후 요소

첫 번째 이미지❶와 수정된 두 번째 이미지❷를 업로드하고 방향과 내비게이션❸을 선택합니다. Click and drag를 선택하면 중앙의 분리선을 클릭한 뒤 드래그해서 전후 사진을 비교할 수 있고 Follow를 선택하면 마우스만 이동해도 분리선이 따라 다닙니다.

10 팬시 세퍼레이터(Fancy Separator)

다른 요소 사이에 배치해서 행을 구분하는 데 사용합니다.

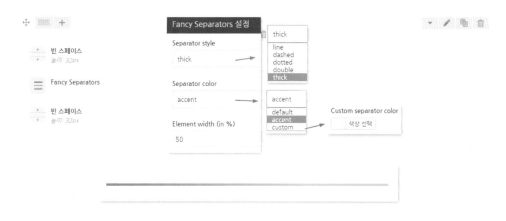

그림 2-128 팬시 세퍼레이터

위, 아래 여백이 없으므로 위, 아래에 빈 스페이스를 배치합니다.

11 슬라이더

페이지 빌더에는 세 종류의 슬라이더가 있습니다. 이미 상단에 슬라이더를 사용하고 있다면 특별한 경우를 제외하고 페이지 빌더의 요소로 전체 너비를 차지하는 슬라이더는 사용하지 않도록 합니다. 전체너비의 슬라이더를 사용하고, 특별히 주력 상품을 소개하고자 할 때는 상단에 있는 슬라이더와 구별되게 하단에 배치하는 게 좋습니다. 크기가 큰 슬라이더가 여러 개 있으면 공간만 많이 차지하고 보기에도 좋지 않습니다.

그림 2-129 슬라이더 요소

요소 추가 버튼을 클릭해 각 슬라이더를 선택하면 창이 나타납니다. 로얄 슬라이더는 슬라이더 메뉴에서 만든 슬라이더를 선택할 수 있으나 단순하며 나머지는 각 메뉴에서 만들어 배치하면 됩니다. 레이어 슬라이더와 레볼루션 슬라이더는 전체 너비를 사용하는 슬라이더나 글자가 있는 슬라이더는 축소되면 잘 보이지 않고 어긋나므로 사용하지 않도록 합니다. 이들은 별도의 메뉴에서 만들어 배치할 것이므로 슬라이더 만들기 편에서 알아보겠습니다.

12 소셜 아이콘

페이지 빌더에는 4종류의 소셜 아이콘을 여러 형태로 만들어 배치할 수 있습니다.

그림 2-130 소셜 아이콘

13 가격 테이블

가격 테이블은 쇼핑몰이 아닌 곳에서 예를 들면 웹 호스팅 서비스처럼 서비스 등급에 따라서 가격이 달라지는 경우에 사용할 수 있습니다. 쇼핑몰에서는 상품 페이지에 가격이 있으므로 별도의 가격 테이블이 필요하지 않습니다.

가격 테이블은 테마에 번들로 포함된 Go Pricing 플러그인을 사용하고 있으며 이 플러그인으로 만들어진 단축코드를 원하는 곳에 삽입하면 바로 나옵니다. 먼저 플러그인의 데모 데이터를 가져오고 데모 데이터에서 가격 테이블 페이지에 이미지가 나타나지 않는 부분을 수정해보겠습니다.

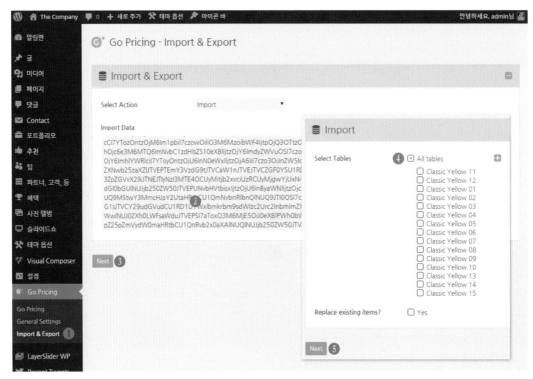

그림 2-131 가격 테이블 가져오기

Go Pricing → Import & export❶를 선택하면 입력 상자가 비어있습니다. 썸포레스트에서 내려 받은 패키지 폴더에서 Plugins 폴더로 들어가면 codecanyon-3725820-go-responsive-pricing-compare-tables-for-wp.zip 파일이 있습니다. 압축을 해제하고 폴더로 들어가 demodata/classic 폴더에서 yellow.txt 파일을 텍스트 편집기로 열고 전체 선택(Ctrl+A)한 뒤 복사(Ctrl+C)합니다. 위 화면으로 돌아와 **입력 상자의 빈 곳❷**을 클릭하고 붙여넣은(Ctrl+V) 다음 **Next 버튼❸**을 클릭합니다. 다음 화면에서 **All tables❹**에 체크하고 다시 **Next 버튼❺**을 클릭합니다. 같은 방법으로 여러 가지 색상의 txt 파일을 가져옵니다.

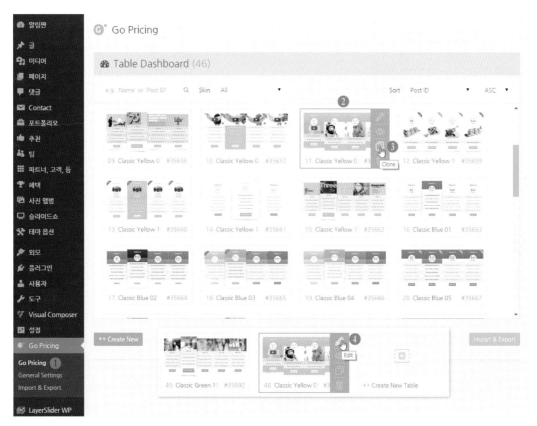

그림 2-132 디자인 선택

Go Pricing❶에서 스크롤 해 11. Classic Yellow 09 썸네일❷에 마우스를 올리고 Clone❸ 아이
콘을 클릭합니다. 하단으로 스크롤 하면 복사된 것이 보입니다. 여기에 마우스를 올리고 Edit❹ 아이
콘을 클릭합니다. 대부분 이미지를 사용하지 않지만 필요한 경우도 있으므로 이미지가 있는 디자인을
선택했습니다. 이미지를 사용하지 않으려면 이미지가 없는 디자인을 선택해 편집하세요.

그림 2-133 가격 테이블 일반 설정

상단에서 일반적인 설정을 할 수 있습니다. **Name & ID** 탭❶에서 **가격 테이블 이름**❷을 수정하고 **Layout 탭**❸에서 Enlarge current column?❹에 체크합니다. 체크하면 가격 테이블에 마우스를 올렸을 때 칼럼이 커져서 강조되는 역할을 합니다. **Space between columns**❺에서 테이블 사이의 간격을 설정할 수도 있습니다. **Hide footer**❻에 체크하면 테이블 하단에 있는 버튼을 감출 수 있습니다. 가격 테이블의 설명 부분에 마우스를 올리면 자세한 설명을 추가할 수 있는데 이 툴팁에 관한 설정은 **Style & Skin 탭**에서 할 수 있습니다. 여기까지 설정한 다음 저장하고 사이트에서 어떻게 나타나는지 확인해보겠습니다.

그림 2-134 사이트에서 확인

페이지 빌더에서 **Go Pricing 요소❶**을 선택하고 앞서 만든 **가격 테이블 이름❷**을 선택한 다음 저장하고 사이트에서 확인합니다. 두 번째 열이 약간 확대돼 있는데 이는 개별 테이블에서 설정한 것입니다. 다른 열에 마우스를 올리면 확대됩니다. 썸네일에서 회색으로 나오는 부분은 이미지가 추가되지 않아서 그런 것입니다. 가격 테이블에는 이미지뿐만 아니라 비디오도 추가할 수 있습니다. 설정을 변경하면서 어떻게 변화하는지 확인하도록 합니다.

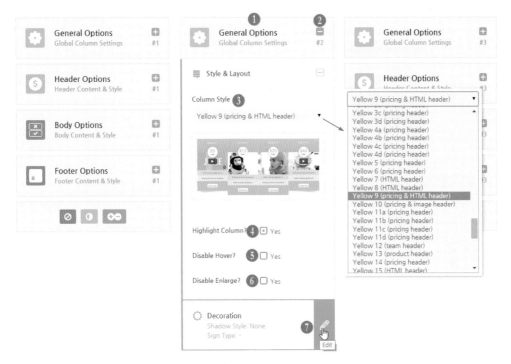

그림 2-135 일반 옵션 박스 설정

하나의 열에 대해서 알아보겠습니다. 설정을 변경하고 사이트에서 확인할 때는 페이지의 왼쪽 아래에 있는 Save 버튼을 클릭합니다. **두 번째 열❶**의 General options에서 오른쪽에 있는 **플러스 아이콘❷**을 클릭합니다. Column Style❸에서는 다른 스타일을 선택할 수 있습니다. **Highlight column❹**에 체크하면 열이 확대돼 나타납니다. 강조하고자 하는 열에 체크하면 됩니다. **Disable hover❺**에 체크하면 마우스를 올리더라도 확대되거나 축소되지 않습니다. 즉, Highlight Column에 체크한 경우 확대된 상태를 유지합니다. **Disable enlarge?❻**에 체크하면 확대되지 않습니다. 즉, Highlight Column에 체크했더라도 Disable enlarge가 체크돼 있으면 축소된 상태를 유지합니다. Decoration에 마우스를 올리고 **Edit 아이콘❼**을 클릭합니다.

그림 2-136 Decoration 설정

Decoration에서는 개별 열에 대해 그림자 효과 리본을 설정할 수 있습니다. **Shadow Style❶**에서 여러 형태의 그림자 효과를 선택할 수 있고 선택하면 바로 아래에 데모 이미지가 나옵니다. **Sign Type❷**에서 리본, 배지, 태그를 선택할 수 있습니다. **Sign❸**에서는 글자가 포함된 모양을 선택할 수 있지만, 이미지라서 글자는 수정할 수 없습니다. 수정해야 한다면 wp-content/plugins/go_pricing/assets/images/signs 폴더에서 Sign Type 별 폴더에 있는 이미지를 수정하면 됩니다.

Alignment❹는 Sign Type의 위치를 선택합니다. 위치가 제대로 맞지 않는 경우 Left/Right & Top Pos에서 수치를 입력해 조절할 수 있습니다. **Link❺**는 사이트에서 **Sign Type**을 클릭했을 때 이동하는 페이지의 URL을 입력합니다. 푸터에 버튼이 있으므로 생략해도 됩니다. **Open In New Window❻**는 링크를 열 때 새 탭에서 페이지를 열지 결정합니다. **Nofollow Link❼**는 푸터 설명에서 하겠습니다. 설정이 완료되면 **Insert❽** 버튼을 클릭합니다. 이를 클릭하면 창이 닫히지 않으므로 창의 오른쪽 위에 있는 X 아이콘을 클릭하세요.

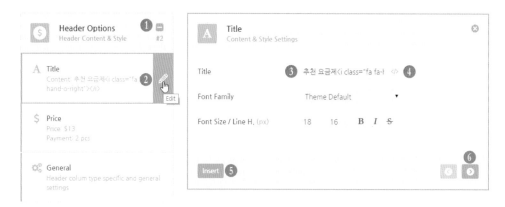

그림 2-137 헤더 옵션 Title 설정

Header options를 열고❶ Title의 Edit❷ 아이콘을 클릭하면 오른쪽에 창이 나옵니다. Title❸에서 요금 제목을 입력하고 오른쪽에 있는 버튼❹을 클릭하면 아이콘을 추가할 수 있습니다. 아이콘을 제목 앞에 배치하려면 제목을 잘라내고 아이콘 코드 다음에 붙여넣습니다. Insert❺ 버튼을 클릭하면 헤더 옵션에 추가됩니다. **오른쪽 화살표❻** 버튼을 클릭하면 다음 항목인 Price로 이동합니다.

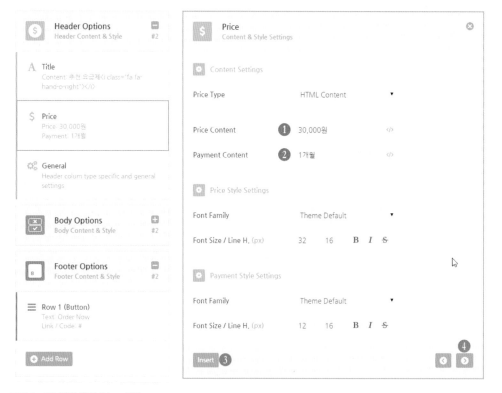

그림 2-138 헤더 옵션 Price 설정

Price Content❶에 화폐 단위를 포함해 가격을 입력합니다. Payment Content❷에는 요금의 내용을 입력합니다. Insert❸ 버튼을 클릭하고 **오른쪽 화살표❹** 버튼을 클릭합니다.

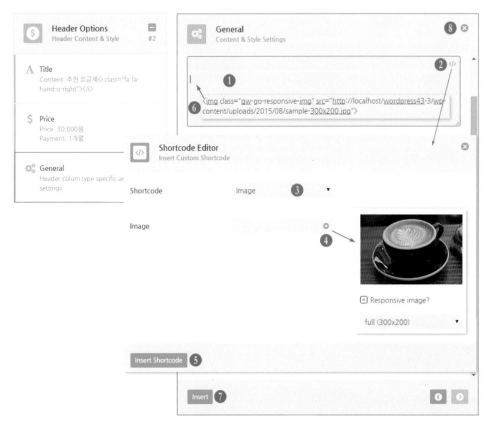

그림 2-139 헤더 옵션 General 설정

입력 상자 내부에 있는 **코드❶** 내용을 제거하고 상자의 오른쪽 위에 있는 ⟨/⟩ **아이콘❷**을 클릭합니다. **Shortcode**의 **선택상자**를 클릭하면 다양한 미디어를 선택해 업로드할 수 있습니다. 여기서는 **이미지 ❸**를 선택합니다. 다음 창의 image **항목** 우측의 **플러스 아이콘❹**을 클릭해 이미지를 업로드합니다. 미리 적당한 크기(300 × 200)로 잘라서 사용하는 것이 좋습니다(첨부 파일의 images/기타 폴더 이미지 사용). 아래에서 **Responsive Image**에 체크하고 **Insert shortcode 버튼❺**을 클릭하면 HTML content에 **코드❻**가 생성됩니다.

Insert❼ 버튼을 클릭하면 코드가 추가되며 창의 오른쪽 위에 있는 **닫기 아이콘❽**을 클릭해 창을 닫습니다.

그림 2-140 헤더 옵션에 유튜브 사용

유튜브를 사용할 경우 URL의 마지막 코드만 추가하면 됩니다.

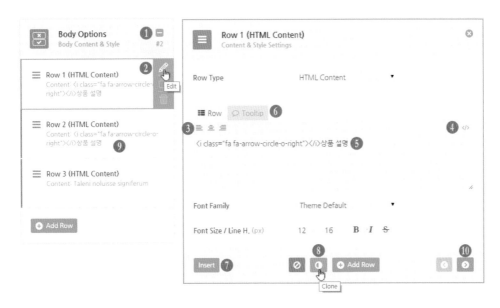

그림 2-141 바디 옵션 박스 설정

Body options❶를 열고 편집합니다. Row1에 마우스를 올리고 **Edit❷** 아이콘을 클릭합니다. 편집 창 **왼쪽❸**에 기본으로 중앙 정렬 아이콘이 활성화돼 있는데 다른 아이콘을 클릭해 정렬을 변경할 수 있습니다. 입력 상자에서 영문으로 된 기존의 내용을 제거하고 필요할 경우 4의 아이콘을 클릭해 아이콘을 추가합니다. 아이콘 코드 다음에 상품 설명❺을 입력합니다. 툴팁 탭❻을 선택해 툴팁을 입력할 수도 있습니다. 상품 설명은 간단하게 하고 툴팁에 자세한 내용을 추가하면 됩니다. Insert **버튼❼**

을 클릭하면 Row1에 내용이 추가됩니다. Clone❽ 버튼을 클릭하면 Row2❾가 복제됩니다. 오른쪽 화살표 버튼을 클릭하면 Row2가 선택되며 상품 설명 내용을 변경하면 됩니다. 수정 완료 후에 다시 **Insert** 버튼을 클릭하고 창을 닫습니다.

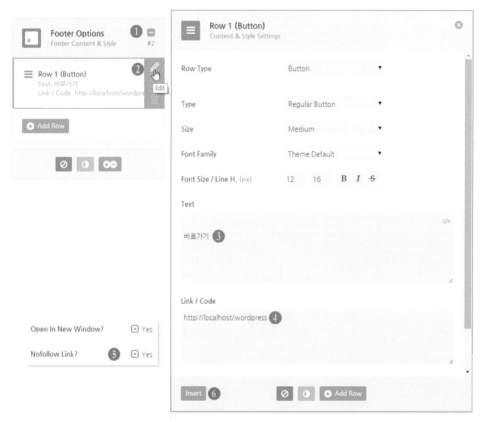

그림 2-142 **푸터 옵션 박스 설정**

마지막으로 푸터 옵션 설정입니다. **Footer Options❶**를 열고 Row1의 **Edit❷** 아이콘을 클릭합니다. **Text❸**에서 버튼 텍스트를 입력하고 **Link / Code❹**에서 이동할 페이지의 URL을 입력합니다.

가격 테이블을 다른 사이트의 구매 페이지로 이동하게 할 수도 있고 페이팔의 구매 코드를 추가할 수도 있습니다. 다른 상점 사이트의 구매 페이지로 이동하는 URL을 추가할 경우 구글 검색 엔진이 사이트의 평가를 절하하는 것을 방지하고자 한다면 아래에 있는 **Nofollow link❺**에 체크합니다. 구글은 금전을 받고 링크를 추가하는 경우(Paid link) 이를 감지해서 사이트를 낮은 단계로 평가하므로 검색 엔진 최적화에 도움이 되지 않습니다.

검색 엔진에서 링크가 많은 사이트일수록 높이 평가해서 검색 결과 페이지의 상단에 노출합니다. 이를 이용해 일부 사이트에서는 사이트를 상위에 노출하려고 링크가 있는 스팸 댓글을 올리고 있습니다. 또한, 링크를 달아주는 조건으로 금전을 제공하는 경우가 있는데 이를 페이드 링크(Paid link)라고 합니다. 구글은 검색 로봇이 이를 감지해서 평가를 낮춥니다.

여담으로 실례를 들어보면 어떤 회사에서 판촉을 위해 블로거에게 링크를 달아주는 조건으로 금액을 지불했다고 합니다. 그러자 구글에서는 이 회사의 검색 순위를 낮췄습니다. 판촉 효과를 위한 의도였는데 반대로 검색 순위가 낮아지는 효과가 발생한 것입니다. 이때 블로거에게 링크를 달 때 a 태그에 rel="nofollow"라는 속성을 추가하도록 했다면 최소한 검색 순위 하락은 막을 수 있었을 것입니다. nofollow라는 의미는 검색 엔진에 크롤(Crawl)을 하지 말라는 것으로 이 속성이 있으면 검색 엔진은 링크를 무시하게 됩니다. 크롤은 검색 로봇이 사이트를 돌아다니며 새로운 글이나 변경된 글을 찾는 작업을 말하며 검색 엔진 데이터베이스에 올리고 인덱싱 작업을 합니다.

구글의 검색 엔진은 페이지 랭크(PageRank)가 특화된 것으로 구글의 창업자 중 한 사람의 이름이 래리 페이지(Larry Page: 현재 회장 42세)인 것도 우연이 아닌 것 같습니다.

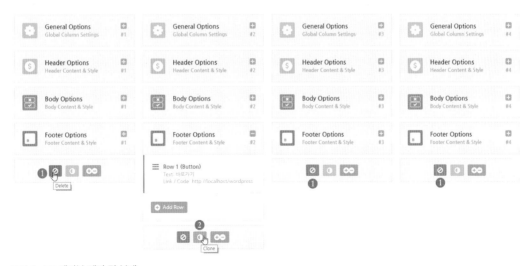

그림 2-143 테이블 제거 및 복제

Footer Options까지 완료되면 지금까지 설정한 열의 모든 옵션 박스를 닫습니다. 설정하지 않은 1, 3, 4열의 하단에서 Delete❶ 버튼을 클릭해 모두 제거합니다. 두 번째 열 하단의 **Clone 버튼❷**을 클릭해 원하는 만큼 복사한 다음 각 열에서 가격이나 설명 등을 변경하고 저장합니다. 각 열의 상단을 클릭 & 드래그해서 다른 열로 이동할 수 있습니다.

```
122 .gw-go-coinf, .gw-go-coinb { left:-37px; width: 160px; }
123 .gw-go-coinf div, .gw-go-coinb div { width: 160px; left: -60px; font-size: 25px; font-
family: 'Nanum Gothic'  }
```

가격이 나타나는 부분은 국내에서는 만 단위 이상이 되므로 너비를 넓혀줘야 합니다. 위 코드를 자식
테마의 style.css 파일에 추가하고 저장합니다.

그림 2-144 **결과 확인**

하이라이트된 칼럼은 높이가 다릅니다. 만원 단위의 금액 기준으로 폭을 설정했으니 10만원이 넘어가
면 앞서 추가한 코드에서 width: 160; 부분의 숫자를 조정해 너비를 늘리면 됩니다. 아니면 숫자가 아
닌 '2백만원'과 같이 글자를 사용하는 방법도 있습니다.

얼티미트 애드온 플러그그인

얼티미트 애드온은 비주얼 컴포저 플러그인인 페이지 빌더를 위한 플러그인입니다. 이 페이지 빌더가 워낙 인기가 많다 보니 기존의 페이지 빌더에 없는 기능을 추가하기 위해 만들어졌습니다. 중복되는 기능도 있지만, 어떤 것은 아주 독특해서 사용할 만합니다. 플러그인을 위한 플러그인이다 보니 이를 사용하면 편집 화면의 반응이 느려지는 현상이 발생합니다.

그림 2-145 플러그인의 사용도

위 화면은 얼티미트 애드온의 모든 기능을 활성화하고 성능을 분석해주는 플러그인인 P3(Plugin Performance Profiler)를 설치해 사이트를 스캔한 결과입니다. 비주얼 컴포저의 사용도가 반 이상을 차지하고 얼티미트 애드온도 다른 플러그인에 비해 상당합니다. 이 두 개의 플러그인이 70% 가까이 차지하고 있습니다.

워드프레스 플러그인은 가능한 한 사용하지 않는 것이 좋습니다. 플러그인을 추가할수록 메모리를 사용하게 되고 구조가 복잡해져서 속도가 느려지므로 필요한 플러그인만 추가해서 사용해야 합니다. 얼티미드 애드온은 비주얼 컴포저용 플러그인입니다. 비주얼 컴포저도 구조가 복잡해서 느린 편인데 비주얼 컴포저에 종속된 얼티미트 애드온을 추가하면 더욱 느려지게 됩니다. 따라서 필요한 기능만 활성화해서 사용할 수 있게 하고 있습니다.

그림 2-146 얼티미트 애드온의 요소 활성화

플러그인 메뉴에서 앞서 비활성화한 얼티미트 애드온을 활성화하고 **Brainstorm → Module❶**을 선택하면 위와 같은 화면이 나옵니다. 대부분 On으로 켜져 있는데 사용하지 않는 기능은 Off를 선택해 꺼둡니다. 이렇게 한다고 해서 속도가 빨라지는 것은 아니지만 얼티미트 애드온 요소를 많이 사용할수록 편집 화면의 반응이 느려집니다. 따라서 모든 요소를 활성화하지 말고 필요할 요소만 최소한으로 사용하도록 합니다.

그림 2-147 구글 폰트 설정

Google fonts 메뉴에서 구글 폰트를 추가해 페이지 빌더에서 사용할 수 있습니다. 페이지 빌더에는 비주얼 컴포저가 추가한 구글 폰트가 있지만, 이 플러그인과는 공유하지 않습니다. 비주얼 컴포저에서 개발한 애드온이 있어서 서로 경쟁 관계에 있기 때문인 것 같습니다. just a click 링크를 클릭하고 폰트가 로드되지 않으면 새로고침 하세요.

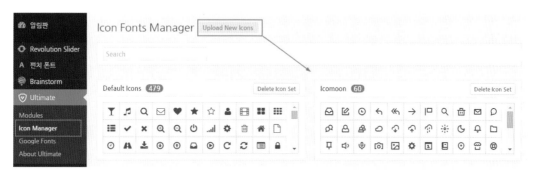

그림 2-148 아이콘 추가

아이콘도 마찬가지입니다. 페이지 빌더에는 아주 많은 폰트 아이콘이 있지만 얼티미트 애드온에는 현재 479개의 폰트 아이콘이 있으며 추가하려면 다음 사이트에서 원하는 폰트를 선택하고 zip 파일로 내려받은 다음 위 Upload New Icons 버튼을 클릭해 추가할 수 있습니다.

https://icomoon.io/

아이코문(Icomoon)의 사용법을 간단히 살펴보면 다음과 같습니다.

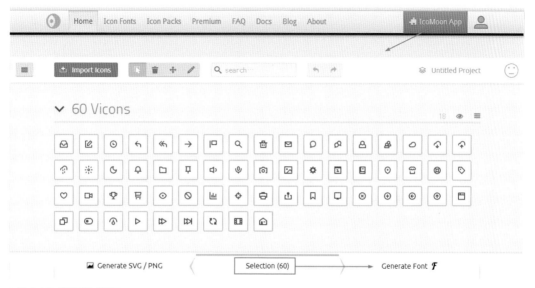

그림 2-149 아이코문 사이트

홈 화면에서 빨간색 버튼을 클릭하면 아이콘 라이브러리가 나옵니다. Ctrl이나 Shift 키를 이용해 여러
개의 아이콘을 선택한 다음 Generate Font 버튼을 클릭하면 압축파일을 내려받을 수 있습니다. 자세
한 내용은 필자의 블로그 글을 참고하세요(http://martian36.tistory.com/1129).

그림 2-150 얼티미트 애드온 요소

페이지 빌더에서 요소 추가 버튼을 클릭하면 이전과는 다르게 아주 많은 요소를 볼 수 있습니다. 얼티
미트 애드온의 요소만 보려면 상단에서 Ultimate VC Addons를 선택합니다. 첫 번째 요소부터 순서
대로 사용법을 알아보겠습니다. 요소를 추가하면서 반응 속도가 아주 느려져서 요소 편집을 위한 편집
이나 이동 아이콘이 느리게 나타날 수도 있습니다.

01　행 배경(Row Background)

행 배경은 요소 버튼으로 존재하지 않고 Ultimate VC Addons 플러그인을 활성화하면 행 편집 창에
두 가지 탭이 만들어집니다. 행에 배경을 추가할 후 있는 기능으로 그레이디언트 색상이나 비디오를
추가할 수 있습니다. 유튜브 비디오까지 지원하므로 사용도가 많은 것으로 생각합니다. 다만 비디오를
실행하기 위해 많은 리소스를 사용하므로 사양이 낮은 웹호스팅에서는 사용을 지양하시기 바랍니다.
배경 스타일이 다섯 가지 있으나 여기서는 두 가지에 대해 알아보겠습니다.

그림 2-151 텍스트 블록 추가 및 상하 패딩 설정

우선 행에 원하는 요소를 배치합니다. 텍스트 블록을 추가하고 제목 1❶로 글자를 만듭니다. 디자인 옵션 탭에서 상하 패딩값을 200❷으로 입력하고 저장한 다음 행 편집 아이콘을 클릭❸합니다.

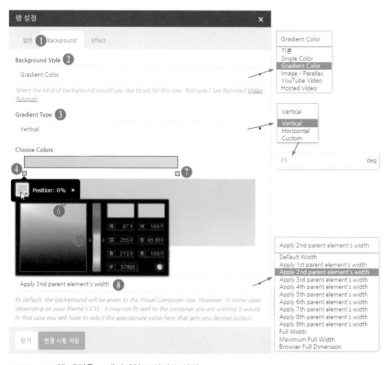

그림 2-152 행 배경을 그레이디언트 컬러로 설정

Background 탭❶을 선택하고 Background Style❷에서 Gradient Color를 선택합니다. Gradient Type❸에서 기본인 Vertical은 색이 수직으로 변화하고 Horizontal을 선택하면 색의 변화가 수평으로 이뤄집니다. Custom을 선택하면 각도를 입력할 수 있는 필드가 나타나며 입력한 각도대로 색이 변화됩니다.

Choose Colors에서 **네모 아이콘❹**을 클릭하면 색을 선택할 수 있습니다. 색조❺와 채도❻를 선택합니다. 색상 바 오른쪽 끝을 클릭하면 네모 아이콘❼이 나옵다. 이를 클릭한 뒤 다른 색을 선택합니다.

❽에서는 배경이 적용되는 범위를 선택할 수 있습니다. 현재 작업하고 있는 행 요소는 여러 단계의 부모 요소가 있는데 어떤 단계의 부모 요소를 선택하느냐에 따라 배경이 적용되는 범위가 달라집니다. 우선 두 번째 부모 요소부터 선택해보겠습니다. 저장하고 사이트에서 확인합니다.

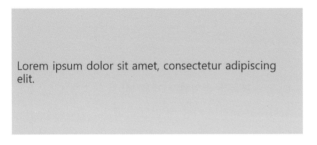

그림 2-153 사이트에서 확인

사이트에서 확인하면 콘텐츠 영역에만 배경이 적용됩니다. 다른 단계의 부모 요소를 선택하면 범위가 늘어나서 전체 폭에 적용됩니다.

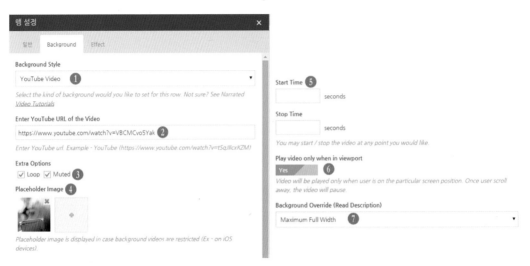

그림 2-154 배경을 유튜브 비디오로 설정

이번에는 Background Style에서 **YouTube Video❶**를 선택하고 원하는 유튜브 동영상의 URL❷을 입력합니다. 3에서 Loop에 체크하면 무한 반복되고 Muted에 체크하면 소리가 나지 않습니다. Placeholder Image❹에서 이미지를 추가하면 비디오가 로드되기 전까지 해당 이미지가 나옵니다. Start Time과 Stop Time❺에서 비디오의 시작과 종료 시각을 설정하면 일정 부분만 실행되게 할 수 있습니다. Play video only when is viewport❻를 Yes로 선택하면 스크롤 해서 다른 곳으로 이동하면 비디오 실행이 중지됩니다. 이 옵션을 사용할 경우 사양이 낮은 웹 호스팅에서는 비디오 실행이 제대로 되지 않습니다. No로 선택하면 비디오가 실행되고 있는 화면을 떠날 경우 비디오가 중지되고 다시 돌아오면 실행이 계속됩니다. Background Override❼에서 Maximum Full Width(전체 폭)를 선택합니다.

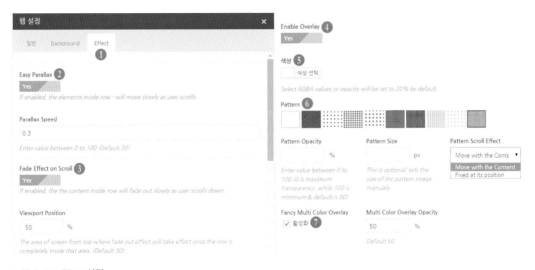

그림 2-150 Effect 설정

Effects❶ 탭에서 여러 가지 추가 설정을 할 수 있습니다. Easy Parallax❷를 Yes로 하고 Parallax Speed에 0부터 1 사이의 소수를 입력합니다. 스크롤 함에 따라 비디오가 패럴랙스 효과가 나타납니다. **Fade Effect on Scroll❸**을 Yes로 하고 Viewport Position에 퍼센트 숫자를 입력합니다. 스크롤 해서 행 내부의 콘텐츠(여기서는 텍스트 블록으로 만든 글자)가 해당 수치만큼 상단으로부터 떨어져 있을 때 페이드아웃 효과가 나타납니다. 하지만 버그로 인해 작동되지 않습니다.

Enable Overlay❹는 비디오에 패턴이나 여러 가지 색상을 자동으로 변화시킬 수 있는 오버레이 효과를 활성화합니다. **색상❺**은 패턴의 색상이며 **Pattern❻**에서 원하는 패턴을 선택합니다. **Pattern Opacity**는 패턴의 투명도, **Pattern Size**는 패턴의 크기이며, **Pattern Scroll Effect**에서 스크롤 함에 따라 콘텐츠와 같이 이동할 것인지 고정할 것인지 선택할 수 있습니다. **Fancy Multi Color Overlay❼**를 활성화하면 비디오가 나타나는 부분 위에 여러 가지 색상의 오버레이 효과가 자동으로 변경됩니다.

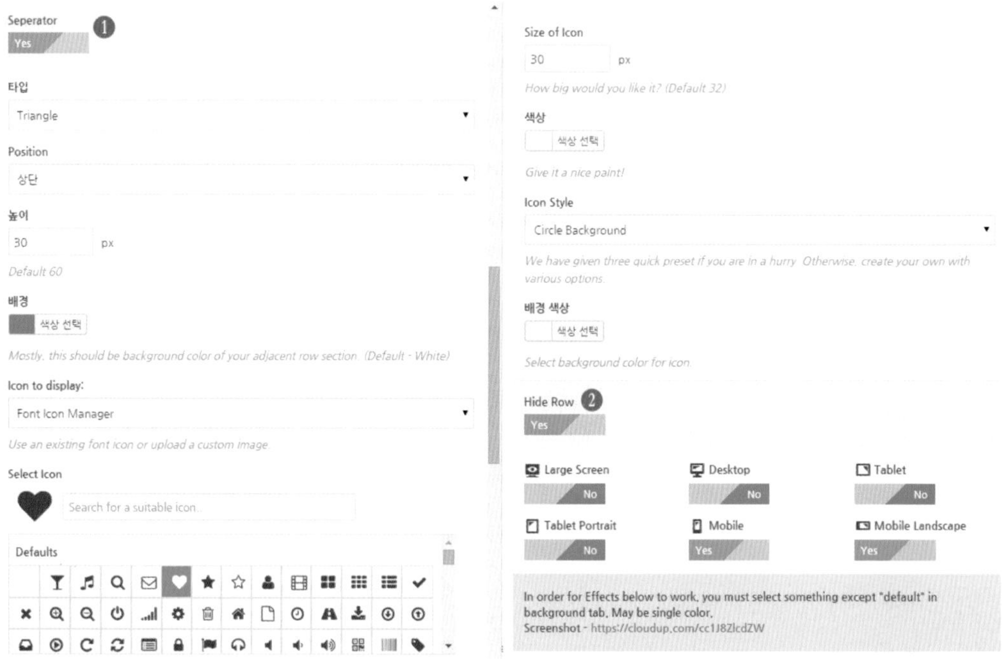

그림 2-156 Effect 추가 설정

Separator❶는 비디오의 상단이나 하단에 도형이나 아이콘을 추가할 수 있는 기능입니다. 타입에서 도형을 추가하거나 아이콘을 선택적으로 사용합니다. 둘 다 설정하면 중복됩니다. 마지막으로 **Hide Row❷**에서 화면 크기에 따른 가시성을 설정할 수 있습니다.

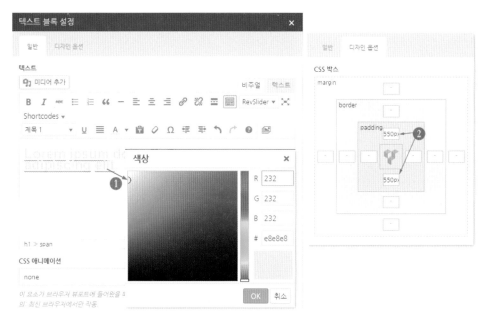

그림 2-157 텍스트 블록 설정

텍스트는 블록으로 설정해 비디오의 색상에 따라 색을 조절❶ 합니다. 중요한 부분은 디자인 옵션에서 상하 패딩을 제대로 설정합니다. 사이트에서 비디오를 보면서 높이를 조절❷ 해줘야 합니다.

그림 2-158 스타일시트 추가

페이지 빌더 오른쪽 위에 있는 기어 아이콘을 클릭해 다음 코드를 추가하고 비디오가 나오는 화면을 보면서 margin-top 부분의 수치를 조절해줍니다. 이 부분을 설정하지 않으면 상단에 검은색 배경이 추가돼 나옵니다.

```
1 .content .uvc-video-fixer .mbYTP_wrapper iframe {
2     margin-left: 0!important;
3     margin-top: -168px!important;
4 }
```

그림 2-159 사이트에서 비디오 확인

배경으로 사용하는 비디오는 어디까지나 배경이므로 소리가 나지 않도록 하는 것이 좋고 역동적인 움직임이 있는 것이 방문자의 눈길을 끄는 데 효과적입니다. 콘텐츠의 글자 색상은 배경에 중점을 둘 것인지에 따라 텍스트 블록에서 글자 색상을 변경해줍니다. 전면 페이지에 슬라이더 대신 사용해도 좋겠습니다.

∩2 애니메이션 블록(Animation Block)

블록 요소를 만들고 여기에 다른 요소를 추가하면 애니메이션 효과를 추가할 수 있습니다.

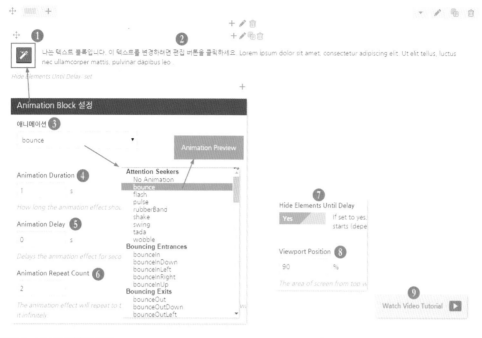

그림 2-160 애니메이션 블록

Animation Block 요소❶를 추가하면 페이지 빌더에 아이콘이 만들어지고 오른쪽에 있는 빈 곳에 **다른 요소❷**를 추가할 수 있게 돼 있습니다. 따라서 이 요소는 다른 요소를 담는 그릇 역할을 합니다. 설정 화면에서 **애니메이션❸**을 선택하면 오른쪽에 있는 버튼이 해당 애니메이션 효과를 보여줍니다.

Animation Duration❹에서 애니메이션의 지속 시간을 설정할 수 있습니다. **Animation Delay❺** 는 일정 시간 기다렸다가 애니메이션을 시작하는 기능이며 10을 입력하면 10초 후에 애니메이션 됩니다. **Animation Repeat Count❻**는 애니메이션이 반복되는 횟수입니다.

Hide Elements Until Delay❼에서 Yes를 선택하면 애니메이션이 시작되기 전에는 요소가 보이지 않습니다. **Viewport Position❽**은 요소가 상단으로부터 얼마나 떨어져 있을 때 애니메이션을 시작할 것인지 결정합니다. 예를 들어 90%로 설정하면 상단으로부터 90% 떨어진 곳에 요소가 있으면 애니메이션이 시작됩니다. **Watch Video Tutorial❾** 버튼을 클릭하면 유튜브 강좌를 볼 수 있습니다.

이 요소 내부에는 어떤 요소든 추가할 수 있으며 여기서는 텍스트 블록을 추가했습니다.

○3 고급 버튼(Advanced Button)

다양한 스타일의 버튼을 만들 수 있으며 애니메이션 효과와 툴팁도 추가할 수 있습니다. 다양한 만큼 설정 옵션도 아주 많습니다.

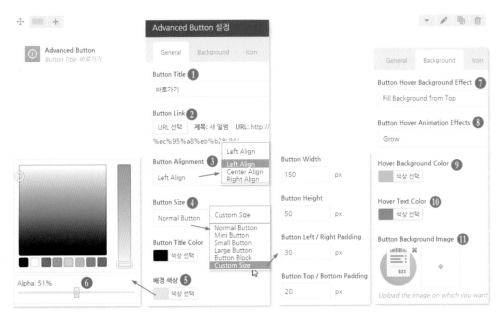

그림 2-161 고급 버튼의 일반 설정과 배경 설정

General 탭에서 **Button Title❶**에 버튼의 이름을 입력합니다. Button Link의 **URL 선택❷** 버튼을 클릭한 뒤 URL과 링크 텍스트를 추가합니다. **Button Alignment❸**는 버튼의 정렬이며 Center Align을 선택하면 행에서 중앙에 배치됩니다. **버튼 사이즈❹**는 여러 가지가 있는데 아이콘을 사용할 경우 버튼 글자와 아이콘이 너무 가까워지기 때문에 큰 버튼을 사용하거나 Custom Size를 선택해서 원하는 너비로 설정해야 합니다. 버튼의 배경으로 **이미지⓫**를 사용할 수 있는데 이때는 **배경 색상❺**에 **투명도❻**를 설정할 수도 있습니다.

Background 탭에서 버튼에 마우스를 올렸을 때의 **배경 효과❼**와 **애니메이션 효과❽**를 설정할 수 있습니다. 마찬가지로 **마우스 오버 배경 색상❾**, **텍스트 색상❿**도 설정할 수 있지만, **배경 이미지⓫**를 사용하려면 배경 효과, 애니메이션 효과, 마우스 오버 배경 색상, 텍스트 색상 모두 제거해야 합니다. 배경 이미지를 사용할 경우 이미지는 버튼 내부의 배경 이미지가 아니라 버튼보다 큰 이미지 위에 버튼이 있는 형태로 되며 마우스오버 배경 효과❼를 설정하면 마우스를 올렸을 때 아래 그림처럼 버튼 이 이미지에서 벗어나는 현상이 발생합니다.

그림 2-162 **고급 버튼의 배경 이미지 사용 시 마우스 오버 이상 증상**

버그로 생각되며 향후 업그레이드 시 수정될 것입니다.

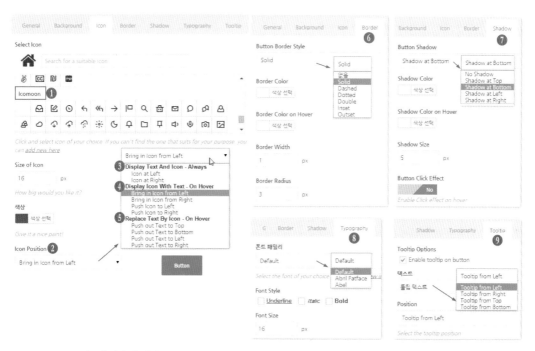

그림 2-163 **고급 버튼의 기타 탭 설정**

Icon 탭에서 **아이콘❶**을 선택합니다. 아이코문에서 추가한 아이콘은 스크롤 해서 내리면 나옵니다. 고급 버튼 요소의 핵심 기능은 **아이콘의 포지션❷** 효과입니다. Icon Position의 선택 상자를 클릭하 면 여러 가지 옵션이 나오는데, **첫 번째 굵은 글자로 된 옵션❸**은 아이콘이 보통 상태일 때의 포지션입니다. 두 번째 옵션인 Display Icon with Text – On hover❹는 마우스를 올렸을 때의 효과입니다. Bring in은 양쪽에서 들어오는 애니메이션이고 Push는 중앙을 기준으로 양쪽으로 애니메이션됩니다.

Replace Text By Icon – On hover❺는 마우스를 올렸을 때 버튼 글자와 교체되는 효과입니다. 버튼 글자를 네 군데 방향으로 밀면서 아이콘이 나타납니다.

Border 탭❻에서는 테두리를 설정하며 Shadow 탭❼에서는 그림자 효과를 설정합니다. Typography 탭❽에서는 구글 폰트를 설정한 경우 폰트가 나타납니다. Tooltip 탭❾에서는 툴팁 텍스트를 입력하고 방향을 설정할 수 있습니다.

그림 2-164 여러 가지 버튼

가장 오른쪽에 있는 버튼을 보면 아이콘이 글자와 접해있으며 사용자 정의 사이즈를 사용해야 첫 번째 버튼처럼 적정한 거리를 유지합니다. 페이지 빌더에서 버튼 다섯 개를 만들었을 뿐인데 벌써 반응이 느려지기 시작했습니다. 얼티미트 애드온 요소를 연습할 때에는 연습한 다음에 모두 제거하고 새로 시작해야 속도가 느려지는 현상을 방지할 수 있습니다.

04 고급 캐러젤(Advanced Carousel)

애니메이션 블록처럼 그릇(Container) 역할을 하며 이 내부에 있는 콘텐츠를 슬라이드시킬 수 있습니다.

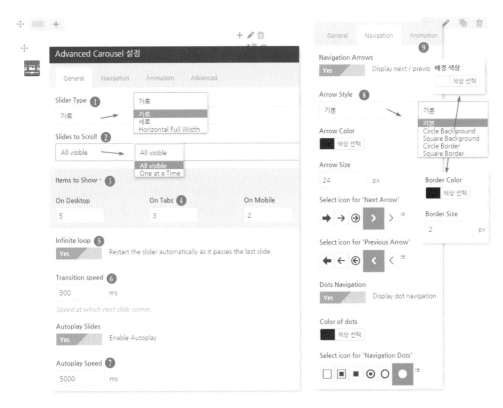

그림 2-165 **고급 캐러젤**

요소 추가 버튼을 클릭하고 Advanced Carousel을 선택하면 설정 창에 여러 개의 탭이 있습니다. General 탭의 **Slider type❶**에 세 가지 형태가 있으며 Horizontal Full Width를 선택하면 콘텐츠 너비를 넘어 브라우저 전체 너비를 사용하게 됩니다. 따라서 레이아웃이 와이드일 때에만 사용합니다.

Slider to Scroll❷에서 All Visible을 선택하면 아래의 **Item to Show❸**에서 입력한 아이템 수만큼 보이고 슬라이드 됩니다. 현재 세 종류의 기기에 대해 각각 다른 숫자의 아이템이 나타나게 했습니다. 나중에 총 6개의 아이콘을 배치할 예정인데 **태블릿에서는 3개❹**만 보이게 설정했다면 처음 3개의 아이템이 보이고 다음 슬라이드에서 나머지 3개의 아이템이 나옵니다. One at a Time을 선택하면 하나씩 슬라이드 됩니다.

Infinite loop❺는 무한 반복이며 마지막 아이템 다음에 다시 첫 번째 아이템이 나옵니다. **Transition speed❻**는 슬라이드되는 속도이고 **Autoplay Speed❼**는 다음 아이템이 나타나기까지의 대기 시간입니다.

Navigation 탭에서는 슬라이더 양쪽의 내비게이션 버튼과 아래에 나오는 불릿을 설정합니다. **Arrow style❽**에서 Background 형태를 선택하면 배경을 설정할 수 있으며 Border 형태를 선택하면 테두리 색과 굵기를 설정할 수 있습니다.

Animation❾ 탭에서는 슬라이드 효과와 별도로 각 아이템의 애니메이션 효과를 설정할 수 있고 Advanced 탭에서는 모바일 기기에서의 기능, 스와이프와 터치 기능을 활성화할 수 있습니다.

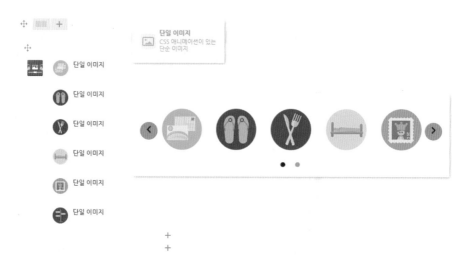

그림 2-166 고급 캐러젤에 단일 이미지 요소 추가

캐러젤 내부에는 여러 가지 원하는 요소를 배치할 수 있으며 여기서는 단일 이미지 요소를 배치하고 아이템 이미지를 추가했습니다.

05 콘텐츠 박스(Content Box)

이 요소는 배경 색상이나 이미지 위에 콘텐츠를 추가할 수 있는 기능을 합니다.

그림 2-167 Content Box의 설정

Content Box❶ 요소를 추가하면 내부에 콘텐츠를 넣을 수 있는 박스❷가 있습니다. 주로 텍스트 블록을 사용합니다. 일반 탭에서 Background Type에 배경 이미지나 색상을 추가할 수 있으며 여기서는 배경 이미지를 사용하겠습니다. 썸네일을 클릭해 이미지를 추가합니다. 사이즈를 설정하는 기능이 없으니 미리 적정한 크기로 잘라서 사용합니다.

테두리❺에서 선택 상자를 클릭해 원하는 테두리 모양을 선택하면 테두리를 설정할 수 있는 옵션이 나옵니다. **Border Width❻**는 테두리의 폭이며 좌측의 플러스 버튼을 클릭하면 네 가지 방향별로 설정할 수 있습니다. **Border Radius❼**는 둥근 모서리로 마찬가지로 플러스 아이콘을 클릭하면 네 곳의 모서리에 대해 별도로 설정할 수 있습니다. 테두리를 사용하고자 하면 반드시 **색상❽**을 선택합니다. **Box Shadow❾**는 그림자 효과로 Inset은 내부 그림자, Outset은 외부 그림자 효과입니다. 선택하면 네 가지 옵션이 나오며 첫 번째는 수평 방향, 두 번째는 수직 방향, 세 번째는 그림자의 흐린 (Blur) 정도, 네 번째는 그림자가 퍼지는(Spread) 정도입니다. 마찬가지로 그림자 효과의 **색상❿**을 설정해야 합니다.

Spacing 옵션에서 **Padding⓫**은 테두리와 내부 콘텐츠의 간격을 설정합니다. **Margin⓬**은 테두리를 기준으로 외부의 다른 요소와의 간격을 설정합니다. 페이지 빌더의 열이나 행은 일정한 간격이 설정돼 있으므로 마진은 설정할 필요가 없습니다. **Content Box Link⓭**는 콘텐츠 박스를 클릭했을 때 이동하는 페이지의 URL을 입력합니다. **Min Height⓮**는 박스의 최소 높이를 설정합니다. 콘텐츠의 높이에 따라서 자동으로 높이가 설정되므로 굳이 입력할 필요는 없지만 하나의 행에 여러 개의 Content Box가 있어서 콘텐츠의 양에 따라 높이가 다를 경우 적은 양의 콘텐츠 박스에 높이를 설정해 모두 같은 높이로 유지하고자 할 때 사용합니다.

Background 탭에서는 배경 이미지의 반복이나 배경 이미지 사이즈를 설정할 수 있지만, 기본으로 두고 사용하면 됩니다. Hover 탭에서는 콘텐츠 박스에 마우스를 올렸을 때의 효과를 설정할 수 있지만, 현재는 버그로 인해 작동하지 않습니다. 향후 수정될 것입니다. Responsive 탭에서는 반응형 설정하는 곳이며 화면 폭이 768px 이하에서 각 박스의 마진을 설정할 수 있습니다.

그림 2-168 Content Box의 사용 예

배경 이미지에 따라 글자의 밝기를 조정해줘야 합니다. 콘텐츠의 높이에 따라 박스의 크기도 늘어납니다.

06 카운트다운(Countdown)과 팬시 텍스트(Fancy Text)

일정 날짜를 타겟으로 해서 해당 날짜까지 남은 시간을 보여주는 기능입니다. 사이트를 오픈하기까지의 시간을 보여주거나 세일 기간을 보여주는 데 적합합니다. 팬시 텍스트는 글자를 타이핑하는 듯한 애니메이션 효과를 만들거나 슬라이드 업, 슬라이드 다운시킬 수 있습니다. 두 가지 요소를 함께 사용해보겠습니다.

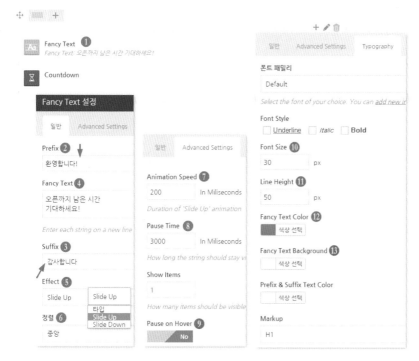

그림 2-169 팬시 텍스트

우선 **Fancy Text 요소❶**를 추가합니다. **Prefix❷**와 **Suffix❸**에서 애니메이션되지 않는 고정적인 글자를 입력할 수 있습니다. 이럴 경우 마지막과 처음에 빈 스페이스를 추가합니다. **Fancy Text❹**에는 여러 줄의 문장을 넣을 수 있으며 각 줄이 애니메이션됩니다. **Effect❺**에서 **타입**은 타이핑하는 효과입니다. **정렬❻**은 중앙으로 선택합니다.

Advanced Settings 탭에서 **애니메이션 속도❼**와 다음 텍스트가 나오기까지의 시간인 **Pause Time❽**을 설정할 수 있습니다. **Pause on Hover❾**는 yes로 설정하면 마우스를 올렸을 때 애니메이션이 정지됩니다.

Typography 탭에서 **글자 크기⑩**와 **줄 높이⑪**를 설정합니다. **글자 색상⑫**과 **배경색⑬**도 설정할 수 있습니다.

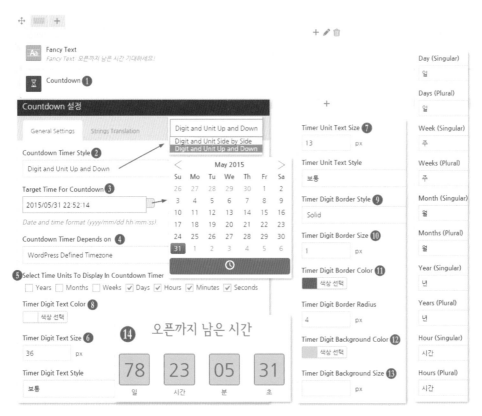

그림 2-170 카운트다운

바로 아래에 **카운트다운 요소❶**를 추가합니다. **Countdown Timer Style❷**에서 시간과 단위의 위치를 설정합니다. **Side by Side**로 설정하면 시간 옆에 단위가 배치되고 **Up and Down**으로 설정하면 아래위로 배치됩니다. **Target Time for Countdown❸**에서 대상 시간을 설정합니다. **Countdown Timer Depends on❹**에서는 WordPress Defined Timezone을 선택합니다. 이는 현재 설치된 워드프레스의 설정 → 일반 설정에서 설정한 시간입니다. 다른 옵션을 선택하면 외국에서 접속했을 때 해당 접속자의 나라를 기준으로 시간이 계산됩니다.

Select Time Units To Display in Conutdown Timer❺에서 표시할 시간 단위를 선택합니다. 년, 월, 주까지 체크하면 해당 단위에 대한 숫자가 나타나지만, Days까지만 체크하면 모두 날짜로 계산돼 나옵니다. 즉 2개월이면 60일로 나옵니다.

Timer Digit Text Size❻와 Timer Unit Text Size❼에서 시간과 단위의 글자 크기를 설정합니다. **색상❽**은 생략하면 기본색으로 나옵니다. Timer Digit Border Style❾에서는 시간이 나타나는 영역의 테두리를 설정할 수 있으며 Timer Digit Border Size❿에서는 굵기를 설정합니다. 테두리는 Timer Digit Border Color⓫에서 색도 설정해야 나옵니다. **배경 색상⓬**도 설정할 수 있으며 **배경 사이즈⓭**를 설정하면 정사각형 형태로 너비와 높이가 정해집니다. Strings Translations 탭에서 영어를 한국어로 번역합니다. 설정한 결과는 ⓮와 같습니다.

∩7 이중 버튼(Dual Button)

그림 2-171 이중 버튼

두 개의 버튼을 나란히 배치해서 선택하게 할 수 있는 기능으로 지금까지 살펴본 여러 가지 요소의 설정을 이해했다면 어려움 없이 사용할 수 있으니 설명은 생략합니다.

∩8 확장 섹션(Expandable Section)

제목을 클릭하면 콘텐츠가 나타나는 요소입니다. 현재 버전에서는 버그로 인해 작동하지 않지만 수정될 것입니다. 대체로 새로 추가된 요소는 버그가 많습니다.

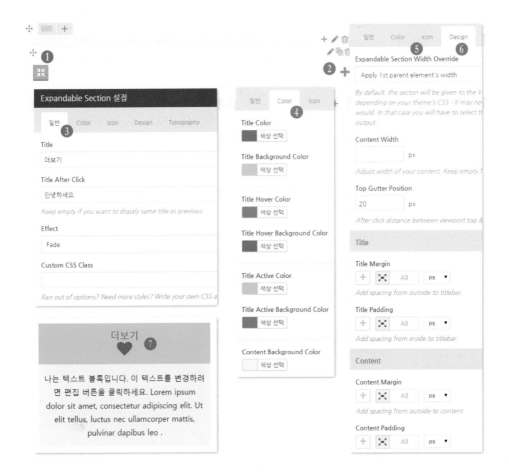

그림 2-172 확장 섹션의 설정

설정은 어렵지 않으니 간단하게 설명하겠습니다. **Expandable Section❶** 요소를 추가하면 콘텐츠를 추가할 수 있도록 박스❷가 만들어집니다. **일반❸** 탭에서는 제목과 제목을 클릭했을 때 나오는 제목을 입력합니다. 효과(Effect)는 페이드와 슬라이드가 있습니다.

Color❹ 탭에서는 보통 상태에서의 제목과 제목 배경 색상, 마우스를 오버했을 때의 제목과 제목 배경 색상, 클릭했을 때(Active) 제목과 제목 배경 색상, 그리고 콘텐츠 영역의 배경 색상을 설정합니다. **Icon❺** 탭에서는 보통 상태의 아이콘과 클릭했을 때의 아이콘을 설정할 수 있습니다.

Design❺ 탭에서는 확장 섹션의 너비와 제목, 콘텐츠 영역, 아이콘의 마진, 패딩을 설정할 수 있습니다. 콘텐츠로 텍스트 블록을 추가하고 사이트에서 확인하면 왼쪽 아래의 그림❼과 같이 나오며 현재는 클릭해도 작동되지 않아 콘텐츠 영역을 강제로 보이도록 했습니다.

09 플립 박스(Flip Box)

앞면에서는 이미지 또는 아이콘이 있는 콘텐츠를 보여주고 마우스를 올렸을 때 뒷면에 있는 다른 콘텐츠를 보여줄 수 있는 요소입니다. 옵션 설정에 따라 두 번째 콘텐츠가 보이는 효과가 다르며 기본 옵션이 뒤집히는 효과라서 이름이 플립 박스입니다.

그림 2-173 플립 박스

Flip Box 요소❶를 추가하고 Icon to display❷에서 Custom image Icon을 선택한 다음 이미지를 업로드합니다. 폰트 아이콘은 단순하므로 될 수 있으면 이미지를 사용하는 것이 좋습니다. 다만 이미지는 미리 적정한 크기로 잘라서 업로드해야 빠르게 로딩됩니다. Image width❸에서 이 요소가 있는 열의 적정한 너비를 입력합니다. 열의 너비보다 크게 입력하면 다른 요소와 겹치게 됩니다. Flip Box Style❹은 Advanced를 선택하면 여러 가지 테두리의 옵션을 볼 수 있습니다. Size of Box Border❺에서 테두리의 굵기를 설정하고 그 아래에서 앞면의 테두리(Front side Border Color)와 뒷면의 테두리(Back Side Border Color) 색을 설정합니다.

Title on Front❻에서는 이 요소의 제목을 입력합니다. Description on Front❼에서는 간략한 내용을 입력합니다. Title on Back❽에도 제목과 내용(Description on Back)을 입력합니다. 뒷면은 이미지가 없으니 더 많은 내용을 입력할 수 있습니다. **링크 옵션❾**에서 No link를 선택하면 버튼 옵션은 없어집니다.

그림 2-174 플립 박스 추가 설정

Flip Type❶에서는 마우스를 올렸을 때 뒤집히는 효과를 설정합니다. Flip은 뒤집힌다는 의미이고 Horizontally는 가로로, Vertically는 세로로 뒤집힙니다. 방향은 From 다음의 글자로 결정됩니다. From Left는 왼쪽에서 오른쪽으로 뒤집힙니다. Door는 대문이 열리는 형태입니다. 베타 옵션은 개발 중이므로 Book Flip은 아직 적용되지 않습니다.

Set Box Height❷는 뒷면의 콘텐츠 높이에 따른 처리 방식입니다. 첫 번째 옵션은 뒷면의 콘텐츠 양이 많을 때 해당 높이만큼 앞면의 높이가 결정됩니다. 따라서 앞면이 양이 적으면 빈 공간이 많이 생깁니다. 반대로 두 번째 옵션은 앞면의 콘텐츠 양을 기준으로 뒷면의 높이가 결정되며 초과하는 부분은 잘려서 보입니다. 세 번째 옵션을 선택하면 높이를 설정할 수 있는 박스가 나옵니다.

그림 2-175 사이트에서 확인

10 구글 맵(Google Map)

페이지 빌더에 기본으로 들어있는 구글 맵보다 편리하게 지도를 만들 수 있지만, 레이어 설정은 할 수 없습니다.

그림 2-176 **구글 맵**

일반 설정에서 **폭❶**은 100%를 그대로 두고 열의 폭을 조절합니다. 지도는 **위도❷**와 **경도❸**를 이용해 마커를 추가할 수 있으며, Latitude와 Longitude 입력란 아래에 있는 **Here is a tool** 링크를 Ctrl 키를 누른 채로 클릭하면 새 탭에 설정 화면이 나옵니다. 위도와 경도를 찾아 복사하는 방법은 그림 2-177의 그림을 참고합니다.

Map Zoom❹은 사이트가 로드됐을 때 처음 보이는 지도의 확대 크기이며 1부터 20까지 있는데 16 정도가 적당합니다. 원하는 크기는 보면서 설정합니다. **Disable map zoom❺**에 체크하면 마우스

스크롤로 지도를 확대할 수 있는 기능이 비활성화됩니다. 너비가 넓은 지도에서 마우스가 올려져 있으면 페이지를 스크롤 하는 데 방해되므로 이 설정을 사용할 수 있습니다.

Top margin❻과 **Map Width Override❼**는 지도의 너비와 포지션과 관련된 설정입니다. 테마 옵션에서 레이아웃을 와이드로 선택했는지 박스로 선택했는지에 따라 달라지며, 페이지 빌더의 행 설정 창에서 '전체 폭 콘텐츠'를 선택했는지에 따라서 달라집니다. 여기서는 행 설정 창의 '전체 폭 콘텐츠'에 체크를 해제한 상태에서 설정합니다.

Top margin은 일반적으로 어떤 것을 선택하더라도 변화가 없으니 그대로 둡니다. Map Width Override의 옵션을 보면 1st부터 9th까지 있는데 이는 지도가 있는 요소를 감싸는 컨테이너의 순서입니다. 만일 지도가 두 개의 열 중 하나에 있다면 Apply 1st parent element's width를 선택하면 됩니다. Apply 2nd parent element's width 이후를 선택하면 두 개의 열을 모두 사용하게 됩니다.

Info window❽ 탭에서는 마커를 클릭했을 때 나타나는 콘텐츠를 입력합니다. **Marker❾** 탭에서 마커의 이미지를 선택할 수 있고, **Use Plugin's default**를 선택하면 플러그인의 기본 마커를 사용하며 애니메이션 효과도 있습니다. **Advanced❿** 탭에서는 지도에 표시되는 각종 조절 버튼을 표시할 수 있습니다.

구글 지도에서 위도, 경도 찾기

그림 2-177 구글 맵에서 위도와 경도 찾기

동 이름을 입력하고 Search 버튼을 클릭하면 마커가 표시됩니다. 지도를 확대해서 적정한 위치에 마커를 옮기면 위도와 경도가 바뀌며 이를 블록으로 설정해서 복사한 다음 페이지 빌더의 위도와 경도 입력란에 각각 붙여넣습니다.

11 구글 트렌드(Google Trends)

구글의 트렌드 기능을 사이트에 표시할 수 있습니다. 구글 트렌드는 구글 검색 엔진에서 사용된 검색어를 기준으로 그래프나 표를 만들 수 있는 기능입니다.

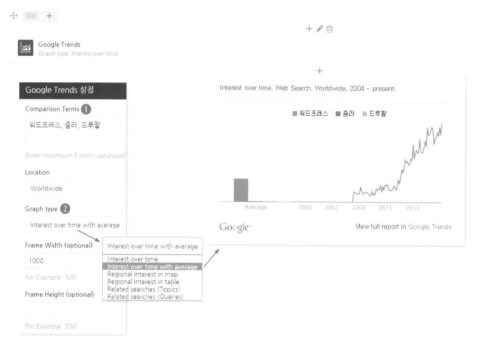

그림 2-178 **구글 트렌드**

Comparison Terms❶에서 비교할 대상의 검색어를 콤마로 구분해 입력합니다. Location을 설정할수 있지만, 국가별로 나오지 않고 Worldwide로 나옵니다. **그래프 타입❷**에서 세 번째 이후를 선택하면 비교 대상(Comparison Terms)이 2개 이상인 경우 첫 번째 비교 대상 하나만 나타납니다. 세 번째이후의 옵션은 성격상 서로를 비교하기 위한 것이 아니기 때문입니다.

12 헤딩 요소

제목과 부제목을 만들고 사이에 선을 추가할 수 있는 요소입니다. 어려운 설정은 아니므로 설명은 생략합니다.

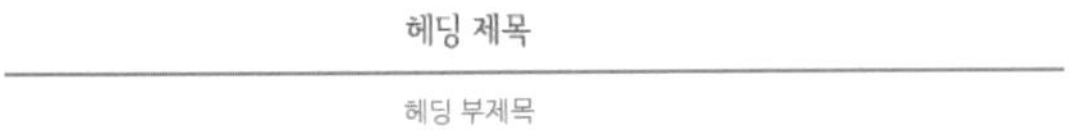

헤딩 제목

헤딩 부제목

그림 2-179 **헤딩 요소**

13   하이라이트 박스(Highlight box)

앞서 살펴본 고급 버튼 요소에서 마우스를 올리면 텍스트와 아이콘이 교체되는 효과가 있었는데 그 기능을 박스 형태로 만든 것입니다. 설명은 생략합니다.

그림 2-180 **하이라이트 박스**

14   타임라인(Timeline)

페이스북의 타임라인과 같은 기능을 하며 회사의 연혁 등을 만드는 데 사용할 수 있습니다.

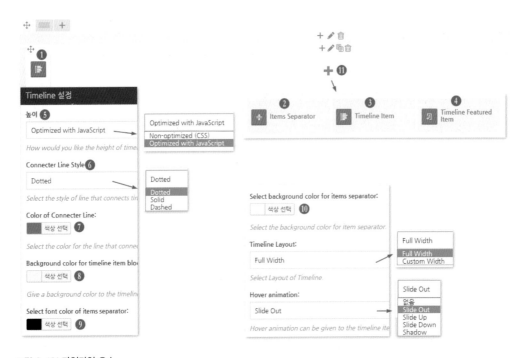

그림 2-181 **타임라인 요소**

Timeline은 부모 요소인 Timeline❶과 자식 요소인 Item Separator❷, Timeline Item❸, Timeline Featured Item❹으로 구성됩니다. 먼저 부모 요소를 추가해야 합니다. 페이지 빌더에서 Timeline 요소를 선택하고 설정합니다. **높이 옵션❺**에서 Non-optimized를 선택하면 타임라인 요소가 중앙선을 기준으로 지그재그 형태로 배치되며 Optimized with Javascript를 선택하면 좌우로 나란히 배치됩니다.

Connect Line Style❻은 중앙선의 스타일입니다. Color of Connecter Line❼에서 색을 설정하면 아이템을 연결하는 중앙선뿐만 아니라 아이템 박스의 색도 변경됩니다. Background color for timeline item block / container❽는 아이템 박스의 배경색이며 Select font color of items separator❾는 아이템 박스의 폰트색입니다.

Select background color for items separator❿에서 아이템 세퍼레이터의 배경색을 설정할 수 있으며 테두리 색은 **아이템 세퍼레이터 요소❷**에서 설정할 수 있습니다.

설정이 완료되면 저장하고 가운데에 있는 **플러스 아이콘⓫**을 클릭해 Timeline Item❸ 요소를 선택합니다.

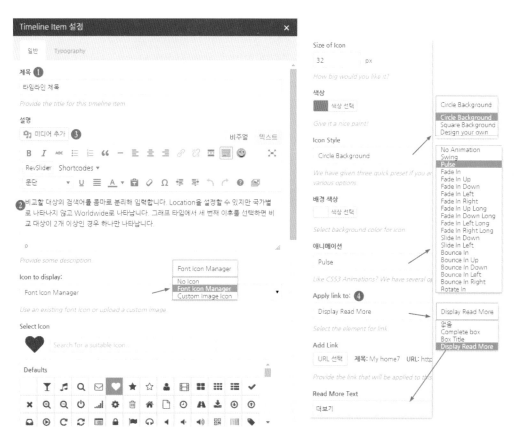

그림 2-182 타임라인 아이템 요소 설정

아이템의 제목①을 입력하고 **편집기②**에서 내용을 입력하면서 **미디어 추가③** 버튼을 이용해 이미지를 추가할 수 있습니다. 폰트 아이콘을 설정하면 아이템 테두리 외곽에 나타납니다. **Apply Link to④**에서 Complete box를 선택하면 아이템 박스 전체를 클릭할 수 있으며 Box Title을 선택하면 제목만 클릭할 수 있고 Display Read More를 선택하면 더보기 버튼 텍스트를 입력할 수 있는 상자가 나옵니다. 설정을 완료했으면 저장하고 아이템을 여러 개 복사합니다.

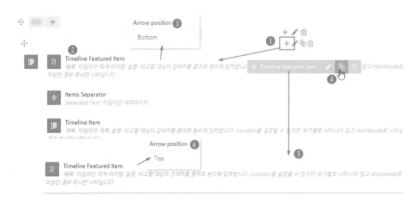

그림 2-183 타임라인 피쳐 아이템 요소

가운데에 있는 **플러스 아이콘①**을 클릭해 이번에는 Timeline Featured Item②을 선택합니다. 이 요소는 타임라인 요소와 같은 역할을 하지만 타임라인의 위나 아래에 전체 너비로 나타납니다. 내용을 추가하고 창 아래에서 화살표의 위치인 **Arrow Position③**을 Bottom으로 선택하고 저장합니다. 이를 **복사④**해 아래로 **옮기⑤**고 편집 아이콘을 클릭해 내용을 수정한 다음 **Arrow Position⑥**을 Top으로 선택하고 저장합니다.

그림 2-184 아이템 세퍼레이터

다시 **플러스 아이콘❶**을 클릭해 **Item Separator❷**를 선택합니다. 이는 예를 들어 연혁을 작성한다면 연도를 구분 짓는 역할을 합니다. 설정한 다음 저장하고 적당한 위치로 옮깁니다. 여기서는 **Timeline Featured Item❸** 바로 아래에 배치했습니다.

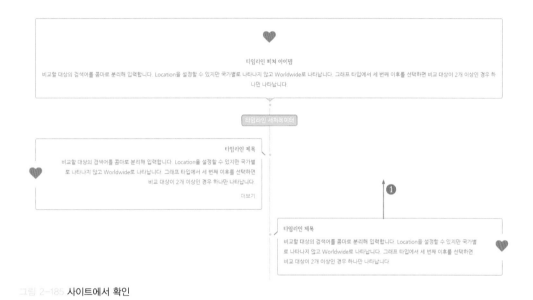

그림 2-185 사이트에서 확인

높이 옵션에서 Non-optimized를 선택해서 타임라인 요소가 중앙선을 기준으로 지그재그 형태로 나타났을 때의 모습입니다. Optimized with Javascript를 선택하면 **좌우로 나란히❶** 배치됩니다.

15 아이콘 요소(Icons)

아이콘을 배치하고 링크를 만들 수 있는 요소이며 설명은 생략합니다.

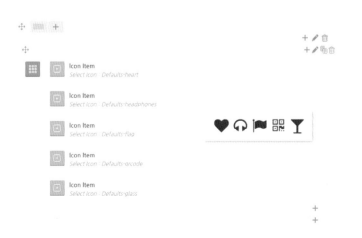

그림 2-186 아이콘 요소

16 이미지 세퍼레이터(Image Separator)

행과 행 사이에 배치해 분리하는 역할을 하며 절대 위치 포지션을 사용하므로 다른 요소에 겹쳐서 보입니다.

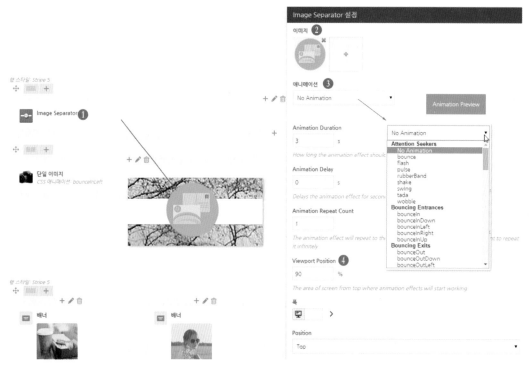

그림 2-187 이미지 세퍼레이터

앞서 작업하던 페이지에서 테스트합니다. **이미지 세퍼레이터 요소❶**를 선택한 다음 **아이콘 이미지❷**를 추가합니다. **애니메이션❸**은 사이트에서 스크롤 해서 아래의 **Viewport Position❹**에서 설정한 값에 도달하면 나타나는 효과입니다. 사이트에서 확인하면 그림과 같이 나오며 흰 공간은 이 요소에 의해 만들어진 것이 아니라 상하의 다른 요소의 간격입니다.

17　인포 배너(Info Banner)

이미지를 배경으로 한 배너를 만들 수 있습니다.

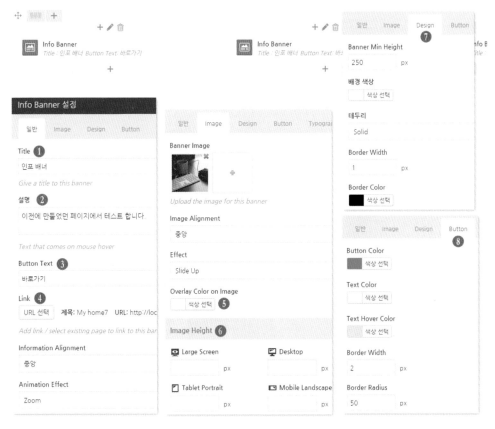

그림 2-188 인포 배너

제목①, **설명②**, **버튼 텍스트③**를 입력하고 **링크④**를 설정합니다. 주의할 점은 배경 이미지의 밝기에 따라 텍스트 색상을 결정해야 합니다. 여기서는 이미지는 모두 어두운색으로 했고 텍스트는 밝은 색으로 했습니다. image 탭의 **Overlay Color on Image⑤**에서 알파 값을 조절해 이미지 오버레이 색상을 설정하면 이미지의 투명도를 설정할 수 있습니다. **Image Height⑥**는 각종 기기에서 이미지의 최소 높이입니다. **Design⑦** 탭에서는 배너의 최소 높이, 배경, 테두리를 설정할 수 있습니다. **Button⑧** 탭에서 버튼의 색상은 테두리 색이며 마우스를 올렸을 때도 같은 색으로 나타납니다. Border Radius를 50px로 하면 원모양의 둥근 버튼이 됩니다.

그림 2-189 인포 배너 타이포그래피 설정

Typography 탭에서는 글자 크기와 색상을 설정합니다.

그림 2-190 사이트에서 확인

이미지의 배경 색에 따라 글자가 안 보이는 경우도 있으니 이미지 선택을 잘해야 합니다.

18 인포 박스(Info Box)

기존의 페이지 빌더에 있는 혜택 요소처럼 아이콘과 제목, 콘텐츠를 출력할 수 있는 기능입니다. 다양한 옵션이 있어서 여러 설정을 할 수 있습니다. 아이콘이 주로 사용되는 요소가 많은데 폰트 아이콘은 단색이라서 너무 단순하므로 이미지 아이콘을 사용하는 것이 좋습니다. 앞으로 svg 아이콘이 많이 활성화되면 컬러 아이콘을 사용할 수 있게 됩니다. 최근에는 트위터에서 개발한 에모지(Emoji)라는 아이콘도 많이 사용하고 있습니다.

https://github.com/twitter/twemoji

위 사이트에서 파일을 내려받으면 800여 개의 에모지를 사용할 수 있습니다.

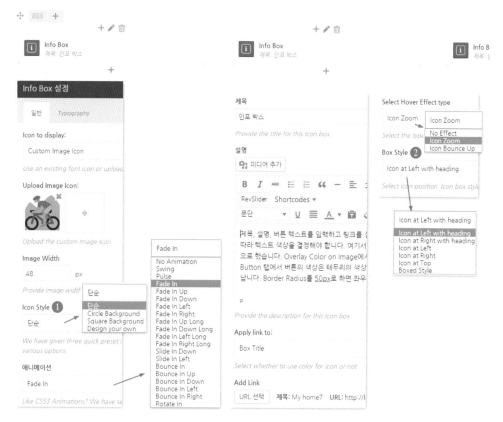

그림 2-191 인포 박스

대부분 앞서 설명했던 내용과 중복되므로 자세한 설명은 생략합니다. 이미지 아이콘을 사용할 경우 **Icon style❶**에서 단순으로 선택합니다. 다른 옵션은 이미지 배경에 색상과 테두리를 추가할 수 있으며 폰트 아이콘 사용 시에 필요할 수도 있습니다. **Box Style❷** 옵션은 아이콘과 제목, 콘텐츠의 위치에 관한 설정입니다. **Icon at Left with heading**은 아이콘과 제목이 콘텐츠 상단에 배치되고 아이콘이 제목 왼쪽에 있습니다. 그다음 옵션은 제목과 아이콘의 위치가 반대이며 글자도 오른쪽으로 정렬됩니다.

그림 2-192 사이트에서 확인

에모지가 좀 투박하지만, 그런대로 사용할만 합니다.

19 인포 서클(Info Circle)

중앙의 콘텐츠를 기준으로 원형의 형태로 아이콘이 배치되며 사용자 경험을 증대할 수 있는 요소입니다. 부모 요소인 인포 서클 요소와 자식 요소인 인포 서클 아이템으로 구성됩니다.

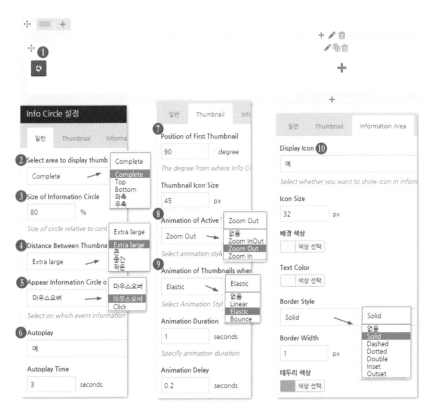

그림 2-193 인포 서클

Info Circle 요소❶를 추가하고 설정합니다. **Select area to display thumbnail**❷에서 Complete 로 설정하면 원형으로 아이콘이 배치되며 나머지는 각 방향에 대해 부채꼴 모양으로 배치됩니다. **Size of Information Circle**❸에서는 가운데의 인포 콘텐츠가 나오는 부분의 크기를 설정합니다. **Distance Between Thumbnail**❹은 바깥쪽의 아이콘이 있는 부분과 가운데에 있는 인포 서클 사이의 간격입니다. **Extra large**를 선택하면 인포 서클에 테두리를 설정한 경우 테두리와 아이콘 사이의 간격이 가장 가깝습니다.

Appear information Circle on❺에서 마우스오버를 선택하면 아이콘에 마우스를 올렸을 때 해당 콘텐츠가 가운데에 있는 인포 서클에 나타납니다. **Autoplay**❻에서 '예'를 선택하면 자동으로 순서대로 아이콘이 애니메이션되며 해당 콘텐츠가 인포 서클에 나타납니다.

Thumbnail 탭에서 **Position of First Thumbnail**❼은 첫 번째 아이콘이 시작되는 위치입니다. 기준은 9시 방향이며 90도를 입력하면 첫 번째 아이콘이 12시 방향에 배치됩니다. **Animation of Active**❽는 활성화된 아이콘의 애니메이션을 결정합니다. **Animation of Thumbnails when Page Loads**❾는 페이지를 로드할 때 애니메이션 효과를 결정하며 그 아래에서 속도를 설정합니다.

Information Area 탭에서는 가운데에 있는 인포 서클 내부를 설정합니다. **Display Icon**❿에서 '예'를 선택하면 바깥쪽에서 활성화된 아이콘이 중앙에도 표시됩니다. 배경색과 텍스트 색은 설정하지 않고 테두리만 설정합니다.

그림에는 없지만, **Connector Style** 탭에서 아이콘을 연결해주는 선을 설정할 수 있고 **Typography** 탭에서 제목과 콘텐츠의 글자 크기를 설정합니다.

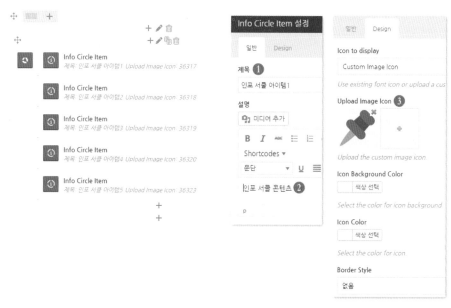

그림 2-194 인포 서클 아이템

인포 서클 내부를 클릭하면 Info Circle Item 요소 하나가 나타나며 이를 선택합니다. 설정은 간단하며 **제목❶**과 **내용❷**을 입력하고 **이미지❸**나 폰트 아이콘을 추가합니다. 하나가 완성되면 요소를 여러 개 복사해서 아이콘과 콘텐츠를 변경합니다.

그림 2-195 **사이트에서 확인**

부채꼴 형태는 점선이 제대로 표시되지 않는 느낌이므로 점선을 표시하지 않을 수도 있습니다. 이 요소에서 아쉬운 점은 다른 페이지로 갈 수 있는 링크 기능이 없다는 것입니다.

20 인포 리스트(Info List)

인포 서클을 세로로 나열한 형태라고 생각하면 쉽습니다. 앞서 살펴본 설정 방법을 이해한다면 무리 없이 사용할 수 있으니 설명은 생략합니다.

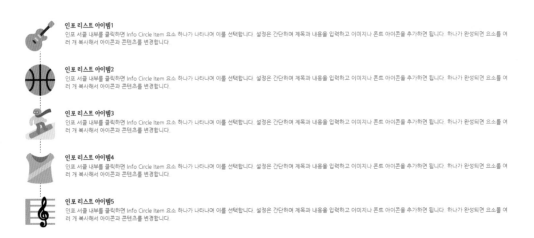

그림 2-196 **인포 리스트**

21 인포 테이블(Info Tables)

정보 아이템을 가격 테이블 형태로 만들 수 있습니다.

그림 2-197 인포 테이블

Select Design Style❶에 미리 정의된 6개의 스타일이 있으며 Select Color Scheme❷은 디자인 스타일❶에서 선택된 디자인의 색상 조합입니다. Design Your own을 선택하면 테이블 박스의 각 항목에 대해 색을 선택할 수 있습니다. 링크 추가❹ 항목에서 콜 투 액션 버튼을 선택하면 버튼의 텍스트를 입력할 수 있는 상자가 나옵니다.

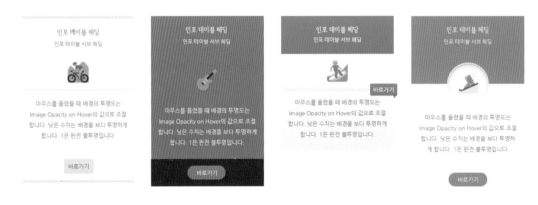

그림 2-198 인포 테이블의 여러 형태

22 인터랙티브 배너(Interactive Banner)

이미지 배너이며 마우스를 올렸을 때 콘텐츠가 나타나는 효과를 여러 형태로 설정할 수 있습니다.

그림 2-199 인터렉티브 배너

Banner Title Location❶에서 제목의 정렬 위치를 설정합니다. Use Icon❷에서 Icon with Heading을 선택하면 제목 오른쪽에 아이콘이 배치되고 두 번째 옵션은 콘텐츠 상단에 배치됩니다. Banner Height Type❸에서 Auto Height는 이미지 비율을 기준으로 열의 너비에 맞게 높이가 자동으로 결정되고 Custom height는 높이를 설정할 수 있습니다. Apply link to❹에서 Complete를 선택하면 배너 전체를 클릭할 수 있고 Display Read More를 선택하면 더보기 링크를 만들 수 있는 입력 상자가 추가로 나옵니다.

Box Hover Effects❺는 배너에 마우스를 올렸을 때 콘텐츠가 나타나는 효과입니다. Overlay Background Opacity❻에서는 배경의 투명도를 설정할 수 있는데 어떤 옵션을 선택해도 Overlay Background Color❼에서 알파 값을 조절해 콘텐츠의 배경을 반투명하게 설정할 수 있습니다.

그림 2-200 여러 형태의 인터렉티브 배너

가로형 이미지와 세로형 이미지를 사용한 경우인데 세 번째 배너처럼 Banner Height Type을 Custom으로 선택하고 높이를 제대로 설정하지 않으면 공간이 발생합니다.

23 인터랙티브 배너2(Interactive Banner2)

그림 2-201 인터렉티브 배너2

Styles❶ 옵션에서 콘텐츠의 길이에 따른 여러 스타일을 선택할 수 있습니다. Long Text는 긴 설명 글이라도 모두 나타나도록 하며 Medium과 Short는 설명 글이 짧아야 합니다. Style 번호에 따라 배너에 마우스를 올렸을 때의 효과는 모두 다릅니다.

마우스를 올렸을 때 배경의 투명도는 **Image Opacity on Hover❷** 값으로 조절합니다. 값이 낮을수록 배경을 투명하게 합니다. 1은 완전 불투명입니다. Responsive 탭에서 브라우저 화면 너비에 따라 설명 글이 나타나지 않도록 할 수 있습니다.

그림 2-202 여러 형태의 인터렉티브 배너2

각각 Style1, Style4, Style11을 선택했을 때의 배경 효과입니다.

24 저스트 아이콘(Just Icon)

폰트나 이미지 아이콘을 배치하고 툴팁을 나타나게 할 수 있습니다.

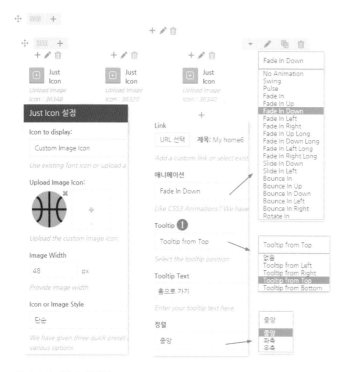

그림 2-203 저스트 아이콘

Tooltip 항목에서 툴팁이 나타나는 방향을 선택합니다. 간단한 내용이니 자세한 설명은 생략합니다.

그림 2-204 저스트 아이콘의 툴팁

25 리스트 아이콘(List Icon)

아이콘 목록과 텍스트를 함께 출력할 수 있는 간단한 구조입니다.

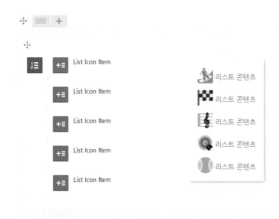

그림 2-205 리스트 아이콘

26 모달 박스(Modal Box)

팝업창을 모달이라고 합니다. 컨택트 폼, 이미지, 비디오 등 어떤 콘텐츠라도 팝업창에 나타나게 할 수 있으며 버튼을 클릭하거나 페이지 로드가 완료된 후에도 자동으로 나타나게 할 수 있으므로 활용도가 높은 요소입니다.

그림 2-206 **모달 박스**

아이콘은 모달 박스의 제목 왼쪽에 나옵니다. **Modal Content❶**의 편집기에 모든 콘텐츠를 추가할 수 있으며 유튜브 비디오는 **텍스트 탭❷**에서 iframe 코드를 넣어야 합니다.

그림 2-207 **유튜브의 임베드 탭**

일반적으로 워드프레스의 편집기에는 유튜브 사이트에서 **Share** 탭의 코드를 복사해 편집기에 추가하면 되지만 모달은 Embed 탭을 클릭하면 나오는 **iframe** 코드를 사용해야 합니다.

What's up in modal popup?❸에서 Miscellaneous를 선택합니다. 유튜브 비디오는 이 옵션을 선택해도 되고 Youtube video를 선택해도 됩니다.

Display modal on❹은 모달 창을 나타나게 하는 방법입니다. 이미지를 선택하면 이미지를 업로드할 수 있는 썸네일이 나오고 On page load를 선택하면 지연 시간을 입력할 수 있는 입력 상자가 나옵니다. 페이지가 로드되면 입력한 시간만큼 기다렸다가 팝업창이 나타나게 됩니다.

Button size❺에서 '차단'으로 돼 있는 것은 원래 Block이라는 영어인데 다른 언어 파일에 있는 번역을 가져와 표시하고 있습니다. 이 플러그인의 한글 번역은 추가하지 않았는데도 일부 용어를 다른 언어 파일에서 가져오고 있습니다. 실제로 Block은 블록 요소를 의미하며 버튼 크기가 열 전체 너비를 차지하게 됩니다.

Modal Box Style❻은 모달 창이 나타나는 스타일입니다. Corner Bottom Left는 왼쪽 아래에서 나타나기 시작합니다.

Overlay Background Color❼ 이하에서 모달 창의 여러 가지 스타일을 설정할 수 있습니다. Overlay Background Opacity❽는 모달 창 뒷면에 있는 배경의 투명도입니다.

27 가격 박스(Price Box)

가격 테이블을 만들 수 있는 요소이며 디자인은 조금 투박한 느낌입니다. 가격 박스를 만들려면 앞서 살펴본 Go pricing 플러그인으로 만드는 것이 훨씬 좋습니다.

그림 2-208 가격 박스

28 스페이서/갭(Spacer/Gap)

기존의 페이지 빌더에 있는 빈 스페이스와 같은 역할을 하며 브라우저 화면 너비에 따라 별도로 설정할 수 있습니다.

그림 2-209 스페이서/갭

29 카운터(Counter)

파이 차트 요소에 있는 카운터 기능과 같으나 여러 가지 추가 옵션이 있어서 사용이 편리합니다.

그림 2-210 카운터

애니메이션❶은 아이콘이 나타나는 효과를 결정합니다. **Icon Position❷**은 카운터 숫자의 위치를 기준으로 합니다. 나타나게 할 숫자는 **Counter Value❸**에 입력하고 숫자에 **천 단위 기호❹, 소수점 ❺**을 추가할 수 있습니다. **Counter Value Prefix❻**와 **Suffix❼** 입력란을 이용해 숫자 앞이나 뒤에 다른 글자를 넣을 수 있습니다. **Counter rolling time❽**은 숫자가 애니메이션되면서 완료되는 시간 입니다.

 가입자 수1,250,000명
카운터 제목

그림 2-211 카운터 예제

30 스와치 북(Swatch Book)

스와치는 견본이란 의미로 옷감의 샘플 여러 개를 한데 묶은 것입니다. 디자인에서는 견본 색상 조합을 의미하는 데 주로 사용하며 여기서는 이러한 스와치의 형태를 이용한 메뉴라고 생각하면 됩니다.

그림 2-212 **스와치 북**

Swatch Book Style❶에 5가지의 스타일이 있고 Custom Style❷을 선택하면 사용자 정의 스타일을 만들 수 있습니다. Background Transition Pattern❸에서 패턴 이미지를 추가할 수 있으며 추가하지 않으면 기본 패턴이 사용됩니다. Main Strip Title Text❹에 정면에 나타나는 스트립의 제목을 입력합니다. 그다음의 입력란은 세로로 나타나며 입력하지 않아도 됩니다. Advance Settings❺에서 폰트와 메인 스트립 제목의 배경색을 설정할 수 있습니다.

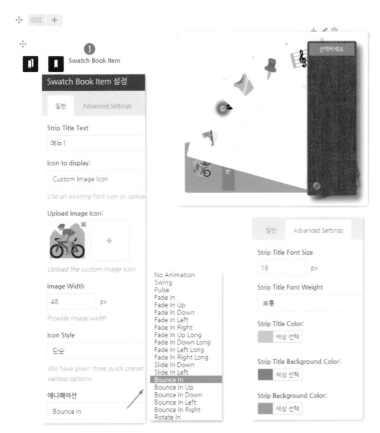

그림 2-213 스와치 북 아이템

스와치 북 요소의 내부에 있는 플러스 아이콘을 클릭해 **Swatch Book Item❶** 요소를 선택하고 설정한 다음 저장합니다. 어려운 점은 없으니 자세한 설명은 생략합니다. 이 아이템을 복사해서 여러 개를만들고 아이콘과 글자, 색을 수정하고 저장합니다. 이 요소의 아쉬운 점은 단순히 아이템만 보여줄 뿐추가로 콘텐츠를 입력할 수 없고 링크 기능도 없다는 점입니다. 누군가 요청을 했으니 앞으로 업데이트 될 것 같습니다.

31 비디오 배너(Video Banner)

배너의 기능을 위해 배경으로 비디오가 사용됩니다. 유튜브와 같은 SNS 비디오는 사용할 수 없고 직접 제작한 비디오나 구매한 비디오를 미디어 라이브러리에 올려서 사용해야 합니다. 또한, 비디오가항상 실행되는 것이 아니라 마우스를 올렸을 때만 재생되므로 비디오는 단순히 배너의 배경 역할을 한다고 생각하면 됩니다.

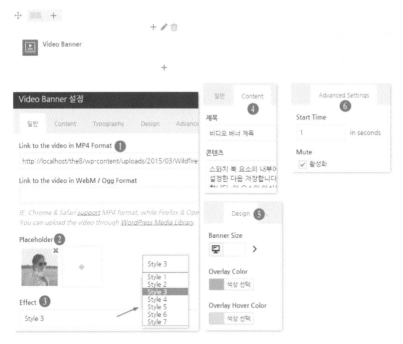

그림 2-214 **비디오 배너**

이 요소를 사용하려면 미리 미디어 라이브러리를 통해 비디오를 업로드하고 해당 링크를 복사해 **입력란❶**에 붙여넣습니다. 도움말 글에 나오듯이 IE, 크롬, 사파리 브라우저는 MP4 포맷을 지원하고 파이어폭스와 오페라는 WebM, Ogg 포맷을 지원하므로 크로스 브라우징을 하려면 두 가지 포맷을 모두 추가해야 합니다. 테스트하려면 첨부 파일의 기타 폴더에 있는 Coverr-flowers.mp4를 사용하세요.

Placeholder❷는 비디오 용량이 커서 로드되기까지 시간이 걸리므로 비디오가 로드되기 전에 나타나게 할 이미지입니다. 하지만 The7 테마에서 '아름다운 로딩'을 활성화했다면 로딩 이미지가 나타나게 됩니다.

Effect❸에서 스타일을 선택할 수 있는데 이는 **Content❹** 탭에서 입력한 제목과 콘텐츠가 나타나는 효과입니다. **디자인❺** 탭에서는 오버레이 색과 마우스를 오버했을 때의 색을 설정할 수 있습니다.

Advanced Settings❻에서는 시작되는 시간을 설정할 수 있는데 숫자를 입력해도 제대로 적용되지 않습니다. Mute는 소리가 나지 않도록 설정합니다.

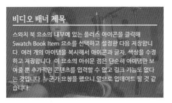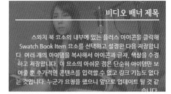

그림 2-215 비디오 배너의 여러 형태

스타일에 따라 다르게 나타나며 범위를 벗어나므로 콘텐츠를 조절해야 합니다.

32 아이호버(ihover)

아이콘이나 이미지에 마우스를 올렸을 때 여러 가지 효과와 함께 숨겨진 제목과 콘텐츠가 나타나도록
하는 요소입니다.

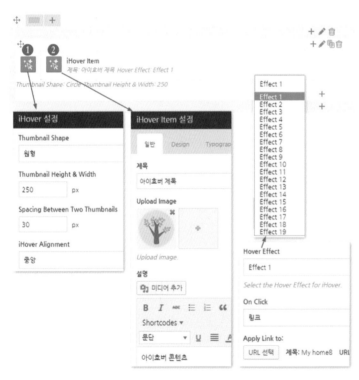

그림 2-216 아이호버

부모 요소인 **아이호버❶**와 자식 요소인 **아이호버 아이템❷**으로 구성됩니다. 부모 요소에서는 별로 설정할 것이 없습니다. 아이호버 아이템을 추가하고 제목, 이미지, 콘텐츠를 추가한 다음 Hover Effect 에서 다양한 효과 중 하나를 선택만 하면 됩니다. Design과 Typography 탭에서는 색상과 글자를 설정할 수 있습니다.

그림 2-217 **사이트에서 확인**

33 크리에이티브 링크(Creative link)

텍스트 링크에 다양한 효과를 추가할 수 있는 요소입니다. 링크는 글자만 나타나므로 눈에 잘 띄지 않습니다. 대부분 버튼을 사용하는데 링크를 꼭 사용해야 할 때 다른 요소와 함께 이 요소를 사용하면 좋으며 스타일과 설정에 따라 버튼처럼 만들어 눈에 잘 띄게 할 수도 있습니다.

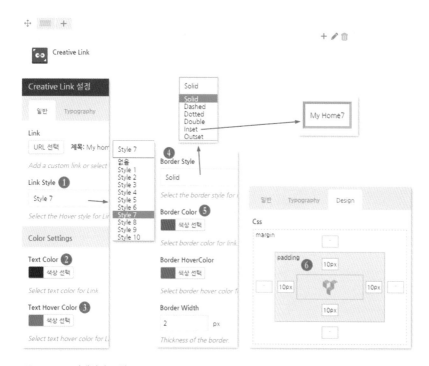

그림 2-218 **크리에이티브 링크**

Link Style❶을 클릭하면 10개의 스타일이 있으며 선택에 따라 아래에 나타나는 옵션이 달라집니다. 여기서는 Style7을 사용해보겠습니다. **Text Color❷**에서 글자의 기본색을 설정하고 **Text Hover Color❸**에서 마우스를 오버했을 때의 글자색을 설정합니다. **Border Style❹**에서는 테두리의 선 형태를 선택합니다. Inset은 **Border Color❺**의 색을 밝은색과 어두운색으로 나눠서 왼쪽과 위쪽은 어두운색의 테두리로, 아래쪽과 오른쪽은 밝은색의 테두리를 만듭니다. Outset은 그 반대입니다. 이 두 가지 옵션을 사용하려면 Border Color에서 밝은색을 선택해야 잘 표시됩니다.

이 요소는 기본적으로 글자와 테두리 사이에 간격이 없으며 Design 탭에서 사용자가 원하는 대로 설정할 수 있습니다. 패딩은 글자와 테두리 사이의 간격이므로 **이곳의 네 면❻**에 수치를 입력하면 됩니다. 마진은 다른 요소와의 간격인데 여기서는 거의 사용할 일이 없습니다.

34 핫스팟(Hotspot)

큰 이미지 위에 아이콘을 배치하고 아이콘에 마우스를 올리면 툴팁이 나타나는 요소로 활용도가 높습니다.

그림 2-219 핫스팟

핫스팟 요소❶를 선택하고 큰 이미지를 업로드❷합니다. 사이즈는 열의 너비로 제한되므로 한 행 전체를 사용하면 이미지가 커지게 됩니다. 사용자 정의를 선택하면 너비를 입력할 수 있습니다.

핫스팟 요소의 가운데에 있는 플러스 아이콘을 클릭하고 핫스팟 아이템 요소❸를 선택하면 큰 이미지가 나타납니다. 빨간색의 둥근 아이콘❹을 드래그해서 적당한 위치에 배치합니다. 아이콘을 선택하고 Hotspot Tooltip Content❺에 툴팁으로 나타날 내용을 입력합니다.

툴팁❻ 탭에서 글자색, 배경색, 너비를 설정하고 Trigger On❼에서 툴팁이 나타날 형식을 선택합니다. Position❽에서는 툴팁의 방향을 설정합니다.

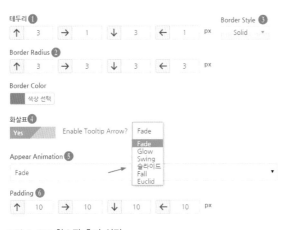

그림 2-220 핫스팟 추가 설정

테두리❶에서는 툴팁의 각 방향 굵기를 설정할 수 있습니다. Border Radius❷는 각 모서리의 둥근 정도입니다. Border Style❸에서는 테두리의 형태를 선택합니다. 화살표❹는 툴팁의 화살표이며 방향에 따라 다르게 나타납니다. Appear Animation❺은 이미지 위에 나타나는 아이콘의 애니메이션 효과입니다. 하단의 Padding❻에서 툴팁의 콘텐츠와 테두리 사이의 간격을 설정할 수 있습니다.

완료됐으면 저장하고 핫스팟 아이템을 복사해 아이콘의 위치와 툴팁 콘텐츠를 변경한 다음 저장합니다. 같은 방법으로 여러 개 배치하면 됩니다.

그림 2-221 **사이트에서 확인**

35 고급 탭(Advanced Tab)

기존의 페이지 빌더에 있는 탭 기능과 같지만, 탭의 색상을 변경하거나 아이콘을 추가하는 등 여러 가지 옵션이 많습니다.

그림 2-222 **고급탭**

Advanced Tab 요소를 추가하는 것만으로도 탭이 완성됩니다. 추가한 후에 **탭❶**을 선택하고 **편집 아이콘❷**을 클릭해 **일반❸** 탭에서 탭 제목을 입력하고 **Icon❹** 탭에서 아이콘을 추가하면 5번 그림과 같이 나옵니다. 콘텐츠는 텍스트 블록을 추가했습니다. 사이트에서 확인하면 현재 버전에서는 탭을 클릭해도 작동하지 않습니다. 이 요소도 최근에 추가된 것이라서 작동 확인을 하지 않은 모양입니다. 향후 수정될 것입니다. 설정 방법을 알아보겠습니다.

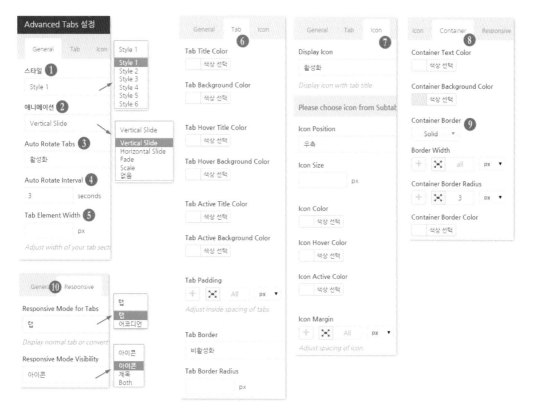

그림 2-223 **고급탭의 설정**

Genaral 탭에서 **스타일❶**은 여섯 가지가 있으며 각각 탭의 모양이 다릅니다. **애니메이션❷**은 탭 콘텐츠가 나타나는 모양입니다. **Auto Rotate Tabs❸**는 탭을 자동으로 순환 표시하는 기능으로 **Auto Rotate Interval❹**에서 간격을 조절합니다. **Tab Element Width❺**는 탭 제목의 너비이며 수치를 입력하면 해당 수치만큼 탭의 너비가 설정됩니다.

Tab❻ 탭에서는 탭 제목의 색상, 배경 색상, 마우스오버 시 제목 색상, 마우스오버 시 배경 색상, 탭 활성 상태의 제목 색상, 탭 활성 상태의 배경 색상을 설정합니다. Tab Padding에서는 탭 제목의 패딩을 설정하며 Tab Border에서 탭의 테두리를 설정합니다.

Icon❼ 탭에서는 앞에서 추가한 아이콘을 활성화할 것인지와 위치를 설정합니다. 또한, 아이콘의 크기와 색상, 등을 설정합니다. Container❽ 탭에서는 탭 콘텐츠의 글자와 배경 색상을 설정하며 Container Border❾에서 원하는 테두리 모양을 선택하면 테두리의 폭과 색상, 둥근 모서리를 설정할 수 있습니다. Responsive❿ 탭에서는 모바일 기기에서 탭의 모양을 그대로 유지할지, 어코디언 형태로 전환할지 결정합니다. 또한, 아이콘이나 제목의 표시 여부를 결정하며 Both를 선택하면 둘 다 나타납니다.

페이지 빌더와 함께 추가된 글 타입으로 그리드 요소가 있습니다. 페이지 빌더의 글을 출력하는 요소는 여러 가지가 있지만 레이아웃이 정해져 있어서 이미지나 콘텐츠가 나타나는 위치를 변경할 수 없습니다. 그리드 요소 빌더를 사용하면 여러 형태로 원하는 대로 레이아웃을 만들 수 있고 이를 페이지 빌더에서 선택해 사용할 수 있습니다.

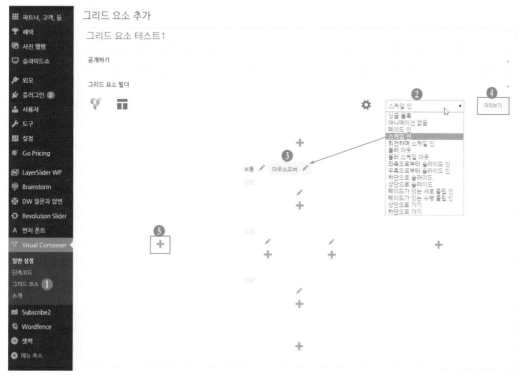

그림 2-224 그리드 빌더 화면 요소

주 메뉴의 **Visual Composer → 그리드 요소❶**에서 상단에 있는 새 글 쓰기 버튼을 클릭하면 위와 같은 화면이 나옵니다. 우선 **제목❷**을 입력하고 오른쪽에 있는 선택 상자에서 싱글 블록이 아닌 다른 옵션을 선택하면 가운데에 있는 그리드 빌더에 **마우스 오버 탭❸**이 나타납니다. 싱글 블록일 때는 마우스 오버 효과를 설정할 수 없습니다. 오른쪽 끝에 있는 **미리보기❹** 버튼을 클릭하면 작업 중인 그리드의 내용을 그리드 요소 빌더 아래에서 미리 볼 수 있습니다.

가운데에 있는 빌더를 기준으로 상하좌우에 **플러스 버튼❺**이 있는데 이를 클릭하면 새로운 빌더가 추가됩니다. 어느 한 곳에만 만들 수 있으며 한 곳에 만든 다음 다른 곳을 클릭하면 작업 중인 빌더가 이동합니다. 아이콘이나 이미지에 마우스를 올렸을 때 여러 가지 효과와 함께 숨겨진 제목과 콘텐츠가 나타나도록 하는 요소입니다.

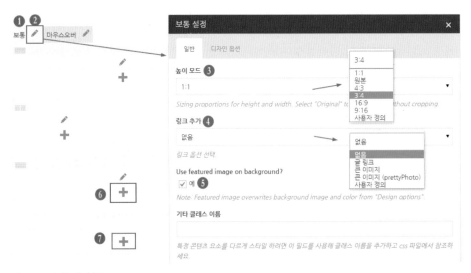

그림 2-225 **보통 탭 설정**

보통 탭❶은 그리드의 일반적인 상태입니다. 즉 사이트가 로드된 다음에 보이는 콘텐츠인데 이 그리드에 어떤 형태로 나오게 할지 보통 탭에서 설정합니다. **편집 아이콘❷**을 클릭하면 설정 창이 나옵니다. **높이 모드❸**에서 그리드의 높이를 선택합니다. 여기서는 이미지 아래에 콘텐츠를 나타나게 할 것이므로 세로로 긴 3:4를 선택했습니다. 원본을 선택하면 원본 이미지의 가로세로 비율대로 나타나므로 이미지를 원본 비율대로 출력하는 글 메이슨리 그리드에서 사용할 수 있습니다.

링크 추가❹에서는 어차피 마우스를 올려 클릭하게 되므로 없음으로 선택해도 됩니다. 링크는 마우스 오버 탭에서 설정하면 됩니다. 하지만 그리드에 이미지는 나타나야 하므로 Use featured image on background?❺에 체크하고 저장합니다.

다음으로 콘텐츠를 이미지 위에 나타나게 할지 외부에 나타나게 할지 결정합니다. **파란색의 플러스 아이콘⑥**을 클릭하면 이미지 내부의 하단에 나오고, 박스 하단에 있는 **빨간색 플러스 아이콘⑦**을 클릭하면 이미지 외부의 아래에 나옵니다. 여기서는 마우스를 오버했을 때 콘텐츠가 나타나게 할 것이므로 마우스오버 탭에서 설정하겠습니다.

그림 2-226 마우스오버 탭 설정

마우스오버 탭①을 선택하고 **편집 아이콘②**을 클릭한 다음 **링크 추가③**에서 글 링크를 선택합니다. **디자인 옵션④**에서 밝은색을 선택하고 **알파 값⑤**을 줄여줍니다. 이는 마우스를 오버했을 때 글자가 어두운색으로 나타나므로 배경을 밝게 하는 것입니다. 가운데에 있는 행에서 **레이아웃을 1열⑥**로 변경합니다.

그림 2-227 아이콘 설정

사이트에서 그리드 가운데에 나타나는 아이콘을 추가할 것이므로 가운데에 있는 행의 플러스 아이콘을 클릭해 **아이콘 요소①**를 선택합니다. 이미 이전 단계에서 그리드 전체에 대해 글 링크를 추가했으므로 링크는 추가할 필요 없습니다. **돋보기 아이콘②**을 선택하고 **색상③**을 설정한 다음 아이콘을 **중앙 정렬④**로 선택합니다.

그림 2-228 글 제목, 요약, 날짜 설정

아래에 있는 행①에서 플러스 아이콘을 클릭해 글 제목 요소를 선택한 다음 **요소 태그②**를 h2, **텍스트 정렬③**을 왼쪽으로 선택하고 저장합니다. 다시 행 아래에서 **플러스 아이콘④**을 클릭해 글 요약 요소를 선택하고 **요소 태그⑤**는 p, **텍스트 정렬⑥**은 왼쪽을 선택한 다음 저장합니다. 마찬가지로 글 날짜 요소를 선택하고 글 요약 요소와 같은 설정을 합니다. 저장한 다음 페이지 빌더로 갑니다.

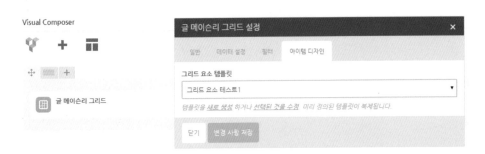

그림 2-229 페이지 빌더에서 요소 추가

페이지 빌더에서 글 메이슨리 그리드 요소를 추가하고 각 탭에서 설정을 마친 다음 아이템 디자인 탭에서 그리드 요소 템플릿의 선택 상자를 클릭해 추가한 그리드 요소를 선택하면 됩니다.

그림 2-230 사이트에서 확인

사이트에서 확인하면 그리드 요소에서 설정한 대로 마우스를 올리면 제목, 글 요약, 글 날짜순으로 나타납니다.

지금까지 페이지 빌더를 이용해 여러 가지 요소를 만드는 방법을 알아봤습니다. 알아본 바대로 페이지 빌더의 요소는 상당히 많으며 이에 더해서 추가 플러그인(Ultimate Addon)으로 인해 두 배 가까이 늘어났습니다. 사실 페이지를 만드는 데 있어서 이를 모두 사용할 일은 없을 것입니다. 웹사이트의 성격에 따라 필요한 것도 있고 전혀 사용할 일이 없는 것도 있습니다. 페이지만 만들 경우 많이 사용할 일은 없더라도 블로그 글을 만들 때는 다양한 콘텐츠가 있을 수 있으므로 콘텐츠에 따라 필요한 요소도 있을 것입니다. 다음 장에서 알아보겠지만, 블로그 글을 작성할 때에도 페이지 빌더를 사용하면 멋지게 레이아웃을 만들어 다양한 콘텐츠의 글을 만들 수도 있습니다.

3장에서는 웹사이트에서 필수 요소로 자리 잡은 슬라이더를 만드는 방법을 알아보겠습니다. 두 가지 프리미엄 슬라이더 플러그인 외에도 몇 가지의 슬라이더가 있으므로 슬라이더를 만드는 데는 부족함이 없습니다. 또한, 테마에서 제공하는 템플릿을 이용해 각종 페이지 만드는 방법을 알아봅니다.

03
슬라이더와
페이지 만들기

레볼루션 슬라이더 만들기

The7 테마는 프리미엄 슬라이더 플러그인이 두 개 포함돼 있습니다. 그중 하나가 레볼루션 슬라이더입니다. 워드프레스 프리미엄 테마에 가장 많이 포함된 플러그인으로 멋진 슬라이더를 만들 수 있습니다. 레볼루션 슬라이더의 사용 방법을 알아봅니다.

레이어 슬라이더 만들기

두 번째 슬라이드 플러그인으로 레볼루션 슬라이더와 마찬가지로 멋진 슬라이더를 만들 수 있습니다.

기타 슬라이더

프리미엄 슬라이더는 아니지만, 이미지만 추가해도 슬라이더를 만들 수 있는 기능입니다.

템플릿으로 페이지 만들기

The7 테마는 다양한 템플릿을 제공하여 여러 종류의 페이지를 만들 수 있습니다. 블로그 글, 포트폴리오, 사진 앨범, 갤러리 등 다양한 콘텐츠를 만들 수 있으며 원 페이지 레이아웃, 공사 중 페이지까지 만들 수 있습니다. 또한, 회원 가입 플러그인과 게시판 플러그인을 사용해 회원가입 페이지, 게시판 페이지를 만드는 방법을 알아봅니다.

레볼루션 슬라이더

슬라이더는 웹 사이트에서 필수 요소로 자리 잡고 있습니다. 이전에는 플래시를 사용해 애니메이션을 만들었는데 플래시는 플러그인을 설치해야 하고 무거워서 애플에서 이를 채용하지 않게 되면서부터 사용도가 줄고 있습니다. 플래시를 대체할 프로그램으로 사용되는 것이 자바스크립트입니다. 주로 제이쿼리 라이브러리를 사용하며 자바스크립트는 웹 사이트 제작에는 기본적으로 사용되므로 별도의 설치 없이도 사용할 수 있고, 플래시와 비교했을 때 개발이 쉽습니다.

The7 테마에는 프리미엄 슬라이더 플러그인이 두 개 포함돼 있습니다. 레볼루션 슬라이더와 레이어 슬라이더인데 레볼루션 슬라이더는 인기가 가장 많은 슬라이더로 프리미엄 테마에 슬라이더 플러그인이 포함돼 있다면 거의 레볼루션 플러그인입니다. 레이어 슬라이더와 비교했을 때 사용하기 간편하고 지속해서 새로운 기능이 업데이트되고 있기 때문입니다.

01 메인 화면

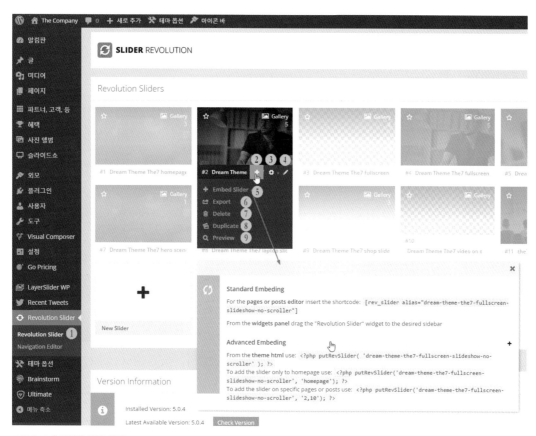

그림 3-1 슬라이더 목록 화면

Revolution Slider❶ 메뉴를 선택하면 1장에서 가져온 데모 슬라이더 목록이 나옵니다. 각 썸네일에 마우스를 올리고 **플러스 아이콘❷**을 클릭하면 추가 옵션이 나옵니다. **기어 아이콘❸**을 클릭하면 슬라이더 설정 화면으로 이동하며 **편집 아이콘❹**을 클릭하면 슬라이더 편집 화면으로 이동합니다.

Embed Slider❺ 메뉴를 클릭하면 해당 슬라이더를 사이트에 추가하기 위한 단축코드와 PHP 코드가 나오지만 페이지를 만들 때 선택 박스에서 선택할 수 있으므로 사용할 일이 없습니다. Export❻는 슬라이더를 다른 사이트로 이전하기 위해 내보내기 할 때 사용합니다. Delete❼를 클릭하면 슬라이더가 삭제됩니다. Duplicate❽는 슬라이더를 복사해 새로운 슬라이더를 만들 때 사용할 수 있으며 Preview❾를 클릭하면 슬라이더를 미리 볼 수 있습니다.

02 새 슬라이더 만들기

그림 3-2 새 슬라이더 만들기 메뉴

새로운 슬라이더는 처음부터 새로 만드는 방법과 템플릿을 이용하는 방법이 있습니다. 템플릿을 이용하면 기존에 만들어진 슬라이더를 이용해 글자와 이미지만 수정하면 되므로 쉽게 슬라이더를 만들 수 있고, 어떻게 만들어졌는지 연구해볼 수도 있습니다.

플러스 아이콘이 있는 **썸네일❶**에 마우스를 올리면 세 가지 메뉴가 나옵니다. **Create New Slider❷**를 클릭하면 처음부터 새로운 슬라이더를 만드는 화면으로 이동하고 **Add Template Silder❸**를 클릭하면 템플릿을 이용해 만들 수 있습니다. **Import Slider❹**는 1장에서 알아봤듯이 이미 만들어진 슬라이더를 그대로 가져오는 역할을 합니다.

Add Template Slider를 클릭하면 화면 오른쪽에 슬라이더 목록이 나오고, 원하는 썸네일을 클릭하면 팝업창이 나옵니다. **녹색 배경❺**에 어떤 파일을 가져오기 할지 보여주고 있습니다. 템플릿 파일은 테마에 포함돼 있지 않으므로 레볼루션 슬라이더 공식 사이트에서 내려받아야 합니다.

http://revolution.themepunch.com/free-slider-exchange/

위 링크로 이동하면 여러 템플릿이 있으며 사이트에서 템플릿의 이름으로 검색하고 해당 슬라이더의 썸네일에 마우스를 올린 뒤 내려받기 아이콘을 클릭해 zip 파일을 내려받으면 됩니다. 대부분 zip 파일을 첨부 파일에 포함했으니 참고하세요. 참고로 이들 템플릿에 포함된 이미지는 무료 이미지이므로 저작권과 관계없이 사용할 수 있습니다.

템플릿 슬라이더를 추가하는 방법❸과 슬라이더를 가져오는 방법❹은 이미 만들어진 슬라이더를 가져온다는 점에서 같은 역할을 하지만, 템플릿 슬라이더를 추가하는 방법은 그림을 보면서 가져올 수 있다는 점에서 다릅니다. 따라서 Import Slider를 이용해 템플릿의 zip 파일을 가져와도 됩니다. 템플릿을 이용하더라도 슬라이더 사용법을 알아야 하므로 처음부터 새로운 슬라이더를 만드는 방법을 알아보기 위해 **Create New Slider❷**를 클릭하면 슬라이더 설정 화면으로 이동합니다.

∩3 슬라이더 설정

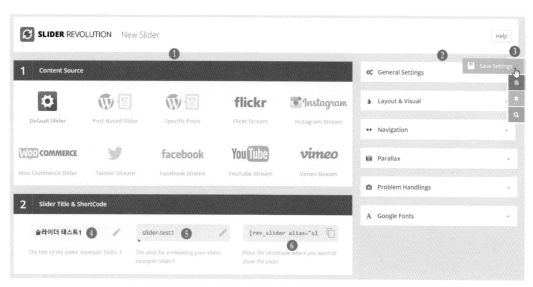

그림 3-3 슬라이더 설정 화면

슬라이더 설정 화면은 크게 두 가지 영역으로 나뉩니다. **왼쪽❶** 영역에서는 슬라이더의 소스나 레이아웃을 설정할 수 있고 **오른쪽❷** 영역에서는 슬라이더의 세부 설정을 할 수 있습니다. 오른쪽 끝에는 버튼 그룹이 있습니다. 아이콘 모양을 보면 어떤 역할을 하는지 알 수 있으며 마우스를 올리면 이름이 나옵니다. 이 페이지의 아래에도 같은 역할을 하는 버튼이 있습니다.

Content Source

먼저 왼쪽에 있는 설정 영역을 알아보겠습니다. 첫 번째 박스인 Content Source에서는 슬라이더의 소스를 선택할 수 있습니다. 대부분 이미지를 업로드 해 슬라이더를 만들지만, 사이트의 글에 있는 특성 이미지나 SNS 외부 이미지, 유튜브와 같은 비디오, 우커머스 상품 이미지 등 여러 소스를 이용해 만들 수도 있습니다. 이들을 모두 알아보려면 내용이 길어지므로 여기서는 많이 사용하는 기본 슬라이더에 대해서만 다룹니다.

Slider Title & ShortCode

두 번째 박스인 Slider Title & ShortCode의 **첫 번째 입력 상자❹**에는 슬라이더의 이름을 입력합니다. **두 번째 입력 상자❺**는 단축 코드의 슬라이더 이름으로 사용되므로 영문과 대쉬 또는 밑줄을 이용해 입력합니다. 그러면 **단축 코드❻**가 자동으로 만들어집니다.

Slider Type

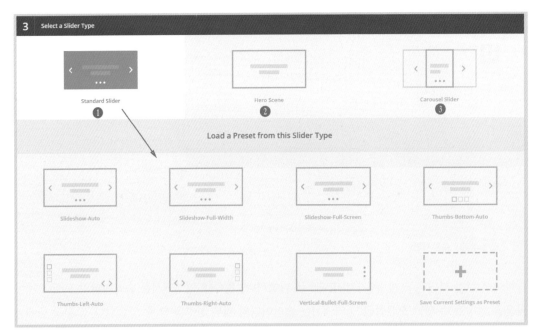

그림 3-4 슬라이더 타입 선택

슬라이더 타입은 세 가지가 있습니다. **Standard Slider❶**는 일반적으로 많이 사용하는 이미지 슬라이더이며 **Hero Scene❷**은 웹 페이지 상단에서 사이트의 중요한 콘텐츠를 간단하게 표현하는 웹 디자인 요소입니다. 이러한 요소를 히어로 유닛(Hero Unit)이라고 하며 대부분 배경 색상에 글자가 있는 구성이지만 레볼루션 슬라이더로도 만들 수 있습니다. 따라서 배경 색상 대신 하나의 이미지를 사용하고 그 위에 여러 가지 글자를 애니메이션 시킬 수 있는 것입니다.

Carousel Slider❸는 일반적인 이미지 슬라이더와 달리 중앙의 이미지를 기준으로 양쪽에 일부 이미지가 보이는 형태입니다. 캐러젤이란 회전목마를 의미하며 회전목마가 돌아가는 형태로 이미지가 나타난다고 하여 붙여진 이름입니다. 캐러젤 슬라이더와 일반 슬라이더를 같은 의미로 사용하기도 해서 일반 슬라이더를 캐러젤 슬라이더라고 합니다. 어차피 이미지는 회전목마처럼 순서대로 나타나기 때문입니다. 여기서는 표준 슬라이더(Standard Slider)를 만드는 방법을 다루겠습니다.

각 슬라이더 타입을 클릭하면 아래에 프리셋이 나오며, 썸네일을 보고 원하는 것을 선택하면 됩니다. 썸네일을 보면 내비게이션이나 불릿의 위치나 형태가 각각 다릅니다. 이와 같은 프리셋을 선택하면 옵션을 상세하게 설정하지 않아도 되므로 슬라이더를 빠르게 만들 수 있습니다. 여기서는 옵션 설정 방법을 알아보기 위해 프리셋을 선택하지 않겠습니다. 이미 클릭했다면 왼쪽 위에 있는 첫 번째 썸네일을 클릭하면 됩니다.

그림 3-5 히어로 유닛과 캐러젤 슬라이더

Slide Layout

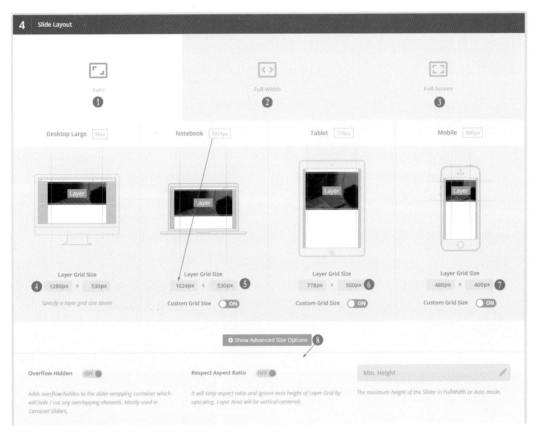

그림 3-6 슬라이드 레이아웃

슬라이드 레이아웃에서는 슬라이드를 어떤 크기로 보여줄지 설정하며 세 가지 레이아웃이 있습니다. 테마 옵션에서 '와이드'와 '박스'의 두 가지 레이아웃을 선택할 수 있었는데 **Auto①**는 와이드 일 때는 넓은 폭으로, 박스일 때는 콘텐츠 폭으로 자동으로 제한되게 합니다. **Full Width②**와 **Full Screen③**에 대해서는 나중에 그림을 통해 알아보기로 하고 우선 Auto를 선택하고 설정합니다.

화면의 가장 큰 사이즈인 Desktop Large에서 **Layer Grid Size④**의 너비를 1280 x 530픽셀로 입력합니다. 테마 옵션의 '박스' 너비를 기준으로 슬라이드를 만드는데 The7 테마는 박스 너비가 1280픽셀이며 높이는 사용할 이미지에 따라 설정합니다. 여기서는 이미지의 높이인 530을 입력했습니다. 여기서 사용할 이미지의 크기는 1841 x 530픽셀입니다(첨부 파일의 images/slider-images 폴더). 위와 같이 그리드 너비를 설정하더라도 전체 폭 슬라이드로 사용할 때가 있는데 이때는 콘텐츠 영역을 벗어난 부분은 배경 이미지로 나타납니다. 따라서 '박스'나 '와이드' 두 가지 레이아웃에서 모두 같은 높이의 슬라이더를 사용하려면 처음부터 너비가 넓은 이미지를 사용합니다.

그림 3-7 슬라이더 이미지

만일 박스 너비의 슬라이더로 사용하기 위해 1280 × 530픽셀의 이미지를 사용한다면 와이드 레이아웃으로 변경했을 때 슬라이더가 비율을 유지하면서 늘어나기 때문에 높이가 늘어나게 됩니다. 또한, 글자가 들어갈 때를 대비해 이미지의 피사체가 적당한 위치에 오도록 잘라서 사용합니다. 위 이미지에서는 글자를 피사체 왼쪽에 배치하는 것이 좋습니다.

노트북과 모바일 기기의 레이아웃은 Custom Grid Size 버튼을 클릭해 On으로 만든 다음 너비는 그대로 두고 **높이❺, ❻, ❼**만 설정합니다. 이전 버전에서는 기기별로 높이를 설정할 수 없어서 화면의 너비가 줄어들면 슬라이더 이미지가 비율대로 줄어들어 아주 작은 슬라이더로 나타나는 문제가 있었습니다. 새 버전에서는 모바일 기기에서의 슬라이더 높이를 설정할 수 있게 되면서 일정한 크기의 슬라이더를 볼 수 있습니다. **Show Advanced Size Options❽** 버튼을 클릭하면 추가 옵션이 나오지만 그대로 둡니다.

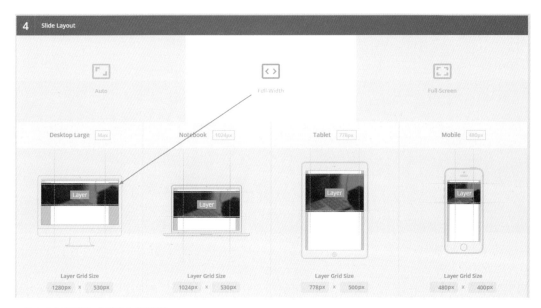

그림 3-8 Full Width 슬라이드 레이아웃

Full Width는 그림의 슬라이더가 나오는 부분이 화면의 전체 너비를 사용한다는 의미입니다. 하지만 이는 레볼루션 슬라이더만의 설정이고 레볼루션 슬라이더는 테마의 페이지 빌더에 의해 관리되므로 Full Width를 선택하더라도 테마 옵션에서 박스 폭을 선택했다면 슬라이더가 박스 폭으로 나타납니다.

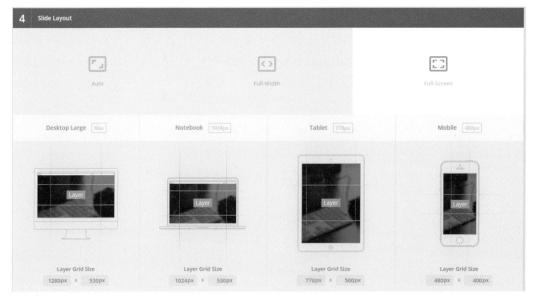

그림 3-9 Full Screen 슬라이드 레이아웃

Full Screen은 슬라이더가 화면의 전체 높이와 전체 너비를 사용합니다. Full Screen을 선택했을 때에도 Full Width와 같은 문제가 있습니다. 따라서 Full Width나 Full Screen을 선택할 때에는 항상 사이트 레이아웃을 와이드로 설정해야 합니다. 여기서는 Auto를 사용할 것이므로 다시 Auto를 선택하고 다음 설정으로 갑니다.

기타 박스

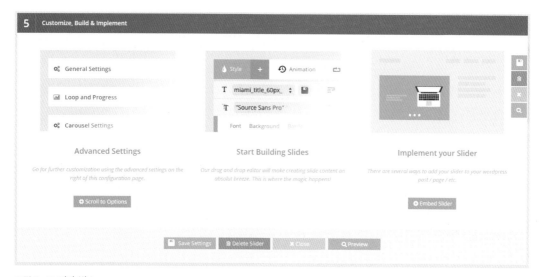

그림 3-10 기타 박스

이 박스는 별다른 설정을 위한 박스는 아니고 상단으로 이동하거나(Scroll to Options), 임베드 코드를 복사할 수 있는(Embed Slider) 버튼이 있고, 기타 여러 가지 버튼이 있습니다. 이들은 오른쪽 끝에 있는 버튼과 같은 버튼입니다. 위 박스 아래에는 CSS와 자바스크립트 코드를 위한 박스가 있지만 사용하지 않습니다. 우선 설정한 내용을 저장하기 위해 녹색의 Save Settings 버튼을 클릭하면 슬라이더 목록으로 이동합니다. 슬라이더를 처음 만들 때만 슬라이더 목록으로 이동하며 다시 설정 화면으로 들어가서 설정을 저장하면 이동하지 않습니다.

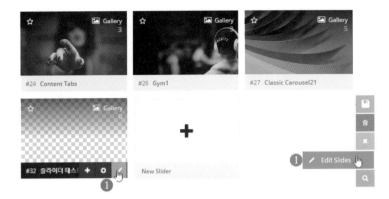

그림 3-11 편집 화면으로 가기

슬라이더 목록에서 편집하고자 하는 슬라이더의 **편집 버튼❶**을 클릭합니다. 슬라이더를 처음 만들기 위해 슬라이더 설정 화면으로 이동하면 편집 버튼이 나타나지 않지만, 설정이 완료된 상태에서 다른 화면으로 이동했다가 다시 설정 화면으로 이동하면 오른쪽에 있는 버튼 그룹에 편집 버튼이 추가됩니다. 이를 클릭해도 슬라이드 편집 화면으로 이동합니다.

04 슬라이더 편집화면

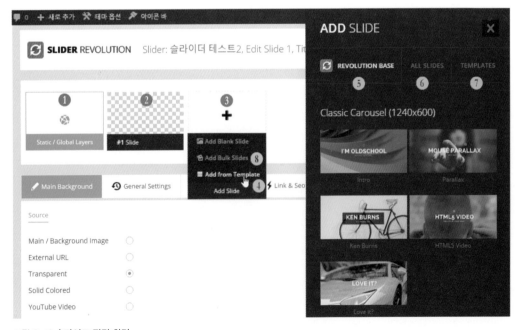

그림 3-12 슬라이드 편집 화면

슬라이드 편집 화면의 상단에는 Static / Global Layers 썸네일❶이 있고 **투명 배경의 빈 슬라이드** ❷가 하나 만들어져 있습니다. **플러스 아이콘❸**이 있는 썸네일에 마우스를 올리면 메뉴가 나오며, 슬라이드를 새로 추가할 수 있습니다. **Add from Template❹**를 클릭하면 오른쪽에 템플릿을 선택할 수 있는 패널이 나옵니다. **레볼루션 슬라이더 기준의 템플릿❺**과 이미 저장된 슬라이더인 **전체 슬라이더 기준 템플릿❻**, 자신이 **저장한 템플릿❼**에서 선택할 수 있습니다. 이미지를 추가함과 동시에 여러 개의 새로운 슬라이드를 한 번에 만들기 위해 **Add Bulk Slides❽**를 클릭합니다.

슬라이더 이미지 추가하기

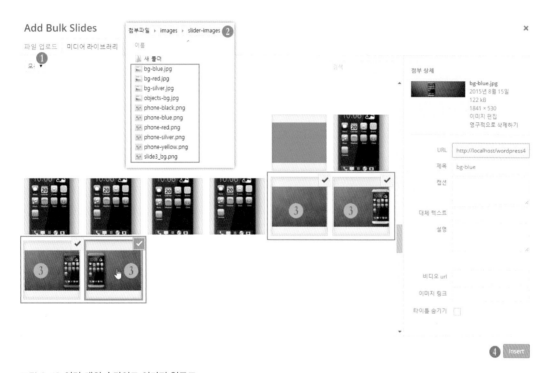

그림 3-13 여러 개의 슬라이드 이미지 업로드

파일 업로드❶ 탭에서 '파일을 선택하세요' 버튼을 클릭한 다음 첨부 파일의 '첨부파일/images/slider-images' 폴더에서 모든 이미지를 업로드합니다. 업로드한 다음에는 모든 이미지가 선택돼 있으므로 이들 중 **배경으로 사용할 이미지❸**만 남겨두고 선택을 해제합니다. **Insert❹** 버튼을 클릭하면 슬라이더 이미지로 추가됩니다.

슬라이드 정렬

그림 3-14 슬라이드 순서 재정렬

슬라이드 목록에서 기존에 임의로 추가된 슬라이드인 #1 Slide에 마우스를 올리고 **Delete❶**를 클릭해 제거합니다. 추가된 슬라이드의 **썸네일❷**에 마우스를 올리고 드래그해서 슬라이드를 정렬합니다. **휴대폰 이미지가 없는 슬라이드❸**는 마지막으로 보냅니다.

여기까지만 해도 슬라이더는 완성됩니다. 배경 이미지만 업로드해도 슬라이더가 되는 것이죠. 그러면 슬라이드의 세부 설정을 알아보기 전에 확인 페이지를 만들고 어떻게 나타나는지 확인할 필요가 있습니다. 오른쪽에서 **저장 버튼❹**을 클릭한 다음 **설정 버튼❺**을 클릭해 설정 화면으로 이동합니다. 설정 화면은 그대로 두고 새 페이지를 만들겠습니다. 위 편집 화면에서 주의해야 할 점은 저장 버튼과 설정 버튼을 잘 구분해야 합니다. 저장하려고 했으나 설정 버튼을 클릭하면 작업한 내용이 사라집니다. 급하게 작업하다 보면 아무 생각 없이 버튼을 누르게 되니 조심하세요.

∩5 슬라이더 확인 페이지 만들기

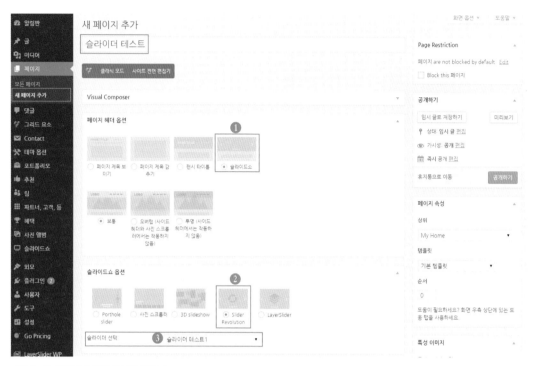

그림 3-15 슬라이더 확인 페이지 만들기

새 페이지 추가의 페이지 헤더 옵션에서 **슬라이드쇼❶**를 선택하고, 슬라이드쇼 옵션에서 **Slider Revolution❷**을 선택한 다음 앞서 만든 **슬라이더❸**를 선택합니다. 공개하기 버튼을 클릭하고 사이트에서 확인합니다. 배경이미지만 슬라이드 될 것입니다. 슬라이드 설정을 변경하면서 이 페이지에서 새로고침 하면서 확인합니다.

이전의 슬라이드 설정 화면으로 갑니다.

06 슬라이더 세부 설정

일반 설정(General Settings)

그림 3-16 일반 설정의 Slideshow와 Default 탭

설정 화면 오른쪽 위에는 여러 가지 옵션 설정 박스가 있습니다. 엄청난 양의 옵션이므로 모두 설명할 수는 없으니 일부 중요한 옵션만 설명하겠습니다. 설정을 변경하면서 슬라이더가 어떻게 변경되는지 확인하려면 오른쪽에 있는 버튼 그룹에서 녹색의 저장 버튼을 클릭하고 사이트에서 확인합니다. 버튼 그룹 아래에 있는 미리보기 버튼을 클릭해도 되지만 실제 사이트에서 나타나는 것과 다를 수 있습니다.

General Settings❶ 박스를 클릭하면 내용이 펼쳐집니다. Slideshow❷ 탭을 클릭하고 각 옵션의 글자❸에 마우스를 올리면 추가 설명이 나옵니다. Show Slide On Hover❹를 On으로 하면 슬라이드에 마우스를 올렸을 때 슬라이드가 정지됩니다. Stop Slide After❺를 On으로 하면 입력 상자가 나타납니다. 슬라이드가 몇 회 반복한 다음 정지할지 설정하는 옵션입니다. 슬라이더는 항상 애니메이션되게 하는 것보다는 슬라이드의 내용을 몇 차례 전부 보여준 다음 정지하는 것이 좋을 수도 있습니다.

Shuffle / Random Mode❻는 슬라이드를 무작위의 순서대로 나오게 합니다. 슬라이드가 하나만 있다면 같은 이미지가 반복해서 나오게 하는 것보다는 Loop Single Slide❼에서 정지(Off) 시키는 것이 좋습니다. Stop Slide Out of Viewport❽는 스크롤 해서 슬라이드에서 벗어났을 때 슬라이드를 정지합니다.

Default 탭에서 **Default Slide Duration❾**은 하나의 슬라이드가 실행되는 시간입니다. 이미지만 있다면 일반적으로 4000밀리초를 사용하지만, 글자나 레이어 애니메이션을 만들 것이므로 기본인 9000으로 입력해둡니다. **Initialization Delay❿**는 슬라이더가 시작되기 전 대기 시간입니다.

Transition⓫부터는 체크박스가 있는데 체크하고 저장하면 슬라이드를 만들 때 오른쪽의 선택 상자에 있는 설정 내용대로 만들어집니다. 즉 Transition에 체크하고 선택상자에서 Fade가 선택된 상태에서 저장하면 새 슬라이드를 만들 때 기본 트랜지션이 Fade로 설정되는 것입니다. 이들 내용은 개별 슬라이드를 만들 때 설명하므로 여기서는 생략합니다.

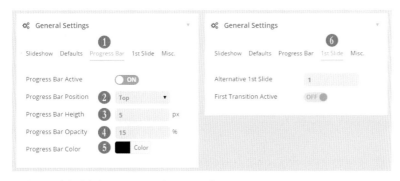

그림 3-17 일반 설정의 Progress Bar와 1st Slide 탭

Progress Bar❶ 탭에서는 프로그레스 바를 설정합니다. 이는 슬라이드의 진행 시간을 보여주는 것으로 슬라이더의 위나 아래에 배치❷할 수 있습니다. 프로그레스 바의 폭❸과 투명도❹, 색상❺을 설정할 수 있습니다. **1st Slide❻** 탭에서는 몇 번째 슬라이드를 먼저 실행할지 설정할 수 있습니다.

레이아웃 및 비주얼(Layout & Visual)

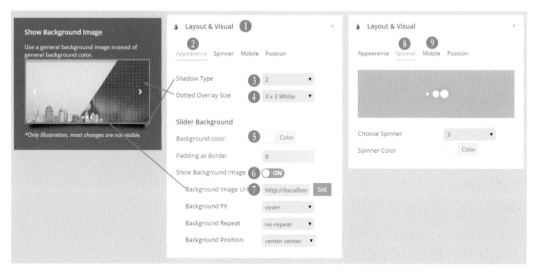

그림 3-18 레이아웃 & 비주얼의 Appearance와 Spinner 탭

Layout & Visual❶ 박스를 클릭해 펼치면 Appearance❷ 탭이 선택돼 있습니다. Shadow Type❸는 슬라이더 아래의 그림자 효과를 설정합니다. Dotted Overlay Size❹는 슬라이더에 점무늬 오버레이 패턴을 추가할 수 있습니다. Slider Background Color❺에서는 배경 색을 설정할 수 있습니다. Show Background Image❻를 On으로 선택하면 이미지를 추가할 수 있으며 모든 슬라이드의 기본 배경 이미지로 나타납니다. 슬라이드 배경 이미지가 애니메이션되는 동안 비어있는 상태를 보완할 수 있습니다. Spinner❽ 탭을 선택하면 슬라이드 이미지가 나타나기 전에 나오는 로딩 이미지를 설정할 수 있습니다. Mobile❾ 탭에서는 슬라이더를 모바일에서 보이지 않게 하거나 일부 기능을 정지할 수 있고 일정 크기의 화면 사이즈에서 슬라이더나 레이어를 보이지 않게 할 수 있습니다.

내비게이션(Navigation)

Arrow 탭

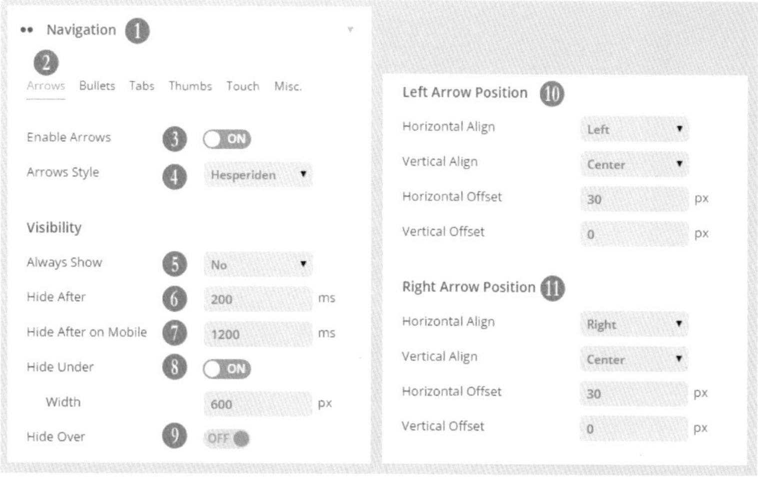

그림 3-19 내비게이션의 Arrows 탭

내비게이션은 슬라이드 왼쪽과 오른쪽에 있는 화살표를 말합니다. **내비게이션❶** 박스를 펼치면 **Arrows❷** 탭이 선택돼 있습니다. **Enable Arrows❸**를 Off로 하면 내비게이션이 비활성화됩니다. **Arrow Style❹**에서 여러 가지 모양을 선택할 수 있습니다.

가시성(Visibility)에서 **Always Show❺**를 No로 하면 슬라이더에 마우스를 올렸을 때만 내비게이션이 나타납니다. 마우스가 벗어났을 때 내비게이션이 사라지는 시간은 **Hide After❻**에서 설정하며 모바일에서 터치한 후 사라지는 시간은 **Hide After on Mobile❼**에서 설정합니다.

Hide Under❽는 입력한 화면 폭에서 내비게이션이 나타나지 않습니다. **Hide Over❾**를 On으로 하면 입력 상자가 나오며 입력된 값에 해당하는 화면 폭 이상일 경우 내비게이션이 나타나지 않습니다.

Left Arrow Position❿과 **Right Arrow Position⓫**에서는 각각 왼쪽과 오른쪽 화살표의 위치를 설정합니다. Offset은 정해진 위치에서 어느 정도 떨어진 거리에 재배치할지 설정합니다. 30px로 입력하면 슬라이더의 좌우 끝에서 30px 떨어진 위치에 배치됩니다.

Bullet 탭

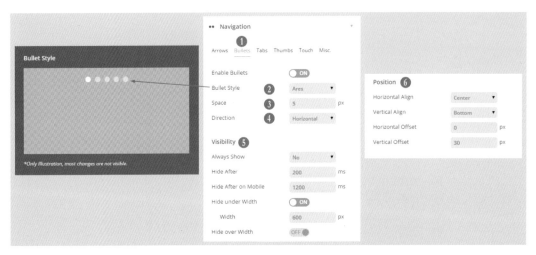

그림 3-20 내비게이션의 Bullet 탭

불릿❶은 슬라이더의 개수와 활성 상태를 표시합니다. **Bullet Style❷**에서 불릿의 모양을 선택합니다. **Space❸**는 불릿 사이의 간격입니다. **Direction❹**은 불릿이 정렬되는 방향을 의미합니다. 세로 (Vertical)로 만들 수 있는 불릿은 슬라이더의 왼쪽이나 오른쪽 끝 중앙에 배치할 수도 있고 이에 맞춰서 내비게이션은 왼쪽과 오른쪽의 위나 아래에 몰아서 배치할 수도 있습니다. **가시성❺**은 내비게이션의 가시성과 같게 설정하며 **포지션❻**은 불릿의 위치를 설정합니다.

Tabs 탭

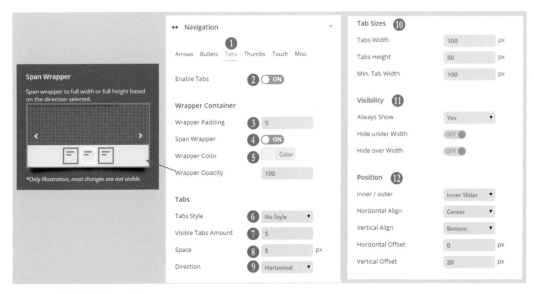

그림 3-21 내비게이션의 Tabs 탭

탭(Tabs)은 불릿과 같은 역할을 하지만 불릿 대신 이미지를 사용합니다. 제목이나 콘텐츠를 출력할 수 있는 점에서 다음에 설명할 썸네일(Thumbs)과 다릅니다. **Tabs①**를 선택하면 비활성화돼 있으므로 **Enable Tabs②**를 클릭해 활성화합니다. 활성화하면 여러 가지 옵션이 나옵니다.

Wrapper Container는 탭을 감싸는 콘테이너로 배경을 설정할 수 있습니다. **Wrapper Padding③** 은 탭 이미지와 콘테이너의 위아래 간격입니다. **Span Wrapper④**를 On으로 하고 **Wrapper Color⑤**에서 배경 색상과 투명도를 설정합니다. 투명도는 0부터 100까지 입력할 수 있습니다. 0은 완전 투명입니다.

Tabs Style⑥에서 탭 모양을 선택할 수 있으며 어떤 것을 선택하느냐에 따라 제목이나 콘텐츠가 나타 나게 할 수 있습니다. 제목은 각 슬라이드의 이름을 사용하며 콘텐츠는 각 슬라이드를 설정할 때 파라 미터를 입력할 수 있는데 이 내용을 출력합니다. 따라서 각 슬라이드에서 파라미터를 입력하지 않았다 면 파라미터가 나타나는 스타일을 선택했을 때 {{param}}이라는 글자가 출력됩니다.

Visible Tabs Amount⑦는 예를 들어 슬라이드가 10개일 경우 탭을 설정하면 10개의 탭이 나오지만 5개로 설정하면 탭의 이미지가 5개만 나오고 자동으로 슬라이드되면서 순서대로 나머지 탭 이미지가 나오게 됩니다. **Space⑧**는 탭 사이의 간격입니다. **Direction⑨**은 탭이 나타나는 방향입니다.

Tabs Sizes⑩에서 탭의 크기를 설정합니다. **Visibility⑪**에서 화면 폭에 따른 가시성을 설정할 수 있 습니다. **Position⑫**에서는 탭의 위치를 설정할 수 있으며 특히 Inner / Outer에서 Inner Slider를 제외한 옵션을 선택하면 탭을 슬라이더 외부의 상하좌우에 네 가지 방향으로 출력할 수 있는 점은 아 주 좋은 기능입니다.

다음으로 Thumbs 기능을 알아보기 위해 Tabs를 비활성화합니다. 둘 다 활성화하면 이중으로 나타납 니다.

Thumbs 탭

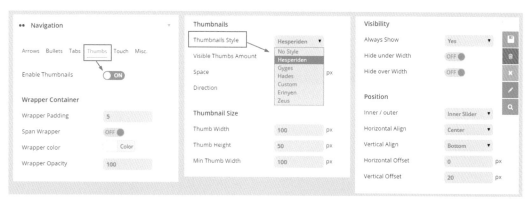

그림 3-22 내비게이션의 Thumbs 탭

Thumbs 탭을 클릭하고 활성화 하면 모든 면에서 Tabs와 같지만 Thumbnails Style의 선택상자를 열어보면 옵션의 수가 적고 선택했을 때 제목이나 파라미터가 나타나지 않습니다. 다만 사이트에서 썸네일에 마우스를 올리면 제목이 슬라이드되면서 나타납니다.

나머지 옵션 설정에 대해서는 많이 사용하지 않으므로 설명은 생략합니다. 아래의 공식 사이트에서 자세한 문서를 참고할 수 있습니다.

http://www.themepunch.com/revslider-doc/first-steps/

설정이 완료됐으면 오른쪽에 있는 버튼 그룹에서 녹색의 저장 버튼을 클릭하고 편집 화면으로 이동하기 위해 파란색의 편집 버튼을 클릭합니다.

∩7 슬라이드 편집하기

글로벌 레이어(Static / Global Layers)

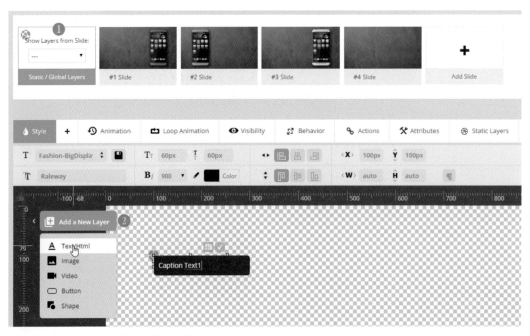

그림 3-23 슬라이드 편집 화면의 글로벌 레이어

슬라이드 썸네일 목록의 가장 왼쪽에 있는 슬라이드는 Static / Global Layers라고 하는데 편의상 글로벌 레이어라고 부르겠습니다. **글로벌 레이어를 클릭❶**하면 활성화되면서 편집 화면이 나옵니다. 이 레이어는 전체 슬라이드에서 맨 앞에 놓이는 레이어로 로고나 글자를 추가❷하면 다른 슬라이드로 바뀌어도 항상 보이게 됩니다. 따라서 전체 너비를 덮는 이미지를 사용하면 다른 슬라이드는 보이지 않게 됩니다.

슬라이드 편집 메뉴

그림 3-24 슬라이드 썸네일의 버튼과 메뉴의 역할

이미지가 있는 **첫 번째 슬라이드❶**를 클릭하면 이 슬라이드가 활성화되면서 아래에 **검은색 배경의 바❷**가 나옵니다. 또한, **슬라이드 편집기❸**에도 이미지가 나옵니다. 각 썸네일에는 아이콘과 메뉴가 있습니다. 썸네일의 오른쪽 위에는 두 개의 아이콘이 있는데 **금지 아이콘❹**을 클릭하면 이 슬라이드는 비활성화돼 사이트에 나타나지 않습니다. 다시 **체크 아이콘❺**을 클릭하면 활성화됩니다. 슬라이드의 이름을 수정하려면 이름이 있는 곳을 클릭해 수정하고 **편집 아이콘❻**을 클릭합니다.

Copy/Move❼는 슬라이드를 다른 슬라이더로 복사하거나 이동할 수 있습니다. **Duplicate❽**는 슬라이드를 복제하는 기능으로 클릭하면 똑같은 슬라이드가 번호만 바뀐 채 추가됩니다. 일반적으로 슬라이드는 하나를 우선 만들고 여러 가지 레이어를 추가해 완성한 다음 이 슬라이드를 복제해 새로운 슬라이드를 만드는 것이 쉽고 편합니다. 하나의 슬라이드에는 여러 가지 레이어나 글자, 설정 등이 저장돼 있으므로 복제해서 글자 내용과 위치만 수정하면 되기 때문입니다. 여기서도 우선 하나의 슬라이드를 만들고 이를 복제한 다음 배경 이미지를 변경하는 방식으로 진행하겠습니다. 이전에 작업했던 것은 여러 개의 슬라이드를 한 번에 추가하는 방법을 보여주기 위한 것입니다. Add to Template❾는 현재의 슬라이드를 템플릿으로 저장합니다.

배경 소스

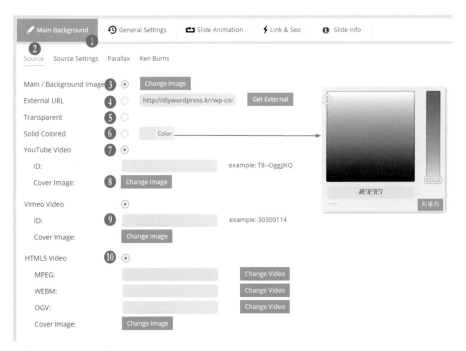

그림 3-25 배경 소스 선택

Main Background❶ 탭의 Source❷ 탭에서는 배경 이미지나 배경색 또는 비디오를 설정할 수 있습니다. 이미 배경 이미지를 추가했지만 다른 옵션을 선택하고 추가할 수 있습니다. Main/Background Image❸의 Change Image 버튼을 클릭해 이전의 이미지를 변경할 수 있습니다. External URL❹은 외부 이미지 URL을 추가하고 Get External 버튼을 클릭하면 슬라이드 편집기에 해당 이미지가 추가됩니다. Transparent❺는 배경을 투명하게 하며 Solid Colored❻는 단색의 배경 색상을 추가합니다.

YouTube Video⑦는 유튜브의 비디오 URL 중 마지막의 ID만 추가하면 됩니다. 비디오가 로드되기 전에 시간이 걸리므로 미리 이미지가 나오게 설정하려면 **Change Image⑧** 버튼을 클릭해 추가합니다. **Vimeo Video⑨**도 유튜브와 비슷한 방법으로 설정합니다. **HTML5 Video⑩**는 웹 브라우저에 호환되는 확장자의 비디오를 여러 개 추가해야 합니다.

소스 설정

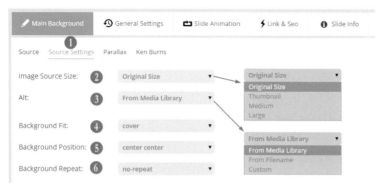

그림 3-26 배경 소스 설정

Source Settings①에서는 배경 소스에 관한 설정을 합니다. **Image Source Size②**는 워드프레스 관리자 화면의 설정 → 미디어에 있는 이미지 크기입니다. 슬라이더가 작은 규모라면 작은 이미지를 선택하는 것이 좋습니다. **Alt③**는 이미지 대체 텍스트(Alternative Text)를 의미하며 웹 접근성 측면에서 이미지 라이브러리에서 추가해주는 것이 좋습니다.

Background Fit④은 슬라이드 전체 크기를 덮을 수 있도록 Cover가 기본으로 설정돼 있습니다. **Background Position⑤**은 이미지의 포지션으로 기본적으로 중앙을 기준으로 합니다. **Background Repeat⑥**은 소스가 패턴이 아닌 이상 no-repeat로 선택합니다.

켄번(Ken Burns) 효과

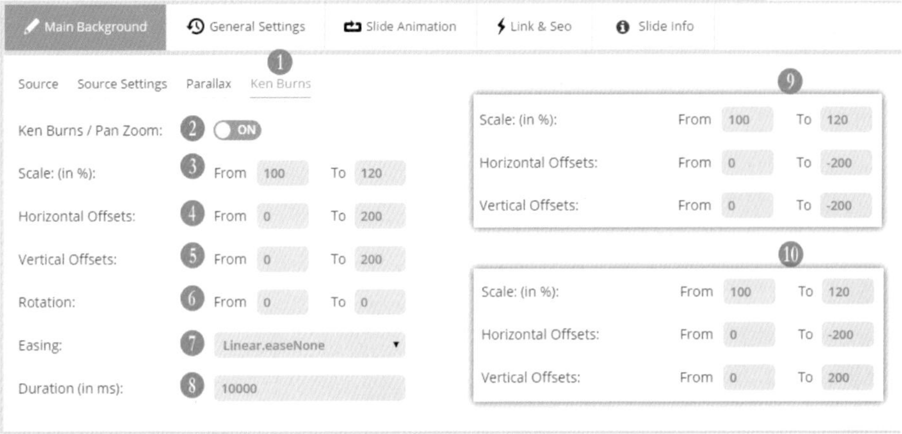

그림 3-27 켄번 효과의 설정

Parallax 탭 설명은 생략하고 **Ken Burns❶** 탭으로 넘어갑니다. **Ken Burns / Pan Zoom❷**의 버튼을 클릭해 On으로 만들면 옵션이 나옵니다. Ken Burns는 이미지에 줌 효과와 패닝(상하좌우로 이동)이 동시에 나타나게 한 슬라이드입니다. 켄 번이라는 다큐멘터리 감독의 이름에서 유래했습니다.

Scale❸에서 From에는 100을 입력하고 To는 120으로 합니다. 이렇게 하면 원래의 크기에서 20% 늘어나는 효과가 됩니다. **Horizontal Offsets❹**와 **Vertical Offsets❺**는 방향을 결정합니다. From에는 모두 0을 입력하고 To에는 200을 입력하면 슬라이더의 왼쪽 위를 기준으로 오른쪽 아래 방향으로 이미지가 늘어나면서 애니메이션 됩니다. 방향을 다르게 하려면 ❾와 ❿처럼 마이너스 수치를 적절하게 사용합니다. ❾의 설정은 수평과 수직의 마이너스 방향으로 이동하므로 슬라이더의 오른쪽 아래를 기준으로 왼쪽 위를 향해 이동합니다. ❿은 오른쪽 아래를 기준으로 왼쪽 위를 향해 이동합니다.

Rotation❻은 이미지가 회전되는 효과이고 단위는 각도입니다. **Easing❼**은 애니메이션의 물리적인 운동 효과를 설정합니다. **Duration❽**은 From부터 To까지 애니메이션되는 동안의 시간이고 단위는 밀리초입니다. 테스트가 끝났으면 다음 실험을 위해 켄번 효과는 비활성화합니다.

08 슬라이드 일반 설정

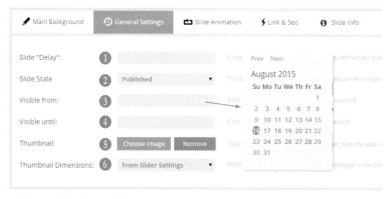

그림 3-28 슬라이드 일반 설정

General Settings 탭을 선택하면 몇 가지 설정을 할 수 있습니다. Slide "Delay"❶에는 슬라이더 일반 설정에서 입력한 9000밀리초의 시간을 덮어쓰기 할 수 있습니다. Slide State❷는 슬라이더를 공개할 것인지 결정합니다. Visible from❸과 Visible until❹은 슬라이드를 시간을 정해두고 보이게 할 수 있습니다. 입력란을 클릭하면 달력이 나옵니다. Thumbnail❺은 슬라이더 일반 설정에서 설정한 Tabs나 Thumbs에 사용되는 썸네일 이미지를 이곳에서 별도로 추가할 수 있습니다. Thumbnail Dimensions❻에서는 슬라이더 일반 설정의 Tabs나 Thumbs에서 설정한 크기의 이미지를 사용할지 원본 이미지의 크기를 사용할지 결정합니다.

09 슬라이드 애니메이션

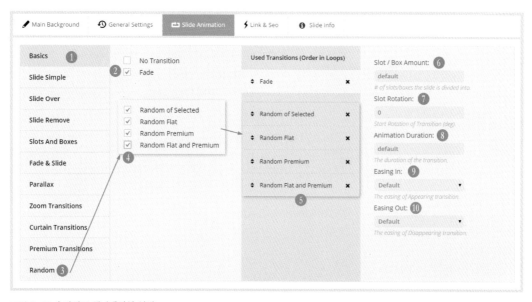

그림 3-29 슬라이드 애니메이션 설정

Slide Animation 탭을 선택하면 기본적으로 **Basic❶**의 **Fade❷**만 사용되고 있습니다. 슬라이더 일반 설정에서 설정한 대로입니다. 왼쪽에서 여러 가지 탭을 선택하면 상당히 많은 효과가 있습니다. 원하는 효과를 선택해 추가할 수 있지만 여기서는 **Random❸**으로 선택합니다. 이를 클릭하면 네 개의 목록이 추가되며 체크박스에 **체크❹**하면 **Used Transition❺** 목록에 추가됩니다. Fade는 오른쪽에 있는 x 아이콘을 클릭해 제거해도 됩니다.

오른쪽 끝의 몇 가지 설정에 대해 알아보겠습니다. **Slot / Box Amount❻**는 트랜지션 효과 중 슬롯으로 나뉘는 효과가 있을 때 슬롯의 수를 결정합니다. 원하는 숫자를 입력하면 되고 입력하지 않으면 기본 수치로 슬롯이 나타납니다. **Slot Rotation❼**은 슬롯에 대한 회전 각도입니다. **Animation Duration❽**은 트랜지션이 진행되는 동안의 시간입니다. **Easing In❾**은 슬라이드의 트랜지션이 시작될 때의 이징 효과이고 **Easing Out❿**은 끝날 때의 이징 효과입니다. 이들 모두는 기본으로 설정해 두면 됩니다.

10 링크와 슬라이드 정보

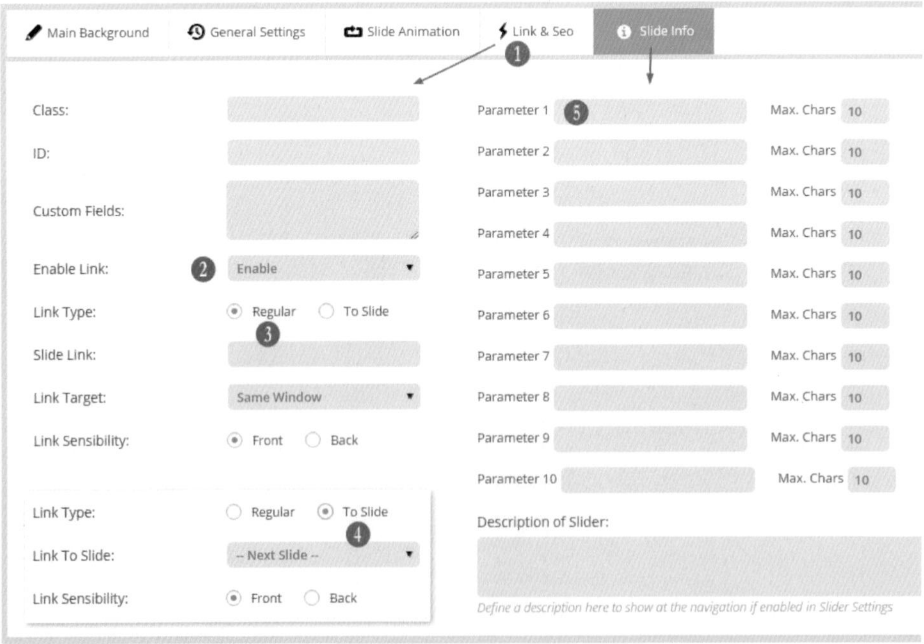

그림 3-30 링크 SEO와 슬라이드 정보

Link & Seo❶ 탭을 선택하면 슬라이드 배경 이미지를 클릭했을 때 이동할 수 있는 링크를 설정할 수 있습니다. Enable Link❷에서 활성화하면 몇 가지 추가 옵션이 나옵니다. Link Type에서 Regular❸를 선택하면 슬라이더를 클릭했을 때 다른 페이지로 이동할 수 있는 링크를 입력할 수 있습니다. Link Sensibility는 슬라이드 배경 이미지에 대해서 우선권을 설정합니다. 슬라이드에는 다른 이미지 레이어나 글자 레이어를 추가할 수 있는데 이들에 대해서도 링크를 추가할 수 있습니다. 슬라이드와 레이어에 모두 링크가 있으면 서로 충돌하므로 레이어에 링크가 있을 때는 Back으로 선택합니다. 링크 타입에서 To Slide❹는 슬라이드를 클릭했을 때 다른 슬라이드로 이동하거나 스크롤다운 할 수 있는 기능입니다.

Slide Info 탭을 선택하면 파라미터를 입력할 수 있는 여러 가지 입력란❺이 있습니다. 슬라이더 설정의 Tabs에서 썸네일의 제목이나 콘텐츠를 출력할 수 있었는데 이곳에 입력한 내용이 콘텐츠로 나옵니다.

11 슬라이더 편집기

그림 3-31 편집기의 각종 도구

슬라이더 편집기는 레이어 편집기라고 할 수 있습니다. 상단에 여러 개의 탭이 있는데 설정 부분이 모두 비활성화❶ 돼 있고 레이어를 추가해야 활성화됩니다. 편집기에서 왼쪽 위에 있는 플러스 아이콘

❷에 마우스를 올리면 레이어를 추가할 수 있는 메뉴가 나옵니다. **레이어 아이콘❸**에 마우스를 올리면 레이어를 빠르게 찾을 수 있습니다. 오른쪽 위에서는 화면 크기에 따른 슬라이드를 볼 수 있습니다. 왼쪽 아래에는 슬라이드의 레이어를 애니메이션 하면서 볼 수 있는 **실행 버튼❺**이 있습니다. 오른쪽 아래에는 그리드를 설정할 수 있는 **Helper Grid❻**와 스냅 기능의 **Snap To❼**가 있습니다.

설명의 편의를 위해 다음과 같이 편집기에 대한 용어를 정의하겠습니다.

- **탭바:** 상단에 있는 탭이 있는 곳
- **옵션 패널:** 탭바 바로 아래의 각종 옵션을 설정할 수 있는 곳
- **편집기:** 편집기 내부
- **레이어 추가 버튼:** 여러 가지 레이어를 추가할 수 있는 버튼❷
- **타임라인:** 편집기 하단의 레이어의 타임라인이 순서대로 나열되는 곳

12 글자 레이어 추가하기

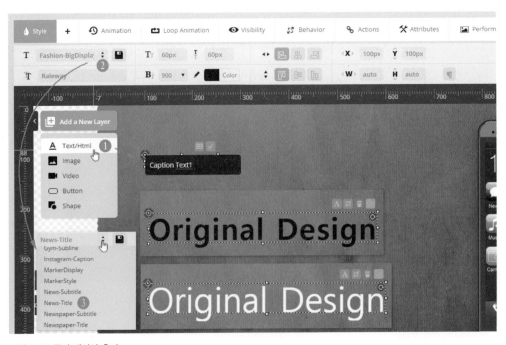

그림 3-32 글자 레이어 추가

레이어 추가 버튼에서 **Text/Html①**을 선택하면 글자 레이어가 추가되고 기본 글자인 'Caption Text1'이 나옵니다. 이 글자를 'Original Design'으로 수정하고 편집기의 빈 곳을 클릭하면 글자가 커지면서 기본 스타일인 Fashion−BigDisplay'로 나타납니다. **Style Template 선택 상자②**를 클릭하고 스크롤 하면서 스타일 이름에 마우스를 올리면 이름의 오른쪽에 샘플이 나옵니다. 원하는 스타일을 선택하면 글자 스타일이 변경됩니다. 여기서는 **News-Title③**을 선택했습니다.

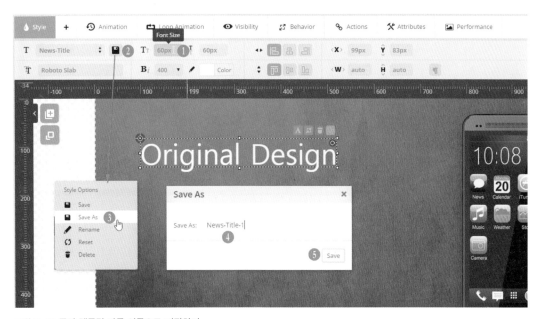

그림 3−33 글자 템플릿 다른 이름으로 저장하기

글자가 조금 크므로 수정하겠습니다. 레이어가 선택된 상태에서 옵션 패널의 **Font Size①**에서 수치를 수정합니다. 클릭하고 위아래 방향키를 누르면 1단위로 변경됩니다. 스타일 템플릿을 변경했으면 이를 다른 곳에도 사용할 수 있게 저장하는 것이 좋습니다. **스타일 저장 버튼②**을 클릭하면 메뉴가 나옵니다. **Save As③**를 선택하고 **이름을 수정④**한 다음 **Save⑤** 버튼을 클릭합니다.

13 글자 레이어 도구

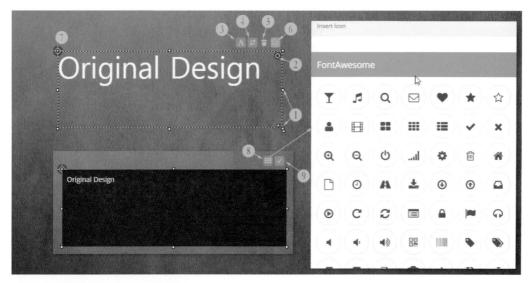

그림 3-34 글자 레이어의 도구

글자 레이어에는 여러 가지 도구가 있으며 스타일 탭에서만 나타납니다. 레이어 박스의 아웃라인에는 **콘트롤 핸들❶**이 있어서 드래그해서 크기를 조절할 수 있습니다. **회전 도구❷**를 클릭해 글자를 회전시킬 수도 있습니다. **편집 도구❸**를 클릭하면 글자를 편집할 수 있고 **아이콘을 추가❽**할 수 있습니다. 아이콘을 추가한 다음에는 **체크 아이콘❾**을 클릭하면 원래의 글자 레이어로 돌아갑니다.

축소 도구❹는 늘어난 아웃라인을 글자의 높이대로 줄이는 기능을 합니다. **삭제 도구❺**는 레이어를 삭제하고, **복제 도구❻**는 레이어를 복제합니다. 레이어에는 **기준점❼**이 있는데 이 기준점이 옵션 패널에서 위치 정보로 나타납니다.

14　그리드 및 스냅 기능 사용하기

그림 3-35 그리드 및 스냅기능 활성화

편집기 오른쪽 아래에 **Helper Grid❶**와 **Snap to❷** 선택 상자가 있습니다. Helper Grid에서
50x50을 선택하면 그리드가 나타나고 Snap to에서 Help lines를 선택하면 레이어가 그리드 선에 자
석처럼 달라붙습니다.

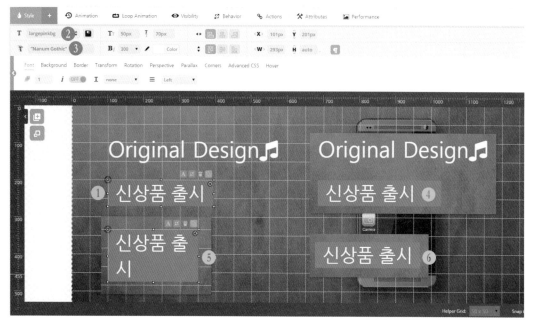

그림 3-36 스타일 템플릿 사용하기

새로운 **글자 레이어❶**를 추가하고 한글로 수정한 다음 **스타일 템플릿 선택 상자❷**에서 'largepinkbg'를 선택합니다. **폰트 패밀리 입력 상자❸**에 "Nanum Gothic"을 입력한 다음 사이트에서 확인하면 **오른쪽❹**이 넓게 나타납니다. 편집기와 실제 사이트에서 표현되는 방식이 달라서인데 편집기에서 레이어의 **너비❺**를 줄여야 제대로 나타납니다❻. 이러한 현상은 배경색을 사용하는 스타일에서 나타나므로 주의해야 합니다.

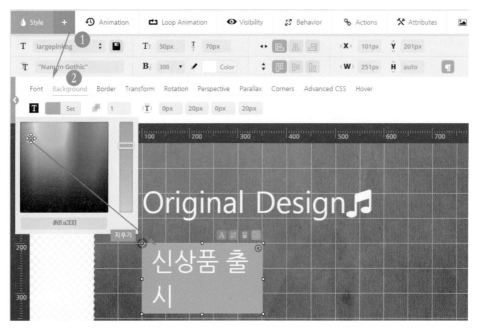

그림 3-37 추가 옵션 패널

Style 탭 오른쪽에 있는 **플러스 아이콘❶**을 클릭하면 추가 옵션 패널이 나옵니다. **Background❷** 탭을 선택하고 색상 버튼을 클릭하면 컬러 피커가 나옵니다. 색상을 선택하면 배경색이 변경됩니다. 상당히 많은 옵션이 있으므로 둘러보면서 이것저것 적용해보면 빠르게 익힐 수 있습니다. 포토샵을 다뤄본 분들은 많은 도움이 됩니다. 스타일을 수정했으니 Save As를 이용해 다른 이름으로 저장하세요.

15 버튼 만들기

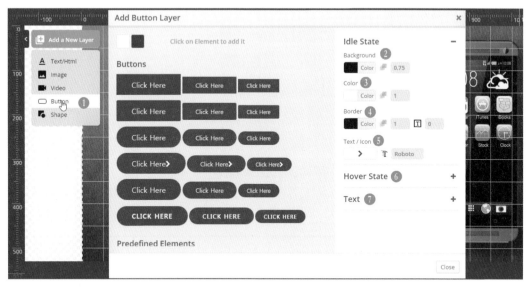

그림 3-38 버튼 레이어 설정 박스

레이어 추가 버튼에서 **Button❶**을 클릭하면 버튼 레이어를 추가하는 창이 나옵니다. 왼쪽에는 미리 정의된 버튼 스타일이 있고 검은색 배경에 흰색 글자입니다. 오른쪽에서 설정하면 변경됩니다. 미리 정의된 버튼을 클릭하면 창이 사라지므로 우선 버튼 모양을 변경해야 합니다.

Background❷는 버튼의 배경색을 설정합니다. 현재 투명도가 0.75로 돼 있어서 색상은 검은색이지만 짙은 회색으로 나오고 있습니다. **Color❸**는 버튼의 글자색이며, **Border❹**는 버튼의 테두리 색입니다. **Text/Icon❺**에서 아이콘과 폰트 패밀리를 설정할 수 있습니다.

Hover State❻는 버튼에 마우스를 올렸을 때의 버튼 모양을 설정할 수 있으며 오른쪽에 있는 플러스 아이콘을 클릭하면 펼쳐집니다. **Text❼**는 버튼의 글자를 입력할 수 있는 곳입니다.

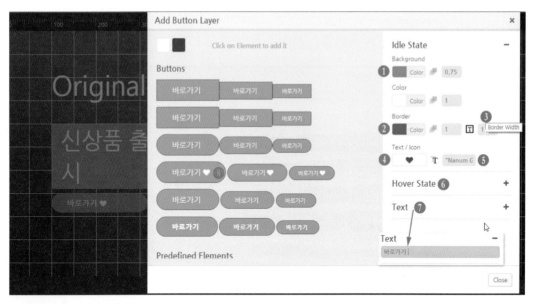

그림 3-39 버튼 레이어의 설정

슬라이드의 배경 이미지가 어두운색이므로 이를 고려해서 **버튼의 배경색❶**을 설정합니다. **테두리❷** 는 배경색보다 짙은 색으로 하고 **테두리의 두께❸**를 입력합니다. **아이콘을 추가❹**하고 **폰트 패밀리❺** 를 "Nanum Gothic"으로 입력합니다. 반드시 따옴표를 추가하세요. 마우스 오버 상태의 **버튼 스타일 ❻**은 다른 색으로 설정합니다. Text**❼**는 한글로 수정하고 한 칸 띄워주면 아이콘과 **공백❽**이 만들어 집니다. 완료됐으며 **아이콘이 있는 큰 버튼❽**을 클릭합니다. 버튼은 한번 만들면 저장한다거나 다시 설정한 화면으로 돌아오는 기능이 없으니 처음 만들 때 주의해서 만들어야 합니다. 다만 스타일 탭의 옵션 패널에서 각종 도구를 이용해 수정할 수는 있습니다.

그림 3-40 버튼 레이어의 배치

'신상품 출시'라는 글자가 한 줄이라고 생각하고 버튼을 배치합니다. 스타일 옵션 패널에서 **Font Size❶**와 **Line height❷**를 30px로 수정합니다. 하지만 **아이콘❸**의 크기는 변경되지 않으므로 코드를 수정해야 합니다. 레이어를 늘리고 **편집 도구❹**를 클릭해 아이콘 코드에 인라인 스타일을 다음과 같이 추가❺합니다.

```
<i class="fa-icon-heart" style="font-size:30px;"></i>
```

콘트롤 핸들❻을 드래그해서 버튼의 크기를 적절하게 조정합니다.

그림 3-41 버튼에 링크 추가하기

Actions❶ 탭을 선택하면 레이어에 특정 작업을 설정할 수 있습니다. 옵션 패널에 있는 플러스 버튼을 클릭하면 **선택 상자❷**가 나옵니다. 이를 클릭하면 세 가지 옵션이 있는데 레이어에 마우스를 클릭(Click)하거나 올렸을 때(Mouse Enter) 또는 올렸다가 나왔을 때(Mouse Leave)의 작업을 할 수 있습니다. 여기서는 버튼이므로 **Click**을 선택합니다.

❸의 선택 상자는 작업 내용입니다. 어떤 옵션을 선택하느냐에 따라 오른쪽에 있는 설정 내용이 달라집니다. 많은 옵션이 있는데 예를 들어 두 개의 버튼을 만들어 하나는 Pause Slider, 다른 하나는 Play Slider 기능을 추가할 수 있습니다. 여기서는 단순한 링크 역할을 하므로 **Simple Link**를 선택합니다.

Link Url❹에는 이동할 웹 페이지 링크를 추가합니다. **Link Target❺**에서 New Window를 선택하면 브라우저의 새 탭에서 열립니다. **Link Type❻**는 a Tag Link를 선택합니다.

16 레이어 애니메이션

그림 3-42 레이어 애니메이션

레이어가 선택된 상태에서 **애니메이션 탭①**을 클릭하면 글자가 애니메이션 됩니다. 탭 오른쪽의 **정지 버튼②**을 클릭하면 정지되고 플레이 버튼으로 전환됩니다. 또한 **③**의 이미지가 애니메이션되는 모습을 볼 수 있습니다. **애니메이션 템플릿 선택 상자④**를 클릭해 다른 템플릿을 선택하면 변경됩니다. 여기서는 LettersFlyInFromLeft를 선택했습니다. 이는 글자가 하나씩 왼쪽에서 날아오듯이 애니메이션된다는 의미입니다. 이 설정은 오른쪽의 Split Animation Text 선택 상자에서 **Char Based⑤**가 선택됐기 때문이며 다른 옵션을 선택하면 변경됩니다. Word Based를 선택하면 단어별로 애니메이션됩니다. 바로 오른쪽에 있는 옵션인 **Animation Delay Between Splitted Elements⑥**는 글자 하나당 애니메이션되는 속도입니다. 100으로 변경하면 1초가 걸립니다. 이렇게 설정을 변경하고 다른 글자에 적용하고자 하면 **Template Option 버튼⑦**을 클릭해 Save As로 저장하면 됩니다.

17 루프 애니메이션(Loop Animation)

그림 3-43 루프 애니메이션의 Pendulum

버튼 레이어를 선택하고 **Loop Animation❶** 탭을 선택하면 Loop Animation 스타일이 Pendulum(시계추)으로 선택돼 있고 버튼이 시소처럼 위아래로 반복 운동을 합니다. 루프 애니메이션은 왼쪽의 Animation 탭에서 설정한 애니메이션이 끝나고 나서 정지된 시간 동안 반복하는 애니메이션 옵션입니다. 슬라이드가 정지된 상태에서 뭔가 움직이면 방문자의 눈길을 끌 수 있게 됩니다.

Loop Speed❷는 한 번의 반복 운동에 걸리는 시간이며 **Loop Easing❸**은 반복 운동의 이징 설정입니다. **2D Rotation Start deg.❹**는 반복 운동을 하는 시작 각도이며 **2D Rotation End deg.❺**는 종료 각도입니다. 따라서 설정대로 −20도에서 시작해 20도에서 종료되고 다시 원위치로 돌아가는 반복 운동입니다. **2D Rotation X Origin❻**은 반복 운동의 X축 기준점이고, **2D Rotation Y Origin❼**은 반복 운동의 Y축 기준점입니다. 따라서 설정대로라면 버튼 폭과 높이의 50%인 중앙을 기준으로 반복 운동합니다.

그림 3-44 Rotate의 옵션

Rotate❶를 선택하고 위처럼 설정하면 2초 동안❷ 0도❸에서 시작해 360도❹에서 끝나는 회전운동을 하므로 계속 회전하게 됩니다.

그림 3-45 Slideloop의 옵션

Slideloop❶는 X축으로 10px❷ 떨어진 거리에서 100px❸만큼 왕복 운동을 합니다.

그림 3-46 Pulse의 옵션

Pulse❶는 원래의 크기❷에서 2배의 크기❸로 늘어났다 줄어드는 반복 운동을 합니다.

그림 3-47 Wave의 옵션

Wave❶는 버튼을 중심(2,3)으로 30도❹에서 시작해 반지름인 30px❺만큼의 원운동을 합니다.

18 가시성(Visibility)

그림 3-48 가시성 설정

Visibility 탭에서는 레이어의 가시성을 설정합니다. ❶의 설정대로라면 태블릿과 스마트폰 크기에서 해당 레이어가 보이지 않습니다. **Hide "Under" Width**❷는 슬라이더 설정 화면의 Layout & Visual → Mobile 탭의 'Hide Element Under Width' 항목에서 너비를 설정할 수 있는데 이 너비보다 좁을 때 레이어가 보이지 않게 합니다. **Only on Slider Hove**❸는 슬라이드에 마우스를 올렸을 때만 레이어가 나타나게 합니다. 나머지 탭은 설명을 생략합니다.

19 타임라인

그림 3-49 타임라인의 각종 도구

타임라인❶을 클릭하면 해당 레이어가 선택되며 팝업창이 나타납니다. ❷의 편집 아이콘을 클릭해도 선택됩니다. 각 타임라인에는 네 개의 콘트롤 핸들이 있는데 팝업창에 있는 4개의 옵션과 같습니다. 이 **콘트롤 핸들**❸을 드래그하면 시간을 조절할 수 있고 팝업창에서 숫자를 수정해도 됩니다.

Play 버튼을 클릭하면 애니메이션이 실행되는데 ❹의 Dragme 아이콘을 드래그하면 수직선과 같이 이동하며 위치에 따른 애니메이션되는 순간을 볼 수 있습니다. 이를 원위치로 이동하려면 ❺의 아이콘을 클릭해도 됩니다. 플레이 도중 이 아이콘을 클릭해도 중지되면서 원위치로 돌아갑니다. ❻의 아이콘을 드래그하면 레이어의 위치를 바꿀 수 있습니다. ❼의 아이콘은 타임라인에서 끝 부분의 콘트롤 핸들을 안쪽으로 끌어당겨 끝나는 시간을 조절할 수 있는데 다시 끝부분으로 정확하게 이동시킬 때 사용합니다.

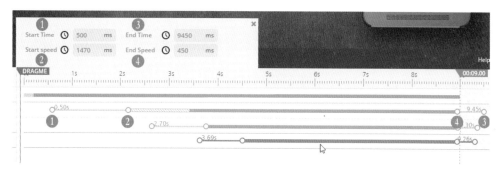

그림 3-50 타임라인의 시간 설정

여러 개의 레이어를 사용하는 경우 필요에 따라 모든 레이어가 순서대로 나타나게 하는 것이 좋습니다. 방문자는 애니메이션되는 것을 보기 때문에 하나씩 보여주는 것입니다. 그림과 같이 세 개의 타임라인의 Start Time❶을 다르게 설정합니다. 순서대로 처음 레이어는 슬라이드 시작 후 0.5초 후에 시작되고 두 번째 레이어는 2.7초 후에, 세 번째 레이어는 3.69초 후에 시작됩니다. Start Speed❷는 레이어가 애니메이션되는 시간입니다. 따라서 첫 번째 레이어는 0.5초에 애니메이션이 시작되고 1.470초 후에 종료됩니다. 이후 정지 상태로 있다가 End Speed❹의 속도로 애니메이션되면서 End Time❸에 종료됩니다.

슬라이드의 전체 시간은 9초인데 3의 End Time이 시간을 벗어나 9.45초에 있습니다. 슬라이드가 종료되면서 별도로 종료 애니메이션을 설정할 필요가 없기 때문입니다. 종료 애니메이션이 필요한 것은 하나의 레이어가 사라지고 같은 위치에 다른 레이어를 배치하고자 할 때 필요합니다.

타임라인에서 2의 콘트롤 핸들 다음에 사선이 그어진 부분은 해당 레이어의 애니메이션이 Split Animation Text 효과가 적용되므로 글자가 분리되면서 나오는 데 시간이 걸리기 때문에 실제 애니메이션 시간은 설정한 것보다 길어집니다.

그림 3-51 사이트에서 확인

사이트에서 확인합니다.

20 두 번째 슬라이드 만들기

그림 3-52 슬라이드 복사를 통한 추가 슬라이드 만들기

첫 번째 슬라이드에서 **Duplicate❶**를 클릭해 복제한 다음 2번과 3번 슬라이드는 삭제합니다. 4번은 다음에 이미지 레이어 테스트에 사용할 것입니다. 복제한 슬라이드를 선택하고 배경 이미지를 바꾼 다음 각 레이어를 편집하면 됩니다. 배경 이미지를 변경해도 썸네일 이미지는 변경되지 않는데 이는 편집 화면에서 나간 다음 다시 들어오면 됩니다.

그림 3-53 오른쪽 정렬의 문제

두 번째 슬라이드는 이미지가 왼쪽에 있으므로 레이어를 오른쪽으로 옮겨서 배치합니다. 주의할 점은 오른쪽 정렬이 잘 적용되지 않아서 사이트를 보면서 위와같이 들쭉날쭉하게 배치해야 합니다.

21 이미지 레이어 사용하기

그림 3-54 이미지 추가 방법

슬라이드 목록에서 마지막의 배경 이미지만 있는 슬라이드를 선택하고 편집합니다. 이미지 레이어를 추가하는 방법은 두 가지가 있습니다. 하나는 레이어 추가 버튼에서 **Image❶**를 선택하고 계속 추가하는 방법이 있고 다른 하나는 추가한 이미지에 대해 각종 설정을 한 다음 복제해서 이미지만 교체하는 방법입니다. 같은 효과에 같은 설정이라면 두 번째 방법이 여러모로 편리합니다.

이미지를 추가한 다음 **애니메이션❷** 탭에서 애니메이션을 선택하고 Actions 탭이나 다른 탭에서 링크 등 여러 가지 옵션을 설정합니다. **Style❸** 탭을 선택하고 이미지 레이어를 클릭하면 이미지 오른쪽 아래에 도구 모음이 나옵니다. **복제 도구❹**를 클릭하면 복제됩니다. 복제한 이미지 레이어의 **이미지 도구❺**를 클릭하고 다른 이미지로 교체한 다음 이전 레이어의 오른쪽에 배치합니다. 같은 방법으로 복제해서 나머지 이미지를 배치합니다. 세밀한 배치를 하려면 방향키를 이용해도 됩니다.

그림 3-55 글자 레이어의 추가 및 복제

글자 레이어를 추가한 다음 제목을 변경하고 **Style Template❶**에서 **FatRounded**를 선택합니다. **Font Weight❷** 옵션에서 400을 선택하면 글자가 얇아집니다. 이것 또한 애니메이션(Skew-From-Short-Left) 등 여러 가지 설정을 한 다음 **복제❸**합니다. 글자를 수정한 다음 이미지 아래로 옮겨 배치합니다.

그림 3-56 중앙 배경 이미지 배치

Image❶를 클릭하고 이전에 업로드한 회색❷의 마름모❸꼴 이미지를 추가합니다. 중앙에 배치하고 애니메이션은 Random-Rotate-and-Scale❹을 선택합니다.

그림 3-57 중앙 글자 레이어 배치

글자 레이어❶를 추가하고 '신상품 출시'로 수정한 다음 스타일을 News-Title❷로 선택합니다. 이 글자 레이어도 애니메이션을 Random-Rotate-and-Scale로 설정합니다. 레이어를 편집하다 보면 방금

전에 추가한 **이미지 레이어❸**가 맨 뒤로 숨어버리는 현상이 발생합니다. 이를 선택하려면 레이어 추가 버튼 바로 아래에 있는 **Quick Layer Selector에서 클릭❹**하면 상단으로 나옵니다. 이곳에서 눈 아이콘이나 자물쇠 아이콘을 클릭하면 레이어를 감추거나 잠그기를 할 수 있습니다.

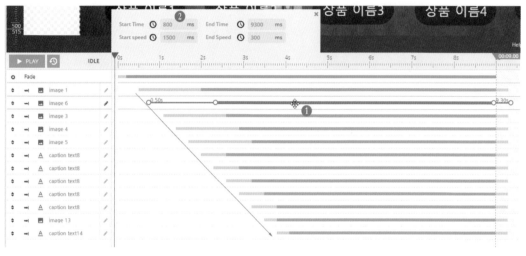

그림 3-58 타임라인의 설정

타임라인에서 두 번째 타임라인부터 선택한 뒤 **Start Time❷**을 바로 위의 타임라인보다 300ms씩 늘려줍니다. 세 번째 타임라인은 1100ms가 됩니다.

그림 3-59 사이트에서 확인

사이트에서 확인합니다.

레볼루션 슬라이더는 이전 버전과 비교했을 때 상당히 복잡해졌지만, 성능 면에서는 아주 좋아졌습니다. 사용하다 보니 포토샵과 같은 이미지 편집기를 워드프레스에 달아놓은 듯한 느낌입니다. 생략된 설명이 많지만, 지금까지의 내용을 바탕으로 다른 옵션도 사용해보면 좋은 프로그램이라는 것을 알게 될 것입니다. 잘 이용하면 훌륭한 작품이 나오기도 합니다.

02
레이어 슬라이더

01 슬라이더 설정

레볼루션 슬라이더와 비교했을 때 레이어 슬라이더의 큰 차이점은 미리 만들어진 텍스트 스타일과 애니메이션 설정이 없다는 점입니다. 따라서 글자를 애니메이션 하려면 글자의 크기와 모양을 모두 설정해야 하므로 초보자가 사용하기에는 무리가 있습니다. 많은 레이어를 사용하려면 상당히 오랜 시간이 걸리는 작업입니다.

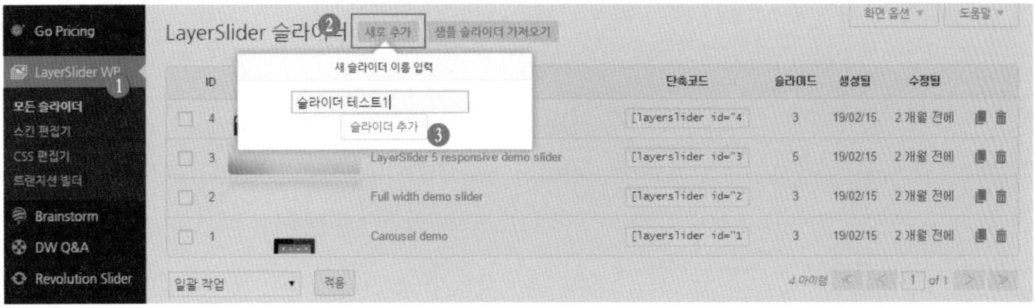

그림 3-60 새 슬라이더 만들기

주 메뉴에서 **LayerSlider WP❶**를 선택하고 상단에 있는 **새로 추가❷** 버튼을 클릭하면 작은 팝업창이 나옵니다. 슬라이더 이름을 입력하고 **슬라이더 추가❸** 버튼을 클릭하면 슬라이더 설정 화면으로이동합니다.

그림 3-61 슬라이더 설정 화면

레이아웃에서 슬라이더를 전체 너비로 사용할지 콘텐츠 너비만큼만 사용할지 결정해야 합니다. 배경이미지로 사용할 이미지의 폭은 1841픽셀인데 이는 많이 사용하는 모니터 크기인 1920 x 1080 해상도의 윈도 버전에서 작업 표시줄(아이콘이 나타나는 부분)을 왼쪽이나 오른쪽에 배치했을 때의 화면 너비입니다. 따라서 전체 너비를 사용하게 됩니다.

콘텐츠 폭의 슬라이더를 만들고 전체 폭에 사용하면 가로세로가 비율대로 늘어납니다. 이와 반대로 전체 폭의 슬라이더를 만들고 콘텐츠 폭에 사용하면 비율대로 줄어들어 나타나므로 원하는 크기로 표시되지 않습니다. 따라서 하나의 슬라이더로 박스와 와이드 레이아웃에서 같은 높이로 표현하고자 한다면 레볼루션 슬라이더와 마찬가지로 너비가 넓은 이미지를 만들어 사용합니다.

슬라이더 크기❶에서 배경 이미지로 사용할 이미지의 크기를 입력합니다. 설명에는 전체 폭 레이아웃에만 퍼센트로 입력한다고 돼 있지만 박스 폭에서도 퍼센트로 설정할 수 있습니다. 여기서는 100%로 입력했습니다. 레볼루션 슬라이더에서는 콘텐츠의 너비와 높이를 설정했는데 레이어 슬라이더에서 콘텐츠 너비를 설정하려면 **레이어 콘테이너❷**에 입력합니다. 이를 입력하지 않으면 레이어가 콘텐츠 영역을 벗어나 슬라이더 너비 전체를 사용하게 됩니다.

많은 설정이 있는데 설명을 참고하면 어렵지 않게 설정할 수 있습니다. 특별히 참고할만한 내용을 알아보면 다음과 같습니다.

그림 3-62 외모 설정

외모 탭에서 스킨은 슬라이더 양쪽에 있는 이전, 다음 버튼과 아래에 있는 실행, 정지 버튼의 미리 정의된 스타일입니다.

그림 3-63 썸네일 내비게이션

썸네일 내비게이션 탭에서 외모 옵션에 썸네일 내비게이션을 '항상'으로 설정하면 슬라이드 이미지의 썸네일 버전이 나타나야 하는데 그렇지 않습니다. 마우스 오버로 설정하면 불릿에 마우스를 올렸을 때 썸네일이 나타납니다.

그림 3-64 로고 추가

로고 탭에서 로고를 추가할 수 있으며 슬라이더에서 고정된 위치에 배치할 수 있고 링크도 추가할 수 있습니다.

∩2 슬라이드 만들기

그림 3-65 개별 슬라이드 설정

슬라이드 탭❶을 선택하면 개별 슬라이드를 설정할 수 있는 화면이 나옵니다. 입력란이나 버튼에 마우스를 올리면 설명이 나타납니다. Slide image & thumbnail에서 **Click to Set❷** 버튼을 클릭해 이미지를 업로드합니다. 두 개의 버튼 중 위에 있는 버튼은 슬라이드 이미지를 올리는 데 사용되고, 아래에 있는 버튼은 썸네일 이미지를 올리는 데 사용됩니다. **URL 입력**을 클릭하면 이미지 파일을 업로드하는 대신 이미지가 있는 곳의 URL을 입력할 수도 있습니다. **Duration❸**은 9000으로 입력합니다.

Select Transition❹ 버튼을 클릭하면 아주 많은 애니메이션 옵션이 나옵니다. **목록에 마우스❺**를 올리면 미리보기를 할 수 있고 **Select all❻**을 클릭하면 트랜지션이 모두 선택되며 이들이 무작위로 실행됩니다. **3D❼**를 클릭해 3D 트랜지션도 모두 선택할 수 있습니다. **Custom❽**에서는 LayerSlider WP 메뉴의 하위 메뉴(트랜지션 빌더)에서 사용자 정의로 만든 트랜지션을 선택할 수 있습니다.

Linking❾ 박스에서는 슬라이드 이미지에 링크를 만들 수 있습니다. **Misc❿** 박스에서 #ID는 CSS나 자바스크립트로 이 슬라이드를 제어하기 위해 사용합니다. 여기에서는 **딥링크⓫**를 test-link라고 설정했는데, 예를 들어 http://diywordpress.kr/#test-link라는 URL을 다른 곳에서 사용하면 이 링크를 클릭했을 때 이 슬라이드로 시작하는 화면이 나타나게 됩니다.

03 레이어 추가하기

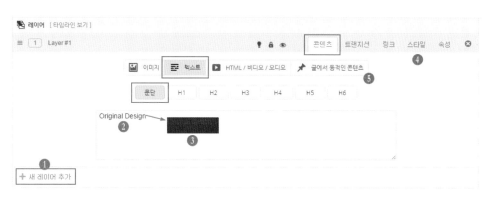

그림 3-66 레이어 추가

아래에서 **새 레이어 추가❶** 링크를 클릭하면 위와 같은 화면이 나옵니다. 콘텐츠 탭 → 텍스트 탭 → 문단 버튼을 선택해 **콘텐츠를 입력❷**합니다. H1~H6 버튼을 선택해 글자의 크기를 다르게 할 수도 있습니다. 글자를 입력했는데 슬라이더 위에는 **잘 보이지 않습니다❸**. 글자를 입력하면 기본적으로 어두운색으로 나타나며 왼쪽 위에 배치됩니다. 이는 **스타일 탭❹**에서 변경할 수 있습니다.

추가할 수 있는 콘텐츠를 보면 **글에서 동적인 콘텐츠❺**도 있으며 나머지는 레볼루션 슬라이더와 같습니다. 아래에는 저장 버튼 오른쪽에 단축코드와 PHP 코드가 있고 단축코드는 워드프레스 편집기에서 사용하고, PHP 코드는 PHP 템플릿 파일에 직접 추가해 사용할 수 있습니다.

트랜지션을 설정하기 전에 글자가 보이지 않으니 우선 스타일을 설정하겠습니다.

스타일 설정

그림 3-67 스타일 설정

스타일 탭❶을 선택하면 위와 같은 화면이 나옵니다. 우선 **폰트❷** 항목에서 패밀리에 Nanum Gothic을 입력하고 크기와 line-height, 색상을 설정하면 글자가 보입니다. 이를 드래그해서 적절한 곳에 배치하면 **레이아웃 & 포지션❸**에서 **상단과 왼쪽❹**의 값이 변경됩니다. 그리드가 없으므로 정확하게 배치하기 위해 수치를 입력해 조정합니다. CSS를 사용할 줄 알면 **사용자 정의 CSS 박스❺**에서 스타일시트를 입력할 수 있는데 선택자와 중괄호는 필요 없으며 속성과 값만 입력하면 됩니다.

여기까지 하고 저장한 다음 사이트에서 확인하기 위해 앞서 만든 슬라이더 테스트 페이지에서 슬라이더를 레이어 슬라이더로 변경합니다. 위 테스트 슬라이더를 선택한 다음 업데이트하고 사이트에서 확인합니다.

트랜지션 설정

그림 3-68 **트랜지션 테스트 1**

트랜지션 탭①을 선택하고 여러 가지 트랜지션을 실험하기 위해 **오프셋X②**를 500, **오프셋Y③**를 100으로 설정했습니다. 이렇게 설정하면 도착점을 기준으로 X축으로는 오른쪽으로 500픽셀 떨어진 곳에서 시작하고, Y축으로는 아래로 100픽셀 떨어진 곳에서 시작합니다. **실행 시간④**을 6000밀리초로 입력하면 슬로우 모션으로 볼 수 있습니다. **이징⑤**은 Linear로 선택해 실행 시간 동안 속도의 차이가 없게 설정했습니다.

페이드⑥는 비활성화해서 처음부터 애니메이션이 나타나게 했습니다. 우선 회전을 실험하기 위해 **회전⑦**에 360을 입력합니다. **스케일X와 스케일Y⑧**를 2로 설정하면 시작점에서 2배 크기로 시작합니다. 스케일은 너무 크게 설정하면 폰트라도 이미지화되므로 품질이 떨어집니다. **트랜스폼 오리진❾**은 50% 50% 0이므로 텍스트의 XYZ 축의 중앙을 기준으로 시작합니다.

위와 같이 설정하고 **Enter Preview❿** 버튼을 클릭하면 원래 글자 크기의 2배로 시작하고 6000밀리 초 동안 회전하면서 원래의 위치에서 멈추는 모습을 확인할 수 있습니다. 다시 회전을 0으로 설정하고 X 회전과 Y 회전에 360을 입력한 다음 미리보기를 해 봅니다. 미리보기는 저장하지 않아도 변경 사항이 적용됩니다. X 회전은 X축을 중심으로 글자가 회전하고 Y 회전은 Y축을 중심으로 회전합니다. 두 곳에 동시에 입력하면 멋지게 회전합니다.

그림 3-69 트랜지션 테스트 2

이번에는 **오프셋Y❶**를 0으로 하고 **회전❷**을 모두 0으로 수정합니다. **SkewX❸**는 −45를 입력하고 **스케일❹**은 모두 1로 수정합니다. **미리보기❺**를 하면 오른쪽으로 45도 기울어진 상태로 시작해서 원위치로 돌아오게 됩니다. 실험이 끝났으면 실행 시간을 500으로 수정하고 지연을 700으로 입력합니다.

그림 3-70 트랜지션 테스트 3

트랜지션 나가기는 반대로 설정하면 됩니다. 즉 오프셋이 플러스 방향에서 시작했다면 마이너스 값을 입력하면 됩니다. 값 외에 left, right, top, bottom을 사용할 수도 있습니다.

기타 옵션에서 **패럴랙스 레벨❶**은 슬라이더에 마우스를 올렸을 때 텍스트가 마우스의 움직임과 상호 작용하여 움직이는 효과입니다. 값이 클수록 마우스로부터 멀어지는 효과가 크며 애니메이션 중이라 도 효과가 나타납니다. '**이 레이어 복사❷**' 버튼을 클릭하면 레이어 전체가 복사되며 다음 레이어를 만 들기 위해 이 버튼을 클릭합니다.

그림 3-71 글자 레이어 추가

복사한 **레이어 이름❶**을 #2로 수정한 다음 **콘텐츠 탭❷**에서 글자를 수정합니다. **스타일 탭❸**의 레이 아웃 & 포지션에서 **위치❹**를 수정한 다음 배경색과 테두리를 넣을 것이므로 **패딩❺**을 설정합니다. 테

두리❻는 네 곳 모두 같은 값(1px solid #ddd)으로 입력합니다. **폰트❼**를 수정하고 **기타❽** 항목에서 배경색을 설정한 다음 둥근 모서리를 설정합니다.

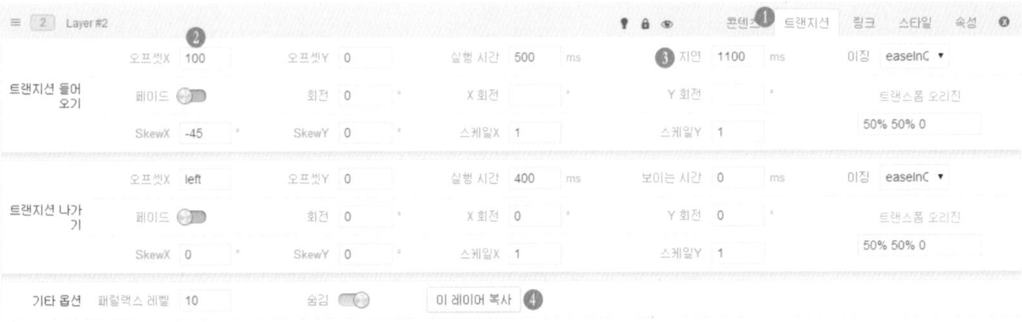

그림 3-72 트렌지션 테스트

트랜지션 탭❶에서 **오프셋X❷**를 100으로 설정하고 시간차를 두기 위해 **지연❸**을 1100으로 설정합니다. 다시 **레이어 복사❹** 버튼을 클릭해 세 번째 레이어를 만듭니다.

그림 3-73 버튼 만들기

텍스트와 배경색을 수정하고 링크 탭에서 이동할 URL을 입력합니다.

그림 3-74 슬라이드 복사

지금까지 설정한 레이어를 그대로 사용하면서 새로운 슬라이더를 추가하려면 **Slide #1 탭①**을 선택한 상태에서 **이 슬라이드 복사②** 버튼을 클릭하면 새 탭에 생성됩니다. **새로 생성된 탭③**을 선택하고 이미지를 변경한 다음 글자 레이어 위치를 변경하고 다시 설정합니다.

∩⁄ 이미지 레이어 사용하기

그림 3-75 새 슬라이드 추가

네 번째 탭은 **플러스 아이콘❶**을 클릭해 새로 만들고 배경 이미지와 썸네일 이미지를 **추가❷**합니다.
Duration❸은 9000으로 수정합니다.

그림 3-76 이미지 레이어 추가

새 레이어 추가❶ 링크를 클릭하고 **콘텐츠 탭❷**에서 **이미지 탭❸**을 선택한 다음 이미지를 추가합니
다. **트랜지션 탭❹**을 선택하고 트랜지션 들어오기에서 **오프셋X❺**를 –100으로 설정하면 왼쪽에서 오
른쪽으로 애니메이션 됩니다. **실행 시간❻**은 500을 입력합니다. 트랜지션 나가기에서는 **오프셋X❼**
를 100으로 입력하면 슬라이드가 종료될 때 오른쪽으로 애니메이션 됩니다. **실행 시간❽**은 400으로
입력합니다. 완료됐으면 **이 레이어 복사❾** 버튼을 클릭합니다.

그림 3-77 이미지 레이어 계속 추가

레이어 이름을 Layer #2❶로 변경합니다. **콘텐츠 탭❷**에서 이미지를 변경하고 배치한 다음 트랜지션 탭에서 **지연❸**을 500으로 설정합니다. 이 레이어 복사 버튼을 클릭해 같은 방법으로 레이어를 복사하고 나머지 3개의 이미지를 변경한 다음 트랜지션의 지연은 순서대로 1000, 1500, 2000으로 변경합니다.

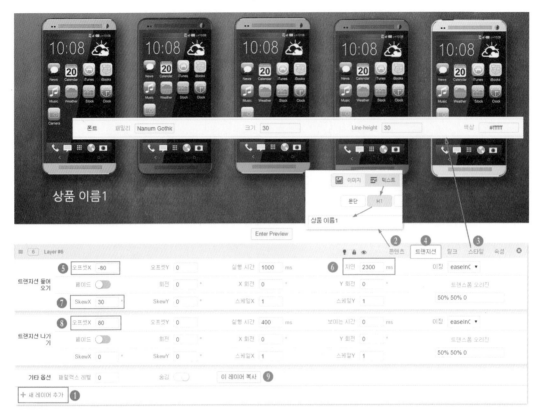

그림 3-78 글자 레이어 추가

새 레이어❶를 추가하고 **콘텐츠 탭❷**에서 글자를 입력한 다음 **스타일 탭❸**에서 폰트를 설정합니다. **트랜지션 탭❹**에서 트랜지션 들어오기의 **오프셋X❺**를 −80으로, **지연❻**을 2300으로, **SkewX❼**를 30으로 설정합니다. 트랜지션 나가기의 **오프셋X❽**는 80으로 설정합니다. **이 레이어 복사❾** 버튼을 클릭해 글자 이름을 수정하고 트랜지션에서 지연을 2600으로 수정합니다. 같은 방법으로 나머지 3개의 글자를 만들고 지연을 순서대로 300씩 늘려줍니다.

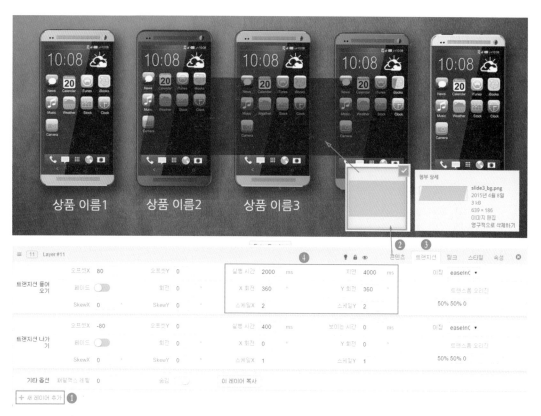

그림 3-79 투명 이미지 추가

새 레이어를 추가❶하고 **콘텐츠 탭**❷에서 반투명 이미지를 추가합니다. **트랜지션 탭**❸에서 **위 그림
과 같이**❹ 설정합니다.

그림 3-80 글자 레이어 추가

새 레이어를 추가①하고 **콘텐츠 탭②**에서 글자를 입력한 다음 중앙에 배치합니다. 스타일 탭에서 폰트와 글자 크기를 설정합니다. **트랜지션 탭③**에서 **위 그림과 같이④** 설정하고 저장한 다음 사이트에서 확인합니다.

그림 3-81 사이트에서 확인

레이어 슬라이더는 프리셋이 없지만, 복사 기능으로 레이어를 복사해서 간편하게 스타일을 수정할 수 있습니다. CSS에 대해 잘 알면 오히려 레볼루션 슬라이더보다 더 편할 수도 있습니다. 다른 슬라이드에 대해서는 이미지나 비디오를 추가해 직접 연습해보세요. 레볼루션 슬라이더를 만들 줄 알면 레이어 슬라이더도 쉽게 만들 수 있습니다. 데모 슬라이더를 연구해서 더 훌륭한 슬라이더를 만들 수도 있습니다.

03
기타 슬라이더

∩1 포트홀(Porthole) 슬라이더

포트홀이란 배의 선실에서 밖을 내다볼 수 있는 창을 말합니다. 슬라이더 오른쪽에 있는 슬라이더 썸네일이 이와 같은 모양이라서 포트홀 슬라이더라는 이름이 붙여졌습니다.

그림 3-82 **포트홀 슬라이더**

슬라이드쇼 메뉴에서 이미지만 업로드해도 간단하게 만들 수 있습니다.

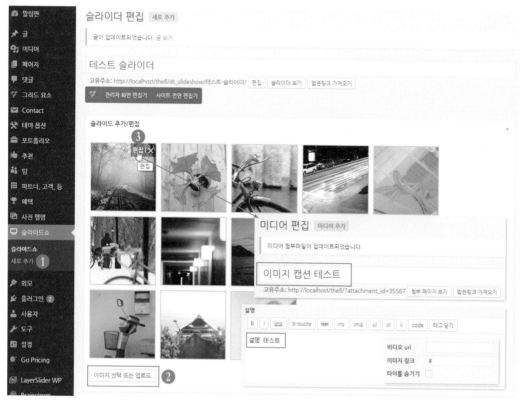

그림 3-83 슬라이드쇼 만들기

슬라이드쇼 메뉴에서 **새로 추가❶**를 선택해 편집 화면으로 이동합니다. 제목을 입력하고 **이미지 선택 또는 업로드❷** 버튼을 클릭해 원하는 만큼의 이미지를 추가하고 발행합니다. 슬라이드 이미지는 가로세로 비율이 다르면 정해진 크기로 잘리므로 모두 같은 크기를 사용하는 것이 좋습니다.

슬라이더 아래에 캡션이나 설명이 나오게 하려면 **편집❸** 링크를 클릭해 이미지 편집 화면에서 제목을 수정하고 설명란에 입력합니다. 비디오와 링크도 추가할 수 있습니다.

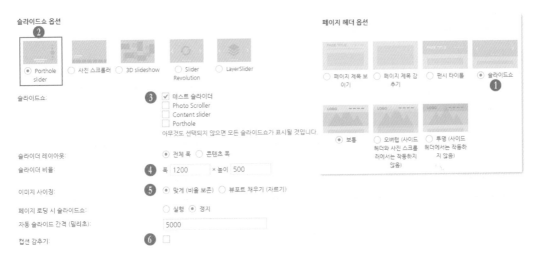

그림 3-84 **포트홀 슬라이더 설정**

페이지를 만들 때 페이지 헤더 옵션에서 **슬라이드쇼①**를 선택합니다. 슬라이드쇼 옵션에서 Porthole slider②를 선택한 다음 이전에 만든 **테스트 슬라이더③**에 체크합니다. 또는 다른 슬라이더를 동시에 선택할 수도 있습니다. **슬라이더 비율④**에 이미지 비율을 입력합니다. 이미지의 가로세로 비율이 서로 다를 때는 **이미지 사이징⑤**에서 뷰포트 채우기를 선택하면 원본 이미지 비율대로 나타나지만, 다음과 같이 배경이 어두운색으로 나옵니다. **캡션 감추기⑥**의 캡션이란 슬라이드 위에 나타나는 제목이나 설명과 같은 콘텐츠를 말합니다.

그림 3-85 **사이트에서 확인**

이미지에 링크를 추가하면 가운데에 링크 아이콘이 나타납니다.

01 사진 스크롤러

이전 장에서 사진 스크롤러에 대해 알아봤습니다. 사진 스크롤러는 사진 앨범을 대상으로 템플릿을 이용해 출력하는 기능이었습니다. 여기서 말하는 페이지 요소로서의 사진 스크롤러는 다른 슬라이더와 마찬가지로 페이지 상단에 사진 스크롤러 기능을 추가하는 것입니다. 따라서 페이지 빌더로 콘텐츠를 만들고 상단에 사진 스크롤러를 슬라이더로 배치할 수도 있습니다.

그림 3-86 사진 스크롤러 설정

슬라이더 옵션에서 **사진 스크롤러❶**를 선택하면 많은 옵션이 나옵니다. 이전에 만든 **슬라이더❷**를 선택합니다. **레이아웃❸**에서 전체 화면 슬라이드쇼 + 텍스트 영역을 선택하면 페이지 빌더로 만든 콘텐츠를 슬라이더 아래에 출력할 수 있습니다.

그림 3-87 사진 스크롤러 추가 설정

나머지 설정은 이전의 앨범 만들기의 사진 스크롤러 부분을 참고하면 됩니다.

나는 텍스트 끌록입니다. 이 텍스트를 변경하려면 편집 버튼을 클릭하세요. Lorem ipsum dolor sit amet, consectetur adipiscing elit. Ut elit tellus, luctus nec ullamcorper mattis, pulvinar dapibus leo .

그림 3-88 사이트에서 확인

페이지 빌더의 콘텐츠는 슬라이더 아래에 나옵니다.

03 3D 슬라이더

3D 슬라이더는 3단계의 이미지 그룹 레이어를 형성하는 슬라이더입니다.

그림 3-89 3D 슬라이더

슬라이더 이미지가 30개 이내라면 1번 레이어에는 이미지가 10개 있는 이미지 그룹이 있고, 그다음 레이어에는 또 다른 10개의 이미지 그룹이 있습니다. 슬라이더에서 마우스의 이동에 따라 이미지가 움직이고 이미지 그룹이 있는 레이어에 따라서 움직이는 속도가 다른 패럴랙스 효과가 있어서 3D 슬라이더라고 부릅니다. 어떤 레이어에 있는 이미지라도 클릭하면 슬라이더 내에서 라이트박스 형태로 큰 이미지로 보입니다.

그림 3-90 3d 슬라이더 설정

3D 슬라이더는 이미지가 많이 보이므로 테마 옵션에서 레이아웃을 와이드로 선택하고 사용하는 것이 좋습니다. 페이지를 만들면서 슬라이드쇼를 **3D slideshow❶**로 선택합니다. **레이아웃❷**에서 전체 폭을 선택하면 브라우저 하단까지 채우는 슬라이더 외에 다른 콘텐츠는 나타나지 않으며, '콘텐츠가 있는 전체 폭'을 선택하면 전체 폭 슬라이더가 상단에 나오고 하단에 페이지 빌더로 만든 콘텐츠가 나옵니다. '비율적, 전체 폭'을 선택하면 슬라이더의 비율을 입력할 수 있으며 슬라이더의 가로세로 비율을 입력하면 됩니다. '비율적 콘텐츠 폭'을 선택하면 사이트 레이아웃이 와이드라도 콘텐츠 폭의 슬라이더로 나옵니다. 전체 폭 레이아웃을 제외한 다른 레이아웃은 페이지 빌더로 만든 콘텐츠가 슬라이더 아래에 나옵니다.

템플릿으로
페이지 만들기

The7 테마에는 몇 가지 페이지 템플릿이 있습니다. 템플릿이란 틀 또는 형판이란 뜻으로 웹 디자인에서는 일정한 모양을 갖도록 짜인 파일입니다. 템플릿을 이용하면 콘텐츠를 여러 형태로 출력할 수 있으며 블로그 글의 경우 목록, 그리드, 메이슨리 형태로 출력할 수 있습니다. 페이지 빌더로도 글을 출력할 수 있지만, 페이지 처리가 없어서 목록에 글이 많을 때는 한 페이지에 모두 나타나게 됩니다. 템플릿으로 만들면 페이지 처리를 할 수 있으므로 페이지를 만들 때 글 목록의 일부만 노출하고자 한다면 페이지 빌더를 사용하고 모든 글을 노출하고자 한다면 템플릿을 사용해야 합니다.

∩1 블로그 단일 글(Single post) 만들기

블로그는 글 전체 내용이 나오는 싱글 페이지가 있고 글을 목록으로 보여주는 목록 페이지가 있습니다. 목록 페이지에는 글의 전체 내용이 아닌 특성 이미지와 요약 글, 기타 메타 정보를 출력할 수 있으며, 템플릿에 따라 목록, 그리드, 메이슨리 형태로 출력할 수 있습니다.

1장에서 편집기의 전반적인 기능을 살펴봤는데, 이 때는 테마를 설치하기 전이고 The7 테마를 설치하면 페이지 빌더를 사용할 수 있으므로 여러 요소를 추가해 풍부한 콘텐츠와 더욱 다양한 모양의 블로그 글을 만들 수 있습니다.

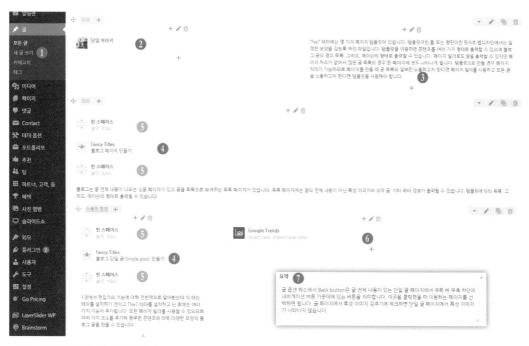

그림 3-91 페이지 빌더로 글 작성하기

새 글 쓰기❶ 화면에서 제목을 입력한 다음 페이지 빌더를 선택합니다. 행을 추가한 뒤 여러 가지 요소를 이용해 글을 작성합니다. 이미지를 사용한다면 하나의 열에는 **단일 이미지 요소❷**를 추가하고 다른 열에는 **텍스트 블록❸**을 이용해 글의 흐름이 이어질 수 있도록 이미지와 글의 높이를 고려해서 작성합니다. 글에는 다른 제목이 있을 수 있으므로 **팬시 타이틀❹**을 이용해 제목을 만들고 간격을 위해 **빈 스페이스❺**를 배치합니다. 다양한 콘텐츠를 추가해 글을 더욱 풍부하게 만들면 좋습니다. 여기서는 **구글 트렌드❻**를 추가했는데 슬라이더를 만들어 배치한다거나 가격 테이블 등 원하는 콘텐츠를 얼마든지 배치할 수 있습니다.

글을 작성하는 데 페이지 빌더를 사용할 때는 요약 메타박스에 **요약 글❼**을 추가해야 글 목록에 나옵니다. 요약 글은 기본적으로 블로그 편집기 내용 중 처음부터 55개의 단어를 추려서 자동으로 출력하지만, 페이지 빌더를 사용하면 그렇지 못하기 때문입니다. 요약 메타박스가 보이지 않으면 편집 화면 오른쪽 위에 있는 화면 옵션 탭을 클릭하고 요약에 체크하면 나타납니다.

The7 테마에는 몇 가지 페이지 템플릿이 있습니다. 템플릿이란 틀 또는 형판이란 뜻으로 웹디자인에서는 일정한 모양을 갖도록 짜인 파일입니다. 템플릿을 이용하면 콘텐츠를 여러 가지 형태로 출력할 수 있으며 블로그 글의 경우 목록, 그리드, 메이슨리 형태로 출력할 수 있습니다. 페이지 빌더로도 글을 출력할 수 있지만 페이지 처리가 없어서 많은 글 목록의 경우 한 페이지에 모두 나타나게 됩니다. 템플릿으로 만들 경우 페이지 처리가 가능하므로 페이지를 만들 때 글 목록의 일부만 노출하고자 한다면 페이지 빌더를 사용하고 모든 글을 노출하고자 한다면 템플릿을 사용해야 합니다.

블로그 페이지 만들기

블로그는 글 전체 내용이 나오는 싱글 페이지가 있고 글을 목록으로 보여주는 목록 페이지가 있습니다. 목록 페이지에는 글의 전체 내용이 아닌 특성 이미지와 요약 글, 기타 메타 정보가 출력될 수 있습니다. 템플릿에 따라 목록, 그리드, 메이슨리 형태로 출력할 수 있습니다.

블로그 단일 글(Single post) 만들기

1장에서 편집기의 기능에 대해 전반적으로 알아봤는데 이 때는 테마를 설치하기 전이고 The7 테마를 설치하고 난 후에는 여러 가지 기능이 추가됩니다. 또한 페이지 빌더를 사용할 수 있으므로 여러 가지 요소를 추가해 풍부한 콘텐츠와 더욱 다양한 모양의 블로그 글을 만들 수 있습니다.

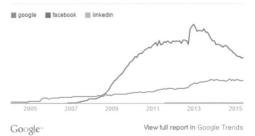

그림 3-92 페이지 빌더로 작성한 글

이처럼 글 작성에도 페이지 빌더를 이용하면 단순한 편집기를 사용할 때보다 멋진 글을 작성할 수 있습니다.

그림 3-93 비디오 글 형식 사용하기

글 형식으로 **비디오①**를 선택하면 특성 이미지와 함께 비디오를 출력할 수 있습니다. 이 기능은 테마마다 다르며 **특성 이미지①**를 추가하면서 **비디오 URL③** 필드에 비디오 URL 주소(http://vimeo.com/99953557)를 추가합니다. 이렇게 하면 글 목록 페이지에서 특성 이미지를 클릭했을 때 비디오 팝업창이 나옵니다. 주의할 점은 글 형식을 비디오로 선택하지 않으면 작동하지 않습니다.

그림 3-94 팬시 타이틀 옵션

블로그 글 편집 화면에서도 페이지 편집 화면과 같이 페이지 헤더 옵션을 사용할 수 있습니다. **팬시 타이틀①**을 사용해 다양한 헤더를 만들 수도 있습니다.

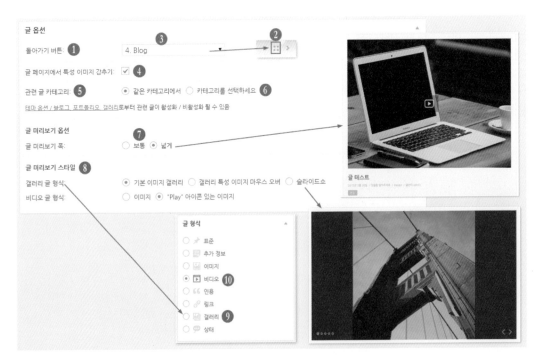

그림 3-95 기타 옵션 박스

헤더 로고① 박스에서는 각 페이지나 글마다 별도의 로고를 삽입할 수 있고, 헤더 배경의 밝기에 따라서 다른 색상의 로고를 사용할 수 있습니다. 사이드바와 푸터의 위젯을 선택할 수 있으며 **모바일에서 보이지 않게②** 설정할 수도 있습니다.

그림 3-96 글 옵션 설정

글 옵션 박스에서 **돌아가기 버튼①**은 제목 바 오른쪽 아래에 있는 **내비게이션 버튼** 중에서 **가운데②**에 있는 버튼을 의미합니다. 이 버튼을 클릭했을 때 이동할 페이지를 **선택 상자③**에서 선택하면 됩니다. 글 페이지에서 특성 이미지 감추기❹에 체크하면 단일 글 페이지에서 글 상단에 특성 이미지가 출력되지 않습니다.

관련 글 카테고리❺를 선택합니다. 관련 글 카테고리는 싱글 페이지 아래에 관련 글이 나타나는 것을 설정하는 것이며 '카테고리를 선택하세요❻'를 선택하면 다른 카테고리를 선택할 수 있습니다. 테마 옵션(블로그, 포트폴리오, 갤러리 옵션)에서 알아봤듯이 관련 글을 설정할 수 있었습니다.

글 미리보기 옵션은 '보통❼'으로 선택하면 글 목록 페이지에서 특성 이미지와 요약 글이 가로로 정렬돼 나오고 '넓게'를 선택하면 큰 특성 이미지와 요약 글이 세로로 나옵니다.

글 미리보기 스타일❽은 글 형식이 갤러리❾일 때 글 목록 페이지에서 세 가지 형태로 표시할 수 있으며 비디오 글 형식❿일 때는 특성 이미지 위에 플레이 아이콘을 나타나게 할 수 있습니다.

그림 3-97 사이트에서 확인

글 형식을 비디오로 선택하고 특성 이미지와 비디오 URL을 추가했을 때, 글 목록 페이지에서 보면 특성 이미지 위에 플레이 아이콘❶이 나오고 이를 클릭하면 비디오가 팝업창❷에서 실행됩니다. 제목❸이나 세부 사항❹ 링크를 클릭하면 단일 글 페이지로 이동하고 헤더는 설정한 대로 나타납니다. 여기서는 특성 이미지가 아닌 비디오 화면이 나옵니다.

그러면 이렇게 만든 글을 목록으로 출력하는 글 목록 페이지를 만들어보겠습니다.

∩2 블로그 페이지 만들기

블로그와 관련된 템플릿은 두 종류가 있습니다. 하나는 목록형(List)이고 다른 하나는 그리드 및 메이슨리형(Grid & Masonry)입니다. 목록형은 썸네일 이미지와 요약 글이 좌우로 배치돼 위에서부터 순서대로 나열되는 방식입니다. 그리드 및 메이슨리형은 박스 형태입니다. 이 박스에 썸네일 이미지와 요약 글이 상하로 배치되며 박스는 왼쪽부터 오른쪽으로 나열되고 글이 많으면 아래로 계속 나열됩니다. 그리드형은 모든 박스의 이미지 크기가 같고 메이슨리형은 이미지 크기가 다르지만, 공백 없이 박스를 배치할 수 있습니다. 이미지가 모두 같은 비율의 크기라면 그리드형을 사용하는 것이 좋지만 대부분 이미지가 모두 같은 비율일 수는 없으므로 이럴 때는 메이슨리형을 사용하는 것이 좋습니다.

목록형 템플릿

그림 3-98 목록형 템플릿으로 블로그 페이지 만들기

새 페이지 추가 화면에서 제목을 입력하고 필요할 경우 페이지 빌더로 요소를 추가합니다. 간단한 **메시지 박스❶**나 높이가 낮은 슬라이더를 배치할 수 있습니다. 페이지 속성의 **템플릿 선택 상자❷**를 클릭하면 여러 가지 템플릿이 나옵니다. **Blog-list❸**를 선택하고 **페이지 헤더 옵션❹**에서 원하는 옵션을 선택합니다.

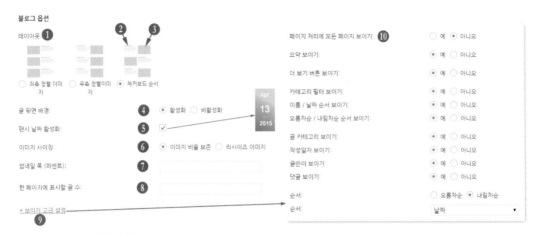

그림 3-99 콘텐츠 영역 옵션 설정

콘텐츠 영역 옵션에서 콘텐츠란 페이지 빌더로 만든 부분을 말합니다. 이 콘텐츠를 블로그 글 목록 이전에 배치할 것인지 이후에 배치할 것인지 선택할 수 있습니다. 아니오를 선택하면 콘텐츠는 보이지 않고 블로그 글 목록만 나오며, 첫 페이지를 선택하면 첫 페이지에서만 나타나야 하지만 모든 페이지에서 나타나고 있습니다. 버그로 생각되며 향후 수정될 것입니다.

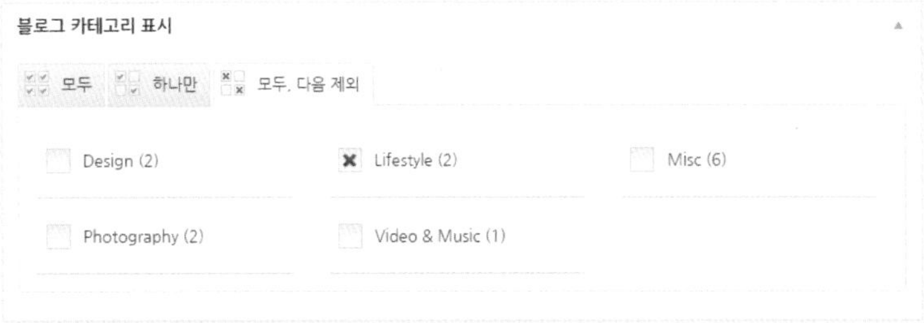

그림 3-100 블로그 카테고리 설정

블로그 카테고리 표시 박스에서는 모든 카테고리 또는 일부 카테고리를 출력하거나 모든 카테고리 중에서 일부 카테고리를 제외하고 출력할 수 있습니다.

그림 3-101 블로그 옵션 설정

블로그 옵션 박스에서 원하는 **레이아웃❶**을 선택합니다. 이미지의 모양을 보면 **요약 글❷**과 **썸네일❸**
이 있는데, 이미지가 왼쪽에 있는 형태, 오른쪽에 있는 형태 또는 지그재그로 나오는 형태로 만들 수
있습니다. 글 뒷면 배경에서 **활성화❹**를 선택하면 썸네일과 요약 글 뒤에 테두리가 있는 배경이 나타
납니다. **팬시 날짜 활성화❺**에 체크하면 썸네일 이미지 왼쪽 위에 날짜 박스가 나옵니다. **이미지 사이
징❻**에서 '리사이즈 이미지'를 선택하면 바로 아래에 너비와 높이를 설정할 수 있는 입력란이 나옵니
다. **썸네일 폭❼**에서 썸네일 이미지의 너비를 설정할 수 있는데 입력하지 않으면 기본적으로 30%로
설정됩니다. '**한 페이지에 표시할 글 수❽**'는 기본적으로 10개가 출력되며 관리자 화면의 **설정 → 읽기**
에서 변경할 수 있는데 이곳에서 설정하면 덮어쓰기가 됩니다.

보이기 고급 설정❾ 링크를 클릭하면 여러 가지 옵션이 나옵니다. '**페이지 처리에 모든 페이지 보이기
❿**'에서 아니오를 선택하면 페이지가 많아서 아래에 페이지 처리 숫자가 많아질 때는 일부 페이지가
생략돼 나옵니다.

그리드 및 메이슨리 블로그

그림 3-102 메이슨리 & 그리드 템플릿으로 블로그 페이지 만들기

페이지 속성 박스에서 템플릿을 Blog – masonry & grid❶로 선택하면 블로그 옵션 박스의 내용이 바뀝니다. 메이슨리나 그리드형에서는 너비가 좁으므로 **사이드바❷**를 **비활성화**로 선택해 사이드바가 출력하지 않게 합니다.

레이아웃❸에서 메이슨리나 그리드 형을 선택합니다. **이미지 갭❹**은 글 박스 사이의 간격이며 **열 최소 폭❺**은 페이지 빌더에서 블로그 메이슨리 & 그리드 요소에 대해 알아봤듯이 열의 최소 너비이므로 사이트를 보면서 콘텐츠가 제대로 표시되는 너비를 설정합니다. 그리드 수는 원하는 **칼럼 수❻**로 조정합니다. 100% 폭❼은 테마 옵션에서 레이아웃을 와이드로 선택했을 때 브라우저 전체 너비를 사용합니다. '**모든 글을 같은 폭으로❽**'에 체크하면 블로그 글 중에 '넓게'로 설정한 글이 있더라도 모두 같은 너비로 출력됩니다. '넓게'로 설정한 글은 두 개의 글 박스 크기를 사용합니다.

글 뒷면 배경❾에서 3가지 항목의 선택에 따라 다음과 같이 테두리나 배경이 달라집니다.

그림 3-103 글 뒷면 배경 옵션에 따른 그리드의 모습

로딩 모드❿에서 'AJAX로 페이지 처리'로 설정하면 글이 많을 때는 모든 페이지를 한 번에 로드하므로 처음에는 느립니다. 하지만 다음 페이지로 넘어갈 때 빨라집니다. 페이지가 많다면 표준으로 사용합니다. 더 보기 버튼을 선택하면 페이지 처리가 나타나지 않고 더 보기 버튼이 나타나며 이를 클릭하면 같은 화면에서 다음 페이지의 글 목록을 보여줍니다. 무한 로딩을 선택하면 스크롤이 페이지 아래에 이르렀을 때 다음 페이지가 자동으로 로드됩니다.

로딩효과⑪는 옵션이 아주 많으며 로딩할 때나 스크롤 해서 해당 요소에 이르렀을 때의 효과입니다. **페이드 인**은 이미지가 페이드 인 되며 **위로 이동**은 이미지가 아래에서 위로 이동하면서 나타납니다. **스케일업**은 확대되면서 나타나고 크기를 선택해도 비슷하지만, 마지막 부분에서 확대됐다가 작아지는 효과가 추가됩니다. **Fall perspective**는 이미지가 입체적으로 세로로 회전하면서 나타나고 **Fly**는 이미지가 아래로 내려갔다가 다시 올라오는 효과입니다. **플립**은 상하가 뒤집히는 효과이고 **Felix**는 좌우로 뒤집히는 효과입니다.

03 포트폴리오 프로젝트

포트폴리오(Portfolio)란 작은 서류 가방을 의미합니다. 문방구에서 파는 클리어 파일과 같은 것이죠. 그래서 포트폴리오를 아이콘으로 표현할 때 서류 가방으로 표시합니다. 이 의미가 확대돼서 사업이나 디자인, 개발의 프로젝트를 위한 계획서가 있는 서류 가방으로 사용되기도 하고 금융 상품의 구성 목록으로 사용되기도 합니다. 디자인에서는 작품 프로젝트를 의미하고 이제는 학생들의 특기 사항 목록으로 사용되기도 합니다.

웹 디자인에서 사용할 때는 디자이너나 개발자, 사진작가의 작품을 모아놓은 페이지를 말하며 개별 작품은 프로젝트로 표현합니다. 포트폴리오 페이지에는 주로 이미지를 많이 사용하므로 반드시 포트폴리오 목적으로 사용할 필요는 없습니다. 사이트의 주 용도가 상점이라면 상품 이미지의 갤러리를 만들 수도 있고 사이트와는 전혀 관련 없더라도 방문자의 눈길을 끌기 위해 타인의 작품 갤러리를 만들 수도 있습니다. 다른 사람의 작품을 유용할 수는 없으므로 스톡 이미지를 구매해 좋은 작품을 선별해 갤러리를 만들면 됩니다. 주기적으로 업데이트하면 방문자도 주기적으로 보러 오게 됩니다.

우선 테마를 이용해서 개별 프로젝트를 만드는 방법을 알아보겠습니다.

프로젝트

프로젝트는 블로그와 비교하면 하나의 글과 같습니다. 프로젝트 글은 포트폴리오 페이지에 출력되므로 포트폴리오 페이지는 블로그 글 페이지와 같습니다. 따라서 블로그 글을 작성하는 방법과 유사하며 옵션 또한 비슷한 옵션이 많습니다. 여기서는 블로그 글과 다른 부분만 알아보겠습니다.

포트폴리오 새로 추가 화면에서 제목을 입력하고 페이지 빌더를 이용해 콘텐츠를 입력합니다. 주로 이 프로젝트에 대한 설명이 될 것입니다. 카테고리를 설정하고 페이지 헤더 옵션에서 페이지 제목 보이기를 선택합니다. 실제로는 프로젝트 제목 보이기가 됩니다.

그림 3-104 프로젝트 미디어 추가 및 미디어 옵션

프로젝트 미디어 추가/편집 박스에서 **이미지 선택 또는 업로드①** 버튼을 클릭해 프로젝트와 관련된 이미지와 특성 이미지를 업로드합니다. 썸네일 이미지를 드래그해서 위치를 변경할 수 있고 이미지에 마우스를 올린 뒤 **편집②** 링크를 클릭하면 새로운 탭에서 편집 화면이 나타나며 제목, 캡션, 이미지 설명을 추가할 수 있습니다. 이러한 정보는 다음에 나오는 슬라이더나 목록으로 설정하면 이미지 내부 아래에 나옵니다. 또한, **비디오** URL**③**에 비디오 링크를 추가하면 사이트에서 비디오를 팝업창으로 볼 수 있습니다.

미디어 옵션에서 **레이아웃 설정④**은 페이지 빌더에서 추가한 콘텐츠와 프로젝트 미디어의 위치를 결정합니다. 콘텐츠의 양이 많을 때는 세 번째나 네 번째 옵션을 선택하면 됩니다.

미디어 보이기에서 **슬라이드 쇼⑤**를 선택하면 슬라이더 비율을 설정할 수 있는데 이때의 비율은 특성 이미지의 비율을 입력합니다. 특성이미지가 슬라이더의 첫 이미지이기 때문이며 비율이 맞지 않으면 여백에 검은색 배경이 나옵니다. 첫 이미지가 그러하면 보기 안 좋습니다. 비율이므로 이미지 사이즈를 그대로 입력해도 됩니다.

갤러리⑥를 선택하면 열을 설정할 수 있으며 첫 이미지를 '넓게' 즉, 다른 이미지의 두 배 너비로 나타나게 할 수 있습니다.

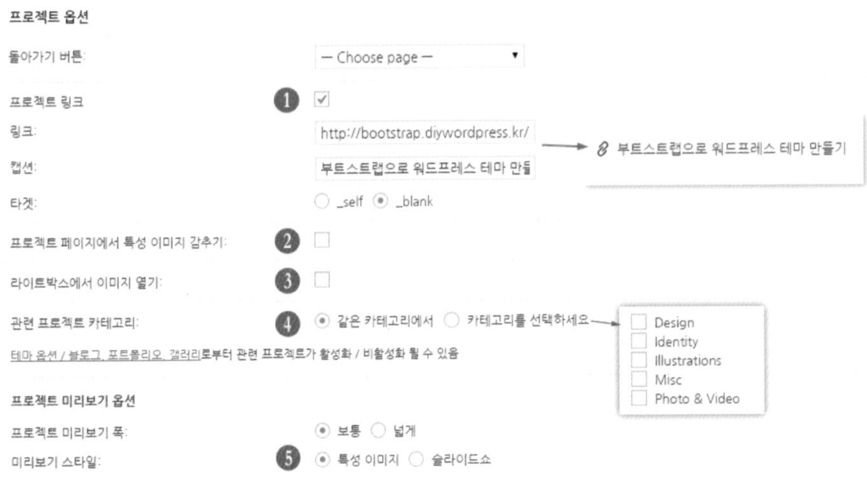

그림 3-105 프로젝트 옵션 설정

프로젝트 옵션 박스에서 **프로젝트 링크❶**는 선택적으로 사용합니다. 프로젝트로 웹 사이트를 만들었을 때 해당 프로젝트의 URL을 입력하면 됩니다. 그렇지 않을 때는 사용할 일이 없습니다.

프로젝트 페이지에서 특성 이미지 감추기❷에 체크하면 프로젝트 페이지에서는 특성 이미지가 나타나지 않지만, 포트폴리오 페이지에서는 나타납니다.

라이트박스에서 특성 이미지 열기❸에 체크하면 그림 3-104의 **미디어 옵션 박스**에서 갤러리나 목록으로 선택했을 때 프로젝트 페이지에서 미디어가 라이트박스에서 열리게 돼 있지만 체크하지 않아도 라이트박스로 열립니다(버그).

관련 프로젝트 카테고리❹에서 '**카테고리를 선택하세요**'에 체크하면 바로 아래에 카테고리 목록이 나오며 선택하면 프로젝트 아래에 관련 프로젝트를 출력할 수 있습니다. 테마 옵션 → 블로그 & 포트폴리오에서 알아봤듯이 포트폴리오에는 관련 프로젝트를 배치할 수 있습니다.

프로젝트 미리보기 옵션에서 **미리보기 스타일❺**은 포트폴리오 페이지에서 개별 프로젝트의 출력 형태를 결정합니다. 이는 포트폴리오 페이지를 만들 때 어떻게 설정하느냐에 따라서 슬라이드쇼로 나타나기도 합니다. 포트폴리오 페이지를 만들면서 알아보겠습니다.

마지막으로 페이지 빌더로 콘텐츠를 만들었을 때는 요약 글을 요약 메타박스에 추가합니다. 안 그러면 아이템에 마우스를 올렸을 때 글이 길게 나타나서 버튼도 안 보이게 됩니다.

그림 3-106 프로젝트 결과

포트폴리오 페이지 만들기

The7 테마는 포트폴리오 사이트를 만들기에 적합하도록 여러 가지 옵션이 있으며 페이지도 다양하게
출력할 수 있습니다. 일반 웹 사이트에서는 페이지 상단에 슬라이더를 배치하고 그 아래에 페이지 빌
더로 만든 각종 요소를 배치할 수 있는데 포트폴리오 사이트는 이러한 레이아웃을 사용하지 않고 대
부분 포트폴리오 페이지가 바로 나오게 돼 있습니다. 또는 One page로 된 홈페이지를 만들고 요소로
포트폴리오와 콘택트 폼 등 여러 가지를 배치할 수도 있습니다.

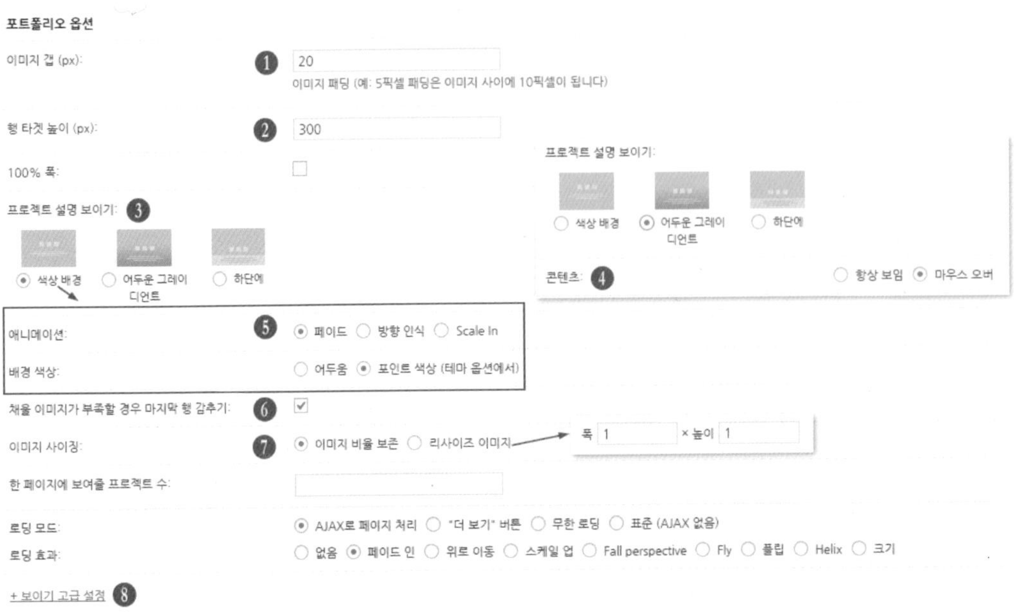

포트폴리오 옵션

이미지 갭 (px):   **①** 20
                        이미지 패딩 (예: 5픽셀 패딩은 이미지 사이에 10픽셀이 됩니다)

행 타겟 높이 (px): **②** 300

100% 록: ☐

프로젝트 설명 보이기 **③**

◉ 색상 배경   ○ 어두운 그레이   ○ 하단에
                    디언트

애니메이션: **⑤** ◉ 페이드 ○ 방향 인식 ○ Scale In

배경 색상: ○ 어두움 ◉ 포인트 색상 (테마 옵션에서)

프로젝트 설명 보이기:

○ 색상 배경   ◉ 어두운 그레이   ○ 하단에
                    디언트

콘텐츠 **④**   ○ 항상 보임 ◉ 마우스 오버

채울 이미지가 부족할 경우 마지막 행 감추기: **⑥** ☑

이미지 사이징: **⑦** ◉ 이미지 비율 보존 ○ 리사이즈 이미지 ──▶ 폭 1   × 높이 1

한 페이지에 보여줄 프로젝트 수:

로딩 모드: ◉ AJAX로 페이지 처리 ○ "더 보기" 버튼 ○ 무한 로딩 ○ 표준 (AJAX 없음)

로딩 효과: ○ 없음 ◉ 페이드 인 ○ 위로 이동 ○ 스케일 업 ○ Fall perspective ○ Fly ○ 플립 ○ Helix ○ 크기

+ 보이기 고급 설정 **⑧**

그림 3-107 **포트폴리오 옵션**

포트폴리오 페이지 만들기는 대부분 옵션이 블로그 글 페이지 만들기와 유사합니다. 따라서 다른 부분만 설명하겠습니다. 새 페이지를 만들면서 페이지 속성에서 Portfolio – justified grid를 선택합니다. 이 템플릿은 프로젝트의 너비가 다르더라도 하나의 행에서 좌우 끝이 맞도록(justified) 디자인됐습니다.

포토폴리오 옵션에서 페이지에 표시할 여러 가지 설정을 합니다. **이미지 갭①**은 개별 프로젝트의 상하좌우 간격이며 이를 0으로 하면 이미지만으로 그리드를 만들게 되므로 보기에도 좋습니다. **행 타겟 높이②**는 그리드의 높이이며 그리드에 마우스를 올렸을 때 제목, 링크, 메타정보가 나타나는데 양을 봐가면서 조절합니다.

프로젝트 설명 보이기③에서 색상 배경을 선택하면 바로 아래에 두 가지 옵션이 나오고 나머지 2개를 선택하면 **콘텐츠 옵션④**이 나옵니다.

애니메이션 옵션⑤에서 페이드를 선택하면 그리드에 마우스를 올렸을 때 콘텐츠가 페이드 되면서 나타나며, 방향 인식은 마우스가 다른 그리드로 이동할 때마다 방향을 인식해서 배경이 따라다닙니다. Scale in을 선택하면 마우스를 오버했을 때 배경이 원형으로 커지는 효과가 나타납니다. **콘텐츠 옵션④**에서 '항상 보임'으로 선택하면 콘텐츠가 썸네일 아래에 항상 나오고 마우스를 올리면 버튼이 나타납니다.

채울 이미지가 부족할 경우 마지막 행 감추기⑥는 이전에도 나왔듯이 마지막 행에 여백이 있는 경우 해당 행을 아예 나타나지 않게 하며 이는 아래에서 AJAX 기능을 활성화하면 작동하지 않습니다.

이미지 사이징⑦은 이미지 비율 보존으로 설정합니다. **리사이즈 이미지**를 선택하면 바로 아래에 비율을 입력할 수 있는 입력칸이 나옵니다.

보이기 고급 설정⑧ 링크를 클릭해서 그리드 위에 나오는 콘텐츠를 제어할 수 있습니다. 위에서 그리드의 높이를 조절할 수 있듯이 여기에서도 필요한 경우 요약이나 다른 메타 정보를 나타나지 않게 합니다. 요약이 길면 마우스를 올렸을 때 버튼이 상단에 가려져 나오기도 합니다.

그림 3-108 포트폴리오 페이지

갭을 0으로 설정했을 때의 모습입니다.

∩5 목록형 포트폴리오

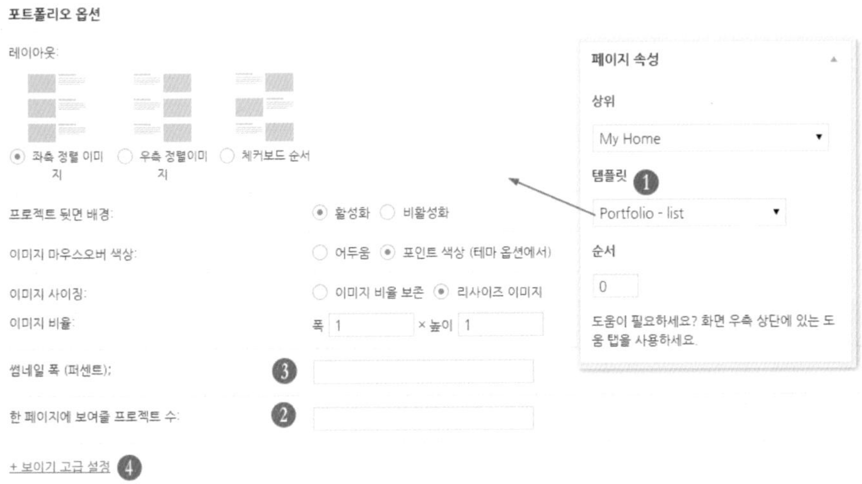

그림 3-109 목록형 포트폴리오 옵션

조금 전에 만든 포트폴리오 편집 화면에서 템플릿을 **Portfolio – list❶**로 변경하면 포트폴리오 옵션 박스의 옵션이 많이 줄어듭니다. 레이아웃은 체커보드 방식으로 하면 이미지가 지그재그 형태로 왼쪽과 오른쪽으로 번갈아 가면서 나옵니다. 위에서 아래로 목록형으로 나오고 이미지도 크므로 **한 페이지에 보여줄 프로젝트 수❷**는 10개 정도로 줄이는 것이 좋고 오른쪽에 요약 글이 나오는 콘텐츠 영역에 여백이 많이 생기므로 **썸네일 폭❸**을 조절하거나 **보이기 고급 설정❹**에서 옵션을 선택해 콘텐츠를 조절합니다.

06 메이슨리 & 그리드형 포트폴리오

포트폴리오 옵션

레이아웃:

(●) 메이슨리   ( ) 그리드

이미지 갭 (px):

0

이미지 패딩 (예: 5픽셀 패딩은 이미지 사이에 10픽셀이 됩니다)

열 최소 폭 (px):

100

실제 열의 폭은 사이트 방문자 화면 폭에 따라서 약간 다를 수 있습니다

원하는 컬럼 수:

4

100% 폭:

☐

프로젝트 설명 보이기:

(●) 이미지 아래   ( ) 색상 배경   ( ) 어두운 그레이디언트   ( ) 하단에

배경 색상: ( ) 어두움   (●) 포인트 색상 (테마 옵션에서)

프로젝트 뒷면 배경: ( ) 활성화 됨   ( ) 활성화 됨(패딩 없는 이미지)   (●) 비활성화

콘텐츠 정렬: (●) 왼쪽   ( ) 중앙

모든 프로젝트를 같은 폭으로: ☐

이미지 사이징: ( ) 이미지 비율 보존   (●) 리사이즈 이미지

이미지 비율: 폭   1   × 높이   1

한 페이지에 보여줄 프로젝트 수:

로딩 모드: (●) AJAX로 페이지 처리   ( ) "더 보기" 버튼   ( ) 무한 로딩   ( ) 표준 (AJAX 없음)

로딩 효과: ( ) 없음   (●) 페이드 인   ( ) 위로 이동   ( ) 스케일 업   ( ) Fall perspective   ( ) Fly   ( ) 플립   ( ) Helix   ( ) 크기

+ 보이기 고급 설정

페이지 속성   ▲

상위

My Home   ▼

템플릿 **❶**

Portfolio - masonry & grid   ▼

순서

0

도움이 필요하세요? 화면 우측 상단에 있는 도움 탭을 사용하세요.

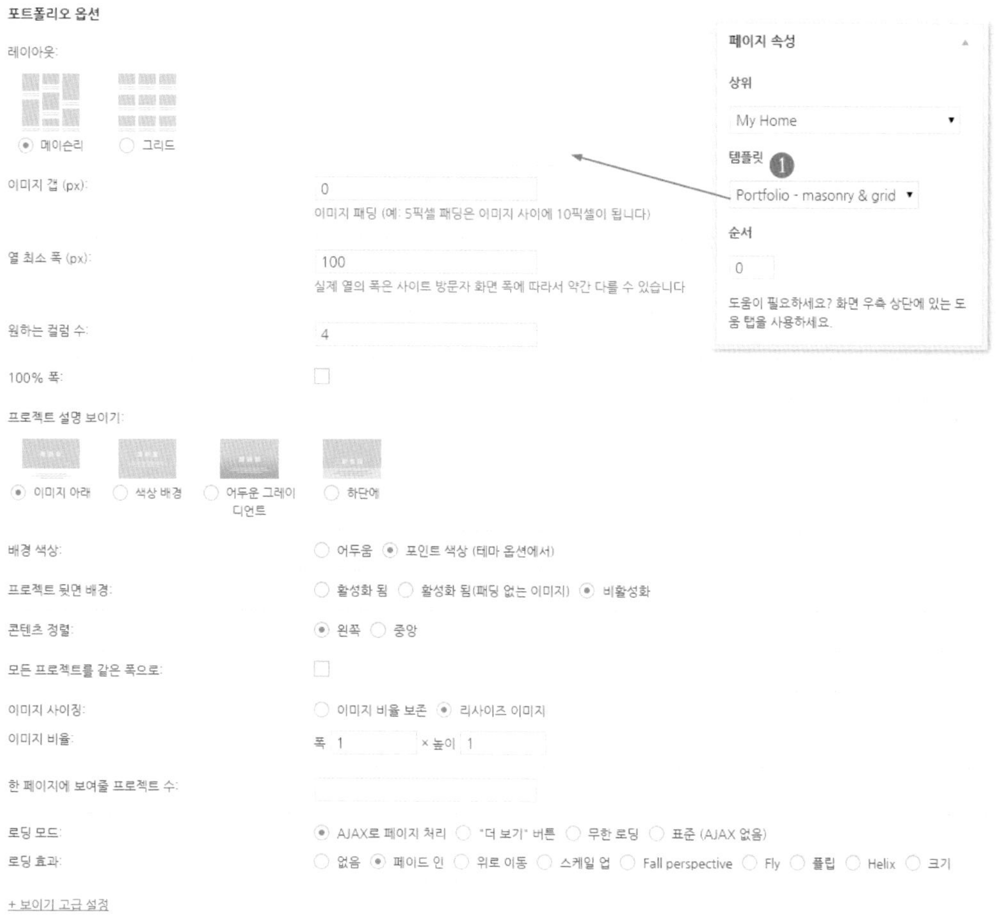

그림 3-110 메이슨리 & 그리드 형 포트폴리오

페이지 속성에서 템플릿을 **Portfolio – masonry & grid❶**로 변경하면 포트폴리오 옵션이 그림 3-110과 같이 바뀝니다. 옵션이 상당히 많지만, 이전 과정에서 모두 설명한 내용입니다. 연습을 제대로 했다면 쉽게 설정할 수 있습니다.

07 앨범 단일 글 만들기

먼저 사진 앨범을 만드는 방법을 알아보겠습니다. 콘텐츠는 기존의 데모 데이터를 복사해 사용하겠습니다. 이전에 작업했던 내용이므로 간략하게 설명하겠습니다.

그림 3-111 앨범 템플릿 복사

사진 앨범①을 클릭하면 목록이 나오고, 목록에서 하나의 사진 앨범 제목을 클릭하면 편집 화면이 나옵니다. 클래식 편집기 버튼을 클릭한 다음 편집기 내부의 **코드를 복사②**합니다(Ctrl+A, Ctrl+C). **새 앨범 추가 메뉴를 Ctrl키를 누른 채로 클릭③**해 새 탭에 화면을 열고 제목을 입력한 다음 클래식 편집기 내부에 복사한 코드를 붙여넣습니다. 그다음 관리자 화면 편집기 버튼을 클릭해 페이지 빌더로 전환합니다.

그림 3-112 새 앨범 글 만들기

사진작가에 해당하는 **단일 이미지❶**를 추가하고 내용을 수정합니다. 이 콘텐츠 영역은 미디어 목록 아래에 나타나며 일반 옵션의 선택에 따라 나타나지 않게 할 수도 있습니다. 미디어 목록과의 간격을 위해 상단에 **빈 스페이스❷**를 추가한 다음 **앨범 카테고리❸**를 설정하고 **특성 이미지❹**를 업로드합니다. **요약 박스❺**에서 간략한 설명 글을 입력하면 앨범 목록의 썸네일 아래에 나오며 입력하지 않으면 페이지 빌더에서 입력한 내용이 나옵니다.

사이트에서 확인해 보겠습니다. 제목 아래의 **앨범 보기❻** 버튼을 Ctrl 키를 누른 채로 클릭하면 새 탭에서 나타나는데 이는 개별 앨범 페이지입니다. 앨범 목록 페이지를 보려면 갤러리 메뉴에 있는 메뉴를 선택해야 하며 아무 메뉴나 선택해도 됩니다.

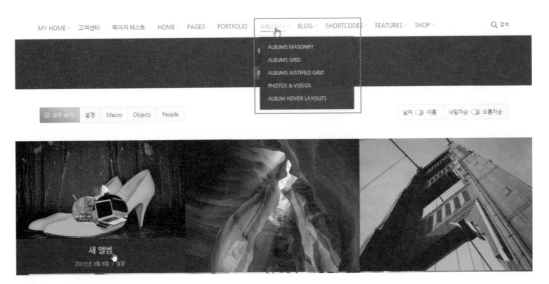

그림 3-113 갤러리 메뉴

갤러리 메뉴에 있는 페이지는 모두 페이지 템플릿으로 만들어진 페이지이며 나중에 다룰 것입니다.

그림 3-114 앨범 미디어 추가

미디어 추가/편집 박스에서 '**이미지 선택 또는 업로드❶ 버튼**'을 클릭해 원하는 만큼 이미지를 업로드
합니다.

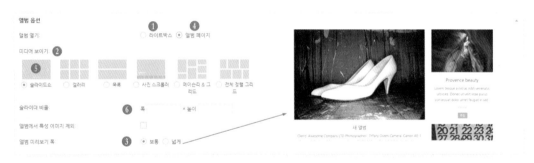

그림 3-115 앨범 옵션 - 슬라이드로 보기

앨범 옵션은 **라이트박스❶**를 선택하면 다른 옵션은 모두 무시됩니다. 즉 사이트의 앨범 목록 페이지에서 썸네일을 클릭했을 때 바로 라이트박스로 열리므로 **미디어 보이기❷**에서 갤러리나 사진 스크롤러 등 옵션을 설정해도 이 형태로 볼 수 없습니다. 이러한 옵션은 앨범 페이지를 선택했을 때에만 적용됩니다. 다만 **앨범 미리보기 폭❸**은 앨범 목록 페이지의 썸네일 너비를 결정합니다.

여기서는 앨범 열기를 **앨범 페이지❹**로 선택하고 설정하는 방법을 알아보겠습니다. 먼저 미디어 보이기를 **슬라이드쇼❺**로 선택하면 앨범 목록 페이지에서 썸네일을 클릭했을 때 개별 앨범 페이지로 이동하며 슬라이드 형태로 나옵니다. **슬라이더 비율❻**은 퍼센트로 설정할 수 있으며 높이가 너무 높으면 화면을 벗어나므로 적절한 비율로 설정합니다. 이미지는 스크롤 하지 않아도 한 화면에 볼 수 있게 설정해야 합니다. 비워두면 적정한 크기로 표시되며 세로로 긴 이미지는 좌우 여백을 어두운색의 배경으로 처리합니다.

그림 3-116 앨범 옵션 - 갤러리로 보기

갤러리❶로 선택하면 **열❷**의 개수를 설정할 수 있으며, 그리드 형태로 나옵니다. '**첫 이미지를 크게 ❸**'에 체크하면 첫 번째 이미지는 두 개의 이미지 너비를 차지하며 출력됩니다.

그림 3-117 앨범 옵션 - 목록으로 보기

미디어 보이기를 '**목록①**'으로 선택하면 모든 이미지가 위에서 아래로 나열되며 단순한 이미지 목록으로 나오지만, 이미지를 클릭하면 슬라이더 형태가 됩니다.

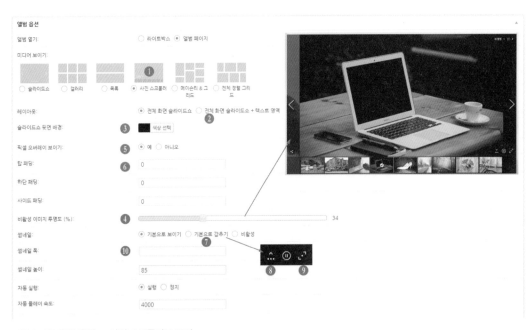

그림 3-118 앨범 옵션 - 사진 스크롤러로 보기

미디어 보이기를 **사진 스크롤러①**로 선택하면 옵션이 아주 많아집니다. 레이아웃에서 **전체 화면 슬라이드쇼 + 텍스트 영역②**을 선택하면 스크롤러 아래에 페이지 빌더에서 추가한 콘텐츠가 나옵니다. 슬라이드쇼 뒷면 배경③ 색은 활성화된 이미지 뒤에 나오는 배경색이며 '비활성 이미지 투명도④'에서 투명도를 조절할 수 있습니다. 픽셀 오버레이 보이기⑤는 설정해도 달라지는 부분이 없습니다.

스크롤러의 너비를 조절하려면 **탑 패딩, 하단 패딩, 사이드 패딩 값⑥**을 입력합니다. **썸네일** 옵션에서 **기본으로 감추기⑦**를 선택하면 아래에 있는 스크롤러가 기본적으로 나오지 않고 오른쪽 아래에 있는 **아이콘 중 왼쪽에 있는 아이콘⑧**을 클릭하면 나타납니다. **오른쪽에 있는 아이콘⑨**을 클릭하면 전체 화면으로 슬라이더를 볼 수 있습니다. **썸네일 폭⑩**을 설정하면 이미지 비율과 관계없이 모든 썸네일이 같은 너비로 나옵니다.

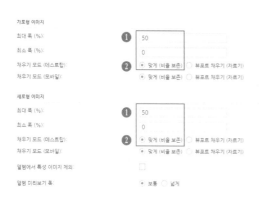

그림 3-119 스크롤러 폭 설정

가로형 이미지와 세로형 이미지 옵션에서 이미지가 보이는 부분인 뷰포트를 설정할 수 있습니다. 기본 너비인 100%에서는 채우기 모드를 변경해도 차이가 없지만 **50%로 설정①**하면 채우기 모드를 '**맞게②**'로 선택했을 때 뷰포트가 콘텐츠 너비의 50%가 되고 이미지의 비율을 보존하면서 나옵니다. 따라서 가로형, 세로형 이미지가 섞여 있을 때는 들쭉날쭉한 슬라이더가 됩니다.

그림 3-120 뷰포트 채우기

뷰포트 채우기①를 선택하면 뷰포트 만큼의 너비로 모든 이미지가 같은 크기로 나옵니다. 세로형 이미지는 모두 보이지만 가로형 이미지는 좌우가 잘려 보입니다.

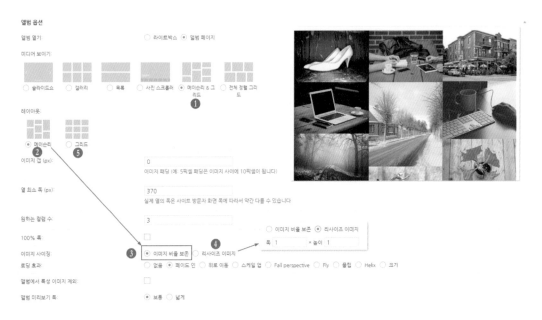

그림 3-121 앨범 옵션 - 메이슨리 & 그리드로 보기

미디어 보이기 옵션을 **메이슨리 & 그리드①**를 선택합니다. 레이아웃에서 메이슨리와 그리드 옵션이 있는데 **메이슨리②**를 선택했을 때는 **이미지 사이징③**에서 이미지 비율 보존에 체크하고 사용합니다. **리사이즈 이미지④**를 선택하면 너비와 높이를 설정할 수 있는데 이를 설정하면 메이슨리를 사용할 이유가 없어집니다. 또한, 레이아웃을 **그리드⑤**로 선택했을 때는 이미지 사이징을 이미지 비율 보존으로 사용하면 공간이 생기므로 **리사이즈 이미지④**를 선택해 사용합니다.

그림 3-122 앨범 옵션 – 전체 정렬 그리드로 보기

전체 정렬 그리드❶는 앞서 여러 번 살펴봤는데, 마지막 행에서 여백이 발생하지 않게 하는 기능입니다. 현재 이미지 목록에는 9개의 이미지가 업로드 돼 있습니다. **이미지 사이징❷**에서 이미지 비율 보존에 체크해 사용하면 **100% 폭❸**에 체크해도 사이트에 나타나는 이미지 레이아웃에 변화가 없지만 **리사이즈 이미지❹**에 체크하면 이미지가 부족하더라도 마지막 행의 이미지가 좌우 끝에 맞춰져 정렬됩니다. 만일 이미지를 하나 더 추가하면 모두 같은 너비의 이미지가 됩니다.

그림 3-123 전체 정렬 그리드에서 이미지 리사이징 옵션의 차이

왼쪽 그림은 '이미지 비율 보존'에 체크한 경우로 각 이미지가 원본 이미지의 비율대로 나옵니다. 오른쪽 그림은 '리사이즈 이미지'에 체크한 경우로 설정한 대로 가로세로 1:1의 비율대로 잘립니다. 모든 이미지를 좌우 폭에 맞추기 위해 두 개의 행의 높이가 달라집니다.

08 앨범 페이지 만들기

새 페이지를 만들고 제목을 입력한 다음 템플릿을 Album – justified grid나 Album – masonry & grid를 선택합니다. 다른 설정 부분은 포트폴리오 페이지 만들기를 참고하세요.

09 갤러리 페이지 만들기

사진 앨범에 있는 모든 이미지를 따로 페이지에 표시할 수 있는 기능입니다. 앨범 페이지가 여러 개의 앨범을 표시하고 앨범을 클릭했을 때 해당 앨범의 이미지를 슬라이더 형태로 보여주는 기능이라면 갤러리 페이지는 개별 이미지를 모두 표시하는 기능이며 페이지에서 하나의 이미지를 클릭하면 슬라이더로 나타나고 페이지에 있는 이미지 순서대로 슬라이드 할 수 있습니다.

페이지 레이아웃은 앨범과 같이 justified grid와 masonry & grid가 있으며 갤러리 옵션도 유사합니다.

10 팀 페이지와 추천 페이지 만들기

팀과 추천 메뉴에서 만든 콘텐츠를 페이지로 출력할 수 있는 기능입니다. 팀원이나 추천이 많을 때 사용합니다. 페이지 만들기에서 템플릿을 Team이나 Testimonials로 선택합니다. 옵션은 많지 않으니 이전 과정을 참고하면 됩니다.

11 마이크로사이트 템플릿 사용하기

The7 테마에 포함돼 있는 microsite 템플릿은 다양한 용도로 사용할 수 있습니다. 요즘 유행하고 있는 원 페이지(One page) 사이트를 만들 수도 있고 랜딩 페이지나 블랭크(Blank) 페이지도 만들 수 있습니다.

원 페이지 사이트란 홈페이지에서 상단에 배치된 메뉴를 클릭하면 다른 페이지로 이동하는 것이 아니라 홈페이지 내부의 다른 곳으로 이동하므로 페이지를 로딩할 필요가 없습니다. 하나의 페이지에서 다양한 콘텐츠를 보여 줄 수 있으며 필요한 경우 페이지 빌더로 요소를 배치해 다른 페이지로 이동할 수 있습니다. 일부 사이트에서는 한 페이지로만 운영하므로 원 페이지 사이트라고 합니다.

랜딩 페이지는 처음 접속했을 때 나오는 페이지를 말합니다. 예를 들어 이벤트를 홍보하는 이메일을 받은 방문자가 이메일에서 링크를 클릭했을 때 홈페이지를 보여주기보다는 해당 이벤트를 위한 특별한 콘텐츠가 있어야 하고, 이벤트 페이지로 연결돼야 합니다. 또한, 목적을 달성하기 위해 콘텐츠에 집중할 수 있도록 메뉴나 사이드바와 같은 홈페이지 요소를 제거해야 할 수도 있습니다. 하지만 홈페이지로 이동하기를 원할 수도 있으니 메뉴 대신에 '홈으로 가기'라는 콜 투 액션 버튼을 배치할 수도 있습니다.

블랭크 페이지란 콘텐츠가 전혀 없는 페이지가 아니라 헤더나 푸터의 내용이 나오지 않고 콘텐츠 영역만 있는 페이지입니다. 웹 사이트가 개발 중이거나 공사 중일 때 방문한 접속자에게 해당 사이트는 언제쯤 런칭할 것이고 어떤 사이트인지 간단하게 소개하고 원할 경우 뉴스레터에 가입하고 사이트를 오픈했을 때 안내를 받을 수 있도록 하는 것이 좋습니다.

원 페이지 사이트 만들기

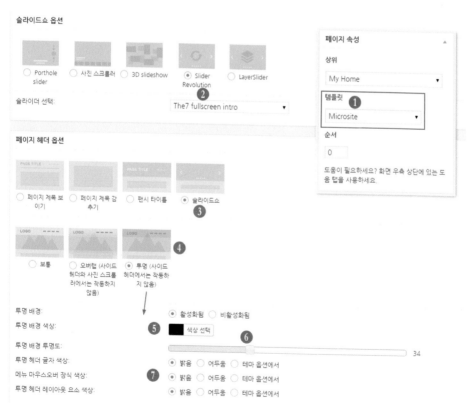

그림 3-124 마이크로 사이트 템플릿 사용하기

새 페이지를 만들고 제목을 입력한 다음 템플릿을 **Microsite❶**로 선택합니다. 콘텐츠를 추가하기에 앞서서 우선 페이지 상단 영역을 설정합니다. 슬라이드쇼 옵션에서 **Slider Revolution❷**을 선택하고 슬라이더 선택에서 **The7 fullscreen intro**를 선택합니다.

페이지 헤더 옵션에서 **슬라이드쇼❸**와 **투명❹**을 선택하면 추가 옵션이 나옵니다. **배경 색상❺**을 검은색으로 선택하고 **투명도❻**를 50 이하로 줄여줍니다. 배경이 어두운색이므로 글자 색상은 모두 **밝음 ❼**으로 선택합니다.

그림 3-125 **투명 헤더 배경**

사이트에서 확인해보면 그림 3-125와 같습니다. 로고의 글자가 검은색이라 잘 보이지 않으니 배경에 맞춰 새로운 로고를 만들어 배치할 수도 있습니다. 대부분 원 페이지 사이트에서는 헤더 부분이 왼쪽에는 로고가 있고, 오른쪽에 메뉴가 있는 형태로 간단합니다. 테마 옵션(헤더 & 탑바 → 레이아웃 탭)에서 헤더 레이아웃을 변경할 수 있지만, 전체 사이트가 변경됩니다. 아직은 일부 페이지만 헤더 레이아웃을 별도로 설정할 수 있는 기능이 없습니다. 메뉴는 새로 만들어 배치할 수 있습니다.

그림 3-126 원 페이지 사이트의 섹션 제목 만들기

페이지 빌더에서 행을 추가하고 이 행에 **팬시 타이틀❶**을 추가합니다. **제목❷**은 회사 소개로 입력한 다음 **Title size❸**는 h1으로 선택하고 **세퍼레이터 스타일❹**은 line, **폭❺**은 50%로 설정합니다. **행 편집 아이콘❻**을 클릭해서 **앵커❼**에 about을 입력합니다. 이는 팬시 타이틀의 **제목❷**과 일치하는 영문으로 입력합니다. 앵커는 아이디 선택자로 사용되며 메뉴를 설정할 때 같은 이름의 메뉴를 입력하면 사이트에서 이 메뉴를 클릭했을 때 해당 아이디로 이동하게 됩니다. 메뉴는 나중에 만들 것입니다.

상단 마진❽은 슬라이더와의 간격을 제거하기 위해 −50을 입력합니다. **행 스타일❾**은 Stripe1로 선택하고 배경색은 기본으로 두면 밝은 회색 배경이 됩니다. **상단과 하단 패딩❿**을 30으로 설정하면 제목에 상하 여백이 생성됩니다. 저장한 다음 행을 **네 번 복사⓫**해서 각 행의 팬시 타이틀의 제목을 **팀원⓬**, **서비스⓭**, **프로젝트⓮**, **문의하기⓯**로 수정합니다.

복사한 각 행의 행 **편집 아이콘❻**을 클릭해서 팀원이라는 제목의 행은 앵커를 team으로 수정하고 상
단 마진은 0으로 설정한 다음 저장합니다. 서비스 행은 앵커를 service, 프로젝트 행은 project, 문의
하기 행은 contact로 수정하고 각각 상단 마진을 제거합니다.

그림 3-127 회사 소개 콘텐츠 만들기

행을 추가하고 **회사 소개 제목 행❶** 바로 아래로 이동한 다음 **두 개의 열❷**로 나눠서 원하는 콘텐츠를
입력합니다. 다른 요소와의 간격을 유지하기 위해 항상 **빈 스페이스❸** 요소를 사용합니다. 마찬가지
방법으로 각 제목 아래에 제목에 어울리는 콘텐츠를 배치합니다. 데모 콘텐츠 중 메뉴에서 Home에
원 페이지 샘플이 있으니 참고하면 됩니다. 완료됐으면 새 탭에서 외모 → 메뉴 화면을 엽니다.

그림 3-128 메뉴 설정하기

메뉴 화면에서 '새로운 메뉴를 생성하세요❶' 링크를 클릭한 다음 '원 페이지❷'로 입력하고 엔터키를 누릅니다. 왼쪽에서 사용자 정의 링크❸ 박스를 열고 URL❹에 샵과 느낌표, 슬래시, up(#!/up)을 입력한 다음 링크 텍스트❺에는 '홈'을 입력하고 메뉴에 추가 버튼❻을 클릭합니다. 다시 URL에 #!/about를 입력하고 링크 텍스트로 '회사 소개'를 입력한 다음 메뉴에 추가합니다. 같은 방법으로 #!/team과 팀, #!/service와 서비스, #!/project와 프로젝트, #!/contact와 문의하기를 입력해 메뉴에 추가합니다.

메뉴 앞에 아이콘을 추가하려면 메뉴 항목에서 오른쪽 삼각형 아이콘❼을 클릭해 펼칩니다. 아이콘 항목에서 아이콘 폰트❽를 선택하면 박스가 나오고 이전에 알아본 폰트 어썸(http://fortawesome.github.io/Font-Awesome/icons/)의 아이콘 코드❾를 입력하면 아이콘이 메뉴 이름 왼쪽에 나옵니다. 모두 완료했으면 메뉴 저장 버튼을 클릭하고 이전에 만든 페이지 편집 화면으로 갑니다. 공개하기 메타박스에서 업데이트 버튼을 클릭합니다. 데모 데이터 때문에 페이지가 많으므로 편집 화면을 새로고침하면 시간이 오래 걸립니다.

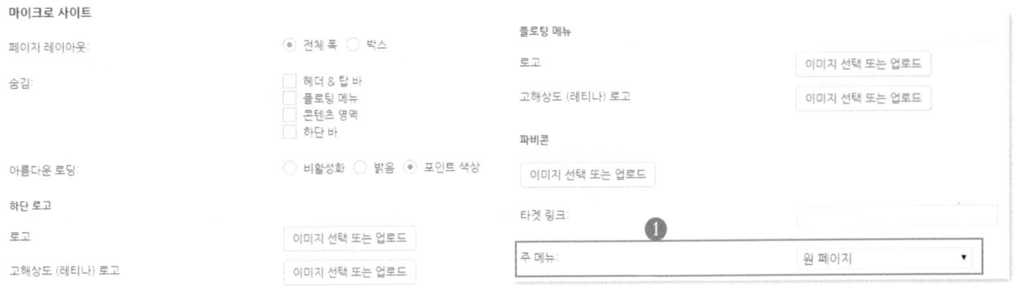

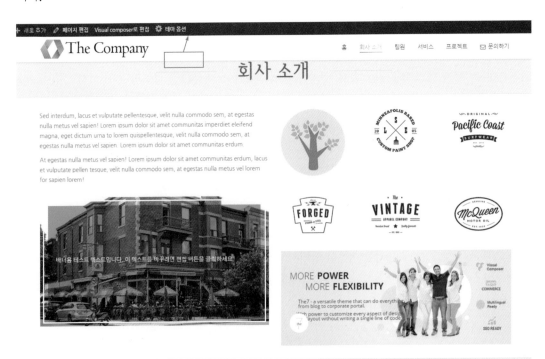

그림 3-129 원 페이지 사이트 메뉴 선택

편집 화면의 사이드바를 보면 마이크로 사이트 박스가 있으며 여기에서 여러 가지 설정을 할 수 있습니다. 이전에 언급했듯이 랜딩 페이지는 홈페이지와는 다른 것이므로 모양도 다르게 할 수 있습니다. 로고와 파비콘도 다른 것으로 설정해서 타겟 고객에게 색다른 사이트임을 인식하게 할 수 있습니다. 헤더나 다른 요소를 보이지 않게 할 수 있지만 랜딩 페이지에서 콘텐츠로 이동하기 위한 메뉴는 필요하므로 보이게 해야 합니다.

주메뉴① 항목에서 방금 만든 원 페이지를 선택하고 공개하기 메타박스에서 업데이트 버튼을 클릭합니다.

그림 3-130 사이트에서 확인

사이트에서 확인하면 각 메뉴를 클릭했을 때 해당 요소로 이동합니다. 제목 부분과 플로팅 메뉴가 겹쳐서 가려지는 문제는 상단에 있는 관리자 툴바 때문이며 툴바가 보이지 않는 일반 접속자에게는 제대로 보입니다.

12 공사 중 페이지 만들기

마이크로 사이트 템플릿을 이용해 공사 중 페이지를 만드는 방법을 알아보겠습니다. 페이지 빌더 요소에 사이트 정식 오픈일을 카운트 다운할 수 있는 기능이 있으므로 이를 사용하겠습니다. 뉴스레터 플러그인을 추가하면 방문자가 이메일을 등록해 뉴스레터에 가입할 수 있고 오픈 날짜에 알림을 줄 수 있습니다.

뉴스레터 플러그인 Subscribe2 사용하기

이 플러그인은 단지 공사 중 페이지를 만들기 위해 소개하는 것은 아니며, 블로그 구독 플러그인으로 많이 사용합니다. 관리자 화면에서 이메일도 보낼 수 있고 새 콘텐츠가 발행되면 구독자에게 이메일로 통지됩니다.

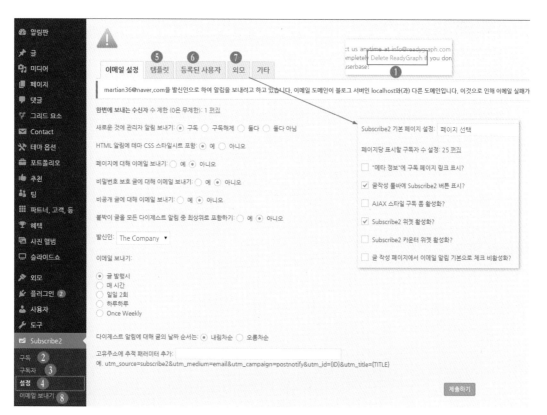

그림 3-131 구독 플러그인 설정 화면

이 플러그인을 설치하기 전에 첨부 파일에서 언어 파일(subscribe2-ko_KR.po, subscribe2-ko_KR.mo)을 복사해 wp-content/languages/plugins 폴더에 붙여넣습니다. 이렇게 하지 않으면 이메일 템플릿이 영어로 나옵니다. 플러그인 추가하기 화면에서 Subscribes2로 검색해 설치하고 활성화합니다.

활성화하면 초기 화면에 Readygraph라는 기능을 연동하기 위한 페이지가 나오는데 오른쪽 아래에 있는 **Delete ReadyGraph❶** 링크를 클릭해 제거합니다. 이 기능은 웹 사이트의 트래픽을 증가시킬 수 있다고 하는데 알아보니 조금 성가신 기능이라서 사용자의 불만이 있었습니다. 서브 메뉴가 여러 개 있는데, 간략하게 살펴보면 다음과 같습니다. 자세한 내용은 각 화면의 오른쪽 위에 있는 도움말 탭을 클릭하면 나오므로 참고하세요.

- **구독❷**: 사용자의 프로필 화면이 되기도 하며 사용자가 프로필 링크를 클릭하면 이 화면이 나타납니다. 사용자가 자신의 구독에 대해 설정할 수 있습니다.

- **구독자❸**: 이 화면에서는 공개 구독자와 등록된 구독자를 추가하거나 제거, 관리할 수 있고 구독자 목록을 CSV 파일로 추출해 다른 이메일 서비스에서 사용할 수 있습니다. 공개 구독자란 뉴스레터 가입 폼을 이용해 가입한 구독자이고 등록된 구독자란 워드프레스의 회원가입으로 가입된 구독자이며 가입 시 뉴스레터 구독을 선택할 수 있습니다.

- **설정❹**: 사이트 콘텐츠에 대해서 구독에 대해 모든 설정을 할 수 있는 곳입니다. 도움말에 없는 내용을 설명하겠습니다. 한 번에 보내는 수신자 수 제한을 0으로 설정하면 가입자가 수백 명인 상태에서 글을 발행하면 한 번의 작업으로 수백 명에게 글을 발행했다는 알림 이메일이 발송됩니다. 스팸으로 인식될 수도 있고 BCC 형태로 전송되는데, BCC란 Blind Carbon Copy의 약자로 각 수신자가 그룹에 속한 다른 수신자의 이메일 주소를 볼 수 없습니다. 이와 달리 수신자 수 제한을 1로 설정하면 하나의 작업당 하나의 이메일만 가게 됩니다.

- **템플릿❺** 탭에서 자동으로 발송되는 이메일 콘텐츠를 수정할 수 있으며 중괄호로 된 키워드 부분은 변수로 사용되므로 문구를 수정할 때 그대로 사용해야 합니다.

- **등록된 사용자❻** 탭에서는 등록된 사용자에 관한 여러 가지 설정을 할 수 있습니다.

- **외모❼** 탭에서 기본 페이지 설정은 하지 않아도 됩니다. 이를 사용하려면 구독을 위한 새 페이지를 만들고 'Subscribe2 기본 페이지 설정' 옵션에서 선택하면 뉴스레터 가입 폼이 나타납니다. '페이지당 표시할 구독자 수 설정'에서 페이지란 이렇게 만든 페이지를 말하는 것이 아니라 구독자 메뉴에 나타나는 구독자 목록의 수를 의미합니다.

- **이메일 보내기❽** 메뉴는 구독자에게 이메일로 알림을 보낼 수 있습니다.

페이지 만들기

페이지를 만들기에 앞서서 뉴스레터 위젯을 먼저 설정하겠습니다. 관리자 화면의 테마 옵션에서 위젯 영역을 선택해 '뉴스레터'라는 이름으로 위젯을 하나 만듭니다.

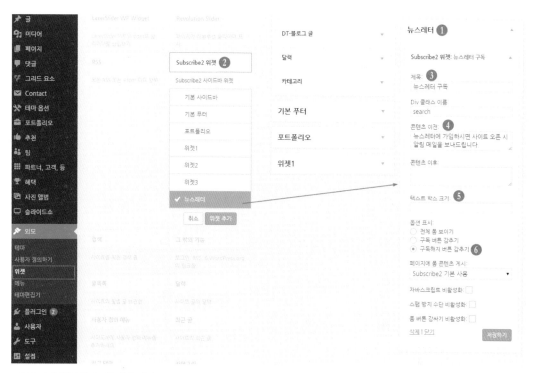

그림 3-132 구독 플러그인 위젯 배치

위젯 화면에서 **뉴스레터 위젯 영역❶**에 Subscribe2❷를 배치합니다. **제목❸**을 입력하고 **콘텐츠 이전❹**에 뉴스레터에 가입하면 안내를 드린다는 문구를 입력합니다. **텍스트 박스 크기❺**는 아무것도 입력하지 않습니다. 숫자를 입력하면 입력한 글자 수를 기준으로 너비가 정해지므로 반응형이 지원되지 않습니다. 이는 스타일 시트에서 수정하겠습니다. 옵션 표시에서 **구독해지 버튼 감추기❻**에 선택하고 저장합니다.

그림 3-133 공사 중 페이지 콘텐츠 만들기

새 페이지 추가 화면에서 제목을 입력하고 행을 추가한 다음 팬시 타이틀로 제목을 만듭니다. 제목으로 '**오픈까지 남은 시간❶**'으로 입력했고 타이틀 사이즈는 h1, 세퍼레이터 스타일은 double, Element width는 50%로 설정합니다. **빈 스페이스❷**를 추가하고 **카운트 다운❸** 요소를 배치해 오픈 날짜를 설정합니다. 템플릿은 **마이크로 사이트❹**를 선택합니다.

아래에는 3열의 **행❺**을 배치하고 **배너❻**, **텍스트 블록❼** 요소를 배치해 안내 글을 추가합니다. 텍스트 블록 요소는 디자인 옵션 탭에서 배경을 추가합니다. 나머지 열에는 **위젯 사이드바❽** 요소를 배치하고 뉴스레터 위젯을 선택합니다.

```
69  #s2email { width:100%; }
```

워드프레스 테마 폴더에서 자식 테마의 스타일시트(wp-content/themes/dt-the7-child/style. css)를 편집기로 위와 같이 코드를 추가합니다. 이렇게 하면 다른 곳에 위젯을 배치해도 부모 요소의 100% 너비를 사용하게 됩니다.

그림 3-134 슬라이더 선택 및 콘텐츠 숨김 설정

페이지 상단에는 **높이가 낮은 슬라이더①**를 배치하고 마이크로 사이트 박스에서 **콘텐츠 영역②**을 제외하고 모두 숨김을 선택합니다. 또한, 사이드바, 푸터 위젯도 비활성화합니다.

그림 3-135 사이트에서 확인

사이트에서 확인하면 그림 3-135와 같이 나옵니다. 뉴스레터 구독은 로그인 상태에서는 위처럼 나오지 않으므로 다른 웹 브라우저에서 확인해야 합니다.

이렇게 만든 공사 중 페이지는 첫 화면에 나타나도록 해야 하므로 설정 → 읽기에서 전면 페이지를 '공사 중 페이지'로 선택합니다.

13 회원가입 페이지 만들기

워드프레스로 만든 사이트는 회원가입 절차가 아주 간단합니다. 사용자명(아이디)과 이메일 주소만 있으면 가입할 수 있습니다. 회원가입이 필요한 이유는 가입한 회원에 대해서 이메일로 알림을 발송하거나 블로그 글이나 댓글을 쓸 수 있는 자격을 부여하기 위해서입니다. 이런 절차를 거치지 않고 누구든지 댓글을 달 수 있게 설정하면 스팸이 많아지게 됩니다. 이를 방지하기 위해서도 회원가입이 필요합니다.

워드프레스에 로그인하려면 로그인 링크가 필요한데 위젯 화면에서 '그밖의 기능' 위젯을 배치하면 사이드바에 나타나게 할 수 있지만, 이 위젯은 불필요한 기능이 추가되므로 거의 사용하지 않습니다. WP Members 플러그인을 사용하면 회원가입에 필요한 여러 정보를 추가할 수 있을 뿐만 아니라 로그인과 회원 가입 링크도 만들 수 있으며 글에 대한 접근도 제한할 수 있고 회원가입을 할 때 필요한 약관에 동의해야만 가입되는 기능도 추가할 수 있습니다.

그림 3-136 회원 가입 플러그인 옵션 화면

플러그인 추가하기 화면에서 **WP Members**와 **Really Simple Captcha**로 검색해 설치하고 활성화합니다. **설정 → WP-Members❶**로 이동하면 위와 같은 화면이 나옵니다.

한글로 나오므로 읽어보면 무슨 내용인지 알 수 있습니다. 처음에는 상단에 3개의 메시지 박스가 나타나는데(2개만 나타날 수도 있음) **[why is this?]❷**에 마우스를 올리면 왜 메시지 박스가 생겼는지 설명이 나옵니다. 설명을 읽고 무시하려면 '**경고 메시지 무시하기❸**'에 체크하고 아래에서 저장 버튼을 클릭합니다. 메시지 대로 하려면 Ctrl 키를 누른 채로 **링크❹**를 클릭해 해당 페이지로 이동한 뒤 메시지 대로 변경하고 저장합니다. '**기본으로 글, 페이지 차단❺**', '**관리자에게 알림❻**'에 체크하고 CAPTCHA 활성화에서 '**Really Simple CAPTCHA❼**'를 선택한 다음 아래에서 설정 업데이트 버튼을 클릭하면 탭 영역에 **Captcha❽** 탭이 생성됩니다. 캡챠는 회원가입과 로그인 할 때 보안 문자를 추가하는 기능입니다.

주의할 점은 이 화면에서 글이나 페이지를 차단으로 설정하면 로그인하지 않은 상태에서 글이나 페이지에 접속했을 때 로그인 화면으로 이동합니다. 개별 페이지나 글 상단에도 차단하는 기능이 있으니 위 화면에서는 기본적으로 차단하지 않는 것이 좋습니다.

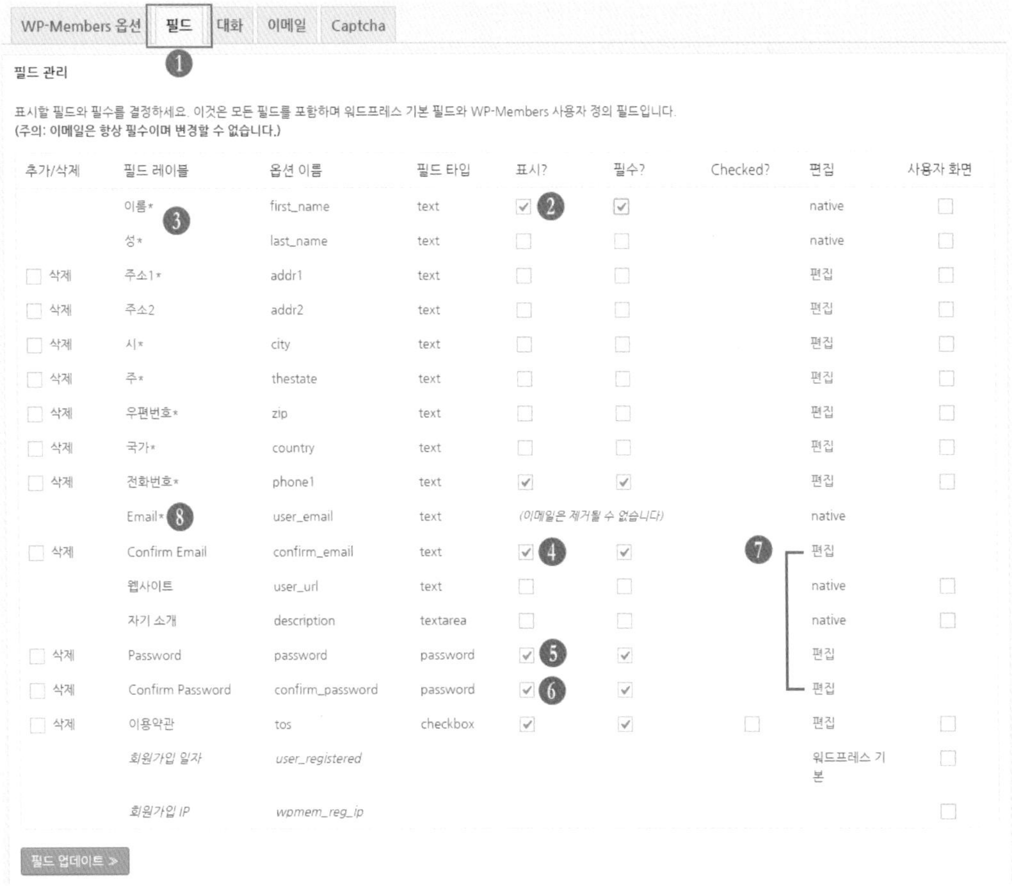

그림 3-137 회원 가입 필드 선택

필드 탭①에서는 사이트에 나타날 폼을 편집할 수 있습니다. 폼을 삭제하거나 추가할 수 있는데 필요 없는 필드를 삭제보다는 **표시②**에 체크를 해제해서 보이지 않게 설정합니다. **이름과 성③**이 분리돼 있는데 성을 표시하지 않고 이름만 사용해도 됩니다. 이름과 성이 분리돼 있으면 외국 프로그램이라는 티가 나죠. 저장한 다음 영문으로 나타나는 **Confirm Email④**, **Password⑤**, **Confirm Password⑥**는 오른쪽에 있는 **편집⑦** 링크를 클릭해 한글로 수정합니다. **Email⑧**은 편집 링크가 없으므로 다음과 같이 코드로 수정합니다.

```
54 add_filter('gettext', 'translate_text');
55 add_filter('ngettext', 'translate_text');
56
57 function translate_text($translated) {
58 $translated = str_ireplace('Email', '이메일', $translated);
59
60 return $translated;
61 }
```

자식 테마 폴더(wp-content/themes/dt-the7-child)에서 functions.php 파일을 편집기로 열고 아래에 위 코드를 추가한 다음 저장합니다.

대화 탭

그림 3-138 대화 탭 번역 및 이용약관 단축코드 추가

대화 탭에 **영문으로 작성된 내용❶**은 영문을 참고해서 직접 번역하거나 첨부 파일의 languages 폴더에서 wp-members.txt 파일의 내용을 복사해 사용합니다. 아래에 있는 **이용약관❷**은 페이지를 별도로 만들 것이므로 우선 다음과 같이 입력해두고 페이지를 만든 다음 페이지 아이디를 수정하겠습니다.

```
[wp-members page="tos" url="http://localhost/wordpress2/?p=306"]
```

이메일 탭

그림 3-139 이메일 탭

이메일 탭을 선택하면 워드프레스의 기본 설정에서 설정한 이메일과 다른 관리자 이메일을 설정할 수 있습니다. 이곳을 비워두면 워드프레스를 설치했을 때 사용한 이메일과 이름으로 전송됩니다. 이메일 탭의 내용도 첨부 파일에 포함돼 있습니다. 캡챠 탭은 보면 알 수 있는 내용이니 나중에 모양을 보면서 설정하거나 그대로 사용하면 됩니다.

14 WP-Members 관련 페이지 만들기

WP Members 플러그인을 설치해 사용하려면 로그인 페이지, 회원가입 페이지, 프로필 페이지를 만들어야 합니다.

그림 3-140 회원 가입 플러그인 관련 페이지 만들기

새 페이지 추가❶에서 제목은 '**로그인❷**'으로 입력하고 단축코드로 [wp-members page="login"]❸을 입력한 다음 공개하기 버튼을 클릭합니다. 다시 새 페이지를 만들고 **회원가입** – [wp-members page="register"], 프로필(또는 회원정보 변경) – [wp-members page="members-area"]로 입력해서 두 개의 페이지를 추가합니다.

WP-Members 플러그인을 설치하고 나면 오른쪽 위에 **페이지 제한❹**이라는 메타박스가 하나 더 추가됩니다. WP-Members 옵션 설정 화면에서 '**기본으로 페이지 차단**'에 체크하면 전체 페이지가 차단되고 각 페이지 편집 화면의 페이지 제한 메타박스에서 'Unblock this 페이지'에 체크해 차단을 해제할 수 있습니다. 옵션 설정 화면에서 '**기본으로 페이지 차단**'에 체크하지 않으면 기본적으로 전체 페이지가 차단되지 않으며 각 페이지의 페이지 제한 메타박스에서 'Block this **페이지**'에 체크해 각 페이지를 차단할 수 있습니다.

WP-Members 플러그인은 기본적으로 위 세 가지 단축코드로 페이지를 만들 수 있지만, 위에서 만든 로그인 페이지는 the7 테마를 사용하면 로그인 후 에러 메시지가 나옵니다. 다행히 이 테마는 로그인 단축코드로 로그인 페이지를 만들 수 있습니다. 로그인 페이지만 위 단축코드를 제거하고 **관리자 화면 편집기❺** 버튼을 클릭해 페이지 빌더로 편집합니다.

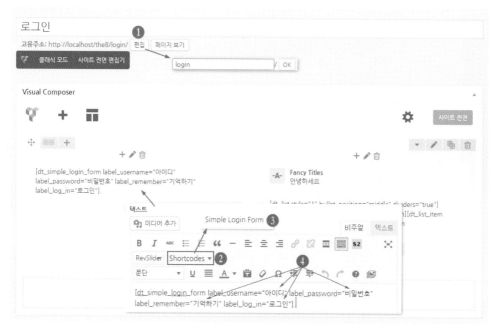

그림 3-141 로그인 페이지 만들기

제목 아래의 고유주소 **편집❶** 버튼을 클릭해 login으로 수정하고 OK 버튼을 클릭합니다. 페이지 빌더에서 두 개의 열을 만든 다음 첫 번째 열에 텍스트 블록을 선택해 텍스트 블록을 추가합니다. **Shortcode❷**를 클릭한 뒤 아래에서 **Simple Login Form❸**을 선택하면 단축코드가 생성됩니다. 각 따옴표에 사이트에 나타날 **레이블❹**을 추가하고 저장합니다. 오른쪽 열에는 환영 메시지나 적당한 공지 사항을 추가할 수 있습니다.

```
[dt_simple_login_form label_username="아이디" label_password="비밀번호" label_remember="기억하기"
label_log_in="로그인"].
```

그림 3-142 데모 데이터 로그인 페이지 제거

데모 데이터로 만들어진 로그인 페이지는 제거합니다. **모든 페이지❶** 목록에서 login❷으로 검색해 제목이 Login인 페이지를 **휴지통❸**에 넣습니다. 이렇게 하면 앞에서 만든 로그인 페이지가 탑바에서 링크로 나타나게 됩니다.

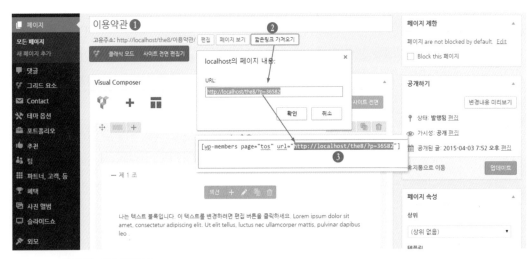

그림 3-143 이용약관 페이지 만들기

이용약관 페이지는 '**이용약관❶**'으로 제목을 입력하고 페이지 빌더의 어코디언 요소를 이용해 원하는 내용을 입력해 페이지를 만듭니다. 이 페이지는 회원가입 페이지 아래에서 **이용약관 동의** 링크를 클릭했을 때 나타나는 페이지이며 회원가입에 필요한 정보를 입력하게 되므로 이용약관의 내용으로는 반드시 정보 제공 동의서를 포함합니다. 특히 이용약관 페이지는 페이지 차단을 하지 않도록 합니다.

제목 아래의 '짧은 링크 가져오기❷' 버튼을 클릭해 URL을 복사합니다. WP-Members 설정 화면의
대화 탭 아래에서 **URL을 교체❸**하고 저장합니다.

WP-Members 플러그인으로 만든 페이지는 탑 메뉴의 오른쪽에 배치할 예정인데 테마 옵션(헤더 &
탑바 → 레이아웃 탭)에서 사용자 정의 메뉴를 배치할 수 있습니다. 하지만 이렇게 배치하면 로그인한
사용자에게 회원가입 메뉴가 나타나지 않게 제어할 수 없습니다. 따라서 별도의 메뉴를 등록하고 코드
로 제어해야 합니다.

```
63 register_nav_menus( array(
64     '회원 메뉴' => __( '회원 메뉴' ),
65 ) );
66 register_nav_menus( array(
67     '비회원 메뉴' => __( '비회원 메뉴' ),
68 ) );
```

자식 테마의 functions.php 파일에 위와 같이 코드를 추가합니다. 이 코드는 메뉴 화면에서 메뉴를
배치할 수 있도록 합니다. 코드를 다뤄본 경험이 없는 분들은 첨부 파일에서 코드를 그대로 복사해서
사용하세요.

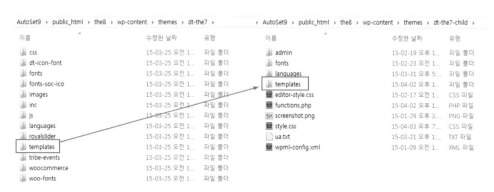

그림 3-144 **템플릿 파일 복사**

wp-content/themes/the7 폴더에서 templates 폴더를 복사해 dt-the7-child 폴더에 붙여넣습니
다. 이 폴더로 들어가 header 폴더에서 top-bar.php 파일을 편집기로 엽니다. 나머지 파일과 폴더
는 삭제합니다.

```
21     <!-- !Top-bar -->
22     <div id="top-bar" role="complementary" <?php presscore_top_bar_class($hide_top_bar); ?>>
23         <div class="wf-wrap">
```

```
24          <div class="wf-container-top">
25            <div class="wf-table wf-mobile-collapsed">
26
27              <?php presscore_render_header_elements('top'); ?>
28
29              <?php presscore_render_header_elements('top_bar_left'); ?>
30
31              <?php presscore_render_header_elements('top_bar_right'); ?>
32
33              <?php if ( !is_user_logged_in() ) {
34                wp_nav_menu( array( 'theme_location'  => '비회원 메뉴', 'container_class' =>
'right-block wf-td member-profile', )); } ?>
35              <?php if ( is_user_logged_in() ) {
36                wp_nav_menu( array( 'theme_location'  => '회원 메뉴', 'container_class' =>
'right-block wf-td member-profile', )); } ?>
37
38            </div><!-- .wf-table -->
39          </div><!-- .wf-container-top -->
40        </div><!-- .wf-wrap -->
41      </div><!-- #top-bar -->
```

위와 같이 ('top_bar_right'); 코드 아래에 코드를 추가합니다. 이 코드는 로그인 상태에 따라 사용자에
게 functions.php 파일에서 추가한 메뉴를 보이게 합니다.

```
74 .member-profile ul li {
75    text-align: center;
76    display: inline;
77 }
78 .member-profile ul {
79    padding: 0;
80 }
81 .profile a:before {
82    content: "\f007";
83    font: normal normal normal 14px/1 FontAwesome;
84    margin-right: 10px;
85 }
86 .register a:before {
87    content: "\f090";
88    font: normal normal normal 14px/1 FontAwesome;
89    margin-right: 10px;
90 }
91 #wpmem_login #rememberme {
```

```
92    float: none;
93  }
94  #wpmem_reg .div_text img {
95    float: left;
96  }
```

같은 폴더에서 style.css 파일을 편집기로 열고 위와 같이 추가합니다. 이 코드는 탑 메뉴에 추가된 메뉴를 제대로 배치하고 아이콘을 추가합니다.

탑바에 메뉴 표시하기

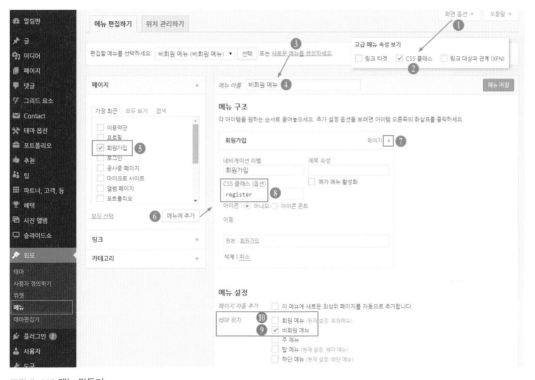

그림 3-145 메뉴 만들기

메뉴 화면에서 **화면 옵션❶** 탭을 클릭하고 **CSS 클래스❷**에 체크합니다. '새로운 메뉴를 생성하세요❸' 링크를 클릭하고 메뉴 이름에 '**비회원 메뉴❹**'라고 입력한 다음 엔터키를 누릅니다. 페이지 박스에서 **회원가입❺**에 체크하고 **메뉴에 추가❻** 버튼을 클릭합니다. 메뉴 아이템의 오른쪽 끝에 있는 **삼각형 아이콘❼**을 클릭해 펼칩니다.

CSS 클래스에 **register⑧**를 추가합니다. 이 메뉴는 테마에 의해 추가된 메뉴가 아니라서 폰트 아이콘을 추가할 수 없으므로 별도로 코드로 만들어야 합니다. 코드는 앞서 추가했습니다. 아래에 있는 테마 위치에서 **비회원 메뉴⑨**에 체크 한 다음 메뉴 저장 버튼을 클릭합니다.

다시 새로운 메뉴를 생성하세요 링크를 클릭합니다. 이번에는 메뉴 이름에 **회원 메뉴**를 입력하고 엔터 키를 누릅니다. 페이지 박스에서 **프로필**을 선택해 메뉴에 추가한 다음 **CSS 클래스**에 **profile**을 입력합니다. 테마 위치에서 **회원 메뉴⑩**에 체크한 다음 메뉴에 저장 버튼을 클릭합니다. 이 메뉴에는 로그인한 회원만 볼 수 있는 메뉴를 추가합니다.

로그인 메뉴를 추가하지 않은 이유는 테마에서 이미 로그인 메뉴와 페이지를 만들어놨기 때문에 이를 사용하면 됩니다. 테마 옵션에서 탑바에 로그인 메뉴를 추가할 수 있었습니다.

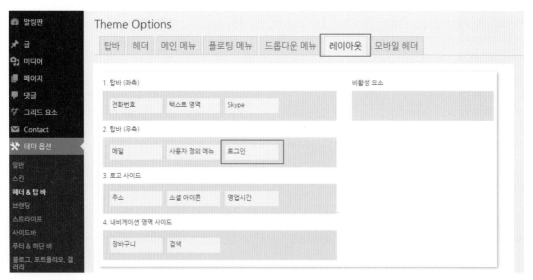

그림 3-146 헤더 & 탑 바에 로그인 메뉴 배치

테마 옵션의 헤더 & 탑바 → 레이아웃 탭에서 탑바(우측)의 가장 오른쪽에 로그인 메뉴를 배치합니다.

그림 3-147 로그인 및 프로필 메뉴

사이트에서 확인하면 탑바의 오른쪽에서 회원 메뉴를 확인할 수 있습니다. 프로필 메뉴를 선택하면 정보 수정이나 비밀번호를 변경할 수 있습니다.

그림 3-148 회원가입 메뉴 및 이용약관 링크 확인

로그인하지 않은 다른 웹 브라우저에서 사이트를 열면 로그인과 회원가입 메뉴를 확인할 수 있습니다. 회원가입 메뉴를 클릭하면 폼이 나오고 아래에서 이용약관을 클릭하면 이용약관 페이지가 나옵니다.

15 회원정보 제공 동의서 페이지 만들기

회원가입을 운영하는 웹 사이트는 회원가입을 위해 최소한 이메일 정보를 받아야 합니다. 이러한 회원 정보는 다른 곳에 사용하지 않더라도 수집행위가 포함되므로 정보 제공 동의서를 받아야 합니다. 회원 가입을 운영하지 않더라도 법무법인과 같은 사이트에서는 상담을 위해 개인정보를 받아야 합니다. 이 때는 정보 입력 폼을 만들고 동시에 정보 제공 동의서를 포함하면 됩니다. 여기서는 Contact Form 7 플러그인을 이용해 회원 정보 입력 폼을 만들고 회원정보 제공 동의서를 포함하는 방법을 알아보겠습니다.

Contact Form 7 플러그인 사용하기

이 플러그인은 콘택트 폼 중에서도 가장 많이 사용하는 플러그인으로 거의 모든 프리미엄 테마가 이 플러그인을 기본적으로 지원합니다. 페이지 빌더에는 항상 이 요소가 포함돼 있습니다. 콘택트 폼 7 플러그인은 폼 만들기가 편리하고 이메일을 받는 즉시 자동으로 답장을 보낼 수도 있습니다. 이 플러 그인을 이용해 정보제공 동의서 페이지를 만들어보겠습니다.

그림 3-149 **콘택트 폼 만들기**

주메뉴에서 Contact❶를 선택하면 콘택트 폼 하나가 나옵니다. 콘택트 폼을 새로 만들기 위해서 **새로 추가❷** 버튼을 클릭하고 다음 화면에서 다시 **새로 추가❸** 버튼을 클릭합니다.

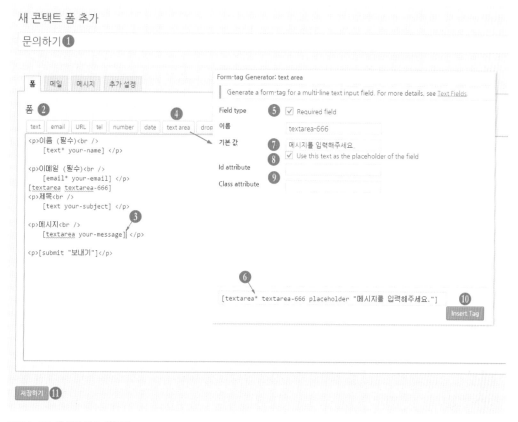

그림 3-150 메시지 박스 만들기

제목을 클릭해 **이름을 변경①**합니다. 편집 박스 상단에는 4개의 탭이 있으며 폼 탭이 선택된 상태에 서 폼을 편집할 수 있습니다. 폼의 각 **버튼②**을 클릭하면 여러 가지 폼 요소를 추가할 수 있습니다. 메시지의 단축코드를 변경하기 위해 기존의 단축코드인 **③**의 위치에 클릭합니다. 폼 버튼 그룹에서 **textarea④**를 선택하면 팝업창이 나옵니다. 메시지 박스는 필수 요소이므로 Field type의 Required field**⑤**에 체크합니다. 내용을 변경하면 **단축코드의 내용**이 변경되는 모습을 볼 수 있으며 textarea 옆에 **별표⑥**가 나옵니다.

기본값⑦은 입력 상자에 기본으로 나타나는 내용이며 원하는 내용을 입력하고 **⑧**에 체크하면 placeholder라는 글자가 단축코드에 추가됩니다. id와 class**⑨**는 스타일시트로 제어하기 위해 사용 할 수 있습니다. **Insert Tag 버튼⑩**을 클릭하면 **③**의 위치에 단축코드가 추가되며 기존의 단축코드 는 제거합니다. **저장하기⑪** 버튼은 모든 편집이 완료된 후에 클릭하면 됩니다.

그림 3-151 **파일 업로드 기능 추가**

폼에 파일 업로드 기능을 추가하려면 ❶의 위치에 클릭하고 **file 버튼**❷을 선택합니다. 파일이 필수인 경우 ❸에 체크하고 파일 사이즈를 제한하려면 ❹에 용량을 입력합니다. 업로드할 수 있는 **파일 형식** ❺을 콤마로 분리해 입력한 다음 **Insert Tag 버튼**❻을 클릭하고 그림과 같이 다른 폼 요소를 참고해서 **코드**❼를 작성합니다.

그림 3-152 **전화번호 필드, 라디오 버튼 추가**

tel 버튼**❶**을 이용해 **전화번호❷**도 추가합니다. 이번에는 라디오 버튼을 사용해 보겠습니다. **❸**의 위치에 클릭하고 radio buttons**❹**을 선택합니다. Options 박스**❺**에서 한 줄에 하나씩 입력하면 단축코드에 추가됩니다. Insert Tag**❻** 버튼을 클릭해 추가한 다음 **❸**처럼 코드를 수정합니다. 라디오버튼에는 필수 항목을 표시하는 Requied field 체크박스가 없는데 필요할 경우 단축코드에서 radio 다음에 별표를 추가하면 됩니다. 단축코드를 만들다 보면 일정한 유형이 있으므로 굳이 태그 생성을 하지 않아도 코드를 작성해 바로 만들 수도 있습니다. 다만 tel-84와 같은 숫자는 고유해야 하므로 중복되지 않게 사용합니다.

이름과 이메일에는 **default:uscr_display_name❼**과 **default:user_email❽**이 추가됐는데 이는 로그인한 사용자일 때 사용자의 아이디와 이메일을 기본으로 나타나게 합니다.

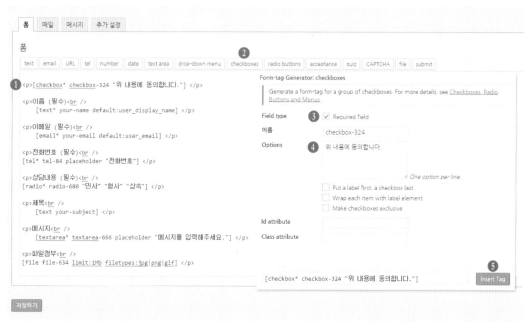

그림 3-153 동의 체크 박스 추가

다음으로 정보 제공에 대한 동의를 체크하도록 **체크박스❶**를 만듭니다. checkboxes**❷**를 선택하고 **필수 입력란❸**에 체크합니다. 사이트에서 체크하지 않으면 에러 메시지가 나오게 됩니다. **Options 박스❹**에는 '위 내용에 동의합니다'와 같은 메시지를 추가합니다.

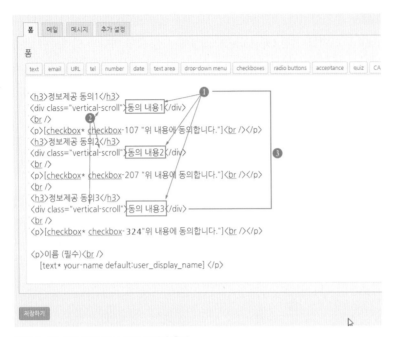

그림 3-154 여러 개의 정보 제공 동의서 추가

다음으로 동의서 내용을 추가합니다. 두 가지 방법이 있는데, 동의해야 할 내용이 여러 개일 때는 체크박스를 사용해서 콘텐츠를 만듭니다. 국내에는 이러한 형태를 많이 사용합니다. 위 **동의 내용 1~3 부분❶**은 간단하게 작성했지만 많은 문장이 들어가게 됩니다. **class="vertical-scroll"❷**은 긴 내용의 문장을 박스로 처리하고 스크롤 해서 볼 수 있게 하려고 추가했으며 자식 테마의 style.css(wp-content/themes/dt-the7-child)에 다음 코드를 추가합니다.

```
165 .vertical-scroll { height:100px; overflow-y:scroll;border:1px solid #ddd; border-radius:5px;padding:15px; }
```

동의해야 할 내용이 한 개일 때는 위 동의 내용 부분을 **모두 제거❸**하고 페이지 빌더를 사용합니다. 페이지 빌더를 사용하면 위와 같이 복잡한 HTML 코드를 사용하지 않아도 됩니다. 제목은 팬시 타이틀을 이용하고 동의 내용은 텍스트 블록에 입력한 뒤 클래스 선택자를 추가하기만 하면 됩니다. 두 개의 폼을 테스트하려면 위 폼을 저장하고 복사한 다음 위 내용을 제거하고 새로운 폼을 만들면 됩니다. 여기서는 세 부분을 제거한 하나의 동의 내용을 사용하겠습니다.

그림 3-155 보안 문자 기능 추가

마지막으로 스팸을 방지하기 위해 캡챠를 추가합니다. 이를 위해 이미 캡챠 플러그인(Really Simple Captcha)을 추가했습니다. 지금까지 입력한 코드는 다음과 같습니다.

```
1  <p>[checkbox* checkbox-324 "위 내용에 동의합니다."] </p>
2
3  <p>이름 (필수)<br />
4      [text* your-name default:user_display_name] </p>
5
6  <p>이메일 (필수)<br />
7      [email* your-email default:user_email] </p>
8
9  <p>전화번호 (필수)<br />
10 [tel* tel-84 placeholder "전화번호"] </p>
11
12 <p>상담내용 (필수)<br />
13 [radio* radio-680 "민사" "형사" "상속"] </p>
14
15 <p>제목<br />
16      [text your-subject] </p>
17
18 <p>메시지<br />
19      [textarea* textarea-666 placeholder "메시지를 입력해주세요."] </p>
20
```

```
21 <p>파일첨부<br />
22 [file file-634 limit:1Mb filetypes:jpg|png|gif] </p>
23
24 <p>보안문자 입력<br />
25 [captchac captcha-244] [captchar captcha-244] </p>
26
27 <p>[submit "보내기"]</p>
```

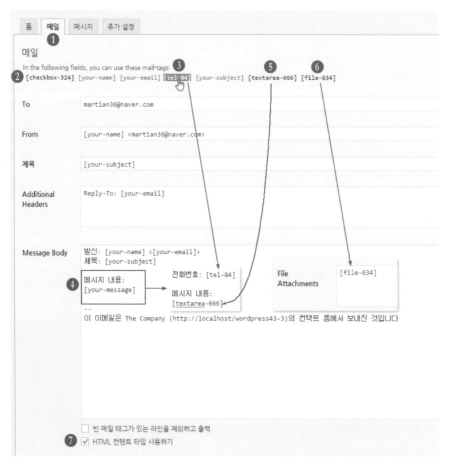

그림 3-156 메일 설정

메일 탭❶을 선택하면 상단에 지금까지 만든 **단축코드 목록❷**이 있습니다. 클릭❸하면 선택되며 이를 복사해서 메시지 내용 부분에 편집하는데 사용합니다. **메시지 내용의 단축코드❺**도 기존의 것과 교체합니다. **파일첨부 단축코드❻**도 복사해 File Attachments 입력란에 붙여넣습니다. 메일 박스 아래에서 HTML 컨텐트 타입 사용하기에 체크합니다.

메일 (2)

☑ Use Mail (2) **①**

Mail (2) is an additional mail template often used as an autoresponder.

In the following fields, you can use these mail-tags:

[checkbox-324] [your-name] [your-email] [tel-84] [your-subject] **②** **[textarea-666]** **③** **[file-634]**

To	[your-email]
From	The Company <martian36@naver.com>
제목	[your-subject]
Additional Headers	Reply-To: martian36@naver.com
Message Body	안녕하세요. 문의 메일을 보내주셔서 감사합니다. 빠른 시간내에 답변드리겠습니다. 감사합니다. 고객님의 메시지 내용: [textarea-666] **②** -- 이 이메일은 The Company (http://localhost/wordpress43-3)의 컨택트 폼에서 보내진 것입니다

☐ 빈 메일 태그가 있는 라인을 제외하고 출력

④ ☑ HTML 컨텐트 타입 사용하기

File Attachments	[file-634] **③**

그림 3-157 메일❷ 설정

메일❷ 박스에서 **Use Mail(2) ①** 체크박스에 체크하면 내용이 펼쳐집니다. 콘택트 폼을 보내는 즉시 사이트에서 자동으로 답장을 보내는 기능입니다. 메시지 내용을 위와 같이 적절하게 수정합니다.

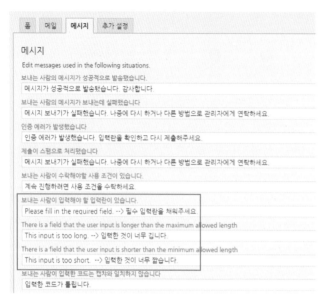

그림 3-158 번역 추가

메시지 탭을 선택하고 아래에 있는 메시지 박스에서 영어로 나오는 세 부분을 한글로 대체합니다. 완료했으면 하단에서 저장 버튼을 클릭합니다.

그림 3-159 문의하기 페이지 만들기

새 페이지 만들기에서 제목을 '문의하기❶'로 하고 팬시 타이틀❷로 제목을 만듭니다. 텍스트 블록 요소에 정보 제공 동의에 관한 내용을 입력하고 기타 클래스 이름❸을 vertical-scroll로 설정합니다. Contact Form 7요소를 추가하면서 이전에 만든 폼❹을 선택합니다. 사이트에서 확인하면 다음과 같이 나옵니다. 로컬호스트에서는 이메일 보내기가 안되므로 실제 사이트에서 실험합니다.

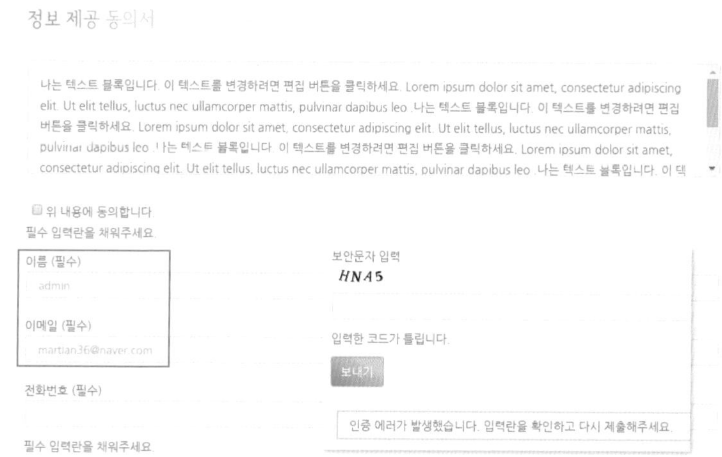

그림 3-160 필드 테스트

사이트에서 정보를 입력하지 않고 테스트하며 에러가 발생합니다. 이름(사용자명)과 이메일은 자동으로 입력돼 있습니다.

그림 3-161 이메일 테스트

제대로 작성하고 보내면 위와 같은 내용으로 관리자와 발송인에게 메일이 전달됩니다.

16 게시판 페이지 만들기

방문자와 소통할 수 있는 도구로는 콘택트 폼과 게시판이 있습니다. 두 가지 기능은 서로 장단점이 있습니다. 콘택트 폼은 방문자와 사이트 관리자가 이메일을 이용해 소통하므로 내용이 공개되지 않는 장점이 있지만, 같은 내용의 정보를 다른 사람에게 보여줄 수 없다는 단점이 있습니다. 게시판을 운영하지 않을 때는 이들 질문 내용을 취합해 FAQ 페이지를 만들어 놓는 것이 좋습니다.

방문자의 게시판 활동이 적을 것으로 예상될 때는 활성화 되지 않은 사이트라는 인식을 줄 수 있으므로 게시판 페이지를 만들지 않는 게 좋습니다. 따라서 상황에 따라 콘택트 폼을 이용하다가 방문자가 많아져서 게시판의 필요할 때에 게시판을 사용하면 됩니다.

게시판은 게시판 플러그인을 설치해 만들 수 있습니다. 워드프레스에서 만든 비비프레스 플러그인은 국내에서 주로 사용하는 형태의 디자인이 아니라 국내에서는 인기가 없습니다. 국내에서 많이 사용하는 게시판 플러그인은 KBorad입니다. 이 플러그인은 검색해보면 얼마든지 사용법을 알 수 있습니다. 이 책에서는 새로운 게시판 플러그인인 DW Question & Answer의 사용법을 소개하고자 합니다.

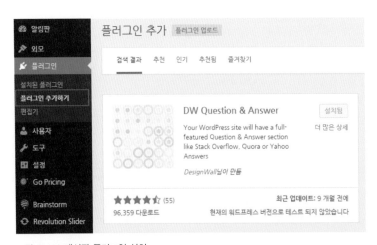

그림 3-162 게시판 플러그인 설치

플러그인 추가하기 화면에서 DW Question & Answer로 검색해 설치하고 활성화합니다. 일부 번역이 돼 있으나 게시판에 맞게 번역을 수정하고 수정되지 않은 부분도 번역했으니 첨부 파일에서

dwqa-ko_KR.po와 dwqa-ko_KR.mo 파일을 복사해 현재 작업 중인 워드프레스 폴더의 wp-content/plugins/dw-question-answer/languages 폴더에 덮어쓰기를 합니다.

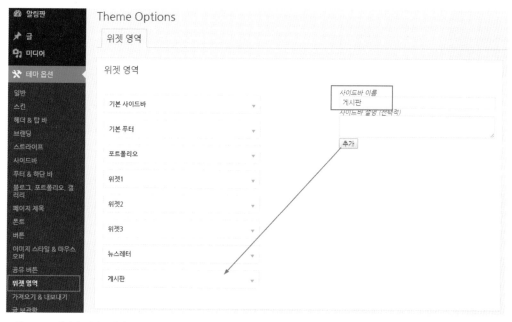

그림 3-163 게시판 사이드바 추가

페이지를 수정하기 전에 우선 테마 옵션의 위젯 영역에서 게시판 사이드바를 생성합니다.

그림 3-164 게시판 위젯 추가

외모 → 위젯 화면에서 사용할 수 있는 위젯 영역에 4가지 위젯이 있습니다. 게시판 위젯 영역에 원하는 위젯을 배치하고 위젯 제목과 글 수를 입력한 다음 저장합니다.

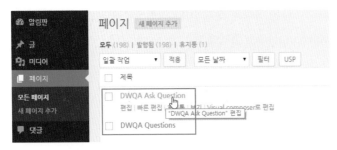

그림 3-165 게시판 관련 페이지

플러그인을 설치하면 두 개의 페이지가 생성됩니다. 하나는 질문할 수 있는 페이지이고 다른 하나는
질문 목록 페이지입니다. DWQA Ask Question 제목을 클릭해 편집 화면으로 갑니다.

그림 3-166 제목 변경 및 사이드바 선택

제목을 **질문하기❶**로 수정하고 페이지 속성에서 **상위 없음❷**을 선택합니다. 사이드바 옵션에서 **사이
드바 위젯 영역❸**을 게시판으로 선택한 다음 공개하기 버튼을 클릭합니다. 다시 **모든 페이지❹** 메뉴
를 선택하고 페이지 목록에서 DWQA Questions 제목을 클릭해 편집 화면으로 들어옵니다. 마찬가
지고 제목을 **게시판❺**으로 수정하고 **사이드바 위젯 영역❸**을 게시판으로 선택한 다음 공개하기 버튼
을 클릭합니다.

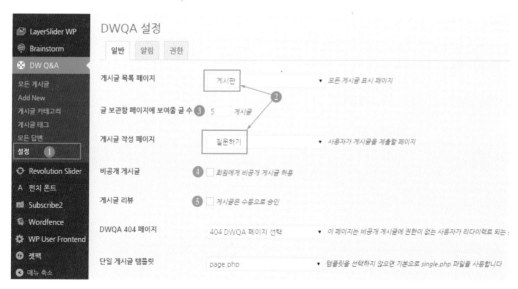

그림 3-167 게시판 일반 설정

주 메뉴에서 **DW Q&A → 설정❶**을 클릭하면 방금 전에 수정한 **페이지 이름❷**이 나옵니다. **글 보관
함 페이지에 보여줄 글 수❸**는 게시판 페이지에서 한 페이지에 표시할 글 수입니다. 회원가입 하지 않
은 비회원에게도 게시글을 허용하고자 한다면 **비공개 게시글❹**에 체크합니다. 이 경우 **게시글 리뷰❺**
에 체크해서 관리자가 수동으로 승인할 수 있습니다.

그림 3-168 시간 설정 및 구글 캡챠 보안 키 추가

시간 설정 항목에서 **새 게시글 시간 프레임❶**은 새 게시글로 표시되는 시간이며 **게시글 기간 초과 –
시간 프레임❷**은 답변 없이 경과될 때 기간 초과로 분류되는 시간입니다.

캡차❸는 스팸을 방지하기 위한 것으로 구글 캡차를 사용합니다. 구글에 로그인하고 다음 링크로 이동하면 캡차 코드를 받을 수 있습니다. 로컬호스트에서는 작동하지 않으므로 실제 사이트를 만들고 코드를 입력하세요.

https://www.google.com/recaptcha

그림 3-169 구글 캡차 보안키 받기

Key Settings에서 Label❶에 사이트 제목을 입력하고 Domains❷에 자신의 도메인을 입력한 다음 Save changes 버튼을 클릭하면 Keys 항목에 두 개의 키가 나옵니다. 이들 키를 캡차 설정의 입력란에 복사해 붙여넣습니다. 서브 도메인, 서브 디렉터리 사이트도 기본 도메인만 입력해도 되며 30분이 지나야 작동됩니다.

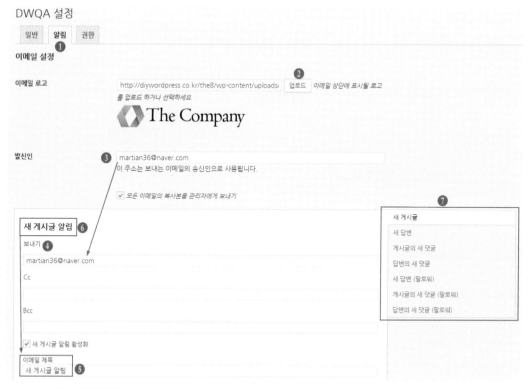

그림 3-170 새 게시글 알림 설정

알림❶ 탭에서 이메일 설정을 할 수 있습니다. **로고를 추가❷**하면 이메일에 로고가 추가됩니다. **발신인❸**에 사이트 운영자의 이메일을 입력하고 새 게시글 알림의 **보내기❹** 부분에도 사이트 운영자의 이메일을 입력합니다. **이메일 제목❺**에는 **새 게시글 알림❻**으로 입력합니다. **새 게시글 알림 박스 오른쪽❼**에는 여러 개의 탭이 있어서 각 알림에 대해 설정을 할 수 있습니다. 각 탭의 **이메일 제목❺**은 해당 **박스의 제목❻**을 입력하면 됩니다.

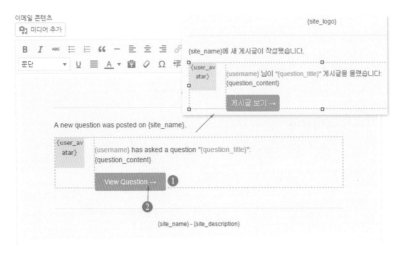

그림 3-171 한글 수정

새 게시글 알림의 이메일 템플릿은 다음과 같이 수정합니다. 오렌지 색의 중괄호 부분은 변수로 사용되므로 수정하지 않고 나머지 부분만 한글로 변경합니다. **View Question❶** 버튼은 글자를 제거하기 전에 **글자 뒤❷**에 한글을 먼저 입력하고 제거합니다. 글자를 먼저 지운 다음에 입력하면 글자가 버튼 밖으로 벗어납니다. 다른 탭의 번역 내용은 다음과 같습니다.

Howdy {question_author} → 안녕하세요. {question_author}님

{answer_author} has answered your question at "{question_title}": → {answer_author}님이 "{question_title}"에서 게시글에 답변을 올렸습니다 :

{comment_author} has commented on your question at "{question_title}": → {comment_author}님이 "{question_title}"에서 게시글에 댓글을 달았습니다 :

{comment_author} has commented on your answer at "{question_title}" → {comment_author}님이 "{question_title}"에서 답변에 댓글을 달았습니다 :

{answer_author} has answered your followed question at "{question_title}": → {answer_author}님이 "{question_title}"에서 팔로우 하는 게시글에 답변을 달았습니다 :

{comment_author} has commented on your followed question at "{question_title}": → {comment_author}님이 "{question_title}"에서 팔로우하는 게시글에 댓글을 달았습니다 :

{comment_author} has commented on your followed answer at "{question_title}": → {comment_author}님이 "{question_title}"에서 팔로우 하는 답변에 댓글을 달았습니다 :

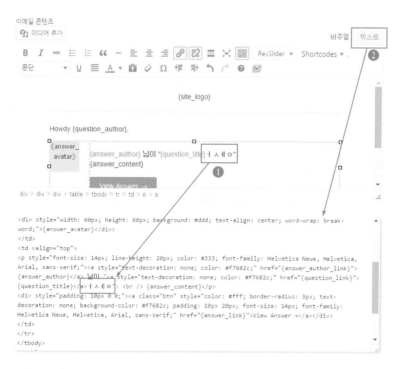

그림 3-172 텍스트 탭에서 수정

글자를 수정하다 보면 **한글이 제대로 입력되지 않는❶** 경우가 있습니다. 이럴 때는 **텍스트❷** 탭을 선택하고 해당 부분에서 수정합니다. 코드가 상당히 복잡하므로 초보자는 전체 코드를 복사해 사용하는 것이 좋습니다.

첨부 파일의 languages 폴더에서 DW Q&A 이메일 템플릿.txt 파일을 편집기로 열고 각 탭에 해당하는 코드를 복사해 위 텍스트 탭에서 모든 코드를 제거하고 붙여넣습니다. 제거할 때는 편집기 내부를 클릭하고 모두 선택(Ctrl+A)한 뒤 Del 키를 누르면 제거됩니다. 이 상태에서 편집기의 코드를 복사해 붙여넣으면 됩니다. 모두 완료됐으면 하단에서 모든 변경 사항 저장 버튼을 클릭합니다.

그림 3-173 게시판 이메일 알림

게시글을 작성하면 오는 이메일입니다. 로컬호스트에서는 이메일 보내기가 안되므로 실제 사이트에서
테스트합니다.

그림 3-174 게시판 카테고리 추가

게시글 카테고리❶에서 카테고리를 미리 생성해둡니다. **이름❷**에 카테고리 이름을 입력하고 엔터키
를 누르면 오른쪽에 있는 **목록에 추가❸**됩니다. 기존의 **Questions 카테고리❹**는 삭제합니다.

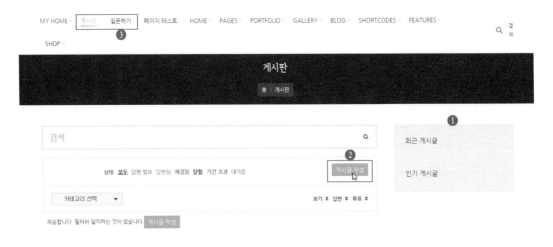

그림 3-175 사이트에서 확인

사이트에서 게시판 메뉴를 클릭해 확인하면 위 그림과 같습니다. 아직 게시글이 없으므로 **사이드바❶**
에 아무런 글도 나오지 않습니다. '**게시글 작성**' 버튼이 두 곳에 나오는데 **상단에 있는 버튼❷**은 클릭
이 안 됩니다. 다음 코드를 자식 테마(wp-content/themes/dt-the7-child)의 style.css 파일에 추
가하고 저장해 클릭이 안 되는 문제를 수정합니다.

```
100   .dwqa-list-question .filter-bar .dwqa-btn {
101     z-index: 13;
102   }
103   .content #wp-dwqa-question-content-editor-media-buttons a {
104     color: #555;
105   }
```

게시글 작성 버튼②이나 메뉴에서 **질문하기③**를 클릭하면 다음과 같이 글을 작성할 수 있는 화면이 나옵니다.

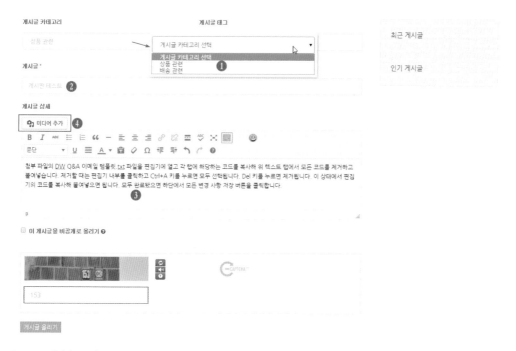

그림 3-176 게시판 글 테스트

카테고리①를 선택하고 **제목②**을 입력한 다음 **글 내용③**을 입력합니다. 아래에는 구글 캡챠가 있으며 인증 번호를 입력해야 게시글을 올릴 수 있습니다. 편집기 상단에 있는 **미디어 추가 버튼④**은 관리자에게만 보이며 글 내용에 미디어를 추가할 수 있습니다. 워드프레스는 기본적으로 방문자가 미디어를 업로드할 수 없습니다. 이는 미디어를 가장한 악성 코드를 업로드하는 것을 방지하기 위해서입니다.

미디어를 방문자가 올릴 수 있게 하려면 보안을 위해 적절한 조치를 해야 합니다. 워드프레스는 전 세계적으로 많이 사용되고 있어서 그만큼 보안에 많이 노출됩니다. 방문자가 미디어를 추가할 수 있는 기능의 플러그인이라도 믿을만한 개발자가 제작했는지 보안에 문제는 없는지 확인하고 사용하는 것이 좋습니다.

그림 3-177 게시판의 다양한 기능

게시글 작성한 다음에는 그림 3-177과 같이 작성한 글을 확인할 수 있습니다. 게시판 사이드바는 게시판 페이지와 질문하기 페이지에서만 나오고 개별 게시글은 **블로그 글의 사이드바①**를 사용하게 됩니다. 질문이 해결됐으면 상단에 있는 **리본 아이콘②**을 클릭해 질문이 해결됐음을 표시합니다. **삼각형 모양 아이콘③**은 해당 질문의 추천을 의미하며, 역삼각형 모양 아이콘은 비추천입니다. 열림, 공개 버튼을 클릭해 질문을 닫거나 공개, 비공개로 전환할 수 있습니다. 오른쪽 끝에서 **팔로우④**를 클릭하면 이 게시글을 팔로우 할 수 있으며 **캐럿 아이콘⑤**을 클릭해 편집하거나 삭제할 수 있습니다.

지금까지 테마에서 제공되는 슬라이더 플러그인을 사용해 여러 가지 슬라이더를 만들어봤고 템플릿을 이용해 여러 가지 페이지를 만들어봤습니다. 페이지 만들기는 페이지 빌더로도 만들 수 있지만 템플릿으로 만들 경우 한 종류의 콘텐츠를 출력할 수 있습니다. 또한, 항목 수가 많은 경우 다음 페이지로 이동도 할 수 있습니다.

4장에서는 3장에서 흐름 상 소개하지 못한 내용에 대해 알아봅니다. 특히 워드프레스는 보안에 취약하다고 하는데 이는 사용자가 어떻게 사용하느냐에 따라 달라집니다. 따라서 이 부분에 대해 자세히 설명합니다.

04
디테일

두 번째 푸터 영역 만들기

푸터 영역은 모든 페이지에서 동일하게 사용되므로 많은 콘텐츠를 추가하는 것이 좋습니다. The7 테마에는 하나의 푸터 영역만 있으므로 푸터 영역을 추가하는 방법을 알아봅니다.

메가 메뉴 사용하기

The7 테마에서 데모 데이터의 메뉴를 가져오는 기능이 없으므로 그동안 주 메뉴를 설정하지 않고 사용했습니다. 따라서 메가 메뉴를 설정할 수 없었는데, 자신만의 웹 사이트를 만든 다음에는 메가 메뉴를 설정할 필요가 있으므로 메가 메뉴를 설정하는 방법을 알아봅니다.

워드프레스 보안

워드프레스는 보안이 강력하지만, 사용자가 많은 관계로 해커의 공격 대상이 되기도 합니다. 따라서 보안은 워드프레스의 문제가 아니라 사이트 운영자의 노력에 따라 달라집니다. 여러 가지 보안과 관련된 기능을 알아봅니다.

번역 수정하기

워드프레스는 기본적으로 영어로 된 프로그램입니다. 한글로 사용하려면 번역 파일을 추가해야 하는데, 테마에서 사용하는 번역 파일을 자신만의 글자로 수정하는 방법을 알아봅니다.

워드프레스 사이트 이전하기

그동안 로컬호스트에서 사이트를 제작했는데 이를 실제로 사용하려면 웹호스팅이나 서버에 업로드해야 합니다. 데이터베이스를 백업하고 파일질라를 이용해 워드프레스를 이전하는 방법을 알아봅니다.

두 번째
푸터 영역 만들기

01 위젯 영역 옵션의 역할

그림 4-1 교체할 수 있는 푸터 영역 추가

테마 옵션의 위젯 영역에서는 원하는 만큼의 위젯 영역을 만들 수 있습니다. 하지만 이들 위젯 영역은 정해진 위치에만 배치할 수 있습니다. 페이지 만들기 화면이나 각종 글 편집 화면의 사이드바 옵션, 푸터 옵션에서 원하는 위젯 영역을 선택할 수 있습니다. 하지만 푸터 영역을 두 개로 만들기 위해 기본 푸터를 하나 더 추가하더라도 푸터 옵션에서 두 가지 푸터 중 하나의 푸터만 선택할 수 있는 구조입니다.

페이지나 글의 성격에 따라서 사이드바의 위젯을 변경할 수 있듯이 푸터 영역도 몇 가지의 푸터를 만들어 교체해 사용한다면 문제는 없습니다. 하지만 푸터 영역은 하나밖에 없어서 여러 개의 요소를 배치하려고 하면 모자랍니다. 이는 코드를 추가해 수정할 수 있습니다. 새로운 푸터 영역을 만들고 여러 가지 원하는 메뉴를 배치해보겠습니다.

∩2 푸터 파일 수정하기

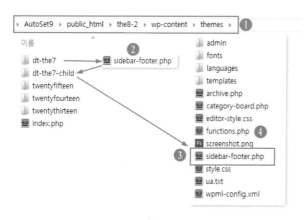

그림 4-2 푸터 파일 복사하기

테마 폴더❶에서 부모 테마 폴더로 들어가 **sidebar-footer.php❷** 파일을 복사한 다음 **자식 테마 폴더❸**에 붙여넣습니다. 이 파일과 **functions.php❹** 파일을 편집기로 엽니다.

```
111 function the7_child_widgets_init() {
112   register_sidebar( array(
113     'name'         => __( '푸터 위젯 영역2', 'the7_child' ),
114     'id'           => 'footer-2',
115     'description'  => __( '푸터 위젯 영역2.', 'the7_child' ),
116     'before_widget' => '<aside id="%1$s" class="widget %2$s">',
117     'after_widget'  => '</aside>',
```

```
118    'before_title'  => '<h2 class="widget-title">',
119    'after_title'   => '</h2>',
120  ) );
121 }
122 add_action( 'widgets_init', 'the7_child_widgets_init' );
```

functions.php 파일 아래에 위와 같이 코드를 추가합니다.

```
37    <div class="wf-wrap">
38      <div class="wf-container-footer">
39        <div class="wf-container">
40
41          <?php
42          do_action( 'presscore_before_footer_widgets' );
43
44          dynamic_sidebar( $footer_sidebar );
45
46          ?>
47
48        </div><!-- .wf-container -->
49        <div class="wf-container">
50
51          <?php
52          do_action( 'presscore_before_footer_widgets' );
53
54
55          dynamic_sidebar( 'footer-2' );
56          ?>
57
58        </div><!-- .wf-container -->
59      </div><!-- .wf-container-footer -->
60
61    <?php
62      $sidebar_layout->remove_sidebar_columns();
```

sidebar-footer.php 파일을 열고 39줄~48줄을 복사해 바로 아래에 붙여넣습니다. 붙여넣은 코드 중에서 55줄의 dynamic_sidebar 괄호 안에 있는 $footer_sidebar를 'footer-2'로 변경합니다. 두 개의 파일을 모두 저장합니다.

03 푸터 위젯 영역에 위젯 추가

그림 4-3 푸터 위젯 영역2

위젯 화면❶을 보면 **푸터 위젯 영역2❷**가 추가됐습니다. 여기에 테스트를 위해 DT–블로그 글 위젯을 배치합니다. 기존의 기본 푸터 영역에는 4개의 블로그 글을 배치합니다. 높이를 동일하게 하기 위해 블로그 글의 **글 수❺**는 3으로 설정합니다.

그림 4-4 푸터 위젯 영역2 테스트

사이트에서 확인해보면 푸터 위젯 영역2에서 블로그 글을 볼 수 있습니다. 첫 번째 푸터 영역은 페이지나 글을 만들 때 푸터 옵션에서 선택할 수 있는 영역이고, 두 번째 푸터 영역은 항상 고정돼 나옵니다. 두 번째 푸터 영역에는 회사 정보와 여러 가지 메뉴를 배치해보겠습니다.

04 회사 정보 위젯 추가

그림 4-5 텍스트 위젯으로 회사정보 추가

위젯 화면에서 테스트를 위해 추가했던 블로그 글 위젯을 삭제합니다. 사용할 수 있는 위젯 영역 아래에서 텍스트 위젯을 선택한 다음 푸터 위젯 영역2를 선택하고 위젯 추가 버튼을 클릭합니다. 제목을 추가하고 회사 정보를 추가합니다. '단락을 자동으로 추가합니다❻'에 체크하고 저장합니다.

```
<i class="fa fa-phone"></i> 82-70-1234-5678
<i class="fa fa-fax"></i> 82-70-1234-5679
<i class="fa fa-clock-o"></i> 월-금 9:00 a.m - 6:00 p.m
<i class="fa fa-map-marker"></i> 대전 서구 괴정로 12 2층 [302-816]
대표 : 베누시안
사업자 등록 번호 : 123-45-67891
통신 판매업 신고 번호 : 제 2015-대전 서구-0001 호
이메일 : webmaster@venusian.com
```

05 사용자 정의 메뉴 추가

그림 4-6 푸터 메뉴1 추가

메뉴 화면❶에서 **새로운 메뉴를 생성하세요❷** 링크를 클릭하고 **푸터 메뉴1❸**을 입력한 다음 엔터키를 누릅니다. 페이지 박스에서 **몇 가지 페이지를 선택❹**한 다음 **메뉴에 추가❺**합니다. **메뉴 설정❻** 항목에서는 아무것도 선택하지 않습니다. **화면 옵션❼** 탭을 클릭해 체크 박스에 체크하면 더 많은 박스에서 다른 메뉴를 추가할 수 있습니다. 메뉴 저장 버튼을 클릭합니다. 같은 방법으로 푸터 메뉴2, 3을 만듭니다.

그림 4-7 푸터 위젯 영역2에 푸터 메뉴 추가

위젯 화면❶을 새로고침하고 **DT-사용자 정의 메뉴 스타일1과 2❷**를 푸터 위젯 영역2에 배치❸합니다. 두 가지 스타일이 서로 다르므로 어떻게 나오는지 테스트하고 원하는 것으로 통일해 배치합니다. 각 위젯은 메뉴의 성격에 따라 **제목❹**을 입력할 수 있습니다. **사용자 정의 메뉴 선택** 상자에서 **푸터 메뉴1,2,3❺**을 선택한 다음 **저장하기** 버튼을 클릭합니다.

그림 4-8 두 가지 사용자 정의 메뉴 스타일

사이트에서 확인한 결과는 그림 4-8과 같습니다. **DT-사용자 정의 메뉴 스타일1❶**은 기본적으로 **삼각형 아이콘❷** 모양의 기호가 없고 마우스를 올리면 포인트 색으로 나옵니다. **DT-사용자 정의 메뉴 스타일2❸**는 원 안에 화살표 모양의 아이콘이 있고 메뉴 사이에 구분 선이 있습니다. **DT-사용자 정의 메뉴 스타일1**에 아이콘이 나타나게 하려면 다음 코드를 style.css 파일에 추가합니다.

```
111  .custom-nav li:before {
112    content: "\f0da";
113    display: inline-block;
114    padding-right: 10px;
115    font: normal normal normal 14px/1 FontAwesome;
116    font-size: inherit;
117    text-rendering: auto;
118    -webkit-font-smoothing: antialiased;
119    -moz-osx-font-smoothing: grayscale;
120    transform: translate(0, 0);
121  }
122  .custom-nav>li li a, .custom-nav>li>a {
123    display: inline-block !important;
124  }
```

지금까지는 모든 페이지를 메뉴에 나타나게 하려고 주 메뉴를 사용하지 않았습니다. 주 메뉴를 만들고
메가 메뉴를 사용하는 방법을 알아보겠습니다.

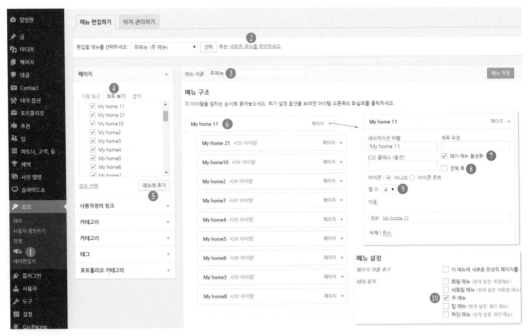

그림 4-9 메가 메뉴 활성화

메뉴① 화면에서 **새로운 메뉴를 생성하세요②**를 클릭한 다음 메뉴 이름에 **주메뉴③**를 입력하고 엔터
키를 누릅니다. 페이지 박스에서 **모두 보기④** 탭을 선택한 다음 10개의 아이템을 선택해 **메뉴에 추가
⑤**합니다. **첫 번째 아이템⑥** 아래의 메뉴를 모두 오른쪽으로 드래그해 하위 메뉴로 만듭니다. 첫 번째

아이템 오른쪽에 있는 삼각형 아이콘을 클릭해 펼친 다음 **메가 메뉴 활성화❼**에 체크합니다. **전체 폭
❽**에 체크하면 콘텐츠 영역 전체로 메가 메뉴 영역이 늘어납니다. **열 수❾**에서 4를 선택하고 메뉴 설
정 항목의 테마 위치에서 **주 메뉴❿**를 선택한 뒤 메뉴 저장 버튼을 클릭합니다.

그림 4-10 **사이트에서 확인**

사이트에서 확인하면 그림 4-10과 같이 주 메뉴에는 메뉴가 하나만 나타나며, 메뉴에 마우스를 올리
면 설정한 대로 나머지 메뉴가 4열로 나옵니다. 전체 폭에 체크했다면 4열을 유지하면서 콘텐츠 폭으
로 늘어납니다. 하위 메뉴는 왼쪽에서 오른쪽으로 순서대로 나옵니다. 그런데 메뉴를 모두 나열하면
메뉴가 많아서 찾기가 어렵습니다. 따라서 같은 종류는 카테고리로 분류하는 것이 좋습니다.

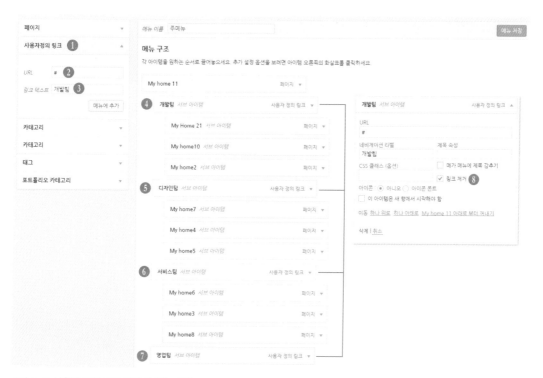

그림 4-11 **사용자 정의 링크 추가 및 메뉴 분류**

사용자 정의 링크 박스❶를 열고 **URL❷**에는 #을 입력하고 **링크 텍스트❸**에는 개발팀을 입력한 다음 메뉴에 추가합니다. 같은 방법으로 디자인팀, 서비스팀, 영업팀을 추가합니다. 각 링크 메뉴를 드래그 해서 그림 4-11과 같이 세 개 단위로 **상위 메뉴**(4,5,6,7)를 만듭니다. 기존에 총 9개의 하위 메뉴가 있었으므로 마지막 7번 메뉴에는 하위 메뉴가 없습니다. 각 링크 메뉴를 열어서 **링크 제거❽**에 체크한 다음 메뉴 저장 버튼을 클릭합니다.

그림 4-12 사이트에서 확인

사이트에서 확인해보면 그림과 같이 메뉴가 분류돼 나옵니다. 링크 메뉴는 링크를 제거했으므로 마우스를 올렸을 때 글자색이 바뀌지만 클릭할 수는 없습니다.

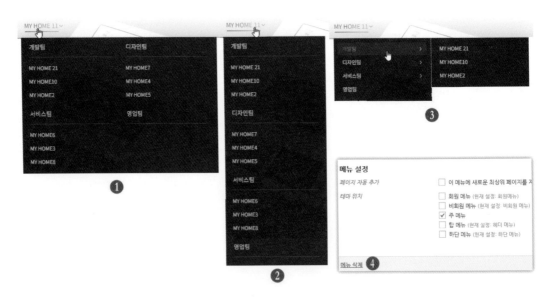

그림 4-13 열 수에 따른 변화

열 수를 두 개로 줄이거나❶ 하나로 줄였을 때❷의 모습은 그림 4-13과 같습니다. 메가 메뉴를 사용하지 않았을 때의 모습은 ❸과 같습니다. 이전의 전체 메뉴가 나오게 하려면 메뉴 화면에서 주 메뉴가 선택된 상태에서 **메뉴 삭제❹** 링크를 클릭합니다.

워드프레스는 사용자가 많으므로 그만큼 위험에 노출되기 쉽습니다. 국내는 해외만큼 사용자가 많지는 않지만, 점차 증가 추세에 있으므로 보안에 신경 써야 합니다. 국내뿐만 아니라 해외의 해커로부터 공격 대상이 될 수 있기 때문입니다. 워드프레스 보안은 설치할 때부터 시작합니다. 데이터베이스를 만들고 워드프레스를 설치할 때 관리자 아이디와 비밀번호를 입력했습니다. 이때부터 보안이 시작된다고 할 수 있습니다. 내 컴퓨터이므로 간단하게 만들어 사용하지만, 워드프레스를 웹 사이트에 업로드하고 사용할 때는 모두 바꿔줘야 합니다.

워드프레스 사이트의 보안은 전적으로 사이트 운영자의 관리 능력에 달려있습니다. 워드프레스가 업데이트되거나 플러그인이 업데이트되면 즉시 새로운 버전으로 업데이트해야 하고 비밀번호도 수시로 변경해야 합니다.

01 비밀번호의 형태

비밀번호(Password)

하나의 단어로 구성된 비밀번호입니다. 대부분 기억하기 쉽도록 키보드의 글자나 숫자를 많이 사용합니다. 여기에 특수 문자를 추가해 사용하기도 합니다. 하지만 이 방법은 일반적인 방법이므로 해커들이 예측할 수 있으며 프로그램을 이용하면 1초에 3,500억 개의 가능한 비밀번호를 만들어 무차별 대입 공격(Brute force attack)을 할 수 있습니다.

```
w2*o@r$d0p#r^e!s/s
```

그나마 이처럼 어렵게 만들면 고급 기술이 없는 해커는 저지할 수 있습니다. 단점은 기억하기 어렵고 어딘가에 저장해야 한다는 점입니다. 이 저장 장소까지 다른 사람에게 노출되면 아무런 효용이 없게 됩니다.

비밀문구(Passphrase)

여러 개의 단어를 사용해 비밀번호를 만듭니다. 이 방법은 중간에 공백까지 들어가므로 비밀 번호보다 낫고 기억하기도 쉽습니다. 하지만 역시 고급 해커의 대상이 됩니다.

```
You can never guess my password.
```

비밀번호와 비밀 문구는 프로그램만 실행하면 얼마든지 알아낼 수 있어서 새로운 방식의 로그인 체계가 필요합니다. 구글의 2단계 인증이나 비밀번호 관리자 프로그램을 사용하면 더 강력한 시스템을 만들 수 있습니다.

02 비밀번호 관리자(Password Manager)

비밀번호를 간단하게 만드는 이유 중에 하나가 기억하기 어렵고 어딘가에 저장해야 한다는 점 때문일 것입니다. 비밀번호 관리자를 이용하면 이러한 문제를 해소할 수 있습니다. 수많은 사이트에 가입하고 같은 비밀번호를 사용하면 어느 하나의 비밀번호가 노출됐을 때 모든 사이트가 해커에게 노출됩니다. 하지만 비밀번호 관리자를 사용하면 사이트마다 다르게 만들 수 있고 비밀번호를 복잡하게 만들 수도 있습니다. 이러한 서비스 중에는 유료 버전과 무료 버전이 있는데 유료 버전은 더 강력한 기능을 사용할 수 있습니다. 비밀번호 관리 프로그램이나 Password Manager로 검색하면 사용법도 있고 더 많은 서비스도 있습니다. 이들 중 몇 가지를 소개하자면 다음과 같습니다.

1password – https://agilebits.com/onepassword
PasswordBox – https://www.passwordbox.com/
LastPass – https://lastpass.com/
Keepass – http://keepass.info/

03 관리자 아이디 변경

워드프레스를 설치할 때 admin으로 관리자 아이디를 만들면 해커가 이 아이디로 로그인을 시도하게
됩니다. 관리자 아이디를 변경하려면 데이터베이스에서 수정하는 방법이 가장 간단합니다.

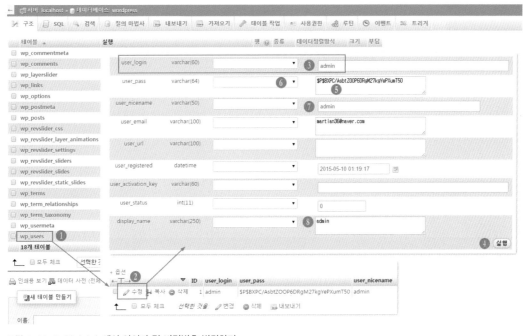

그림 4-14 phpMyAdmin에서 아이디 및 비밀번호 변경하기

phpMyAdmin으로 들어가서 **wp_users 테이블❶**을 클릭한 다음 관리자 행에서 **수정❷**을 클릭합니
다. user_login에서 **admin❸**으로 된 부분을 다른 사용자명으로 수정하고 **실행❹** 버튼을 클릭합니
다. 관리자 비밀번호를 잊었을 때도 이 방법으로 수정합니다. user_pass의 **암호로 된 코드❺**를 지우
고 새 비밀번호를 입력한 다음 왼쪽에 있는 **선택 상자❻**에서 MD5를 선택하고 **실행❹** 버튼을 클릭하
면 됩니다. **닉네임❼**과 **공개적으로 표시할 이름❽**은 그대로 둡니다. 이들은 워드프레스 관리자 화면
에서도 변경할 수 있습니다.

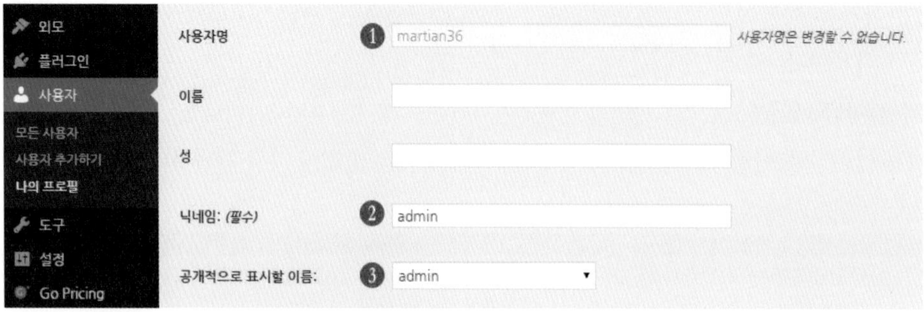

그림 4-15 관리자 화면에서 닉네임과 공개적으로 표시할 이름 변경

나의 프로필에서 사용자명을 보면 **다른 아이디❶**로 변경돼 나옵니다. **닉네임❷**과 **공개적으로 표시할 이름❸**은 나의 프로필에서 원하는 대로 변경할 수 있습니다. 그러면 사이트에서는 관리자가 다른 이름으로 나타나므로 해커에게 헷갈리게 하는 방법이 됩니다.

04 데이터베이스 백업

데이터베이스 백업은 수시로 하는 것이 좋습니다. 해커의 침입으로 데이터를 잃어버렸거나 실수로 파일이나 데이터베이스에 손상이 생겼을 때는 백업한 데이터베이스가 없으면 아주 곤란합니다. 데이터베이스 백업은 사이트 보안 업무 중에서도 가장 중요한 일에 속합니다. phpMyAdmin에서 내보내기 탭을 선택하면 할 수 있지만, 이 화면은 자주 방문하기 어렵고 자동으로 백업해주는 기능도 없습니다. 워드프레스 관리자 화면에서 플러그인을 설치하면 데이터베이스를 백업한 다음에 서버에 저장하거나 이메일로 보낼 수 있고 시간을 정해 주기적으로 백업할 수도 있습니다.

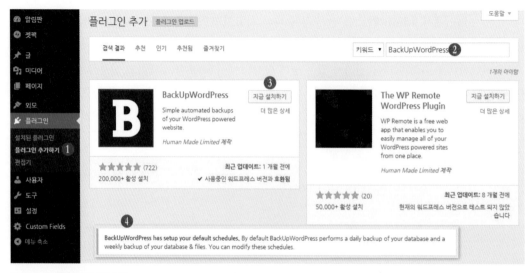

그림 4-16 **백업 플러그인 설치**

플러그인 추가하기❶ 화면에서 **BackUpWordPress로 검색❷**해 **설치❸**하고 활성화하면 상단에 **메시지 박스❹**가 나옵니다. 이 메시지는 기본적으로 데이터베이스는 매일, 데이터베이스와 사이트 전체 파일은 매주 백업하게 설정돼 있고 이 설정을 변경할 수 있다는 의미입니다.

그림 4-17 읽기 불가능 메시지

웹 호스팅에서는 플러그인을 활성화하면 폴더 및 파일의 권한 설정에 따라 위와 같은 메시지가 나올 수도 있습니다. 이는 웹 호스팅마다 다릅니다. 메시지의 의미는 워드프레스가 설치된 폴더를 플러그인이 읽을 수 없다는 것이므로 파일질라 등을 이용해 파일의 권한을 변경해줘야 합니다.

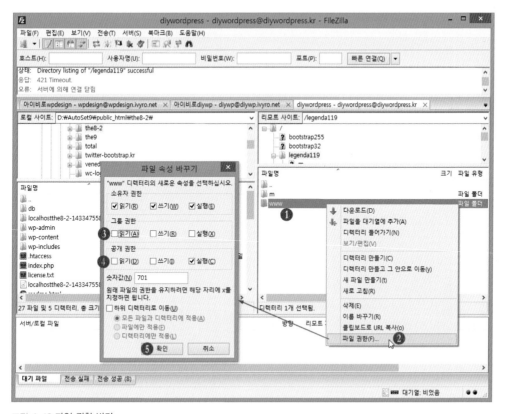

그림 4-18 파일 권한 변경

파일질라에서 리모트 사이트 패널의 워드프레스가 설치된 폴더인 **www 폴더①**를 마우스 오른쪽 버튼으로 클릭하고 **파일 권한②**을 선택합니다. **그룹 권한③**과 **공개 권한④**에서 읽기에 체크하고 **확인 버튼⑤**을 클릭합니다. 이 폴더의 이름은 웹 호스팅마다 다르며 html 또는 public_html로 돼 있는 곳도 있습니다. 파일질라로 접속 방법은 이 책의 마지막 부분에 나옵니다.

그림 4-19 데이터베이스 백업

주 메뉴에서 **도구 → Backups①**를 선택하면 백업과 관련된 설정할 수 있는 화면이 나옵니다. **Database Daily②** 탭 바로 아래의 메시지는 3의 폴더에 매일 오후 11시 데이터베이스가 최신 버전으로 저장된다는 의미입니다. **Run now④** 링크를 클릭하면 데이터베이스를 저장하는 과정이 시작되고 완료되면 목록에 나옵니다. **사이즈⑤**가 아주 작은데 원래의 데이터베이스 용량보다 10배 정도 압축돼 저장됩니다.

그림 4-20 백업 설정

Settings 링크❶를 클릭하면 설정 옵션이 있습니다. Backup❷에서는 백업할 데이터베이스와 전체 파일을 선택할 수 있습니다. Schedule❸에서는 백업 간격을 선택할 수 있습니다. Manual Only를 선택하면 자동 백업은 안 되고 수동으로만 백업할 수 있습니다. Start time❹에서 백업되는 시간을 설정할 수 있으며 24시간제로 입력합니다. Number of backups to store on this server❺에서는 서버에 저장되는 백업 파일의 최대 개수를 설정합니다. 이메일 notification❻에서 이메일을 입력하면 용량이 10메가바이트 이하일 때 이메일로 통지됩니다. 백업 파일은 이메일에 의지하지 말고 문제가 있을 때 파일질라를 이용해 백업 폴더에서 내려받아 사용하면 됩니다. Done❼ 버튼을 클릭하면 설정이 저장되면서 **메시지가 변경**❽됩니다.

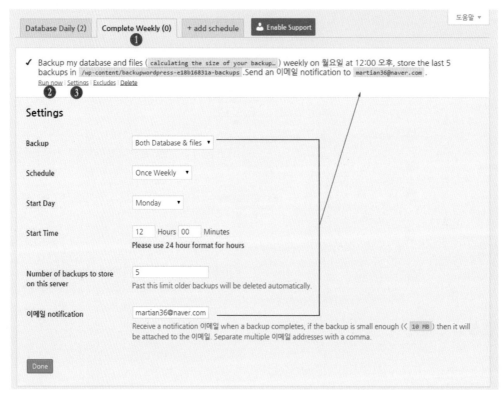

그림 4-21 추가 백업 설정

Complete Weekly❶ 탭을 선택하고 **Run now❷** 링크를 클릭하면 **Settings❸** 링크에서 설정한 대로 파일을 백업할 수 있습니다. Settings 링크를 클릭하면 설정 화면이 나오고, 설정을 변경한 다음 저장하면 메시지 내용이 바뀝니다. 만일 스케줄을 Daily로 변경하면 탭의 이름도 Complete Daily로 바뀝니다. 워드프레스 파일 용량이 많을 때는 시간이 오래 걸리므로 Start Time을 새벽 시간으로 설정하는 것이 좋습니다.

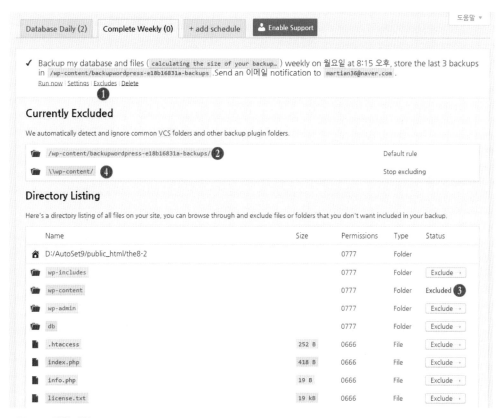

그림 4-22 **백업 제외**

Excludes① 링크를 클릭하면 백업에서 제외할 파일이나 폴더를 선택할 수 있습니다. 백업된 파일이 저장되는 폴더**②**는 기본적으로 제외됩니다. 목록에서 오른쪽에 있는 **Exclude③** 버튼을 클릭하면 해당 폴더나 파일이 백업에서 제외되면서 **제외 목록에 포함④**됩니다. 중요한 파일은 wp-content 폴더에 있는 내용입니다. 다른 파일이나 폴더는 워드프레스를 설치할 때 기본적으로 설치되는 것이므로 손상이 있다면 새로운 워드프레스를 내려받아 업데이트하면 됩니다. wp-content 폴더에는 사이트의 콘텐츠를 만드는 데 필요한 모든 파일이 있으므로 이 폴더는 항상 백업해야 합니다.

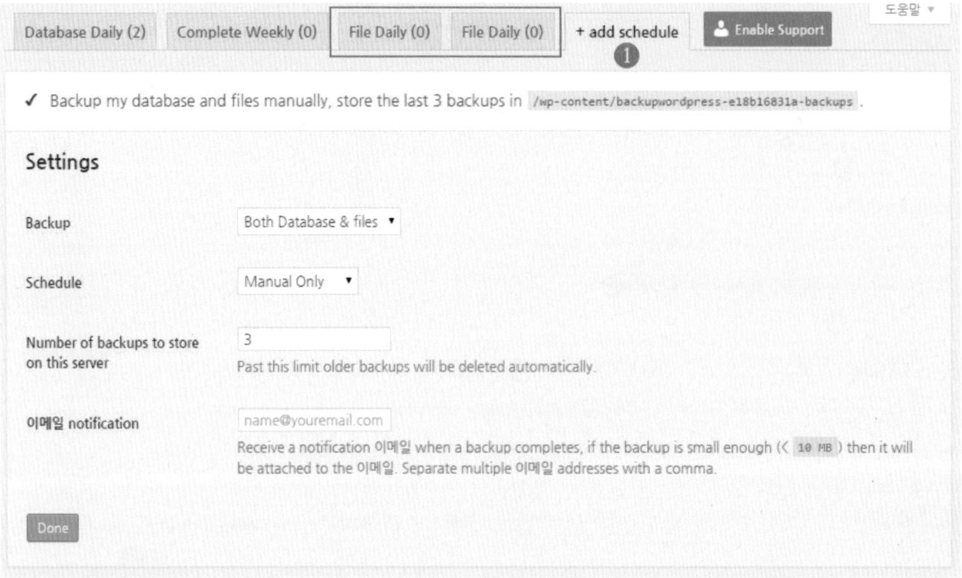

그림 4-23 스케줄 추가

+ add schedule❶ 탭을 클릭하면 새로운 스케줄을 만들 수 있습니다. 이전의 두 가지 탭에 없는 설정을 할 수 있으며 계속 탭이 추가됩니다.

05 로그인 회수 제한

해킹을 위해 주로 사용하는 것은 워드프레스 관리자 화면에 접근하기 위한 로그인 시도입니다. 워드프레스는 기본적으로 로그인 될 때까지 로그인을 시도할 수 있게 돼 있는데 이를 제한하는 것이 좋습니다. 로그인에 실패하면 남은 로그인 시도 횟수도 알려주므로 해커로 하여금 시도를 방지할 수 있게 됩니다. 보안에 신경 쓴다면 최소한 이 기능만큼은 사용하는 것이 좋습니다.

그림 4-24 로그인 시도 제한 설정

플러그인 추가하기 화면에서 Limit Login Attempts로 검색해 설치하고 활성화합니다. 이 플러그인은 최근 업데이트 된 지 2년이 넘었지만 아주 많이 사용하는 플러그인입니다. 첨부 파일의 languages 폴더에서 limit-login-attempts-ko_KR.mo 파일을 복사해 wp-content/languages/plugins 폴더에 붙여넣으면 한글로 나옵니다.

관리자 화면에서 **설정 → Limit Login Attempts❶**를 클릭하면 그림 4-24와 같이 설정할 수 있는 화면이 나옵니다. 총 차단 수❷와 차단 기록❸은 처음에는 나타나지 않고 누군가 로그인이 차단되면 나옵니다. 차단 옵션에서 **4번 재시도 허용❹**으로 돼 있는데 이렇게 설정하면 로그인을 네 번 실패하면 차단되고 **20분 후❺**에 다시 로그인 시도를 할 수 있습니다. 이런 **차단이 4회 발생❻**하면 다음 시도는 24시간 후로 변경됩니다. 그런 다음 **12시간❼** 후에 초기화됩니다.

사이트 **접속 부분❽**은 일반적으로 직접 접속이 대부분이며 리버스 프록시는 서버가 보안을 위해 사용되기도 하는데 어떤 접속인지 모를 때는 직접 접속을 선택합니다. 현재 로컬호스트에서 접속하고 있어서 IP에 ::1로 나오지만, 실제 사이트에서는 접속자의 IP로 나옵니다.

쿠키 로그인 처리❾는 웹 브라우저에 저장된 로그인 정보를 사용하도록 허용합니다. 차단 시 알림에서 **IP 기록❿**에만 체크돼 있는데 다음 차단 후 관리자에게 이메일⓫에도 체크하면 4회 차단될 경우 관리자에게 이메일이 통지됩니다. 변경한 다음에는 옵션 변경⓬ 버튼을 클릭해 저장합니다.

그림 4-25 로그인 시도 남은 횟수 및 차단 시간

로그인 시도에 4번 실패하면 위 그림과 같은 메시지가 나옵니다. 로그인 실패는 IP를 기준으로 하므로 같은 IP에서 여러 사용자의 잘못된 로그인을 시도했다면 사용자의 아이디와 상관없이 해당 로그인 시도만큼 차감됩니다.

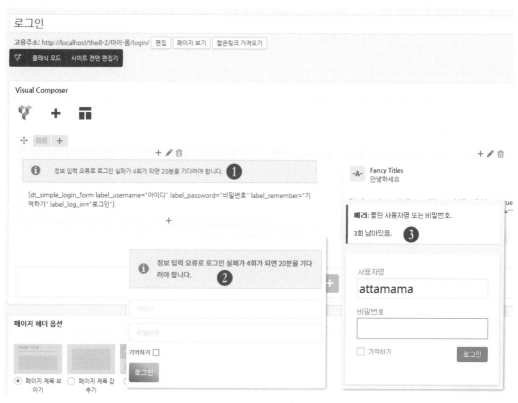

그림 4-26 로그인 화면 메시지 추가

페이지 빌더로 만든 로그인 페이지는 로그인 단축코드 바로 위에 메시지 박스를 이용해 **주의 문구를 추가①**합니다. 사이트에서 **메시지②**가 나타나고 잘못된 로그인 정보로 로그인하면 다음 화면에서 **에러가 발생했다는 메시지③**가 나타납니다.

그림 4-27 관리자 로그인 차단 해제

관리자도 차단될 수 있는데 이를 초기화하려면 데이터베이스를 수정해야 합니다. phpMyAdmin을 열고 데이터베이스의 **SQL 탭을 선택❶**한 다음 **코드를 추가❷**하고 실행 버튼을 클릭합니다.

```
UPDATE wp_options SET option_value = '' WHERE option_name = 'limit_login_lockouts'
```

06 구글 OTP(Google Authenticator) 사용하기

워드프레스 로그인 정보와 함께 구글로부터 전송받은 비밀번호를 입력해야 로그인할 수 있는 방법입니다. 보통 2단계 인증(Two Step Verification)이라고 합니다. 국내에서는 구글 OTP라고 불리는데 OTP는 One Time Password의 첫 글자입니다. 이 플러그인은 로컬호스트에서도 작동됩니다.

그림 4-28 구글 OTP 플러그인 설치

플러그인 추가 화면에서 **Google Authenticator**로 검색해 설치하고 활성화합니다. 이 이름으로 된 플러그인이 여러 가지 있으니 **제작자 이름(Henrik Schack)**을 확인하고 설치합니다. 첨부 파일의 languages 폴더에서 google-authenticator-ko_KR.mo 파일을 복사해 wp-content/languages/plugins 폴더에 붙여넣으면 한글로 나옵니다.

그림 4-29 **구글 OTP 설정**

주 메뉴에서 사용자 → **나의 프로필①**을 선택하면 그림 4-29와 같은 설정 화면이 있습니다. 구글 OTP 설정에서 **활성, 릴렉스 모드②**에 체크합니다. 릴렉스 모드는 워드프레스의 시간과 구글의 시간 의 차이에서 오는 싱크로에 전후 4분간의 여유를 줄 수 있습니다. 이곳에 체크하지 않으면 로그인 실 패가 발생할 수도 있습니다. **설명③**에는 사이트 이름을 입력합니다. 이는 구글 OTP 앱에 나오는 이름 입니다.

비밀번호 항목에서 **QR 코드 보이기/감추기④**를 클릭하면 QR 코드가 나옵니다. 이 코드는 구글 OTP 앱을 설치하고 스캔할 것입니다. **앱 비밀번호 활성화⑤**는 보안이 취약해지므로 체크하지 않습니다. 아래에서 저장버튼을 클릭합니다. 이 화면에서 활성화하고 구글 OTP 앱으로 설정하지 않으면 나중에 로그인할 수 없게 되므로 바로 설정하도록 합니다.

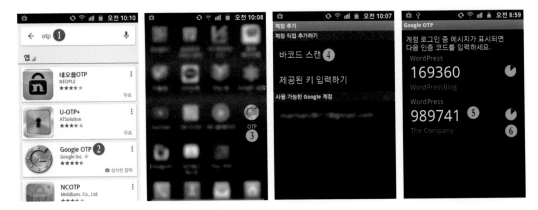

그림 4-30 **구글 OTP 앱 설치**

모바일 기기의 Play 스토어에서 OTP❶로 검색하고 **Google OTP❷**를 설치합니다. 이미 설치돼 있다면 **OTP❸** 앱을 선택합니다. **바코드 스캔❹**을 선택하고 이전 그림에서 QR 코드를 촬영합니다. 그러면 다음 화면에서 **인증 번호❺**가 나옵니다. 이 번호는 30초간 유효하며 시간이 지나면 다른 번호로 바뀝니다. 오른쪽에 있는 **아이콘❻**이 시간의 경과를 표시해줍니다

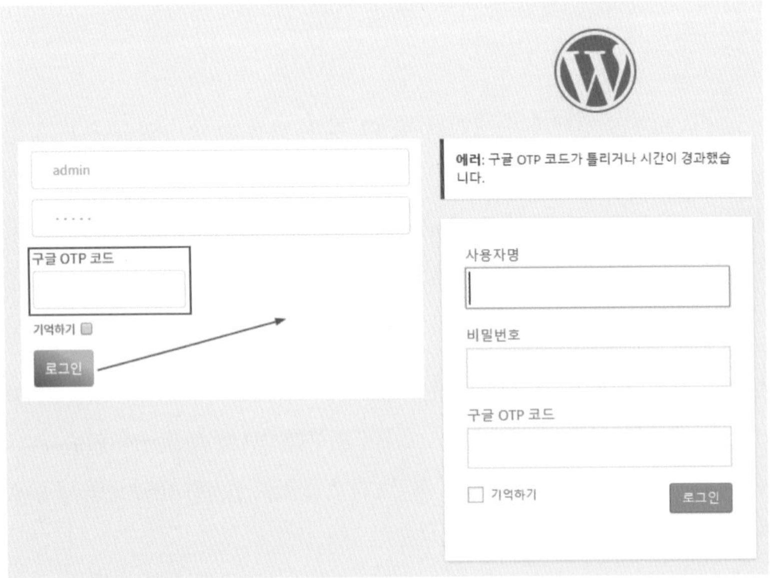

그림 4-31 **로그인 화면**

테스트를 위해 로그인 회수 제한 플러그인을 비활성화합니다. 로그인 화면에서 구글 OTP 코드를 입력하지 않고 로그인 버튼을 클릭하면 다음 화면에서 에러 메시지가 나옵니다.

구글 OTP 기능은 사용자별로 이용할 수 있으며 사용자가 관리자 화면의 나의 프로필에서 설정해 사용할 수 있습니다. 설정하지 않으면 구글 OTP 코드 입력란이 나오지 않습니다.

그림 4-32 웹 사이트용 구글 OTP

http://gauth.apps.gbraad.nl/

모바일 기기가 없을 때는 웹으로도 사용할 수 있습니다. 위 링크로 이동한 다음 오른쪽 위에 있는 **편집 아이콘❶**을 클릭하고 **Add 버튼❷**을 클릭합니다. 관리자 화면의 **설명과 비밀번호❸**를 복사해 두 개의 입력란에 붙여넣습니다. **Add 버튼❹**을 클릭하면 코드가 나옵니다.

∩7 관리자 화면 편집기 사용 방지

해커가 로그인에 성공해 관리자 화면에 접근할 수 있게 됐다면 가장 먼저 하는 일 중에 하나가 악성 코드를 추가하는 일입니다. 관리자 화면에는 테마를 수정할 수 있는 편집기가 내장돼 있는데 이를 기본적으로 사용하지 못하게 설정하면 해결됩니다.

```
74 define( 'DISALLOW_FILE_EDIT', true );
75 /* That's all, stop editing! Happy blogging. */
```

워드프레스가 설치된 폴더에서 wp-config.php 파일을 열고 75번 줄의 /* That's all, stop editing! Happy blogging. */ 바로 위에 define('DISALLOW_FILE_EDIT', true); 코드를 추가하고 저장합니다. 관리자 화면을 새로고침 하고 주 메뉴에서 외모를 선택하면 하위 메뉴로 편집기가 나타나지 않게 됩니다.

08 업데이트

워드프레스는 새 버전이 출시된 후에 항상 보안 업데이트 버전이 나옵니다. 바로 업데이트를 해야 하며 워드프레스는 최신 버전을 사용하는 것이 좋지만, 플러그인이나 테마의 호환성 때문에 이전 버전을 사용해야 할 때도 버전별로 보안 업데이트가 추가되면 반드시 업데이트해줘야 합니다.

테마와 플러그인도 반드시 업데이트합니다. 해커는 플러그인의 취약점을 발견해 공격 대상으로 합니다. 플러그인이 업데이트되면 즉시 업데이트해야 합니다. 많은 부분에서 플러그인의 문제점이 발견되지만, 업데이트를 하지 않아서 보안에 노출되는 것이 가장 큰 문제입니다. 플러그인에 문제가 발생하면 관리자 화면에 로그인하지 않고 주소창에서 코드를 실행하는 것만으로 악성 코드를 주입할 수 있게 됩니다.

09 워드프레스 저장소 이외의 무료 테마 및 플러그인 사용 자제

워드프레스의 가장 큰 장점은 무료 테마와 플러그인이 많다는 점입니다. 워드프레스 저장소(Repository)에 등록할 수 있는 테마와 플러그인은 일정한 조건을 갖춰야 하며 아주 까다로운 절차를 거쳐야 합니다. 이런 조건을 갖추지 못한 테마나 플러그인은 등록할 수 없으며 기존에 등록된 프로그램이라 하더라도 문제가 발생하면 바로 제외됩니다. 그만큼 워드프레스 저장소는 신뢰할 수 있으니 무료 버전은 항상 이곳에서 받아 사용하는 것이 좋습니다. 가장 편한 방법은 워드프레스 관리자 화면에서 직접 설치하는 것입니다. 직접 설치할 수 없는 무료 프로그램은 어떠한 하자가 있다고 보면 됩니다.

테마 개발자는 사이트의 홍보를 위해 자신의 사이트에서 직접 내려받을 것을 권하는 곳도 많습니다. 이럴 경우 정평이 나 있는 사이트인지 확인하고 분명하지 않을 때는 내려받은 프로그램을 스캔해서 문제가 없는지 확인한 다음에 사용해야 합니다. 무료 플러그인은 워드프레스 저장소 이외의 사이트에서 내려받아 사용하게 돼 있는 플러그인이 거의 없습니다. 문제가 있거나 문제가 있어서 제외된 것이 대부분입니다.

https://wordpress.org/plugins/about/guidelines/

위 사이트는 플러그인을 개발할 때 지켜야 할 가이드라인이 있는 곳입니다. 플러그인을 이용해 광고하거나 플러그인을 사용할 때 사이트에 제작자의 이름이 표시되는 것도 제외됩니다. 일정 기간 사용한 다음에 유료로 구입해야 하는 Trialware로 금지됩니다. 이런 것 자체가 악성코드에 해당하기 때문입니다.

https://www.virustotal.com/en/

위 사이트는 프로그램을 업로드하거나 URL을 입력하면 바이러스나 각종 악성 코드 감염 여부를 알 수 있는 서비스 사이트입니다.

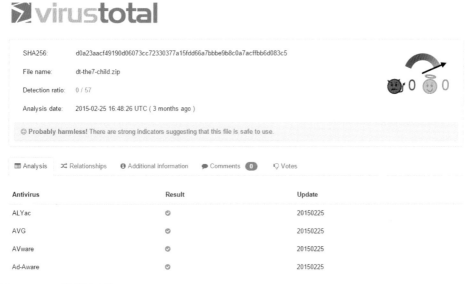

그림 4-33 프로그램 백신 검사

각종 백신 프로그램을 이용해 바이러스를 찾아주며 알약도 있습니다. 자식 테마를 업로드 했더니 없다고 나옵니다. 이곳은 설치하기 전에 스캔해볼 수 있는 사이트이고 설치한 다음에 스캔하려면 플러그인을 설치해야 합니다. 플러그인 설치하기 화면에서 Theme Authenticity Checker로 검색해 설치한 다음 활성화합니다. 외모 → TAC 메뉴를 클릭하면 워드프레스에 설치된 테마를 점검해 볼 수 있습니다. 이상이 없으면 Theme OK!로 나타나며 별다른 작업은 필요 없습니다.

프리미엄 테마나 플러그인을 무료로 내려받을 수 있는 사이트가 있습니다. 몇 푼 아끼자고 자신의 사이트가 바이러스에 노출되거나 방문자도 감염될 우려가 있으니 이런 프로그램은 절대 사용하면 안 됩니다. 프로그램 내부에 어떤 코드가 삽입됐는지 알 수 없습니다. 어떤 수단으로 점검해도 발견할 수 없는 코드가 있을 수 있습니다. 뛰는 자 위에 나는 자가 있듯이 고급 해커는 얼마든지 피해갈 수 있습니다.

지금까지 다양한 방법으로 워드프레스의 보안을 강화하는 방법을 알아봤는데, 지금까지 살펴본 다양한 기능을 발휘할 수 있는 플러그인도 있습니다. 강력한 만큼 리소스도 많이 차지하므로 웹 호스팅에서는 사용할 수 없고 서버급 사이트에서만 사용할 수 있습니다. 보안과 관련된 플러그인으로는 WordFence Security, iThemes Security, All In One WP Security & Firewall, BulletProof Security 등이 있습니다. 기능이 다양하므로 한 가지 플러그인이라도 모든 내용을 설명하자면 상당히 길어지므로 생략합니다. 중요한 데이터를 다루는 사이트라면 이러한 플러그인을 사용하는 것이 좋습니다. 다만 주의할 점은 잘못 사용할 경우 관리자도 영구히 차단되고 해제할 방법도 없을 정도로 강력한 것도 있습니다. 추천할만한 플러그인은 WordFence입니다. 이 플러그인은 캐싱 기능도 있어서 사이트 속도가 빨라지게 할 수도 있습니다.

번역 수정하기

워드프레스는 외국에서 만들어진 프로그램이므로 기본적으로 영어로 돼 있습니다. 국가별로 버전을 내려받아 설치하거나 영문 버전을 내려받아 설치할 때 원하는 언어를 선택하면 언어 파일을 설치해 해당 국가의 버전으로 전환됩니다. 워드프레스의 한글판 언어 파일은 주로 제가 번역을 하지만 원하는 글자로 돼 있지 않을 수도 있습니다. 이를 원하는 대로 수정하려면 프로그램을 사용하면 됩니다.

http://poedit.net/

위 사이트에서 Poedit 프로그램을 내려받아 설치합니다. 먼저 언어 파일을 만드는 방법을 알아보겠습니다.

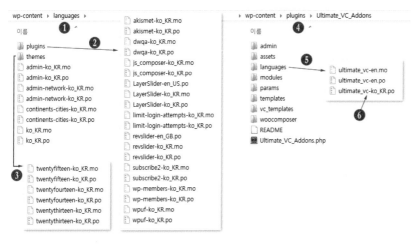

그림 4-34 워드프레스 번역 파일

워드프레스 폴더에서 **wp-content/languages 폴더❶**에 들어가면 워드프레스 관리자 화면용 언어 파일과 다중 사이트용 언어 파일, 국가별 언어 파일, 사이트 전면용 언어 파일이 구분돼 있고 plugins 폴더에는 플러그인용 언어 파일❷이 있습니다. 이들은 그동안 작업하면서 추가한 파일과 기존에 있던 파일입니다. themes 폴더에는 기본 테마의 언어 파일❸이 있습니다. 기본으로 있는 파일은 업데이트 하면 다시 원래대로 돌아가므로 수정을 권장하지 않습니다.

플러그인 언어 파일은 **개별 플러그인❹**의 **언어 폴더❺**에 있을 수도 있습니다. 이를 번역하려면 영어 로 된 파일의 po 버전을 복사해 **한글 파일❻**로 파일 이름을 변경합니다. 이 파일을 클릭하면 Poedit 프로그램으로 열립니다.

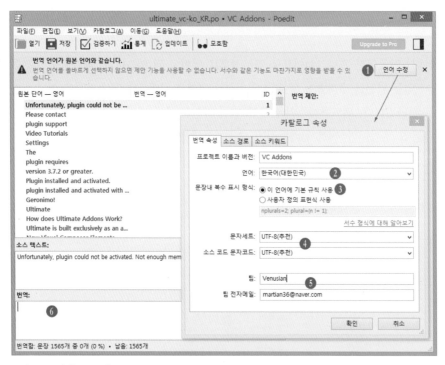

그림 4-35 번역 프로그램

상단에 메시지 박스가 나오면 언어 수정 버튼을 클릭해 한국어로 선택하고 문장내 복수 표시 형식을 이 언어에 기본 규칙 사용❸으로 선택합니다. 문자 세트와 소스 코드 문자 코드는 UTF-8로 선택하고 팀 이름 팀 전자 메일을 입력합니다. 확인 버튼을 클릭하면 메시지가 사라집니다. 그다음 번역 입력란 ❻에서 번역을 시작하고 저장하면 mo 버전의 파일(ultimate_vc-ko_KR.mo)이 생성됩니다. 워드프 레스가 인식하는 파일은 이 파일입니다.

그림 4-36 수정할 글자

테마의 언어 파일을 수정하는 방법을 알아보겠습니다. 블로그 글 목록에서 세부 사항이라는 글자가 있습니다. 이는 영어의 Details를 그대로 번역한 것인데 대부분 '더보기'라는 말을 사용합니다. 세부사항을 더보기로 수정해보겠습니다.

그림 4-37 언어 파일 열기

자식 테마 폴더의 languages 폴더에서 ko_KR.po 파일을 클릭하면 Poedit에서 열립니다.

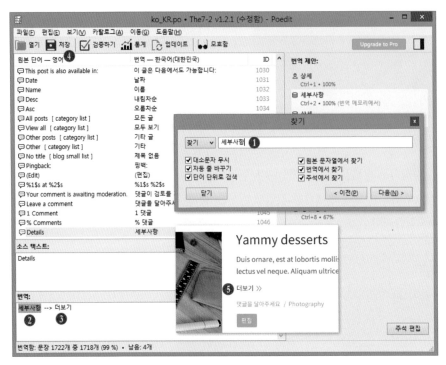

그림 4-38 글자 검색 및 수정

찾기 창(Ctrl+F)을 연 다음 **검색어①**를 입력하고 엔터키를 누르면 **검색②**됩니다. 이를 제거하고 원하는 글자를 **입력③**한 다음 **저장 버튼④** 또는 Ctrl+S 키를 눌러 저장합니다. 사이트에서 새로고침 하면 글자가 **수정된 모습⑤**을 확인할 수 있습니다.

01 데이터베이스 백업 및 환경 설정 파일 수정하기

로컬호스트에서 사이트 작업을 마치면 웹 호스팅에 업로드할 준비를 합니다. 우선 테스트를 위해 사용했던 보안과 관련된 플러그인은 모두 비활성화 합니다.

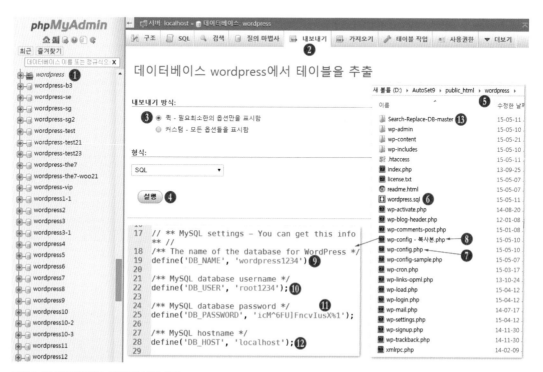

그림 4-39 데이터베이스 백업 및 파일 수정

phpMyAdmin을 열고 **데이터베이스❶**를 선택한 다음 **내보내기❷** 탭을 클릭합니다. **퀵❸**을 선택한 상태로 **실행❹** 버튼을 클릭해 작업 중인 **워드프레스 폴더❺**에 **저장❻**합니다. 환경설정 파일인 wp-config.php **파일❼**을 복사해 **복사본❽**을 만들고 이 파일을 편집기로 엽니다.

자신의 **웹 호스팅 정보로 수정❾**, **❿**, **⓫**하고 저장합니다. **데이터베이스 호스트⓬**는 웹 호스팅마다 다를 수 있지만 대부분 localhost입니다. 데이터베이스 변경 프로그램인 Search-Replace-DB-master⓭도 추가합니다.

∩2 파일질라 내려받기

https://filezilla-project.org/download.php?type=client

위 링크로 이동하면 다음과 같은 화면이 나옵니다.

그림 4-40 **파일질라 내려받기**

Download Now 버튼을 클릭해 내려받고 설치한 다음 실행합니다.

03 파일 업로드

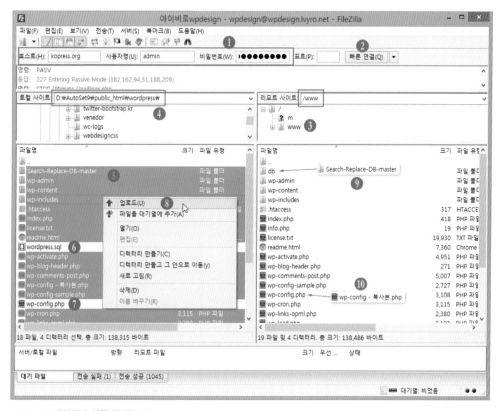

그림 4-41 파일질라 실행 및 업로드

상단에서 자신의 웹 호스팅 **로그인 정보❶**를 입력하고 **빠른 연결❷** 버튼을 클릭합니다. 오른쪽에 있는 리모트 사이트 패널에서 **www 폴더❸**를 클릭해 엽니다. 이 폴더는 웹 호스팅마다 다를 수 있으며 public_html이나 html으로 돼 있는 곳도 있습니다. 이 폴더에 index.html 파일이 있으면 마우스 오른쪽 버튼을 클릭한 뒤 삭제합니다

왼쪽의 로컬 사이트 패널에서 업로드할 **워드프레스 폴더❹**를 엽니다. 화면 내부를 **클릭❺**한 다음 폴더의 모든 내용을 선택(Ctrl+A)합니다. Ctrl 키를 누르고 업로드에서 제외할 파일을 **클릭❻**, **❼**합니다. 마우스 오른쪽 버튼을 클릭하고 **업로드❽**를 선택하면 리모트 사이트의 폴더에 업로드가 시작됩니다.

업로드가 완료되면 패널 내부를 클릭한 다음 마우스 오른쪽 버튼을 눌러 새로고침을 선택합니다. Search-Replace-DB-master 폴더는 마우스 오른쪽 버튼을 클릭해 '이름 바꾸기'를 선택하고 자신

의 영문 이름이나 **짧은 단어로 수정⑨**합니다. 이 폴더는 나중에 사이트가 제대로 된 것을 확인하고 삭제합니다. wp-config – 복사본.php 파일도 마우스 오른쪽 버튼으로 클릭한 다음 **wp-config.php로 수정⑩**합니다.

데이터베이스 가져오기

그림 4-42 데이터베이스 가져오기

웹 호스팅의 phpMyAdmin에 접속하고 데이터베이스❶를 선택합니다. 가져오기❷ 탭을 선택하고 업로드 파일의 Choose File❸을 클릭해 자신의 데이터베이스 파일을 선택합니다. 아래에서 실행❹ 버튼을 클릭하면 가져오기가 진행됩니다. 완료되면 상단에 **성공 메시지❺**가 나옵니다.

05   데이터베이스 URL 수정

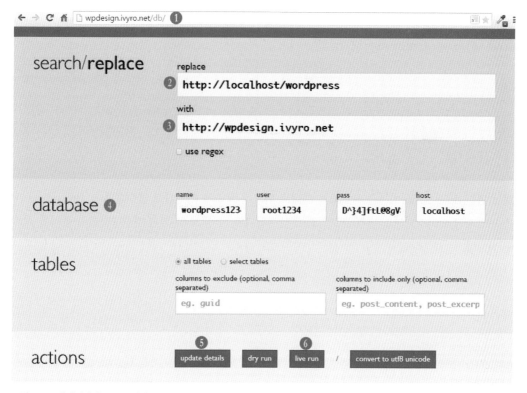

그림 4-43 데이터베이스 URL 변경

웹 브라우저의 주소란에 자신의 웹 호스팅 도메인과 슬래시, 데이터베이스 변경 프로그램 **폴더 이름을 입력①**하고 엔터키를 누르면 그림 4-43과 같은 화면이 나옵니다. **replace②**에 로컬호스트의 주소를 입력하고 **with③**에 자신의 도메인을 입력합니다. 이때 주소의 마지막에 슬래시가 포함되지 않도록 합니다. 주소란에서 복사해 사용하면 나타날 수도 있습니다. 반드시 주의하세요. **데이터베이스④** 정보를 확인한 다음 update details⑤ 버튼을 클릭합니다. 마지막으로 live run⑥ 버튼을 클릭하면 데이터베이스의 URL 변경이 시작됩니다.

wp_wffilemods	12742	0	0	0.6220000
wp_wfhits	551	1069 view changes	546	0.2400000
wp_wfhoover	0	0	0	0.1329999
wp_wfissues	8	1 view changes	1	0.1350000
wp_wfleechers	0	0	0	0.1320000
wp_wflockedout	0	0	0	0.1339998
wp_wflocs	0	0	0	0.1340001
wp_wflogins	78	0	0	0.1400001
wp_wfnet404s	0	0	0	0.1350000
wp_wfreversecache	0	0	0	0.1320000
wp_wfscanners	0	0	0	0.1320000
wp_wfstatus	965	0	0	0.1720002
wp_wfthrottlelog	0	0	0	0.1340001
wp_wfvulnscanners	0	0	0	0.1309998
wp_wpuf_customfields	0	0	0	0.1350000
wp_wpuf_subscription	0	0	0	0.1320002
wp_wpuf_transaction	0	0	0	0.1310000

delete

delete me | Once you're done click the **delete me** button to secure your server

그림 4-44 변경 내용

아래에 있는 delete me 버튼은 사이트가 제대로 나오는 모습을 확인하고 클릭합니다. delete me 버튼을 클릭하면 데이터베이스 변경 프로그램이 삭제됩니다. 삭제가 안 되면 파일질라에서 폴더를 삭제하면 됩니다.

06 사이트 확인

그림 4-45 사이트 확인

주소창에 자신의 도메인을 입력하고 엔터키를 누르면 초기 화면이 나옵니다. 로그인하기 위해 **로그인 메뉴❶**를 클릭하거나 다른 메뉴를 클릭하면 '페이지 없음' 에러 화면이 나옵니다. 사이트를 이전하고 난 다음에는 항상 고유주소의 저장 버튼을 클릭해야 합니다. 로그인하려면 주소 다음에 **/wp-admin 을 입력❷**하고 이동합니다.

관리자 화면의 설정 → 고유주소 화면에서 저장 버튼을 클릭합니다. 그다음 사이트 화면에서 새로고침한 뒤 각 메뉴를 클릭해 화면이 제대로 나오는지 확인합니다. 이후로는 보안 플러그인을 재활성화하고 각종 필요한 설정을 하면 됩니다.

이상으로 워드프레스 프리미엄 테마인 The7을 이용해 사이트를 만드는 방법을 알아봤습니다. 이 테마는 옵션과 기능이 상당히 많아서 이에 관한 설명이 이 책의 대부분을 차지합니다. 제한된 분량의 서적으로 인해 다른 내용을 추가할 수 없다는 것이 아쉬운 점으로 남습니다. 수고하셨습니다.

비밀번호: martian36